HISTOIRE
DU
CARDINAL DE RICHELIEU

ANNE D'AUTRICHE REINE DE FRANCE
dans sa jeunesse, peinte par Pochus, gravée par Louis Lucas.

HISTOIRE

DU

CARDINAL DE RICHELIEU

PAR

GABRIEL HANOTAUX
DE L'ACADÉMIE FRANÇAISE

LE DUC DE LA FORCE
DE L'ACADÉMIE FRANÇAISE

TOME III

**RICHELIEU PREMIER MINISTRE — LE MARIAGE
D'ANGLETERRE — LE SIÈGE DE LA ROCHELLE
LA JOURNÉE DES DUPES**

PARIS

SOCIÉTÉ DE
L'HISTOIRE NATIONALE

LIBRAIRIE PLON
LES PETITS-FILS DE PLON ET NOURRIT

8, rue Garancière — 6ᵉ

AVERTISSEMENT

L'Histoire du Cardinal de Richelieu par M. Gabriel Hanotaux, dont les deux premiers volumes ont paru chez Didot, en 1893-1896, s'est trouvée interrompue par des raisons indépendantes de la volonté de l'auteur. Après trente-sept ans, elle est reprise par M. Gabriel Hanotaux en collaboration avec le duc de La Force. Durant ces longues années, M. Gabriel Hanotaux n'a jamais perdu de vue le sujet auquel il s'était attaché dès sa jeunesse : des lectures, des voyages, des recherches constantes ont accumulé, entre ses mains, une abondante documentation et, dans son esprit, des réflexions, fruits de l'expérience.

Peut-être, cependant, eût-il reculé devant l'immensité du labeur, s'il eût fallu, à lui seul, achever l'œuvre, la rédiger, la publier. Mais il s'y est résolu lorsque des études communes eurent rapproché de lui la haute compétence du duc de La Force et qu'il se fut assuré sa collaboration. Le duc de La Force, par sa connaissance d'une époque à laquelle il a consacré de brillantes études, par son autorité en matière historique, par les traditions familiales qui faisaient revivre en lui et autour de lui la France de Louis XIII et de Richelieu, surtout par ce talent d'écrivain qui anime sous sa plume les personnes et fait revivre les sociétés, était, sans nul doute, l'homme le plus qualifié pour mener à bonne fin l'œuvre entreprise. Ainsi furent décidés et l'achèvement de *l'Histoire de Richelieu* et la publication de cette nouvelle édition.

Les deux premiers volumes de *l'Histoire du Cardinal de Richelieu,* remis en vente aujourd'hui, sont identiquement les mêmes que ceux qui ont été imprimés et publiés par la maison Didot, même texte, même format, mêmes caractères. Quelques notes complémentaires concernant ces deux volumes sont publiées sous la forme d'*Addenda* et *Corrigenda* à la fin du premier volume.

Le présent volume est en première édition : il reprend la biographie du Cardinal à partir du moment où, devenu premier ministre, il dirige, en s'appuyant sur la confiance absolue de Louis XIII, les affaires de la France. Ce volume expose la partie la plus dramatique peut-être de la politique de Richelieu : le mariage d'Angleterre, la conjuration de Chalais, le siège de La Rochelle, la campagne des Alpes, la cabale de la Reine-Mère, de Monsieur, des Marillac, du duc de Montmorency, les affaires d'Allemagne, l'alliance avec Gustave-Adolphe, la négociation de Ratisbonne, la Journée des Dupes.

De 1624 à 1632, Richelieu a joué, à l'intérieur, les parties les plus difficiles et amorcé, au dehors, celles qui seront son plus haut titre devant l'Histoire. Ces parties, il les a conduites avec une volonté, une adresse, une finesse, un esprit de suite, mais aussi avec cette sévérité implacable devenue légendaire, qui, pour la première fois peut-être sont présentés ici, grâce à la connaissance de nombreux documents inédits, dans leur véritable caractère. Quelle fut, dans cette politique, la part du Roi Louis XIII ? C'est ce que des recherches approfondies ont permis aux deux auteurs d'éclairer d'un jour nouveau. Vérité, impartialité, telles sont leurs préoccupations constantes au cours du travail qui, achevé dans sa préparation, sera rapidement mené à bonne fin.

L'importance du sujet, qui embrasse la création de l'Europe moderne, la constitution de l'unité française, la substitution au régime féodal du régime moderne, enfin l'élan d'expansion prenant pour champ la planète entière, un tel ensemble, si vaste et si complexe, a débordé quelque peu le cadre que M. Gabriel Hanotaux s'était tracé en débutant.

La nouvelle *Histoire du Cardinal de Richelieu,* par Gabriel Hanotaux avec, pour les trois derniers volumes, la collaboration du duc de La Force, comportera donc, non pas quatre mais cinq volumes, les trois nouveaux pouvant se vendre séparément et faisant ainsi la suite de la première édition, le tout imprimé par Didot et publié par les soins de la « Société de l'Histoire Nationale ».

L'Histoire Nationale,
8, rue Garancière, Paris, 6ᵉ.

RICHELIEU
PREMIER MINISTRE

PRÉLIMINAIRE

VUE D'ENSEMBLE. — LE DEDANS ET LE DEHORS.

Du 19 avril au 12 août 1624, le cardinal de Richelieu s'était trouvé dans une situation très difficile. Nommé ministre sur la proposition de La Vieuville et auprès de La Vieuville, il n'avait épargné aucun effort pour se consolider au pouvoir, ruiner dans l'opinion son chef d'un jour, le renverser et s'établir en son lieu et place. Il fallait qu'il confirmât en même temps, chez le Roi et devant le public, l'idée de sa propre aptitude à diriger les affaires de l'État; il avait à garder son influence sur la Reine mère, tout en s'assurant définitivement de la faveur du Roi; il devait avoir l'œil sur ses adversaires irrités par son avènement et même sur ses amis déjà inquiets de sa rapide ascension.

A peine les félicitations agréées et les compliments échangés, à peine a-t-il marqué sa place dans le Conseil, que, le premier dossier ouvert et le premier ambassadeur reçu, il s'arrête en quelque sorte et se met en présence de ses nouveaux devoirs. Aussitôt il sent la nécessité d'avoir auprès de lui un confident, un appui. Il écrit au Père Joseph, qui est parti pour Orléans : « Vous êtes le principal agent dont Dieu s'est servi pour me conduire dans tous les honneurs où je me suis élevé... Je vous prie d'avancer votre voyage et de venir au plus tôt partager le maniement des affaires. Il y en a de pressantes que je ne veux confier à personne ni résoudre sans votre avis (1). »

(1) Cette lettre si forte est d'une authenticité incontestable, en dépit de l'opinion de Voltaire, puisqu'elle est citée par Lepré-Balain, *Supplément à l'Histoire de France*,

Que je ne veux confier à personne! — Richelieu a pourtant autour de lui des hommes capables et qu'il peut considérer comme dévoués : Schomberg, La Ville-aux-Clercs, le chancelier d'Aligre, Marillac lui-même et, en général, les personnes de l'entourage de la Reine mère. Dans son étroite intimité, il ne veut nul autre que ce mystérieux Père Joseph, — même pas ce Fancan qui a été son principal instrument quand il s'agissait de détruire dans l'opinion Luynes ou Sillery, mais dont la violence passionnée risque de l'engager plus qu'il ne voudrait dans la cause protestante. A l'égard de Fancan, il va procéder doucement à l'un de ces dangereux abandons qui lui deviendront familiers et Fancan, suspect d'ailleurs, apprendra bientôt, lui aussi, à se méfier.

La présence du Père Joseph offre un autre avantage que le ministre a sûrement calculé : elle le couvre du côté de la Reine mère. Et puis ce Capucin connaît l'Europe; il est connu à Rome; il est secret, secrétissime. Avec lui, on peut parler à cœur ouvert, envisager les choses, non pas politiquement, mais franchement, comme elles sont.

Le cardinal a besoin de toute sa perspicacité, de toute son énergie, de toute sa prudence, de tout son doigté, pour débrouiller l'écheveau que lui ont laissé ses prédécesseurs : en vue de mieux comprendre et de s'éclairer soi-même, d'approfondir sa propre pensée, il débat avec lui-même, en silence et, finalement, il écrit. C'est ce qui nous permet de voir jusqu'au fond de son âme dans cette période anxieuse qui va décider de son avenir.

Encore jeune, — trente-sept ans, — désigné par une réputation établie, porté pour la seconde fois à ce ministère longuement convoité, il n'éprouve nul vertige. Plein de sang-froid, se sentant

---

où sont expliquées les plus considérables affaires de cet État durant l'administration du Cardinal-Duc de Richelieu depuis l'année 1624 jusqu'en 1638, Biblioth. Nationale, 1655, *Nouvelles acquisitions,* n° 6824, année 1624. Nous aurons à citer fréquemment ce précieux manuscrit qui s'appuie sur les papiers du Père Joseph. Voir, à ce sujet, le livre de M. le Chanoine Louis Dedouvres, *Le Père Joseph de Paris, Capucin,* Beauchêne, 1932, 2 vol. in-8° t. I, p. 44 et suiv.

Tout au plus faudrait-il reporter la date de la lettre en août 1624, Richelieu parlant de sa nomination comme « premier ministre ». La lettre est publiée dans Avenel, *Lettres du Cardinal de Richelieu,* t. II, p. 3.

à sa place, il prend ses contacts de toutes parts, les yeux mi-clos, le geste décidé, cette main en avant que lui donne le portrait de Philippe de Champagne.

Dans les loisirs de la disgrâce, il a analysé les maux du Royaume et les causes diverses qui, pour le moment, empêchent la France d'occuper en Europe la place qu'avait rêvée pour elle Henri IV. Déjà sont fixées en son esprit quelques-unes des idées qui dirigeront sa conduite (1). Rappelons la fameuse déclaration adressée par lui au Roi, beaucoup plus tard, quand il écrivait le préambule du *Testament politique* : « Lorsque Votre Majesté se résolut à me donner en même temps l'entrée de ses conseils et grande part dans sa confiance... je lui promis d'occuper toute mon industrie et toute l'autorité qu'il lui plaisait de me donner, pour ruiner le parti huguenot, rabaisser l'orgueil des grands et relever son nom dans les puissances étrangères au point où il devait être. »

Et c'est, précisément, ce programme qu'il s'applique à exécuter. On a mis en doute l'authenticité de la phrase que les historiens du xviiie siècle lui attribuent : « Le Roi a changé de Conseil et le Conseil de maximes. » Ce qui n'est pas douteux, c'est que telle était bien sa pensée et telle était la confiance qu'il avait en soi-même. En effet, au moment où il se débarrasse de La Vieuville, il s'exprime en ces termes dans une lettre qu'il adresse, sous le seing royal, à M. de Marquemont, ambassadeur auprès du Saint-Siège : « Cela serait peu (le changement de ministère), si je n'avais résolu d'établir un tel ordre en mes affaires que mon Royaume viendra à reprendre sa première splendeur et puissance, empêchera les desseins que plusieurs conçoivent contre la liberté

---

(1) Lepré-Balain donne un détail qui précise le temps et les circonstances où l'évêque de Luçon et le Père Joseph s'appliquèrent ensemble à se faire une opinion sur les grandes affaires européennes : « Le cardinal de Richelieu qui avait l'esprit généreux et cupide d'honneurs, ne voulut pas permettre que, durant son administration, ce Royaume fut humilié;... il prêta l'oreille aux avis et ouvertures que lui proposa le Père Joseph, *non de déclarer la guerre, à quoi jamais il n'a pensé*, mais de se fortifier de plusieurs alliés, et ceci ensuite de plusieurs conférences qu'ils avaient eues ensemble sur ces matières, *n'étant encore qu'évêque de Luçon, demeurant à ses prieurés des Roches et de Coussé* (Coussay, v. t. I, p. 117), *où le Père Joseph le voyait souvent, ayant dès ce temps grande habitude avec lui* » Op. cit., anno 1625.

publique, moi-même étant porté à défendre les anciens alliés de ma Couronne et à m'unir à eux pour le bien de la chrétienté (1). » Comment ne pas relever aussi ces quelques mots qui tombent de la plume du cardinal, dans une autre lettre au même ambassadeur : « J'essaierai au moins de faire dire vrai à ceux qui estiment que j'aime la religion, le Roi et l'État » ?

Ne revenons pas sur les circonstances qui ont libéré Richelieu de la présence, si encombrante dans le Conseil, de ce pauvre La Vieuville (2) et passons en revue, comme il le fait, les premières grandes affaires qui se saisissent de lui et qui sont propres à sa nouvelle fonction, le secrétariat d'État des Affaires étrangères.

Il retrouve sur la table cette affaire de la Valteline qui lui a été si pénible au moment où l'assassinat du maréchal d'Ancre le chassait du pouvoir (3). Rien de plus complexe ni de plus grave, car du parti qui sera adopté dépendra l'attitude de la France dans la crise où se débat l'Europe ; rien de plus urgent, car l'ambassadeur du Roi près du Saint-Siège, le chevalier de Sillery, s'est laissé glisser dans la main (sans le signer heureusement) un projet d'accord qui résoudrait la difficulté au profit de l'Espagne. Il faut donc se prononcer et décider si on rompra ou si on négociera.

Mais de l'un ou de l'autre parti quelles seront les conséquences ? Le problème doit être considéré dans son ensemble.

Sur la nature et le résultat des réflexions du cardinal, en cette période liminaire, nous sommes renseignés par deux documents, l'un daté de mai 1624, alors qu'il arrive au pouvoir, et l'autre de mai 1625, alors qu'il y est consolidé. Ces deux témoignages intimes nous permettent de saisir à la fois l'élan des premiers jours et le temps d'arrêt que lui impose bientôt l'expérience.

(1) Avenel, *Lettres du Cardinal de Richelieu*, t. II, p. 22, et *ibid.*, « dernier septembre » 1624, p. 36.
(2) Les reproches faits à La Vieuville et qui ont décidé le Roi à le renvoyer durement, sont résumés dans la lettre qui vient d'être citée, Avenel, *Lettres du Cardinal de Richelieu*, t. II, p. 21, et dans la lettre du Roi « sur l'éloignement du marquis de La Vieuville », *ibid.*, p. 25.
(3) Voir l'exposé de l'affaire de la Valteline, dans : *Histoire du Cardinal de Richelieu*, t. II, p. 395-402.

Nous les lirons, les rapprocherons, les comparerons, avant d'entrer dans le détail même des affaires. Car, en histoire comme dans la vie, ce qui importe c'est l'esprit.

En somme, il s'agit d'abord de l'Espagne, de l'Espagne « catholique », alliée à la maison d'Autriche, de l'Espagne qui pèse sur toutes les frontières de la France, de cette « maison d'Autriche » que Henri IV se préparait à attaquer lorsqu'un coup bien suspect le frappa.

Si l'on se reporte à la polémique ardente que Richelieu a menée dans l'opposition, avec Fancan, contre le gouvernement de Luynes et de Sillery, sa principale pensée, une fois aux affaires, sera de saisir la première occasion de rompre avec l'Espagne et de se mettre à la tête des adversaires de cette puissance en Europe.

L'affaire de la Valteline suffirait, à elle seule, pour dévoiler les plans de l'ambitieux voisin. Le but de celui-ci n'est-il pas d'achever l'encerclement de la France et de lui enlever toute autorité dans l'Empire? L'Espagne veut prendre une situation dominante sur les Alpes, se subordonner la Suisse, nourrice des soldats, comme elle s'est déjà subordonné l'Italie, maîtresse des clercs : « On ne peut douter, lisons-nous dans le mémoire destiné au Roi et au Conseil, que les Espagnols n'aspirent à la domination universelle et que, jusqu'à présent, les seuls obstacles qu'ils ont rencontrés sont la séparation de leurs États et la faute d'hommes? Or, par l'acquisition de ces passages, ils remédient à l'un et à l'autre. »

La crainte d'une « monarchie universelle », l'éternelle hantise de la France, détermine la position prise, dès l'abord, par le nouveau ministre contre une puissance si dangereuse à la liberté du monde. On n'a pas oublié que l'Espagne était maîtresse de Paris en 1590. Or maintenant la France délivrée, il y a l'Europe : « Que si le Roi se relâchait, il manqueroit à ceux qui sont en son alliance. »

Le sort de l'Italie et de la Papauté, qui intéresse si grandement la sécurité politique et religieuse du Royaume, est, de toute évidence, également en grand péril du fait que l'Espagne regarde d'un œil de convoitise les passages des Alpes : « Par ces passages, nous empêcherions que l'Italie fût inondée du déluge d'hommes que les Espagnols y feroient descendre, et en France même, de leurs États de Flandre et d'Allemagne et qu'ils ne fermassent les portes de l'Italie à tout secours, contraignant le Pape d'être leur chapelain et faisant plier le col à tous les autres potentats de l'Italie sous le joug de leur servitude. »

La politique « anti-espagnole » du nouveau ministre est donc des plus nettes, des plus énergiques : à peine conçue, elle devient action.

En mai 1624, sur le rapport fait par le cardinal au Conseil, on décide qu'il y a lieu de prendre immédiatement les mesures de sécurité nécessaires, par la force au besoin. L'ambassadeur Sillery est rappelé et la négociation romaine se trouve, non seulement suspendue, mais rompue. En même temps, des troupes sont massées sur la frontière et le marquis de Cœuvres, demeuré en Italie, reçoit l'ordre d'occuper, au premier signal, les défilés de la Valteline. Le gouvernement du cardinal se dirige ainsi selon les principes qui inspiraient, par opposition à la politique de Luynes et de Sillery, la plume de Fancan.

Un an s'est écoulé; le nouveau ministre, qui s'était élancé un peu rapidement peut-être, a, en somme, réussi : l'armée du Roi a occupé les passages de la Valteline. A présent, uni au duc de Savoie, Lesdiguières assiège Gênes, dont on espère à bref délai la reddition. Le cardinal peut se donner l'illusion d'un succès qui lui ralliera à la fois le Roi et l'opinion. N'adressera-t-il pas à Louis XIII, quelque temps après (milieu de 1626), ces paroles, qui sont comme un chant de victoire un peu prématuré, à supposer qu'elles le trompent lui-même : « Si Dieu me fait la grâce de vivre six mois, comme je l'espère, et davantage, je mourrai content voyant l'orgueil de l'Espagne abattu, vos alliés maintenus, les huguenots domptés, toutes factions dissipées, la paix établie dans le Royaume... (1) »?

Mais voilà que soudain, en plein succès, une grave difficulté s'est jetée à la traverse : les protestants, à la suite de Soubise, menacent d'un dangereux soulèvement dans le sud-ouest.

---

(1) Avenel, *Lettres du Cardinal de Richelieu*, t. II, p. 225.

Nous connaissons le problème protestant et la place qu'il occupe dans la pensée de Richelieu. Assurément, le prélat est loin de se laisser entraîner par l'esprit de sa robe. Homme d'État avant tout, il considère la difficulté d'État plus que le problème des croyances. Tout en ayant combattu, dans ses écrits épiscopaux, la Réforme et dénoncé l'attentat qu'elle a commis à l'égard de l'unité chrétienne, ses sentiments le porteraient plutôt vers une tolérance à la Henri IV. Nous avons cité déjà (1) les paroles qu'il adressait, en prenant possession de son siège épiscopal, aux protestants du diocèse de Luçon : « Je sais qu'en cette compagnie il y en a qui sont désunis d'avec nous, quant à la croyance ; je souhaite, en revanche, que nous soyons toujours unis d'affection. Je ferai tout ce qui me sera possible pour vous convier à avoir ce dessein qui vous sera utile aussi bien qu'à nous. » Dans le cours de son ministère, le cardinal devait faire les plus grands efforts pour arriver à « l'union », à la « réunion » des deux Églises.

Mais ses fonctions l'obligeaient, maintenant, à considérer les choses du point de vue de l'État, de l'autorité royale, de l'unité française. Or la situation créée, dans le Royaume, au corps des protestants par l'édit de Nantes lui-même, était du maniement le plus délicat. La pacification, si péniblement obtenue par Henri IV, avait reporté les difficultés plutôt qu'elle ne les avait résolues. De l'application de l'édit, il résultait des difficultés chaque jour renaissantes qui mettaient le gouvernement royal sur un fagot d'épines, les torts étant, d'ailleurs, des deux côtés. D'une part, à la Cour, le parti catholique, — notamment du temps de Sillery et de Puisieux, — empiétait systématiquement sur les conditions de l'édit : à tout moment, c'étaient des places protestantes occupées ou fermées, des forts détruits, des grands seigneurs convertis par autorité ou corruption, des pasteurs détournés ou séduits, si bien que les protestants, pour avoir des hommes sûrs, étaient trop souvent obligés de prendre leurs ministres parmi les étrangers. En 1623, le synode national de Charenton avait formulé des réclamations, la plupart fondées,

---

(1) *Histoire du Cardinal de Richelieu*, t. I, p. 88.

contre les infractions au traité. Le Roi avait répondu d'une façon assez favorable sur le principe : « Les réformés conserveraient le bénéfice des anciens édits, tant qu'ils se maintiendraient dans le devoir de l'obéissance »; mais il formulait nettement sa volonté « qu'aucun ministre ne fût désormais reçu dans l'ordre s'il n'était sujet du Royaume ». Il renouvelait l'interdiction des assemblées politiques, et même imposait la présence d'un commissaire-orateur représentant l'autorité royale dans chaque synode. Les protestants n'avaient pu obtenir gain de cause sur les deux revendications qui leur tenaient le plus à cœur : la destruction de la citadelle que Valençay, gouverneur pour le Roi, construisait à Montpellier et le rasement du fort Louis que les ingénieurs royaux élevaient à proximité de La Rochelle (1).

C'est à la suite de ces divers mécontentements que les protestants, encouragés sans doute par les difficultés où se trouvait engagé le Roi du côté de l'Espagne, avaient, à l'appel de Soubise et de Rohan, repris les armes. Le sud-ouest tout entier était en rumeur et se préparait à la guerre, avec La Rochelle comme bastion vers le nord et comme porte ouverte sur l'océan.

Le cardinal considère toute cette tempête « d'un cœur assuré ». « On en était en un point, écrit-il dans son mémoire de 1625, où tout semblait conspirer à rabattre l'orgueil de l'Espagne : la force et l'autorité du Roi, ses armées bien munies, ses caisses pleines, ses alliances confirmées, son appui recherché par la Savoie, par l'Angleterre, tout paraissait se prêter au succès de la politique énergique engagée contre l'Espagne. » Cependant l'homme d'État, franc avec soi-même, est bien obligé de reconnaître, qu'en cette heureuse conjoncture des affaires, l'attitude des protestants lui donne de graves sujets d'inquiétude. Cette disposition du parti tendant à profiter de tous les embarras du gouvernement royal pour s'essayer à ces tentatives de rébellion qui vont jusqu'à prévoir une sorte de séparation, est chose intolérable. Un jour ou l'autre, il faudra en finir avec un esprit de hargne qui fait courir de tels dangers à la cause publique.

(1) Voir Anquez, *Un nouveau chapitre de l'Histoire politique des Réformés de France*, 1865, p. 80-100.

Abattre les protestants, sera donc l'un des buts principaux que se propose le cardinal.

Mais l'heure est-elle arrivée?

Le cardinal, depuis qu'il est au ministère, a beaucoup réfléchi, beaucoup appris. Le triple but qu'il se propose n'est décidément pas si facile à atteindre. Le « dehors » et le « dedans » se tiennent, influent l'un sur l'autre, s'entr'aident ou s'entravent. On ne pensait qu'à l'Espagne, et voici les protestants. S'engager contre les protestants? Si on le fait, on peut s'attendre à d'autres complications : la Cour, l'armée, l'argent, les passions, les intérêts particuliers... Donc, il faut s'habituer à rendre la bride ou à tirer sur les rênes selon les circonstances pour mener, sans péril de chute, un attelage si compliqué.

Chef du ministère, le cardinal n'a plus à s'occuper seulement du secrétariat des Affaires étrangères, il doit veiller à tout, mettre la main à tout, étudier les voies diverses qui s'ouvrent devant lui, les obstacles qu'on a déjà rencontrés ou ceux qu'il faut savoir deviner. Ces réalités, ces prévisions n'imposent-elles pas des délais, des détours, peut-être des renoncements?

Parcourons le tableau si vaste, aux perspectives quelque peu diverses et confuses, qui se déroule aux yeux du ministre.

Si l'on considère le dehors, une Europe en plein désordre, où l'on ne peut dire si ce sont les conflits spirituels ou les intérêts matériels, l'esprit de rapine et de violence ou le besoin de paix et de repos qui animent les gouvernements et les peuples : un immense machiavélisme couvre la chrétienté de sa trame obscure et entrave les meilleures volontés.

D'abord, cette Espagne; avec sa politique complexe, insondable; avec son secret de l'Escurial, ses bandes disciplinées et féroces, ses « galions des Indes » renouvelant chaque année un trésor qui peut se croire inépuisable; avec sa position incontestée de maîtresse des catholiques, y compris les moyens et ramifications infinies que cela suppose; tenant sous sa coupe la moitié de l'Europe et, presque entier, ce monde nouveau de l'Ultramar, si étendu que le roi d'Espagne peut dire : « le soleil ne se couche pas sur mon domaine »; tant de princes et tant de peuples à la botte ou à la solde; le clergé, les moines, les Jésuites, tous escomptant, pour la cause sacrée, l'approbation du Pape et la bénédiction de Dieu ; les femmes, les artistes, les ambitieux, les chimériques, même les mystiques, tous attirés par la religion, la puissance ou l'or.

L'Allemagne, où la guerre intestine est déchaînée pour longtemps dans le heurt des trois religions, catholicisme, luthéranisme, calvinisme; en proie aux militaires, Mansfeld, ce Marius, Waldstein, ce Sylla (1), et tant d'autres capitaines traînant leurs armées comme des socs d'un bout à l'autre du pays; le seigneur-soldat s'offrant au plus offrant, ne se donnant qu'au chef le plus avantageux : « Moi, je marche d'un pas assuré, dit le chasseur de Schiller, et je marche hardiment sur le bourgeois, comme mon général sur les princes. Les choses vont ici comme dans l'ancien temps, quand le sabre décidait de tout... Tout ce qui n'est pas défendu est permis. On ne demande à personne quelle est sa croyance; il n'y a que deux choses essentielles : ce qui regarde le service et ce qui ne le regarde pas, et je n'ai de devoirs qu'envers le drapeau (2). »

Dans cette Allemagne, dans cet Empire qui pourrait mieux s'appeler un chaos, les princes « creusant chacun leur plaie ». Ferdinand, duc d'Autriche, roi de Bohême, roi de Hongrie, Empereur depuis 1619, qui, après avoir chassé de Prague l'électeur palatin, a juré d'extirper le protestantisme. En face, les deux adversaires, chefs ou promoteurs de la ligue protestante : le prince palatin Frédéric, battu en 1620 à la Montagne Blanche, réfugié en Angleterre près de son beau-père, Jacques Ier; le roi de Danemark, d'abord vainqueur et maître de l'Allemagne du Nord, mais qui, battu bientôt à Lutter par Tilly, n'aura plus qu'à se réfugier dans son modeste royaume. Puis, le duc de

(1) Le double jeu très délicat de Richelieu, en ce qui concerne Mansfeld d'une part et la Ligue catholique d'autre part, est exactement précisé dans les instructions du 27 novembre 1624 remises à M. de La Ville-aux-Clers se rendant à Londres en ambassade. Voir Avenel, *Lettres du Cardinal de Richelieu*, t. II, p. 39. Voir aussi la note, p. 49 et encore, p. 58.

(2) Schiller, *Le Camp de Wallenstein*, sc. VI, traduct. X, Marmier, 3e série, p. 15.

Bavière, Maximilien, vainqueur à la Montagne Blanche, qui, ayant obtenu de l'Empereur l'électorat du Palatin, est le héros du catholicisme, mais qui, ne voyant que ses intérêts, est parfaitement capable « de changer de ristourne », si on sait lui offrir ce qu'il convoite (1). En plus, une nuée de principicules, soldats, diplomates, électeurs, évêques, abbés, marquis ou margraves, tous à vendre, si on y met le prix, et qui font pâture, dans la riche Allemagne, de cette broussaille du particularisme auquel elle est vouée (2).

En Angleterre, ce Jacques Ier, fils tragique de Marie Stuart, successeur de la grande Élisabeth, pédant couronné, théoricien de l'absolutisme, dont le règne a laissé, par la « Conspiration des poudres », la trace la plus profonde sur toute l'histoire anglaise. Il va mourir, précisément en 1625, léguant à son fils, le malheureux roi Charles, un Parlement hostile et l'odieuse faveur de Buckingham. Chef du parti protestant en Europe, comme le roi d'Espagne est le chef du parti catholique, le père a conçu un moment, pour le fils, l'étrange rêve d'une union par mariage entre les deux couronnes hostiles, et il met le feu à l'Europe en s'enflammant lui-même pour les droits du Palatin, son gendre, qu'il est incapable, d'ailleurs, de sauver soit par les négociations, soit par les armes.

Dans le pays des embouchures, sur l'Escaut, la Meuse et le Rhin, les rebelles de Hollande, répandant en Europe pour la première fois les semences de la liberté, ont secoué le joug de l'Espagne et, s'appuyant à la fois sur la France et sur l'Angleterre, sont en train de bâtir, faute de territoire, une étrange « Laputa » de ports, de canaux, de vaisseaux et de colonies lointaines, suspendue, en quelque sorte, au-dessus des destinées de l'Europe. Ayant compliqué leur difficile histoire d'atroces

---

(1) Sur les princes allemands, leurs rivalités, leurs appétits, voir en particulier *Mémoires du Cardinal de Richelieu*, édit. Soc. Hist. de France, IV, 226, et le récit de Marescot dans les lettres de l'ambassadeur vénitien, août 1624 (Hlza 62).

(2) En ce qui concerne le double jeu de la Bavière, double jeu qui finit par donner ses résultats en 1657, voir le *Mémoire pour le Roi*, du mois de mai 1625, dans Avenel, *Lettres du Cardinal de Richelieu*, t. II, pages 80 et 85, et surtout les précisions apportées par Lepré-Balain sur le rôle du Capucin Alexandre d'Alais, travaillant à un rapprochement avec la Bavière et secondé par Fancan, *Op. cit.*, ann. 1625.

querelles religieuses, ils sont exsangues, si on ne les alimente pas; ils attendent, dans un spasme d'agonie, l'issue de l'illustre siège de Bréda (1). Quant à leurs voisins des provinces belges, rentrés au giron du catholicisme et de l'Espagne, ils offrent leur plantureuse terre au ravage des deux partis.

La péninsule italienne est subordonnée à la péninsule jumelle par la Sicile, Naples, les Pouilles, le Milanais : ce qui lui reste d'indépendance ne tient que par un fil. A Rome, le nouveau pape Urbain VIII (Barberini) ose à peine se souvenir de ses premiers sentiments français. A Florence, le petit grand-duc Ferdinand II de Médicis, encore mineur, fléchit sous le poids du lourd héritage. En contact avec les puissances européennes, seulement deux États libres, l'un plein de passé, Venise, l'autre plein d'avenir, la Savoie, cherchent l'appui de la France contre l'Espagne, et, au point de jonction des pays méditerranéens et des pays du nord, oscillent selon les mouvements de la balance politique.

C'est entre ces forces vivantes et ces cadavres, entre ces puissances et ces impuissances, que la politique française doit cheminer. Son choix décidera : on se groupera soit autour d'elle, soit contre elle, selon qu'elle choisira elle-même. Richelieu pèse le pour et le contre jusque dans de menus détails, où se complaisent ses *Mémoires*.

Trois partis à prendre pour le cardinal : ou s'attacher à la politique « catholique », celle des « mariages espagnols », celle des Reines et spécialement de Marie de Médicis, celle de sa pourpre et celle de Rome, conséquemment vivre en bons termes avec l'Espagne et lui devenir un « brillant second » ; ou bien, juste à l'opposé, reprendre la politique de Henri IV, la politique dont luimême, malgré sa mitre, s'est fait une arme dans l'opposition, unir la France aux Puissances protestantes, pousser jusqu'à l'extrême les conséquences du mariage d'Angleterre qui est en train de se réaliser, prendre en mains les intérêts du Palatin, élargir le conflit de la Valteline en tombant sur le Milanais, ébranler la

(1) Bréda capitule fin mai 1625.

puissance de l'Espagne dans la péninsule italienne et faire trembler Rome; ou bien, enfin, prendre une position tierce, une position d'attente, peut-être d'arbitre, s'installer au fléau de la balance, ne rien abandonner, ne rien risquer, ménager les catholiques et les protestants, traiter sous main avec tous, même avec ce difficile Bavarois, que peut-être on finira par gagner, si on lui vend le Palatin, caresser, leurrer, tromper les deux adversaires, sinon par des paroles, du moins par le silence, et aller au but, — au triple but, — s'il le faut, « comme les rameurs, en lui tournant le dos ».

Mais ce choix, auquel il faudra bien se déterminer, que les circonstances réclament, le cardinal peut-il le faire ? Sa vue est claire, sa volonté est forte; mais ses mouvements sont-ils libres? Ici, d'autres considérations assaillent son esprit : il a envisagé le « dehors »; a-t-il tenu compte du « dedans » ?

La rébellion des huguenots !... Sans aucun doute, « tant que les huguenots auront le pied en France, le Roi ne sera jamais le maître au dedans ni ne pourra entreprendre aucune action glorieuse au dehors (1) ». « Non pas que leur puissance soit d'elle-même assez considérable pour arrêter le Roi de poursuivre le dessein de faire la guerre au dehors », mais il faut compter que l'Espagne les « favorisera d'argent et de vaisseaux » (2). Avant de s'engager contre eux, il y a bien d'autres choses à considérer : prendre un tel parti, en effet, c'est s'attirer sûrement l'hostilité de l'Angleterre, rompre avec les protestants d'Allemagne, avec la Hollande, renoncer à la politique de Henri IV, annuler les effets du mariage d'Angleterre, irriter la Savoie, désorienter Venise, en un mot isoler la France en Europe et la mettre à la merci de l'Espagne.

Et puis, toujours à l'intérieur du Royaume, le moindre mouvement menace d'en déclencher d'autres, à l'infini. Les grands sont

---

(1) Sur les origines de la rupture avec les réformés, voir ce que dit Lepré-Balain : il attribue une responsabilité toute spéciale aux hommes du Consistoire, à ces « fronts d'airain » opposés à la politique plus conciliante du duc de Rohan et des principaux chefs du parti. — Cfr. *Mémoires*, t. V, p. 29.

(2) *Ibidem*, p. 27.

sages : qui peut répondre de leur sagesse, si l'horizon se charge? Combien sont-ils « qui désireraient qu'il arrivât quelque remuement, pour cependant faire mieux leurs affaires (1) »? Il suffit de regarder autour de soi, parmi les ministres, dans les entourages du Roi, des Reines, des princes de la famille royale : « la Cour est pleine de gens qui n'attendent autre chose qu'un mauvais succès, pour se servir du talent qu'ils ont acquis à faire du mal à ceux qui servent le public (2) ».

Et le peuple du Royaume, enfin, est-il en état de supporter le poids d'une politique doublement dangereuse et onéreuse? A-t-il la foi, la volonté, les hommes, les ressources, l'argent?

Car il faut toujours en venir à cette question d'argent qui entre, du premier coup, comme un poignard dans le cœur de l'homme d'État. A peine engagé, il a senti la pointe : « Quoique le Roi ait de l'argent, écrit-il, et que l'argent n'ait pas encore manqué aux armées (sur le mot *encore*, le front se plisse), les dépenses sont si excessives en France, que personne ne saurait répondre qu'on puisse toujours fournir à de si grands frais, vu, principalement, qu'en matière de guerres, on sait bien quand et comment elles commencent, mais on ne peut prévoir le temps et la qualité de leur fin, d'autant que l'appétit vient parfois en mangeant et que les armes sont journalières... »

Du temps du roi Henri IV, le pays avait retrouvé quelque aisance ; mais voilà quinze ans de cela et les incartades des grands, les dilapidations de la Reine mère ont tout dévoré. Le trésor amassé par Sully dans les caves de la Bastille a fondu : le vieux ministre en fait assez de bruit. On a bien repris une douzaine de millions au trésorier de l'Épargne Beaumarchais, beau-père de La Vieuville, et aux compagnons de ses voleries : mais ce n'est qu'une goutte d'eau. Par quelles voies, de quelle autorité, avec quels risques d'impopularité imposera-t-on de nouvelles charges au pays?

Et voici qu'un fléau terrible survient : la peste. Le Roi, les ministres seront obligés bientôt de fuir les villes pour aller

---

(1) *Mémoires*, t. V, p. 26.
(2) *Ibidem*, p. 34.

chercher un air pur de château en château. Quant à la masse, au pauvre peuple, il succombe. Des scènes affreuses, plus affreuses que le fléau lui-même, vont déshonorer la face du Royaume. En pareilles conditions, peut-on superposer une ruine dont on ne connaît pas la fin à cette ruine qui s'étend et gagne de toutes parts?

Poursuivre la guerre contre l'Espagne, entamer la guerre contre les huguenots : desseins justifiés assurément, mais il faut envisager la question sous tous ses aspects et, selon l'expression même du cardinal, « tourner le feuillet » : « Quelles autres considérations, lisons-nous dans les *Mémoires*, peuvent contrepeser celles qui sont ci-dessus déduites (1)? »

A considérer l'ensemble de la situation, les choses, ni en Europe ni en France, ne sont assez pressantes et assez claires pour prendre un parti qui peut, quel qu'il soit, entraîner plus loin qu'on ne voudrait. Le plus sage ne serait-il pas d'attendre? Que va-t-il advenir, par exemple, du siège de Bréda, qui, s'il tourne mal, comme tout l'indique, libérera les troupes victorieuses de Spinola? Que va-t-il advenir des armées du roi de Danemark et quels renforcements les troupes victorieuses de Tilly ne vont-elles pas apporter aux armées catholiques d'Allemagne? Quel sera le succès des démarches tentées auprès du Bavarois? Fancan a des relations secrètes avec l'Électeur : il a tout intérêt à nous leurrer. Car ce Fancan lui-même n'est pas sûr. A Rome, le changement de Souverain Pontife aura peut-être de bons résultats, — peut-être; car si le nouveau Pape est capable, il est bien mal entouré. En Angleterre, enfin, le roi Jacques venant de mourir, que sera le nouveau Roi? Gardera-t-il ce dangereux Buckingham? Pliera-t-il devant la majorité puritaine du Parlement?... Doutes, indécisions, suspens.

Oui, le mieux est d'attendre, de voir venir, de se réserver; en tous cas, de s'en tenir aux affaires absolument urgentes, à celles qui sont sur la table, sans anticiper sur un avenir incertain.

(1) *Mémoires*, t. IV, p. 24.

Elles suffisent bien comme cela :

D'abord, les difficultés avec l'Espagne au sujet de la Valteline ;

Parallèlement, l'affaire des huguenots ;

Et, le mariage d'Angleterre étant décidé, les suites de ce mariage.

C'est donc sur ces trois points que se concentre l'attention du ministre et, à leur étude, il apporte un effort de volonté et d'ingéniosité qui suffit à l'absorber tout entier.

A y regarder de près, en effet, il est bien obligé de reconnaître que ses premières décisions et exécutions ont été un peu promptes et qu'elles doivent être reprises sur nouveaux frais.

Certes, il n'a pas à se plaindre des résultats obtenus : dans les Alpes, l'armée du Roi a remporté des succès appréciables, bien que ce siège de Gênes traîne en longueur. Tout compte fait, l'Espagne est embarrassée : on la sent qui cherche une issue ; partout ses embarras se sont accrus ; elle est sans argent, les galions des Indes étant capturés ou guettés par les capitaines hollandais. Selon les conseils du plus prudent de ses ministres, il semble qu'elle hésite à pousser à fond la politique des « passages ». Peut-être se prêterait-elle à quelque concession qui permettrait de régler raisonnablement la question des forts. En soi-même, le cardinal est bien obligé de reconnaître que ni sa position ni celle de la France ne sont, en ce moment, assez solides, assez sûres pour lui permettre de persévérer dans l'une ou l'autre des politiques extrêmes et, encore moins, d'agir contre les deux adversaires à la fois.

Attaqué par les protestants, s'il s'engage à fond contre l'Espagne ; rompant avec l'Angleterre et les princes protestants, s'il s'engage à fond contre les Rochelais : tout lui est péril et, en cas d'insuccès, catastrophe. Ainsi, avant tout, se fortifier soi-même, fortifier ses instruments et fortifier le Royaume. Et, pour conclure, ne rien brusquer, gagner du temps. A tous les points de vue, la paix est le parti à prendre pour mieux aborder, par la suite, les secrets desseins retardés.

La paix, donc... Mais quelle paix? La paix des huguenots ou la paix d'Espagne? Eh bien! les *deux à la fois*, tel est le dessein auquel, par une extraordinaire finesse de jugement et par une singulière autorité sur soi-même, s'arrête le jeune ministre ; dessein tout personnel, infiniment complexe et que l'homme d'État déjà consommé saura mener à bonne fin, comme il le dit, « par une conduite pleine d'industrie inaccoutumée, qui portera les huguenots à consentir à la paix de peur de celle d'Espagne et les Espagnols à faire la paix de peur de celle des huguenots (1) ».

Mais, au moment de s'engager dans une telle procédure, encore faut-il se préoccuper du troisième problème, celui des conséquences à tirer du « mariage d'Angleterre », puisque c'est chose faite. Le cardinal va donc s'efforcer de ne rien perdre de ce côté, en ayant soin de se dégager des autres ; il fera entrer les relations avec l'Angleterre dans sa politique d'ensemble, de façon à combiner le tout en un système solidement agencé et bien emboîté. Il sait qu'il ne peut y avoir, pour la France, de politique européenne efficace, si on n'a pas mis au point d'abord les rapports avec l'Angleterre. Or il a négocié minutieusement cette affaire du mariage, de façon qu'elle lui ouvrît une porte à la fois vers les catholiques et vers les protestants. En somme, par ce mariage, il a la main dans les affaires intérieures d'Angleterre et il saura bien jouer de cet avantage de façon à l'occuper chez elle.

Reprenons le détail des événements et entrons maintenant dans le fond de cette politique « pleine d'industrie », en suivant d'abord l'affaire du mariage anglais, où une fille de France est offerte en holocauste au calcul profond de la politique.

(1) *Mémoires*, t. V, p. 206.

LIVRE PREMIER
LE MARIAGE D'ANGLETERRE

LIVRE PREMIER

LE MARIAGE D'ANGLETERRE

CHAPITRE PREMIER

RICHELIEU ET BUCKINGHAM

Nous sommes donc à la fin de mai 1625, Richelieu est premier ministre depuis un mois. Il avait dit au Roi en débutant : « Le mariage d'Angleterre est en mauvais termes par la faute de La Vieuville. »

Or voilà près d'une semaine que ce mariage, qui paraissait irréalisable, est conclu. Henriette-Marie de France, troisième fille de Henri IV et de Marie de Médicis, est reine d'Angleterre ; elle a été épousée par le duc de Chevreuse au nom de Charles Ier, roi d'Angleterre, qui lui-même vient de succéder à son père Jacques Ier. Sur une estrade abritée par un dais, à la porte de Notre-Dame, le cardinal de La Rochefoucauld, grand aumônier de la Cour, a béni l'union de la princesse catholique et du prince anglican.

Richelieu se remémorait tout cela chez Marie de Médicis, au Luxembourg, en cette soirée du 27 mai 1625, où se donnait une fête en l'honneur des trois Reines : Marie, Anne, et cette Henriette, la nouvelle mariée de seize ans. Le comte de Holland [1] avait dit, l'année précédente, de cette fleur de France : « Sa taille est au-dessous de la moyenne de son âge, mais son esprit est

---

[1] Henri Rich, lord Kensington, de la maison de Warwick, premier comte de Holland.

infiniment au-dessus ; c'est la plus charmante créature de son pays. »

Louis XIII, indisposé, n'assistait pas à la fête du Luxembourg, mais les ambassadeurs d'Angleterre, les comtes de Holland et de Carlisle (1) étaient venus. Les invités avaient moins de regards pour ces deux personnages que pour le duc de Buckingham, favori de Charles Ier, qui, arrivé de Londres le 24 mai, avec mission d'y conduire la reine d'Angleterre, étonnait Paris depuis trois jours, des vingt-sept habits qu'il avait apportés à l'hôtel de Chevreuse, rue Saint-Thomas du Louvre. Vingt-sept habits complets, dont le plus riche était de velours blanc garni de diamants et valait, assurait-on, quatre-vingt mille livres sterling.

Dans la grande galerie du Luxembourg que Rubens venait de décorer, l'assistance regardait avec des yeux émerveillés les vingt et une toiles où le peintre avait développé l'histoire de Marie de Médicis, dont l'opulente maturité convenait si bien à son pinceau. Cette vie illustrée, « véritable poème en vingt et un chants », remplissait la galerie de l'éclat de ses couleurs. La Reine contemple son image, qui lui apparaît au ciel et sur la terre, sous la robe divine de Junon, sous le manteau bleu fleurdelysé du couronnement, sous la cuirasse d'or d'une guerrière casquée, et toujours si blonde, si reluisante, si belle... « Votre grosse banquière de Florence » ! criait jadis à Henri IV Mme de Verneuil. La « grosse banquière » était quelque peu idéalisée. « Satisfaite au delà de toute expression, raconte le bienveillant Peiresc, elle qualifiait M. Rubens comme le premier homme du monde dans son art. Quant au cardinal de Richelieu il ne pouvait se rassasier de regarder et d'admirer. » Admiration ironique peut-être : au fond, Richelieu n'aimait ni n'appréciait l'artiste diplomate. Ce n'est point à ce peintre des chairs splendides, mais au sobre Philippe de Champagne qu'il confiera plus tard le soin de fixer sur la toile son inquiétante et fine silhouette.

Rubens, accablé de louanges par la Reine, était certes aussi satisfait qu'un artiste peut l'être de sa peinture. Richelieu ne

---

(1) James Hay de Sawley, vicomte de Duncaster et comte de Carlisle.

l'était pas moins de sa politique. Cardinal et premier ministre d'un roi de France dont la sœur allait ceindre, grâce à lui, la couronne d'Angleterre, il jouissait du succès obtenu, mais sans se faire trop d'illusions sur les conséquences.

On lit dans les *Mémoires* : « Le cardinal, qui avait, avec tant de peine et de prudence, conduit cette alliance à une heureuse fin, se sentant comme obligé de témoigner son contentement, qui excédait celui de tous les autres, fit à Leurs Majestés et à toute la Cour une collation et un feu d'artifice qui étaient dignes de la magnificence de la France. » Qu'importe que cette collation ait coûté, comme le prétend le Père Garasse, quarante mille livres (deux cent mille francs de notre monnaie de 1913)? La dépense était peu de chose, si le mariage ne décevait pas les espérances de ceux qui l'avaient conclu. Le Béarnais, qui avait entassé tant de millions d'or dans les caves de la Bastille, eût blâmé sans doute cette prodigalité, mais il eût loué l'habileté du cardinal. En plaçant une fille de France sur le trône britannique, Richelieu menait à bon terme une procédure diplomatique assez délicate, mais dont il espérait tirer, en somme, de réels avantages.

Henri IV avait songé, en 1603, à un « mariage d'Angleterre »; mais alors, c'était le futur Louis XIII qui devait épouser une princesse anglaise, tandis que sa sœur Élisabeth de France eût épousé le prince Henri, fils aîné de Jacques Ier. L'Espagne, pour empêcher le roi de la Grande-Bretagne d'accepter une fille de France, avait jeté sur le marché conjugal, son infante Anne d'Autriche. Henri IV désirait le mariage anglo-français, alliance qui pouvait devenir une force contre l'Espagne et qui rendrait l'Angleterre moins prompte à secourir, en France, les protestants révoltés. Philippe III désirait le mariage anglo-espagnol, qui pouvait bouleverser tout le système diplomatique en Europe et donner aux protestants révoltés et à l'Espagne un allié commun, peut-être un médiateur.

Le couteau de Ravaillac avait coupé court aux projets de Henri IV. Les fils de la négociation se renouèrent en 1611 et en 1616. Finalement, d'autres mariages avaient été célébrés : la princesse Élisabeth de France avait épousé le prince des Asturies, fils aîné de Philippe III et l'infante Anne d'Autriche le roi Louis XIII. A l'occasion de ces mariages franco-espagnols, Lope de Vega avait composé un sonnet où se trouve déjà le mot fameux : *Il n'y a plus de Pyrénées* :

> *Ya no divide nieve Pirenea*
> *A España que con Francia se desposa.*
>
> Vous ne séparez plus, neiges des Pyrénées,
> Notre Espagne et la France aujourd'hui mariées.

Jacques Ier avait vu mourir, en 1612, le prince Henri et il avait marié, en 1613, la princesse d'Angleterre à l'électeur Frédéric V, — ce Frédéric de Bavière, comte palatin, qui devait disputer à l'Empereur la couronne de Bohême et dont la fille Élisabeth fut cette illustre correspondante de Descartes, à laquelle furent dédiés les *Principes de la philosophie*.

Il restait à Jacques un fils, le nouveau prince de Galles, le futur Charles Ier. Sous prétexte de féliciter Louis XIII et Anne d'Autriche à l'occasion de leur entrée solennelle dans Paris, il avait envoyé en France un ambassadeur extraordinaire, le comte de Carlisle. L'ambassadeur s'était rendu au Louvre avec une suite magnifique. Caracolant sur un cheval dont les fers d'argent se détachaient et volaient tantôt à droite, tantôt à gauche, il faisait la joie de la foule, car son argentier, « en brillante livrée », s'empressait de poser d'autres fers aussi peu solidement attachés que les premiers.

Cette magnificence avait ébloui les badauds, mais Carlisle n'avait pu obtenir, pour le prince de Galles, la main de la princesse Christine, seconde sœur de Louis XIII, bientôt fiancée au prince de Piémont, fils aîné du duc de Savoie. Jacques s'était alors retourné vers l'Espagne, où l'infante Marie, sœur d'Anne d'Autriche, était toujours à marier.

C'est alors que le duc de Luynes, craignant que l'Angleterre ne favorisât la révolte imminente des huguenots, avait dépêché à Londres son frère, le maréchal de Cadenet, pour essayer de marier la princesse Henriette de France avec le prince de Galles.

Cadenet, ambassadeur extraordinaire en Angleterre et non moins splendide que Carlisle en France, n'avait pas été plus heureux. On trouve, dans les *Mémoires* du comte de Tillières, à cette époque ambassadeur de France à Londres, ce petit tableau d'intérieur digne de certains peintres réalistes de l'école hollandaise. Le roi d'Angleterre, un soir, dans la chambre du lit, avec le prince de Galles et lord Digby, écoute le beau Buckingham, exhaler en chemise, de la façon la plus rabelaisienne et la plus sonore, les sentiments que lui inspire le maréchal de Cadenet. Le Roi se tue de rire, tandis que le favori lance à chaque nouvelle note : « Voici pour l'ambassadeur de France extraordinaire! » Jacques Ier en tenait toujours pour le mariage espagnol, d'autant que son gendre Frédéric V, électeur palatin, venait d'être dépossédé du Palatinat par l'Empereur.

Infortuné Palatin! Il avait intrigué vainement en août 1619 contre la candidature impériale de Ferdinand d'Autriche. Il avait accepté en octobre le trône de Bohême, à la grande joie de sa femme, l'ambitieuse Anglaise dont le mot, digne de César, a survolé les siècles : « J'aime mieux manger de la choucroute avec un roi que du rôti avec un électeur. » Couronné à Prague, mais roi sans royaume après le désastre de la Montagne Blanche, fugitif, mis au ban de l'Empire, il devient à la fois le boutefeu et la victime de la guerre de Trente ans. Tout cela pour mourir en 1632, sans avoir recouvré ses États. Le mariage espagnol aiderait le roi d'Angleterre à restaurer la fortune de son gendre; Jacques espérait que le roi d'Espagne, dont les ambassadeurs étaient fort écoutés à Vienne, interviendrait auprès de son cousin l'Empereur en faveur de Frédéric. Après des difficultés et des lenteurs infinies, rien n'avait abouti.

En 1621, Philippe IV avait succédé à son père Philippe III sur le trône d'Espagne. Le Pape et les théologiens espagnols voyaient d'un mauvais œil l'union d'une infante et d'un prince protestant. Las d'attendre, Jacques avait consenti, en 1623, au romanesque voyage du prince de Galles partant pour l'Espagne en compagnie de Buckingham, afin de conquérir la princesse que lui refusaient les théologiens.

On connaît les détails de l'équipée. Les deux chevaliers errants s'embarquent à Douvres, affublés de fausses barbes et de faux noms, quittent leurs barbes à Paris et, rendus méconnaissables par les perruquiers à la mode, se font présenter au duc de Montbazon comme deux gentilshommes anglais de passage dans la capitale et désireux d'admirer les fêtes de la Cour. Les voici au Luxembourg, assistant au dîner de la Reine mère ; les voici au Louvre, regardant le galant spectacle du ballet de *Junon*. Anne d'Autriche y figure ainsi que « dix-neuf belles danseuses, parmi lesquelles la Reine est la plus belle », — constate le prince de Galles (car c'est l'avis de Buckingham). Le futur Charles Ier est fort sensible à la beauté d'Anne d'Autriche, fort peu à celle de la princesse Henriette, sa future épouse.

Le 17 mars, au crépuscule, les voici à Madrid, dans une rue écartée, à deux pas de la *Calle de Alcalá*, devant la porte de l'ambassade d'Angleterre. Thomas Smith (Buckingham), sa valise sur l'épaule, se fait recevoir à grand peine par l'ambassadeur, lord Bristol, tandis que John (le prince de Galles), dont la silhouette se confond avec la muraille, garde les chevaux de l'autre côté de la rue. Le prince, dix jours plus tard, est logé au palais, comblé de présents par la Reine (Élisabeth de France), célébré par Lope de Vega. Tout Madrid répète les vers improvisés par le poète :

> *Carlo Estuardo soy*
> *Que, siendo amor mi guia,*
> *Al cielo d'España voy,*
> *Por ver my estrella Maria.*

C'est moi Charles Stuart qui viens,
Laissant l'amour enfler ma voile,
Sous les beaux cieux ibériens,
Pour voir Maria mon étoile.

Cependant la Cour de Rome prépare la dispense ; les articles du traité sont élaborés et l'infante prend des leçons d'anglais. En somptueux costume, des plumes blanches à son chapeau, le prince paraît à côté d'elle aux courses de taureaux, dans la loge de la Reine. Un autre jour, à la *Casa de Campo*, il franchit le mur du jardin de l'Infante, tombe à ses genoux et ne se retire qu'aux instantes prières d'un vieux seigneur qui répond d'elle sur sa tête.

Ces manières d'aventurier, la religion de Charles mettaient en méfiance la gravité espagnole, Les rois d'Espagne et d'Angleterre savaient qu'il leur était impossible d'exécuter les articles qu'ils avaient acceptés. Philippe IV n'oubliait pas le serment qu'il avait prononcé dans sa chambre, devant le crucifix, le jour où le comte-duc d'Olivarez lui avait annoncé l'arrivée imprévue de Buckingham et du prince de Galles : « Dans les questions relevant de la religion catholique, je ne retrancherai pas un seul iota sans la permission du Pape, dussé-je perdre tous mes royaumes. »

Pareil élan mystique n'était pas à craindre en France, même un cardinal étant premier ministre. Un an plus tard, le 5 juin 1624, Jacques, après avoir rappelé de Madrid son fils et son favori, avait envoyé les comtes de Carlisle et de Holland à Compiègne, où se trouvait Louis XIII, pour demander la main de Henriette de France.

Au Conseil tenu le surlendemain dans une salle du château, le cardinal avait, selon la méthode qui allait être celle de Descartes, analysé, articles par articles les raisons d'accepter ou de refuser les propositions britanniques.

Il examine d'abord le projet manqué du mariage anglo-espagnol. Le roi d'Espagne, observe-t-il, a grand sujet de désirer le mariage du prince de Galles avec l'infante Marie. Si ce mariage avait lieu, l'Angleterre cesserait de fournir des soldats aux Hollandais, sujets révoltés du roi d'Espagne ; il fermerait ses ports à la marine hollandaise et lui rendrait impossibles ses longs voyages aux Indes.

Étendant au loin son regard perçant, le cardinal voyait déjà le trafic des Hollandais se substituer au trafic espagnol dans les mers lointaines, leur puissance enlever à l'Espagne, si le Roi Catholique n'avait l'amitié de l'Angleterre, les places de la Guinée, du Congo, de l'Angola. Puis, revenant en Europe, il montrait le roi d'Angleterre « chef des protestants, arbitre des affaires d'Allemagne ».

Ainsi cette alliance, qui apparaissait comme nécessaire à l'Espagne, le cardinal la jugeait nuisible au roi d'Angleterre : moins puissant que son allié, il serait forcé de condescendre à la plupart des volontés du roi d'Espagne et perdrait la confiance de ses vassaux protestants. « L'Espagnol étant semblable au chancre qui ronge et mange tout le corps où il s'attache », il agit « d'ordinaire sous le prétexte de la religion, qui se trouve plus grand en Angleterre qu'en autre lieu par la division des catholiques et des protestants »; « le roi d'Espagne n'aurait donc point de pied en Angleterre sans dessein et sans péril pour l'État. »

Poursuivant ses raisonnements, passant de la diplomatie à la politique, de la politique à la théologie, le cardinal déclarait que l'on pouvait en revanche accepter, en France, le mariage d'Angleterre, s'il était « fructueux » à l'Église et à l'État et si « l'âme de celle qui serait mise en un tel vaisseau n'était exposée à aucun péril de naufrage ». Il n'y aurait point de naufrage, puisque l'on aurait soin de stipuler que la princesse conserverait sa religion et qu'elle obtiendrait la liberté de conscience pour les catholiques anglais. L'État français retirerait un grand bien de ce mariage, puisque les huguenots de France, en cas de rébellion, ne recevraient plus aucun secours de l'Angleterre et que, toujours, « l'alliance de l'Angleterre nous avait été avantageuse, cette île étant située, expliquait Richelieu, comme un boulevard de ce Royaume ». Il ne fallait pas que l'Espagnol, uni aux occupants de ce boulevard, « pût nous attaquer des deux côtés ».

Ces arguments persuadèrent Louis XIII et « il se résolut à ne pas rejeter l'offre » des ambassadeurs d'Angleterre. Richelieu s'était engagé aussitôt dans une négociation très serrée, qui finalement avait réussi. Le 13 août 1623, le Père de Bérulle était parti pour Rome, afin d'en rapporter la dispense nécessaire. Nul n'était mieux choisi pour cette mission que le glorieux fondateur de l'Oratoire, alors âgé de quarante-huit ans. Le grand politique envoyait, pour achever son œuvre, un mystique doux et grave, un saint, homme d'esprit, qui portait cilice et n'était rude que pour soi-même. Le cardinal du Perron avait dit avec beaucoup de justesse, en 1599 : « S'agit-il de convaincre les hérétiques, amenez-les moi ; si c'est pour les convertir, présentez-les à M. de Genève (saint François de Sales) ; mais si vous voulez les convaincre et les convertir tout ensemble, adressez-vous à M. de Bérulle. »

Maintenant, il s'agissait de convaincre le Pape lui-même, Urbain VIII (Mathieu Barberini), un de ces pontifes de piété profonde et de belle culture, d'intelligence vive et de volonté ferme, à la fois homme d'État et poète, se reposant des encycliques par des hymnes latines, comme celui que nous avons vu dans les dernières années du xixe siècle.

Il n'avait pas été facile de persuader Urbain VIII, entouré des cardinaux favorables à l'Espagne. Aussi bien le Pape n'était-il point fâché de la rivalité des maisons de France et d'Autriche, qui diminuait la puissance de l'Espagne en Italie. Ayant été jadis nonce à Paris et fort sensible aux honneurs et caresses que lui avait prodigués Henri IV, il était bien disposé pour la France ; mais, désireux de jouer un grand rôle en Europe, il remarquait avec peine que, dans l'affaire du mariage d'Angleterre, loin de s'adresser à lui comme à un arbitre dont on sollicite une décision, Louis XIII ne le considérait que comme un souverain spirituel à qui l'on demande une dispense. Urbain VIII craignait en outre que l'Angleterre, alliée de la France, ne fît rendre au protestant Frédéric V, gendre de Jacques Ier, l'électorat que détenait le catholique duc de Bavière. N'oubliant ni les intérêts de l'Église, ni ceux de Henriette, il eût préféré voir la princesse mariée à don Carlos, frère du roi d'Espagne et, bientôt peut-être, après la mort de l'archiduchesse Isabelle, gouverneur des Pays-Bas espagnols.

Le Père de Bérulle n'avait qu'à suivre les instructions de Richelieu ; cependant, plus dévot que le ministre, il s'intéressait davantage au sort des catholiques anglais. Il les montrait plus heureux sous une reine de leur religion et il tirait parti de cette perspective pour assurer, comme le lui prescrivaient ses instructions, que « l'esprit et la dévotion » de Madame la rendaient « capable de gagner autant sur son mari qu'avait fait autrefois une fille de France (Berthe, fille de Caribert, roi de Paris) sur

Ethelbert, roi d'Angleterre (1), qu'elle avait rendu si bon chrétien de païen qu'il était, que, depuis, il avait été canonisé ».

Ce langage était peut-être fait pour impressionner la Cour de Rome. Cependant Richelieu avait cru devoir bientôt en tenir un autre tout différent où, sous le voile du plus profond respect, perçaient l'irritation et même la menace : « Quel déplaisir serait-ce au Roi de recevoir un refus qui l'engagerait plus que je ne veux penser? Sans considérer la passion que j'ai aux intérêts de Sa Majesté, j'aimerais mieux avoir perdu beaucoup qu'on en vînt à cette décision qui, sans doute, serait préjudiciable à l'Église. »

Richelieu, qui avait gardé un précieux enseignement de son voyage à Rome, n'ignorait pas comme il fallait parler à la congrégation romaine chargée d'accorder les dispenses. Et, d'autre part, le séjour de Rome avait dessillé les yeux du Père de Bérulle : « Toute cette Cour, constatait l'envoyé de Richelieu, a sa conduite et ses principes un peu différents de ce que l'on jugerait sans l'avoir éprouvé soi-même et je confesse en avoir plus appris en peu d'heures sur ce lieu, que ce que j'en savais par tous les discours qui m'en avaient été faits. La proportion de France, d'Italie, d'Espagne est le cadran qu'ils regardent continuellement; leur réputation aux affaires, l'usage et l'accroissement de leur autorité sont les points qui les conduisent dans les conseils, qui me semblent y avoir plus de poids que beaucoup de raisons de théologie. »

La manière de Richelieu se trouvait être la bonne, puisqu'un légat apportait aussitôt la dispense. Il n'est pas inutile d'ajouter que le légat crut devoir accompagner cette faveur d'une plainte des plus acerbes, au sujet d'une affaire politique touchant la Cour de Rome à la prunelle de l'œil : les forts de la Valteline, dont l'Espagne avait confié la garde au Saint-Père, venaient d'être pris de vive force par les armées françaises. Mais, pour le moment, on n'insista pas, tout cédait à la joie du mariage. Henriette allait monter sur le trône d'Angleterre aux conditions sur lesquelles les deux rois s'étaient mis d'accord : huit cent mille écus de dot, la

(1) Ethelbert, roi de Kent (560-616).

liberté de conscience pour les catholiques anglais; pour elle-même et pour sa maison, la liberté de pratiquer la religion catholique, les enfants pouvant, jusqu'à l'âge de douze ans, rester dans la religion de leur mère. Richelieu triomphait.

Buckingham, par contre, avait aussi son plan : il espérait pouvoir amener le cardinal à l'aider dans l'exécution de ses propres desseins politiques. Qui l'eût dit en le voyant « si peu ministre », comme le remarque Voltaire dans l'*Essai sur les Mœurs* et comme le montre une lettre que le bel Anglais avait écrite à Louis XIII le 15 mars 1625, pour le féliciter du mariage de la princesse, vraie lettre de *foxhunter* adressée à un chasseur passionné? « J'espère, disait-il, que Votre Majesté me donnera la liberté de tâcher le mieux que je pourrai de lui donner du plaisir et passer le temps durant mon séjour en ses pays avec la suite que j'y mènerai des meilleurs chiens que j'ai pu recouvrer, les ayant dérobés à tous mes amis, tant pour courre le renard et dessus et dessous terre, dont j'ai constitué capitaine le comte de Montgomery, comme pour le cerf, dont le sieur de Saint-Ravy aura la conduite, et de bassets pour le lièvre, dont j'ai donné la charge à Tanepot, m'étant réservé à moi-même l'état de votre maquignon et au père Bagier de commander en chef à toute l'armée. Laquelle, j'espère, sera si bien ordonnée que, si ce n'est le jour du mariage, il ne passera journée qu'on ne donne affaire à Votre Majesté (1). » Et Buckingham, tout en s'excusant de sa hardiesse, « déclarait la guerre » aux chiens du Roi. Déclaration de guerre courtoise à laquelle Louis XIII répondait joliment : « Vous avez choisi de si bons capitaines, qu'étant conduits de si bonne main, je ne doute point qu'ils ne donnent le passe-temps que vous vous promettez. Mais je vous avise de bonne heure que, si les miens n'emportent le dessus, ce sera pour faire honneur aux étrangers (2). »

Que l'Angleterre déplore la perte du Palatinat arraché à Frédéric V, beau-frère de son roi Charles Ier, ou qu'elle s'inquiète

(1) *Archives des Affaires étrangères, Angleterre* (Corr. 33, f° 73).
(2) Avenel, *Lettres du Cardinal de Richelieu* (t. III, p. 72).

des desseins de l'empereur Guillaume II visant la mer, que ce soit au xvıı⁰ siècle ou au xx⁰ siècle, aussitôt qu'elle éprouve quelque difficulté par delà le Rhin, elle recherche l'alliance de la France. Buckingham ne tarda pas à dévoiler son calcul : il s'agissait de conclure avec le Roi une alliance offensive contre l'Espagne-Autriche. Richelieu est trop avisé pour se laisser prendre : il entend que les « affaires de la chrétienté soient en balance »; sa politique étant toute d'équilibre européen, il n'aidera le Palatin à recouvrer le Palatinat qu'en vue d'affaiblir la maison d'Autriche; jamais il ne promettra de ne pas signer la paix avec l'Espagne. En vain Buckingham propose, au lieu d'une ligue, une sorte d'entente cordiale qui terminerait à la fois toutes les affaires pendantes, celle de la Valteline, celle de Gênes et celle du Palatinat; Richelieu répond que « les noms ne changent point la nature des choses ». Il veut ménager en Allemagne les princes protestants, mais sans se mettre à dos ni l'Empereur ni les princes catholiques. Quant à Mansfeld, on lui accordera les subsides, mais goutte à goutte. On ne veut pas le perdre, mais on ne veut pas le suivre, résolu que l'on est de ne rien risquer pour le Palatinat (1).

Buckingham, décontenancé, change de tactique. Ou bien il menace de s'allier avec l'Espagne et de recouvrer le Palatinat par traité, ou bien il offre d'envoyer contre elle une flotte de cent voiles. Quinze mille Anglais débarqueraient en Flandre; le Roi joindrait à l'armée anglaise six mille chevaux. Cette armée, unie à celle de Mansfeld, conquerrait l'Artois pour la France.

Richelieu reste froid : « C'est aux Anglais de voir si le bien de leurs affaires exige un tel effort. » Il conseille à Buckingham de tâcher de restaurer Frédéric dans le Palatinat par un bon traité. Le Roi ne permettra pas que les intérêts de son allié d'Angleterre soient lésés.

---

(1) **Avenel**, *Lettres du Cardinal de Richelieu* (t. II, p. 49, note) et les instructions à Villars envoyé près de Mansfeld en décembre 1624 (p. 58). L'armée de Mansfeld se dispersa faute d'argent après la capitulation de Bréda (p. 107). Sur la volonté arrêtée de Richelieu, conseillé par le Père Joseph, de ne pas se laisser entraîner à rompre avec les princes catholiques en Allemagne, Lepré-Balain est formel, v. ci-dessus, p. 3, n. 1.

Les raisons de son attitude, Richelieu les expose dans un Conseil tenu à cette occasion. Certains voudraient qu'on ne laissât aucune espérance à Buckingham. La plupart attendent les explications du cardinal et ne se prononcent pas. Assis au haut bout de la table, Louis XIII, le chapeau sur la tête, ordonne au cardinal de dire son avis. Avec sa netteté habituelle, Richelieu déclare que trois choses lui paraissent nécessaires à la France : le maintien de la bonne intelligence avec les Anglais, une guerre anglo-espagnole, la liberté de faire la paix avec l'Espagne en Italie. Le Roi peut assister sous main l'Angleterre dans sa lutte contre l'Empereur ; il peut s'engager à continuer ses subsides à Mansfeld ; il peut entretenir l'armée danoise en Allemagne. Ces secours donnés à ses alliés ne lui seront pas inutiles à lui-même. Mais il ne doit rien faire de plus ni s'engager dans une alliance qui pourrait l'entraîner à une rupture avec l'Espagne pour des intérêts qui ne sont pas ceux de la France.

Louis XIII se range à l'avis de son ministre. Le roi d'Angleterre pourra compter sur les subsides promis, mais qu'il se résolve à faire lui-même le grand effort militaire capable d'amener la restitution du Palatinat et qu'il déclare que rien ne se fera en Allemagne sans la permission du roi de France : telle fut la réponse transmise au duc de Buckingham. Par cette conduite si adroitement nuancée, Louis XIII tend aux deux fins qui justifient, au point de vue français, l'alliance anglaise : d'une part, l'affaiblissement des protestants de France; d'autre part, l'affaiblissement de la maison d'Autriche, la politique française se réservant de choisir au dernier moment selon ses intérêts.

Satisfait ou non, Buckingham n'a plus qu'à quitter la France, emmenant avec lui la fille de Henri IV, qui allait payer de son bonheur les avantages assurés à la politique de son pays.

On partit le 2 juin 1625. Transportons-nous rue d'Autriche à cinq heures de l'après-midi. Une bien piètre rue qui faisait pourtant façade au palais du Roi. Commençant à la Seine, orientée du sud au nord, bordée à l'est par un palais gothique, le petit Bourbon, à l'ouest par le Louvre, elle serpentait devant l'entrée féodale du château, sur l'emplacement d'une partie de la cour actuelle, passait entre les hôtels de Clèves et de La Force et se confondait, vers la rue Saint-Honoré, avec notre rue de l'Oratoire.

En cette fin de journée, des sonneries de trompettes éclatent, venant de la cour du Louvre ; un martellement de pieds de chevaux retentit sur les planches du pont-levis et, sur le seuil de la grande porte, apparaît une troupe de cavaliers : les archers de la ville. Cinq compagnies se pressent bientôt dans la rue étroite, puis cinq cents bourgeois à cheval, puis les dizainiers, les officiers de la ville, les échevins, les quarteniers, deux exempts des gardes et trente archers du grand prévôt. Enfin, après un muletier sur son mulet caparaçonné, sortent deux mulets houssés d'or et de rouge dont les têtes se couronnent d'aigrettes blanches ; ils portent les brancards d'une litière de velours cramoisi, brodé d'or, dans laquelle on aperçoit la douce, l'aimable Henriette de France, dont le visage respire l'intelligence et la bonté. Le prévôt des marchands chevauche à côté de la litière, car c'est un privilège de la Ville de Paris de conduire hors des murs une fille de France mariée dans un pays étranger et quittant le Royaume au lendemain de ses noces. La nouvelle reine de la Grande-Bretagne s'en va trouver en Angleterre l'époux qu'elle ne connaît pas. Les Parisiens, massés sur son passage, se montrent les uns aux autres le ministre du roi Charles Ier, le somptueux duc de Buckingham ramenant à son maître la jeune princesse qu'il est venu conquérir à Paris.

Louis XIII est absent (il s'est rendu à Fontainebleau) ; la reine Marie de Médicis et la reine Anne d'Autriche sont absentes. Ne doivent-elles pas, selon l'usage, accompagner jusqu'à Boulogne leur fille et belle-sœur ? Elles sont parties par une autre route et, tandis que Henriette, descendant de litière à mi-chemin de Saint-Denis et montant en carrosse, ira coucher à Stains, elles prendront gîte au château de Compiègne et la rejoindront à Montdidier.

Ainsi l'a décidé Louis XIII, peu soucieux d'exposer Anne d'Autriche, pendant les hasards d'un voyage, aux entreprises de Buckingham. Une légende amoureuse entoure le beau favori et déjà mille bruits sont répandus. Si l'on en croit La Porte, qui était alors portemanteau d'Anne d'Autriche, « il avait paru à la Cour avec tant d'agrément et de magnificence qu'il donnait de l'admiration au peuple, de la joie et quelque chose de plus aux dames, de la jalousie aux galants et encore plus aux maris ». Durant les sept jours qu'il avait passés à Paris, « il avait été vu de la Reine régnante avec une grande joie qui n'était pas sur le visage seulement, mais qui pénétrait jusqu'au cœur. Dès le premier jour, la liberté entre eux avait été aussi grande que s'ils se fussent connus depuis un long temps ».

Ce n'est pas seulement Louis XIII qui avait voulu que le mariage fournît à la Reine le moins d'occasions possible de rencontrer Buckingham : Richelieu, qui était resté avec le Roi, avait suivi d'un œil fort mécontent « les continuelles familiarités et entrevues entre le duc et la Reine, où le cardinal croyait n'être pas oublié ». Il est probable qu'il avait approuvé, sinon inspiré, les commandements du Roi.

Les deux cortèges se rencontrèrent le 3 juin, sur la route de Montdidier, qui ressemblait à une fourmilière humaine. Arrêt de trois jours à Montdidier: le 7, entrée dans Amiens. Les cérémonies officielles ne permirent pas à Buckingham de s'entretenir avec la Reine. D'ailleurs, l'écuyer et le portemanteau d'Anne d'Autriche avaient reçu des ordres sévères. Il fallut essuyer des discours et, d'abord, celui du duc de Chaulnes, gouverneur de la ville, écho peut-être des *Stances* de Théophile : « Les Zéphyrs et les Alcyons, petits oiseaux d'heureux augure, se préparent pour rendre serein votre passage : déjà les tempêtes se calment, la fureur des flots se modère, les vents plus contraires se renferment et les dieux plus aimables de la mer vous attendent, pour vous faire escorte avec toutes sortes de respects et de bienveillance... » Il fallut ensuite passer devant toute une décoration de théâtre, admirer les jardins de carton, les arcs de triomphe de toile peinte. Il y en avait jusque sur les degrés de la cathédrale, où, dans cinq niches, « cinq jouvenceaux bien parés » représentaient cinq filles de France qui avaient été reines d'Angleterre : d'abord, en 590, l'inévitable Berthe, fille de Caribert et femme d'Ethelbert; puis, en 855, Judith, fille de Charles le Chauve et femme d'Ethelwof; en 1160,

Marguerite, fille de Louis VII et femme de Henri Court-Mantel; en 1309, Isabelle, fille de Philippe le Bel et femme d'Édouard II; en 1420, Catherine, fille de Charles VI et femme de Henri V : toutes reines qui paraissaient dans leurs niches sous les traits de la Foi, de la Clémence, de l'Humanité, de la Prudence, de la Constance, vertus que ne pouvait manquer de réunir en sa personne la princesse que l'on fêtait aujourd'hui. Il fallut enfin écouter la harangue de l'évêque, messire François de Caumartin, recevant au grand portail, et le chant du *Te Deum*.

Puis ce furent les visites que rendirent à Henriette, logée au palais épiscopal, les autorités de la ville, et bientôt le flot des présents apportés par les corporations. Aucune des Reines ne fut oubliée. Henriette reçut pour sa part « douze bouteilles d'hypocras blanc et clairet très excellent et quantité de gibier tout vif dans de belles cages faites exprès : savoir six cygnes, six paons, six faisans, trois douzaines de perdrix, trois douzaines de tourterelles, six douzaines de cailles, six coqs d'Inde, six chapons, douze ramiers, douze gelinotes, douze étourneaux, trois douzaines de poulets caillerets, trois douzaines de pigeonneaux, douze dindons, douze levreaux, douze lapins, douze lapereaux ». Les Picards s'étaient distingués. Ces trois cent cinquante petites bêtes divertirent fort les seize ans de Henriette. Elle les trouva charmantes, mais, sous prétexte que la traversée pourrait leur être malsaine, elle s'empressa d'en gratifier les personnes de sa suite. Le temps se passait en fêtes, promenades dans la citadelle, festins et bals.

Le duc de Buckingham, « brillant par la magnificence de ses habits et par sa bonne mine, dansait avec beaucoup d'applaudissement ». Il cherchait toujours, sans la trouver, l'occasion de s'entretenir familièrement avec la Reine. Un soir, dans le jardin de la maison qui avait été aménagée pour Anne d'Autriche, car le palais de l'évêque n'était pas assez large pour loger trois reines, Buckingham s'imagina que le moment était venu.

La calme soirée d'été touche à sa fin, déjà la nuit tombe sur le vaste jardin, qui s'étend au bord de la Somme. Assez peu entourée de ses dames, gardée de loin par son écuyer Putange, qui a cru devoir s'écarter par respect, Anne d'Autriche se promène avec Buckingham. Imprudente ou complice, la jeune duchesse de Chevreuse la suit avec le comte de Holland, qu'elle aime éperdument. C'est Holland qui vient d'amener Buckingham dans ce jardin, où la Reine se reposait dans un cabinet de verdure. Malgré l'obscurité naissante, le duc peut admirer une fois de plus les cheveux châtain-clair de la Reine, ses grands yeux bruns, doux et graves, sa petite bouche vermeille. Cette reine de vingt-trois ans, jamais il ne l'a jugée plus désirable. Et lui, le cavalier de trente-trois ans, elle le trouve éloquent, elle le trouve beau et jamais encore elle n'a compris que « la belle conversation, qui s'appelle ordinairement l'honnête galanterie, puisse être blâmable ». Voici un détour d'allée, une palissade, ils sont seuls quelques secondes... « Le comte était hardi, remarque La Rochefoucauld, l'occasion favorable. » Soudain la Reine pousse un cri. L'écuyer est auprès d'elle en un clin d'œil. La Reine lui reproche de l'avoir laissée seule. Buckingham a l'air fort embarrassé; l'écuyer l'arrête, mais bientôt, dans l'ombre, grâce à la foule des dames et des courtisans qui arrivent de tous côtés, le duc s'évade, part « à l'anglaise ».

Ce départ rapide n'en excita que davantage la curiosité et les bruits de cour. Les *Mémoires* du temps, les récits plus ou moins autorisés répètent et multiplient à l'envi les détails sur l'aventure du jardin. L'histoire cherche à démêler la vérité; on n'a jamais pu dire ce qu'avait osé, ce soir-là, Buckingham. L'honneur d'Anne d'Autriche demeura sauf : telle est du moins l'opinion de Mme de Motteville.

Buckingham est bien obligé de quitter Amiens : la Reine mère a décidé qu'on partirait tout de suite. Le 16 juin, après une dernière fête, — le baptême de deux fils et d'une fille de la duchesse de Chaulnes, qui eurent pour parrains et marraines Louis XIII, Charles Ier, Gaston, Marie de Médicis, Anne d'Autriche et Henriette de France, — la nouvelle mariée prit congé de sa mère et sortit d'Amiens par la porte Royale. Elle reçut à une demi-lieue de la ville les adieux des échevins, qui, un genou à terre, lui souhaitaient « un règne tout sucré de douceur, tout confit de liesse ». Elle reçut enfin les adieux d'Anne d'Autriche, dont le carrosse était arrêté près du sien, — une sorte de corbillard surbaissé, muni de rideaux, car « la commodité magnifique des carrosses ornés de glaces et suspendus par des ressorts » n'était point encore inventée. On vit alors Buckingham se mettre à genoux, selon la coutume de son pays, à la portière de la reine de France. Tandis que le public, ébahi devant le spectacle, croyait trouver dans ce prosternement, des marques du regret qu'avait le duc « d'avoir trop pressé le départ de la Reine sa maîtresse », le favori enamouré se « cachait du rideau », pour voiler ses larmes et la princesse de Condé, assise à côté d'Anne d'Autriche, se demandait si la Reine, derrière le rideau, n'avait pas regardé le malheureux « avec quelque pitié ».

A peine à Boulogne, il voulut la revoir. Le mauvais temps rendait l'embarquement impossible et La Porte, dépêché par Anne d'Autriche, parcourait sans cesse les trente lieues qui séparent Amiens de Boulogne, pour donner et recevoir des nouvelles. Les portes d'Amiens restaient ouvertes toute la nuit dans l'attente du messager de la Reine. Ce va-et-vient stimulait la passion de Buckingham. Un jour, il assura qu'il avait des dépêches du Roi son maître pour la Reine mère. Munis de ce beau prétexte, le comte de Holland et lui se mirent en route, tandis que la duchesse de Buckingham, récemment débarquée à Boulogne, se hâtait d'envoyer à la Reine qu'adorait son mari un éventail de plumes.

« Encore revenus! dit Anne d'Autriche à M. de Nogent, qui était dans sa chambre lorsqu'on lui annonça ce retour; je pensais que nous en étions délivrés. » « Buckingham, raconte La Ville-aux-Clers, fit demander audience à la Reine mère. Elle lui fut accordée, quoique Sa Majesté fût dans son lit. » Il fit demander également une audience d'Anne d'Autriche. La jeune Reine était alitée, « car elle s'était fait saigner ce jour-là ». Elle jugea prudent de consulter sa belle-mère, avant de recevoir l'audacieux Anglais : « Eh! pourquoi ne le ferait-elle pas? répondit la veuve de Henri IV, je le fais bien moi-même. »

Buckingham fut admis dans la chambre d'Anne d'Autriche. Les princesses et les dames, que la Reine avait eu soin d'inviter en grand nombre à cette audience, le regardaient curieusement faire les trois révérences, lorsque soudain il se jette à genoux. La comtesse de Lannoy, dame d'honneur des plus mûres, lui avance un siège, lui commande de se relever ; il refuse, « puis s'adressant à la Reine, lui dit tout haut les choses du monde les plus tendres. Mais elle ne répondit que par des plaintes de sa hardiesse ». Avec une colère, feinte peut-être, « elle lui ordonna sévèrement de sortir ». Il obéit, reparut le jour suivant devant elle, en présence de toute la Cour et partit à la fin, mais « bien résolu à revenir en France le plus tôt qu'il lui serait possible ».

La rumeur de ces scènes étranges arriva jusqu'au Roi, qui ne tarda pas à disgracier, du moins pour un temps, les principaux « domestiques » de sa femme. En vain, Marie de Médicis, revenue à Fontainebleau avec Anne d'Autriche, dit « au Roi que tout cela n'était rien, que, quand la Reine aurait voulu mal faire, il lui aurait été impossible, y ayant tant de gens autour d'elle qui l'observaient et qu'elle n'avait pu empêcher que le duc de Buckingham n'eût de l'estime et même de l'amour pour elle. Elle rappela de plus quantité de choses de cette nature qui lui étaient arrivées (à elle, la bonne dame) dans sa jeunesse », — et dont, vieillissante, elle concevait sans doute quelque fierté. « Ces raisons, explique La Porte, n'éteignirent pas la jalousie du Roi. »

Elles n'eussent pas éteint davantage celle de la comtesse de Carlisle (1), qui avait été passionnément aimée du duc de Buckingham. Si l'on en croit La Rochefoucauld, l'altière Anglaise résolut de se venger d'Anne d'Autriche. Espionne placée par Richelieu en Angleterre auprès du favori, elle aurait essayé de perdre la reine de France en servant le cardinal : « Le duc de Buckingham, raconte l'auteur des *Maximes*, était galant et magnifique ; il prenait beaucoup de soin de se parer aux assemblées. La comtesse de Carlisle, qui avait tant d'intérêt de l'observer, s'aperçut bientôt qu'il affectait de porter des ferrets de diamants qu'elle ne lui connaissait pas ; elle ne douta point que la reine de France ne les lui eût donnés ; mais pour en être encore plus assurée, elle prit le temps, à un bal, d'entretenir en particulier

(1) Lucy Percy, comtesse de Carlisle (1599-1660).

le duc de Buckingham et de lui couper les ferrets, dans le dessein de les envoyer au cardinal. » Le duc de Buckingham s'aperçut du vol le soir même. L'auteur n'en pouvait être que la comtesse de Carlisle : quelques heures encore, et les ferrets seraient aux mains de Richelieu, la Reine perdue. « Dans cette extrémité, il dépêcha à l'instant même, continue La Rochefoucauld, un ordre de fermer les ports d'Angleterre et défendit que personne n'en sortît sous quelque prétexte que ce pût être, devant un temps qu'il marqua. Cependant il fit refaire en diligence des ferrets semblables à ceux qu'on lui avait pris et les envoya à la Reine en lui rendant compte de ce qui était arrivé. Cette précaution de fermer les ports retint la comtesse de Carlisle et elle vit bien que le duc de Buckingham avait eu tout le temps dont il avait besoin pour prévenir sa méchanceté. La Reine évita de cette sorte la vengeance de cette femme irritée et le cardinal perdit un moyen assuré de convaincre la Reine et d'éclaircir le Roi de tous ses doutes, puisque les ferrets venaient de lui et qu'il les avait donnés à la Reine. »

Il est difficile d'ajouter foi à cette romanesque histoire, qui probablement courait les ruelles, que le Roi connut peut-être, qu'Alexandre Dumas a développée et rendue populaire. Quoi qu'il en soit, le souvenir de Buckingham pesa pendant tout le règne sur les relations du Roi et de la Reine. Le désir passionné que manifestait le duc de revenir en France, la ferme volonté du Roi de l'en empêcher à tout prix, la jalousie que ressentait le cardinal, gardien vigilant et quelque peu ombrageux de la vertu d'Anne d'Autriche, ces sentiments divers contribuèrent à l'inefficacité de l'alliance dont Richelieu était si fier.

A Boulogne, la tempête avait cessé. Le 22 juin, sur le coup de midi, deux cents voiles couvraient la mer, escorte magnifique du navire qui conduisait la nouvelle reine d'Angleterre à son époux. La voici qui met le pied dans une chaloupe : elle est un peu intimidée à la pensée de naviguer sur la mer, car jamais, observe le chroniqueur du *Mercure*, « elle n'a été dans un air si grossier ».

Se présentent d'abord les envoyés de Charles, le duc de Buckingham, les comtes de Holland et de Carlisle, les ambassadeurs de France ordinaire et extraordinaires, le comte de Tillières, le duc de Chevreuse, MM. de La Ville-aux-Clercs et d'Effiat ; puis l'innombrable suite française de gentilshommes, de secrétaires, d'écuyers, de valets de chambre, de médecins, de musiciens, de dames et de femmes de chambre ; le grand aumônier, M. de La Mothe-Houdancourt, évêque de Mende, accompagné des prêtres nombreux autorisés par le contrat, — une *armada* ecclésiastique, selon l'expression pittoresque et malveillante de Michelet. La chaloupe de la Reine s'est glissée entre les vaisseaux ; les rames hautes, elle accoste le *Prince,* le vaisseau amiral.

Le chroniqueur du *Mercure* l'a décrit avec la même admiration que les reporters d'aujourd'hui nos *palaces* flottants : « C'était, dit-il, un des plus grands vaisseaux qui se voient sur l'océan, car, pour ne parler des antichambres et cabinets, il y avait trois salles de plain-pied et trois étages au-dessus ; ce vaisseau était enrichi, dedans et dehors, de mille peintures et tapisseries. » Des concerts et des chœurs s'apprêtaient à charmer les longues heures de la traversée.

La petite Reine emportait comme viatique un affectueux billet de son frère : « Ma sœur, lui disait Louis XIII, voici un long voyage pour vous et qui vous durera beaucoup, étant éloignée de moi. Mais deux choses vous peuvent bien consoler : le lieu où vous êtes et l'assurance que je ne vous aime pas moins pour votre absence. Si je ne vous écris plus souvent, je ne laisse de penser à vous et d'être en désir de vous faire connaître mon affection par des témoignages de ma bonne volonté (1). »

Trois heures après avoir quitté Boulogne, Henriette débarquait à Douvres. Une chaise l'attendait sur la plage, pour la transporter au château, « vieux bâtiment fait à l'antique », dont le formidable donjon se dressait là-haut sur la falaise. Comme on comprenait que l'ancêtre de la Reine, Louis VIII le Lion, eût échoué en 1216 contre pareil bloc de tours ! Et combien ce premier logis parut lugubre à une princesse qui revoyait en esprit les sites riants de Saint-Germain et de Fontainebleau, le luxe harmonieux du Louvre

---

(1) E. Griselle, *Lettres de la main de Louis XIII,* t. II, p. 398.

de François Ier et de Henri IV! Elle pénétra dans un appartement de neuf chambres dont le mobilier désuet ne diminuait pas la tristesse. « La Reine, à peine débarquée, commençait à douter des richesses et magnificences d'Angleterre que le comte de Carlisle, le comte de Holland et autres Anglais qui étaient passés en France lui avaient décrites avec aussi peu de vérité qu'il s'en rencontre au reste de leurs paroles. »

Si le château n'était pas gai, le souper fut somptueux. Henriette se mit à table et bientôt au lit, où elle put rêver à ce qu'elle perdait et à ces premiers auspices de sa destinée.

Charles Ier arriva le lendemain. Elle dînait, il ne voulut point qu'on interrompît son repas ; mais elle l'avait entendu. Vive et légère, la petite Reine descendit l'escalier en courant. Un homme était en bas des marches, « grand, mal habillé, encore plus mal accompagné, la mine triste » : son époux. Elle se jette à ses genoux ; il la saisit dans ses bras et la couvre de baisers. A peine dégagée de son étreinte, elle se met à réciter le petit discours qu'on lui avait appris : « Sire, je viens en ce pays de Votre Majesté, pour être usée et commandée de vous... » Elle n'en put dire plus long et fondit en larmes. Charles s'efforce de la consoler, assure que ce n'est pas un maître, mais un serviteur qu'elle trouvera en lui.

Cependant, il examinait de la tête aux pieds cette enfant qui lui arrivait à l'épaule. Alors elle comprit. Les ambassadeurs avaient exagéré sa petitesse, le Roi la jugeait plus haute qu'il n'avait pensé, il cherchait des yeux les patins qui sûrement la haussaient. Sa belle-sœur Anne d'Autriche n'en portait-elle pas en 1614, alors qu'elle n'avait que quinze ans : « Sire, dit Henriette triomphante et gaie, je m'appuie sur mes pieds et l'art n'y est pour rien : c'est bien là ma taille, ni plus grande, ni plus petite. »

Charles l'emmena le jour même à Canterbury. A mi-route, aux dunes de Baram (1), sur les parterres de gazon du jeu de boules, une collation était préparée sous des tentes, une foule de dames attendaient le cortège royal, et la nouvelle Reine dut

(1) Voir A. Taylor, *The life of Queen Henrietta-Mary*, t. I, p. 59.

tenir son premier cercle, ce que les Anglais appellent un *drawing-room*. Le soir de cette fatigante journée, — il y a douze lieues de Douvres à Canterbury, — on procéda, dans le couvent de Saint-Augustin, au mariage anglican, et, dans le palais de l'archevêque, Mme de Chevreuse donna la chemise à la jeune mariée, qu'elle coucha dans le lit qui servait aux ambassadeurs extraordinaires, — un lit, affirme Tillières, « moins infâme que celui de Douvres ». C'est là que vint la rejoindre son époux.

Le lendemain, un courrier chargé de lettres et envoyé par MM. de La Ville-aux-Clercs et d'Effiat, traversait la mer, pour annoncer à Marie de Médicis que le mariage de Leurs Majestés britanniques « avait été consommé à leur commune satisfaction ».

La nouvelle atteignit Richelieu à Fontainebleau. Le cardinal tenait à son œuvre. Il voulait que Henriette sût plaire à Charles Ier. Il le lui avait fait dire avant le départ d'Amiens, en une admirable lettre de Marie de Médicis qui était une instruction du Père de Bérulle. Bien différent de Napoléon Ier, qui, dictant ses devoirs à son frère Louis promu roi de Hollande, avait adopté cet ordre singulier : « d'abord les devoirs envers l'Empereur, ensuite les devoirs envers la France, enfin les devoirs envers la Hollande », le porte-parole de Richelieu avait commencé par ce que Henriette devait à son mari ; mais, très habilement, il en était arrivé à ce qui intéressait le plus le cardinal : « Votre qualité de Reine, expliquait-il, vous lie à l'Angleterre et, partant, vous devez désormais en considérer les intérêts ; et, parce qu'un des principaux est d'être inséparablement unie avec ce Royaume, à qui telle union importe également, vous êtes obligée de vous rendre le lien et le ciment de ces deux Couronnes. »

Richelieu regardait, en effet, Henriette de France comme une sorte d'ambassadeur intime autrement puissant et stable que les Chevreuse, la Ville-aux-Clercs et d'Effiat. A tous il recommandait les catholiques d'Angleterre, et chacun d'eux avait ses instructions. Pourquoi Charles Ier ne cesserait-il pas de persécuter ces catholiques infortunés, puisque Louis XIII, loin de persécuter les protestants, « donne à quelques-uns d'entre eux de grands emplois dans ses armées » et ne cherche que la ruine « des séditieux et brouillons de son Royaume », à quelque religion qu'ils appartiennent? De part et d'autre, égalité de traitement, tolérance à l'égard des hommes paisibles, liberté d'action réciproque à l'égard des rebelles. Sur ce dernier point, Richelieu espérait avoir obtenu un avantage qu'il considérait comme capital, car, justement, le parti protestant lui donnait bien du souci.

La Valteline, le traité de Monçon, la paix des huguenots.

Il faut maintenant revenir en arrière et suivre dans le détail le long travail diplomatique par lequel Richelieu, après avoir, pour le moment du moins, lié les mains à la politique anglaise, tente de conduire à bonne fin la double négociation qui doit couronner ses efforts sur le continent, « en imposant la paix à l'Espagne par crainte de la paix des huguenots, et la paix aux huguenots par crainte de la paix d'Espagne ».

Rappelons où en étaient les choses. Le point de départ de la nouvelle crise était dans un coup de force de M. de Soubise, frère du duc de Rohan, ce même Soubise que nous avons vu, en 1621, s'enfermer dans les murs de Saint-Jean-d'Angély et demeurer plus de six semaines sans ouvrir au Roi.

Pardonné, il avait juré de ne plus porter les armes contre son prince. Mais, dès 1622, ce même Soubise, « l'infâme Soubise », comme le qualifie, dans ses *Mémoires*, le cardinal de Richelieu, s'était emparé des Sables-d'Olonne. Puis, voyant Louis XIII fondre sur lui, il s'était, suivant la saisissante image de ces mêmes *Mémoires*, retiré à La Rochelle, ainsi que « les oiseaux craintifs qui se cachent dans les creux des rochers, quand l'aigle les poursuit ».

Gracié de nouveau, l'oiseau craintif s'était mué en oiseau de proie. Sentant le grave mécontentement répandu dans le parti réformé du fait des réponses dilatoires du Roi, notamment en ce qui concernait les fortifications de Montpellier et de La Rochelle, il avait, sous prétexte de préparer une expédition au long cours, armé quelques vaisseaux. Au même moment, son frère, le duc de Rohan, grand seigneur et grand capitaine, envoyait la duchesse soulever les villes du bas Languedoc.

Marguerite de Béthune-Sully, duchesse de Rohan, fille du ministre de Henri IV, que nous rencontrons en passant, n'était pas une personne ordinaire : frêle mais ardente, bonne épouse mais peu disposée à se contenter d'un seul amour, toujours prête à se mettre en route sur un signe de son époux, elle eût été, observe Tallemant des Réaux, une femme fort raisonnable « en un pays où l'adultère eût été permis »; elle se vantait, d'ailleurs, de ne s'être jamais donnée qu'à « d'honnêtes gens » et de n'en avoir « jamais eu qu'un à la fois »; elle ajoutait « qu'elle avait quitté toutes ses amourettes et ses plaisirs, quand les affaires de son mari l'avaient requis ». Précisément, en cette difficile conjoncture où les protestants relevaient le front, elle était avec lui à Castres. La tête pleine de « desseins infinis », elle tenait assez ordinairement un langage superbe au milieu d'une cour nombreuse et tumultueuse, que la mort de sa belle-sœur, Mlle de Rohan, avait endeuillée pour quelques jours.

La duchesse parut à Nîmes le 26 décembre 1624, en Avignon le 29, à Nîmes pour la seconde fois le 6 janvier 1625, à l'*Hôtel des Arènes*, où elle reçut les consuls. Pour ne pas perdre une minute, elle voyageait de nuit. Les paysans regardaient rouler dans la campagne, à la lueur des flambeaux, le train lugubre de Mme de Rohan : carrosse noir, traîné par huit chevaux noirs que montaient des livrées noires.

Et voici que les choses s'enveniment à ne plus pouvoir être supportées. Avant la fin de janvier 1625, Soubise est maître de l'île de Ré. Le 18, avec douze navires et une flottille de chaloupes, il faisait une entrée victorieuse dans le port du Blavet (1) : six vaisseaux du Roi, dont la *Vierge*, armée de quatre-vingts canons, et finalement la ville elle-même sont tombés en son pouvoir.

(1) Blavet, ville située à l'embouchure de la rivière du même nom : Richelieu l'appela Port-Louis en l'honneur de Louis XIII.

Le duc de Vendôme, gouverneur de Bretagne, mis à la tête d'une armée de répression, ménage d'abord Soubise. Il le laisse calfater et équiper les vaisseaux dont il s'est emparé ; la flotte volée navigue le long des côtes et se grossit de tous les vaisseaux qu'elle rencontre. D'inquiétantes rumeurs se propagent : on parle d'une alliance du roi Jacques avec ce Soubise, à qui une flotte anglaise amènerait un redoutable renfort. Et maintenant c'est Rohan qui prend les armes ! A Castres et à Montauban la révolte gronde.

Tel est l'état de la France en cette année où Richelieu arrive au pouvoir. Le Conseil, éperdu, « tantôt veut qu'on fasse une paix honteuse avec l'Espagne, tantôt qu'on accorde aux huguenots plus qu'ils ne demandent ».

On saisit dans son ensemble à présent la situation qui a provoqué les longues réflexions de Richelieu. Ces réflexions coïncidaient précisément avec le « mariage d'Angleterre » et avec les premiers résultats favorables obtenus, dans les affaires de la Valteline, par la politique énergique du cardinal.

Le Roi, en effet, s'est rendu maître de la Valteline et Gênes est toujours assiégée.

Par contre, aux Pays-Bas, Bréda vient de capituler, sans avoir ruiné, par sa résistance, l'armée de Spinola.

En Allemagne, le roi de Danemark, duc de Holstein, capitaine général du cercle de basse Saxe, intrigue auprès du roi de Suède et du marquis de Brandebourg, en vue de rétablir les princes dépossédés par la maison d'Autriche.

Mais l'Espagne subit aux Indes défaites sur défaites avec des pertes immenses. Épuisée d'argent, elle ne peut compter ni sur la Flandre, ni sur l'Italie, ni sur Gênes, son banquier ordinaire. D'autre part, le roi d'Angleterre « se tient pour offensé en ce qui s'est passé » à Madrid, au temps si proche encore où il voulait épouser l'infante, et il arme contre l'Espagne une flotte si formidable, qu'on n'en a vu de pareille en deux cents ans (1).

La France, au contraire, se sent bien défendue sur la fron-

---

(1) *Mémoires*, t. V, p. 22.

tière de Flandre et de Picardie. Ses coffres sont pleins, ses armées prêtes. Elle s'appuie sur des alliances qu'elle peut croire solides : l'Angleterre, ardente comme on l'est toujours au début d'un système nouveau ; le duc de Savoie, « qui, ayant un cœur de roi et ne l'étant pas de sa naissance, n'a d'autre but que la guerre comme le seul moyen par lequel il le peut devenir aux dépens de l'Espagne ou de ses alliés ». La diplomatie de Venise fait tout au monde pour ruiner l'Espagne, sa dangereuse voisine en Italie; de plus, tous les princes italiens, la veille attachés à l'Espagne, tournent les yeux vers la France, parce que, dit le cardinal, ils suivent toujours « la fortune des victorieux ». Le Pape lui-même, désireux de voir les Espagnols hors de l'Italie, ne cherche que ses propres intérêts en Valteline. Quant aux protestants d'Allemagne, « obligés de jouer leur reste, ils s'y préparent ».

Le Roi a-t-il eu jamais une plus belle occasion « d'augmenter sa puissance et rogner les ailes à ses ennemis » ?

Et voici que la rébellion, si dangereuse et, il faut bien le reconnaître, si suspecte du parti protestant, le force à s'arrêter et à réfléchir. Comme pour donner raison à ses appréhensions, un très grand personnage et très catholique, un ami très chaud de la Reine mère, le duc d'Épernon, se livre à une bien dangereuse incartade. Gouverneur de Guyenne, il quitte Bordeaux pour venir camper à deux lieues de Montauban, sur l'abrupte colline de Piquecos. De ce haut poste d'observation, Louis XIII, quatre ans plus tôt, voyait, dans la ville, les protestants se rire des troupes royales qui les assiégeaient. Le duc d'Épernon, aujourd'hui, ne cherche pas à prendre Montauban ; mais il provoque les réformés et attise les premières étincelles de la guerre « en faisant le dégât », comme on disait alors. La nuit, les feux allumés par les *gastadours* empourprent l'horizon de lueurs sinistres.

Aux premières flammes, l'incendie se propage. Soubise, croyant Bordeaux mal gardée en l'absence du gouverneur, sort avec sa flotte de l'île de Ré, son repaire. Il médite de pénétrer dans la Gironde ; il veut remonter la Garonne, canonner les murailles de Bordeaux, poser le pétard à ses portes, livrer aux flammes les belles maisons des Bordelais. Le voici, il vogue dans l'estuaire. Le 11 juin 1625, des bas marais pleins de joncs et coupés de canaux, petite Hollande tapie sur la rive droite entre Blaye et Royan, les paysans distinguent au loin sur le fleuve la longue ligne blanche de ses soixante-quatorze voiles, au loin, très loin, car Soubise a pour objectif la rive gauche. Il débarque un peu en amont de Pauillac ; il s'empare de Castillon-de-Médoc, s'établit en force à huit lieues de Bordeaux. La grande cité marchande s'affole : les bourgeois tremblent, la populace attend fiévreusement l'heure d'envahir et de piller les maisons des « religionnaires paisibles ».

Heureusement, l'énergie de M. de Gourgues, premier président au Parlement de Bordeaux, en impose aux pillards. Ses courriers avertissent le duc d'Épernon près de Montauban et M. de Toiras, gouverneur du fort Louis, près de La Rochelle. Le 22 juin, M. de Toiras arrive à Blaye, traverse la Gironde, large d'une lieue, en vue des navires huguenots et contraint Soubise de quitter la place. Soubise, laissant quelques troupes dans Castillon-de-Médoc, se retire sur ses vaisseaux, gagne la mer et va mouiller dans le port de Saint-Martin-de-Ré.

L'injure est grave, mais le Roi n'a pas de vaisseaux équipés pour courir sus au rebelle. Richelieu, par « une forte dépêche », arrache aux Hollandais le secours de vingt vaisseaux qu'ils lui doivent. Il revendique, en outre, le droit d'embarquer des équipages français sur les navires que le roi d'Angleterre lui a promis. On peut le croire prêt.

Mal sûr, au fond, de ses propres forces, sous main il négocie avec les protestants. Au lieu de combattre des Français sur les côtes de l'Aunis, ne vaudrait-il pas mieux employer les vaisseaux disponibles contre les Espagnols, sur la côte de Gênes, secourir Lesdiguières, qui commanderait l'armée d'Italie? Lesdiguières, de son côté, a dépêché M. de Bellujon à Rohan, à Soubise, aux villes du Languedoc, à La Rochelle, pour leur conseiller la paix. Bellujon est persuasif, ses interlocuteurs s'humanisent et le Roi leur permet d'envoyer des députés à la Cour. Nous avons déjà indiqué ce qui devait sortir de cet étonnant imbroglio.

Curieux tableau que celui de ces hauts personnages, fils d'un autre siècle et un peu fatigués de leurs longues ambitions maintenant satisfaites. D'abord ce Lesdiguières, qui a payé d'une conversion aisée le titre de connétable et qui prend, non sans quelque ironie, l'allure d'un bon serviteur des Rois, — quoique toujours un peu suspect. Avec sa grande taille, son grand âge, ses grands services, ce petit gentilhomme était devenu une manière de souverain du Dauphiné : on l'appelle le Roi-Dauphin (1).

Un autre ami de Henri IV, qui a serré plus d'une fois Louis XIII enfant sur sa barbe grise, un autre « huguenot d'État », Jacques-Nompar de Caumont, seigneur de La Force en Périgord, conseille plus nettement encore aux protestants de faire la paix. Laissé pour mort à la Saint-Barthélémy, défenseur victorieux de Montauban contre Louis XIII lui-même, le voilà devenu lui aussi, après une longue carrière de confesseur de la Religion, bon « serviteur du Roi » ; avec le duc de Chaulnes, son ancien adversaire de Montauban, il commande l'armée de Picardie. Il est maréchal de France : Louis XIII lui a donné le bâton que lui avait promis Henri IV. Cet homme de guerre, dont la figure ressemble à celle du bon Roi (yeux énergiques et spirituels, fines moustaches et barbe en pointe, long visage sabré de rides), condamne désormais toute rébellion. La Force dit hautement qu'il aimerait mieux « endurer le fagot », « que de consentir à une vie si éloignée de celle de chrétien » ; il conseille « un bon accommodement », qui n'empêchera pas ses coreligionnaires de « requérir » davantage « en une autre saison ».

Richelieu se sent appuyé, en somme, par tous les gens de raison ; malgré l'audace et le crime de Soubise, qui mériteraient un « châtiment exemplaire et non aucun pardon », il conseille au Roi une ferme indulgence : « Sa Majesté peut se contenter de recevoir, pour le moment, des satisfactions qui soient suffisantes au public. » Elle pourvoira aisément plus tard « à tous ces désordres ».

(1) Sur les sentiments de Richelieu à l'égard de Lesdiguières et sur la politique de celui-ci, qui poussait à la guerre contre l'Espagne : « Un connétable sans guerre n'est qu'un nombre », voir *Maximes d'État du Cardinal de Richelieu*, n° LXVIII, et *Mémoires du Duc de Rohan*, édit. de 1646, in-4° p. 120.

Rohan et Soubise paraissent eux-mêmes venir à résipiscence. Ils parlent de se soumettre et de démolir les fortifications élevées dans les îles d'Oleron et de Ré. Le premier demande à être envoyé par terre, avec six mille hommes et cinq cents chevaux, auprès du connétable de Lesdiguières. Il serait payé des cent cinquante mille écus dont l'avait gratifié, — sur le papier seulement, — le traité de Montpellier (1622) et il seconderait le connétable devant Gênes. Le désir de Soubise serait de rejoindre son frère par le détroit de Gibraltar avec les vaisseaux volés au Roi, avec ses propres vaisseaux et ceux qu'il trouverait dans le port de La Rochelle. Tous deux continuent à exiger, bien entendu, la démolition du fort Louis, qui tient La Rochelle sous ses canons.

Richelieu conseillait au Roi d'employer le duc de Rohan contre Gênes, en ne lui laissant d'ailleurs que deux mille hommes ; il ne regardait pas à l'argent pour faire rentrer dans le devoir ce redoutable soldat. En ce qui concernait Soubise, Richelieu estimait contraire à la dignité du Roi de lui permettre de conduire sur les côtes d'Italie les vaisseaux volés, à moins que l'on n'y embarquât des équipages royaux. Somme toute, on pouvait s'entendre et c'était le désir du cardinal.

Mais les premiers efforts des négociateurs échouèrent sur la question du fort Louis. Impossible de consentir à la démolition : le Roi paraîtrait céder à la violence et la gratitude des habitants de La Rochelle n'irait qu'à MM. de Rohan et Soubise. Richelieu eut recours à un subterfuge : Sa Majesté autoriserait M. de Lesdiguières à promettre aux Rochelais de venir à Fontainebleau lui exposer leur désir, dès que les circonstances extérieures seraient moins pressantes et qu'ils auraient exécuté toutes les conditions du traité. Or le cardinal songeait à deux choses : l'exécution du traité traînerait des années entières et « le grand âge du connétable, — quatre-vingt-trois ans, — donnait lieu de prévoir plutôt sa fin que celle de cette affaire ». A cette pensée, un sourire de satisfaction dut plisser le visage triangulaire de Richelieu.

Les députés de la Religion ne veulent rien accepter sans en

avoir référé à MM. de La Rochelle et au duc de Rohan, qui en réfère lui-même aux Églises du haut et du bas Languedoc. La Rochelle est dans l'incertitude. La Cour se croit assurée d'une paix prochaine, à tel point que le duc de Montmorency, amiral de France, ne se presse pas de rejoindre son poste et de prendre le commandement de la flotte combinée franco-hollandaise, qui l'attend sur la côte poitevine.

Soubise, éternel boutefeu, monte les esprits au sujet de la présence, à proximité de La Rochelle, de cette flotte de trente grands navires, que rallieront vingt-deux navires olonnais ; il signe une trêve avec l'amiral hollandais Haultain de Zoete : l'un et l'autre s'engagent à s'abstenir de tout acte d'hostilité jusqu'à la conclusion de la paix ; l'un et l'autre fournissent des otages à l'adversaire. Quant à l'amiral français Mantin, il se méfie et ne signe pas.

Méfiance justifiée. Le 16 juillet 1625, à onze heures du matin. Soubise, en vrai pirate, sort du port de La Rochelle avec trente-deux navires de toutes tailles. Le vent et la marée les poussent en moins d'une demi-heure sur la flotte de Haultain. Soubise commence la canonnade. Les Hollandais répondent ; mais un brûlot incendie les vaisseaux du vice-amiral Dorp ; quatre navires de l'amiral Haultain sont pris ou coulés et l'amiral lui-même a brûlé le reste de sa flotte dans la rade d'Aiguillon, à l'embouchure de la Sèvre niortaise. Soubise essaye alors de détruire la flotte de Mantin, mais celui-ci était sur ses gardes. Il ne laisse pas approcher le brûlot qu'on lui destine. C'est lui maintenant qui donne la chasse aux vaisseaux de Soubise et les canonne. La poursuite dure plusieurs heures et se prolongerait, si le vent ne tournait soudain : il faut virer de bord, gagner quelque rade. Mantin pénétre dans le Pertuis d'Antioche, trouve les vingt-deux vaisseaux olonnais et jette l'ancre dans la rade d'Olonne. Soubise se réfugie à Saint-Martin-de-Ré, à Chef-de-Baie, pointe qui limite au nord-ouest l'avant-port de La Rochelle.

Les trois mille coups de canon tirés au cours de la bataille n'ont pas empêché les négociateurs de continuer les pourparlers.

A La Rochelle, à Fontainebleau, on cause. Le cardinal, incommodé par une de ces migraines qui le font « traîner, comme il dit, des deux ou trois mois », — indices révélateurs d'un tempérament malsain, dont, à la longue, il devait mourir, — se repose au château de Courance, près de Fontainebleau, puis au château de Limours. De sa chambre de malade, il suit l'affaire avec passion; il craint que le Roi ne se laisse influencer par les cabales qui travaillent la Cour; il écrit à Marie de Médicis; il la supplie de recommander à Louis XIII « un secret impénétrable » : « J'ai découvert, assure-t-il, comme il y a des gens qui veulent abondamment la guerre contre les huguenots, sans regarder si le temps y est commode ou non; il y en a une cabale d'autres qui veulent embarquer le Roi à la guerre contre l'Espagne et à la paix avec lesdits huguenots, sans considérer si c'est le bien du Roi ou non, et ai de grands arguments de croire, pour des raisons que je ne puis pas écrire, mais que je dirai au Roi et à Votre Majesté, de bouche (1), que l'homme qui avertit de chez l'ambassadeur d'Espagne, peut être soufflé par telles gens (2) ».

Le cardinal n'ignore pas combien Louis XIII est jaloux de son autorité royale. Les Rochelais, irrités de ne pas obtenir la démolition du fort, continuent à parler de guerre. Le cardinal craint que le Roi ne se « dégoûte » et ne rompe. Il envoie Bellujon au-devant des députés qui reviennent de La Rochelle à Fontainebleau. Il faut, avant tout, les empêcher d'apporter à Louis XIII une réponse insolente. Bellujon les arrêtera dans Étampes ou dans Orléans; il s'empressera d'écrire à la Cour et de gagner La Rochelle; il rassurera la Cour sur les intentions de la ville, la ville sur les intentions de la Cour.

Ce que le cardinal veut surtout, c'est gagner du temps; il

(1) Ces raisons secrètes de s'opposer à la guerre, que Richelieu « ne peut pas écrire » et qu'il se réserve de dire de vive voix à Louis XIII, sont résumées dans le passage des *Maximes* d'État, se rapportant à cette époque : « On représente que la guerre serait meilleure en un autre temps à cause du parti huguenot non esteint, du mescontentements des grands, du peu de grands capitaines, du manque de soldatz disciplinés, pour n'avoir pas encore tout l'argent amassé qu'on désireroit. » *Max.*, n°LXVIII.

(2) Il s'agit sans doute d'un homme qui avertissait les Reines.

espère que les Anglais, croyant la paix des réformés toute proche, ne craindront plus de voir employer contre leurs coreligionnaires les navires qu'ils sont sur le point de prêter au Roi.

Juste calcul : les bruits qu'il a semés se colportent jusqu'en Angleterre ; les navires attendus arrivent ; des équipages de soldats français remplacent les équipages britanniques : les vaisseaux anglais vont rejoindre la flotte française.

Le 14 septembre 1625, à la tête de soixante-six vaisseaux, le duc de Montmorency quitte la rade d'Olonne. Pour être plus sûr de Haultain, il monte le vaisseau de l'amiral hollandais. Il cherche la flotte de Soubise. Ayant appareillé vers onze heures du soir, il la découvre à cinq heures du matin dans la Fosse de Loix, rade qui échancre l'île de Ré à une lieue de Saint-Martin, à sept du port de La Rochelle.

La flotte de Soubise est protégée par un banc de sable que les grands vaisseaux du Roi ne peuvent approcher sans se perdre. Montmorency s'avance cependant ; il fait commencer la canonnade ; puis il commande à Toiras de descendre dans l'île avec trois mille hommes. Soubise y court ; il est battu, il fuit, « laissant pour gages, constatent dédaigneusement les *Mémoires* de Richelieu, son chapeau et son épée, qui lui tombent en fuyant ».

Conduit par M. de Treslebois, il s'efforçait de gagner une crique. Une chaloupe y était cachée, seul espoir de salut, car une partie des navires protestants s'était retirée à Oleron et l'autre demeurait, à marée basse, échouée sur les sables de la Fosse de Loix. La chaloupe permit à Soubise d'aborder dans l'île d'Oleron.

Le lendemain, Guiton, maire de La Rochelle, qui commandait les navires échoués, réussit à les remettre à flot. Ce débris de flotte essaie de rentrer dans le port de La Rochelle. Montmorency l'en empêche. Neuf vaisseaux sont pris, vingt-deux s'échappent et se dispersent. Le plus beau de tous, la *Vierge*, entouré par quatre vaisseaux du Roi, se fait sauter avec les agresseurs accrochés à ses flancs.

Soubise, attaqué dans l'île d'Oleron, n'a d'autre ressource que de cingler vers la Manche avec huit ou dix navires qu'il a ralliés.

Le port de Falmouth est son refuge, un refuge que ne tarde pas à bloquer la flotte française lancée à sa poursuite.

Le légat du Pape, François Barberini, cardinal-secrétaire d'État et neveu d'Urbain VIII, venu en France pour régler l'affaire de la Valteline, se trouvait à Fontainebleau, lorsque l'on apprit la victoire du duc de Montmorency. L'envoyé du Saint-Père avait été reçu à Paris avec les plus grands honneurs, logé magnifiquement à Fontainebleau, entre l'un des pavillons et l'escalier de la cour du donjon, à quelques pas de la chambre du Roi, dans un appartement réservé d'ordinaire aux princes du sang ou à des personnes royales. Mais, comblé d'honneurs, il n'obtenait rien. Ce n'était pas, d'ailleurs, chose facile de le satisfaire. Que d'intérêts contraires se heurtaient dans cette étroite vallée de la Valteline que se disputaient les puissances et qui faisait l'objet de sa mission !

En 1621, le traité de Madrid, conclu entre Philippe IV et Louis XIII, avait, — du moins sur le papier, — rendu la Valteline aux Grisons et rasé les forts élevés dans la région par les Espagnols ; il y avait autorisé, à l'exclusion de tout autre, le culte catholique. L'Espagne était restée maîtresse des forts qui commandaient le pays, et les Grisons n'avaient toujours pas la Valteline.

En 1623, la France, le duc de Savoie, la République de Venise, inquiets de voir se prolonger une situation si favorable à l'Espagne, s'étaient engagés par traité à remettre la Valteline sous la puissance des Grisons. C'est alors que l'Espagne avait proposé de confier les forts au Saint-Père, jusqu'à ce qu'un nouveau traité eût réglé la question. Grégoire XV était mort en possession du gage. Son successeur Urbain VIII était d'avis de laisser à l'Espagne les passages, aux Grisons un fantôme de su eraineté, à Philippe IV et à Louis XIII le soin de protéger les Valtelins.

Richelieu déclina ces propositions : les accepter, c'était reconnaître le Pape comme « chapelain de Vienne et de Madrid ».

D'autre part, on avait armé, nous l'avons dit, une expédition contre Gênes, dont la banque et le port étaient à la disposition de l'Espagne. Et Louis XIII, en même temps, avait fait savoir au Saint-Siège que, pour ne pas avoir à combattre les soldats du Pape, il conseillait de rendre les forts à l'Espagne : ce qui impliquait une rupture prochaine avec cette puissance. Urbain VIII ne s'exécutant pas assez vite, le marquis de Cœuvres, à la tête d'une armée française, s'était saisi des forts et avait chassé la garnison avec les marques du plus grand respect. Au même moment, le connétable de Lesdiguières, uni au duc de Savoie, avait mis le siège devant Gênes.

Soudain, voilà que de virulents pamphlets engagent une guerre de plume contre la France ! Les *Mysteria politica* et l'*Admonitio* déclarent crime de lèse-majesté divine et humaine toute guerer entreprise en faveur de la Hollande, du Palatinat, de la Savoie, de Venise, contre l'Espagne, la Bavière, Gênes, la Valteline et traitent le premier ministre de Louis XIII de cardinal « boutefeu » (1). Celui-ci prépare, en silence, des armes plus redoutables.

C'est dans ces conjonctures que le légat du Pape était arrivé à Paris avec la dispense pour le mariage de Henriette, le 21 mai 1625. Il avait réclamé en même temps, avec insistance, que les forts de la Valteline fussent remis entre les mains du Saint-Père. Richelieu fait la sourde oreille. Les lettres adressées par Louis XIII à son ambassadeur auprès du Saint-Siège prescrivent de tenir au Pape un langage énergique : « Vous lui représenterez, qu'outre que ses longueurs m'ont porté à pardonner aux huguenots, qu'autrement j'eusse mis en état de ne pouvoir plus faire de mal, il me contraint de m'unir avec les Anglais et toutes sortes de protestants. »

Le cardinal sent le besoin de s'appuyer sur l'opinion. Il conseille au Roi de convoquer une Assemblée des notables, dont l'avis est connu d'avance : le vieux gallicanisme ne s'endort jamais. Le nonce juge plus digne d'aller attendre les événements au château des Papes, « en Avignon ». Devant l'Assemblée, Richelieu, maître de soi-même et de son sujet, prononce une de

(1) *Mémoires*, -. IV, p. 202.

ces belles harangues où l'on trouve des arguments qui sont des faits et des avis qui sont des ordres (1).

Les Espagnols avaient grand besoin de la paix. Richelieu n'ignorait pas qu'ils espéraient l'obtenir, avec un succès raisonnable, par la diplomatie du légat. Déçus, ils signent, au printemps de l'année 1626, le traité de Monçon, qui tranche la question en faveur de la France : le couloir de la Valteline sera fermé à l'Espagne et les forts espagnols seront démolis; les Grisons ne garderont de leur souveraineté que le droit de lever sur les Valtelins un tribut annuel de vingt-cinq mille écus et la religion catholique sera seule pratiquée en Valteline. Ce traité de Monçon va devenir un des éléments de force de la politique française.

L'Angleterre, Venise, les Grisons, la Savoie, qui n'ont pas été consultés, poussent les hauts cris. Le Savoyard crie plus fort que les autres, parle de « prodigieuse trahison ». Richelieu leur jette à tous un os à ronger : l'envoi d'une ambassade extraordinaire. Et, comme le duc de Savoie est le plus bruyant, sinon le plus dangereux, l'ambassadeur fait briller à ses yeux le titre de roi, que le cardinal promet de demander à la Cour de Rome.

Finalement, des divers alliés de la France, les plus mécontents restent les Anglais. Les ambassadeurs d'Angleterre avaient appris à Paris la signature du traité de Monçon. C'était pour eux un coup de tonnerre. Plus de guerre, plus de conflit entre la France et l'Espagne. Alors, à quoi bon l'alliance?

La politique « pleine d'industrie » de Richelieu remportait un autre succès. La Rochelle venait de se soumettre. Le 5 février 1626, elle s'était engagée à rétablir la forme de gouvernement qui était la sienne en 1610; elle recevait un commissaire du Roi; elle renonçait à armer des navires de guerre; elle restituait les biens ecclésiastiques, accordait aux catholiques la liberté de conscience, démolissait le fort Tadon, qu'elle avait élevé pour sa défense. En revanche, le fort Louis, son éternelle inquiétude, demeurait et le Roi se contentait d'assurer que ce fort n'entraverait aucune des libertés municipales.

(1) Voir *Maximes d'État et Fragments politiques*, publiés par **Gabriel Hanotaux**, Appendice, p. 815.

Le cardinal avait réussi : il avait fait ses preuves; le Roi s'attachait à lui; ses adversaires étaient confondus de sa chance et de sa force, soudainement appuyée sur un réel concours de l'opinion. Cependant le cardinal tenait lui-même son action « en bride », selon une de ses expressions familières. La double paix était faite. Il pesait à la fois les avantages et les inconvénients de cette paix : La Rochelle, quasi indépendante, serait toujours regardée par les grands « comme une citadelle à l'ombre de laquelle ils pourraient témoigner et faire valoir impunément leur mécontentement »; de même le parti dévot lui reprocherait amèrement de n'avoir pas achevé une ruine qui semblait si aisée.

Mais le cardinal, rappelant à Louis XIII les fureurs de la Ligue, lui signalait le danger d'une trop rigoureuse répression : « Les zélés, levant les épaules avec un soupir entrecoupé, disait-il, feront plus de mal à la réputation des hommes avec les grains de leur chapelet que les plus puissants monarques du monde avec les boulets de leurs canons à la vie de ceux qui y sont exposés (1). » Ce n'est pas qu'il craigne la calomnie : « elle ne durera qu'un mois; le bon succès », obtenu « au dehors, l'étouffera incontinent ». Le sage ministre ne faisait pas la faute que devait commettre deux siècles plus tard Napoléon, de se battre à la fois en Espagne et en Allemagne : « Quiconque, disait-il à Louis XIII, entreprend deux grandes guerres à la fois, se confie plus à son bonheur et à sa fortune qu'à sa conduite et à sa prudence. »

Maintenant que deux traités avantageux avaient scellé la paix protestante et la paix espagnole, le cardinal allait s'efforcer de persévérer dans la même politique, à égale distance de l'un et l'autre extrême. Du premier coup, il donnait la preuve de cet admirable équilibre de l'esprit qui était le trait marquant de son génie : « Il n'ignorait point, constatent ses *Mémoires*, que, faisant faire la paix avec les huguenots et leur témoignant quelque inclination à les favoriser auprès du Roi, il ne s'exposât à se mettre en mauvaise réputation à Rome. Mais il ne pouvait venir

(1) *Mémoires*. t. V, p. 184.

par autre voie aux fins de Sa Majesté. Sa robe le rendait suspect aux huguenots. Il était donc nécessaire qu'il se conduisît en sorte qu'ils crussent qu'il leur était favorable. »

Ne cessant jamais de négocier, fût-ce avec ses plus mortels ennemis, le cardinal avait justifié sa maxime : « Les meilleurs négociateurs sont ceux qui marchent franchement et se servent de la bonté de leurs esprits pour s'empêcher d'être surpris. » Espagnols, protestants, Anglais, Richelieu avait conduit ses adversaires et même ses alliés vers le but qu'il se proposait pour le bien de la France.

Il est vrai que, dans la grande île britannique, les catholiques n'obtiennent pas une entière satisfaction. Mais était-ce bien l'objet principal de la décision prise en faveur du mariage d'Angleterre ?

Henriette de France à Londres.

Henriette de France était la première victime de cette politique d'État. Tillières avait surpris sa première désillusion, dès qu'elle avait mis le pied sur le sol de l'Angleterre, en ce triste château de Douvres, où son époux était venu la recevoir : « Elle trouva, raconte l'ambassadeur, qu'elle s'était trompée au corps; l'ayant un peu entretenu, elle jugea qu'elle l'était encore davantage en l'esprit. » Pourquoi ce roi-gentilhomme, de goût délicat, de belles manières, bien différent du cuistre couronné qu'était son père, commençait-il par faire un affront à sa jeune femme ? Au départ de Douvres, dès avant la nuit de noces, il avait exigé que Mme de Saint-Georges (1), la sage dame d'honneur que Marie de Médicis avait placée auprès de sa fille, descendît du carrosse de la Reine, où n'avaient pris place que des Anglaises protestantes. Henriette, se voyant comme étrangère au milieu de ce carrosse de *ladies*, s'était mise à pleurer. Ses larmes n'auraient eu aucun pouvoir sur son époux sans l'intervention des ambassadeurs de France. Douleur enfantine, que le grave Tillières estimait exa-

(1) Jeanne de Harlay, dame de Saint-Georges, fille de la baronne de Montglat, qui avait été gouvernante des enfants de Henri IV.

gérée, mais qui laissa Henriette dans un sentiment de vague tristesse.

Sa mélancolie n'était pas dissipée le soir du deuxième jour, lorsqu'elle atteignit, à l'embouchure de la Tamise, à Gravesend, le château de la duchesse de Lennox; elle n'était pas dissipée le lendemain, lorsqu'en vue de la flotte pavoisée qui tirait en son honneur quinze cents coups de canon, elle s'embarqua sur la Tamise couverte des barques de la noblesse d'Angleterre et du commerce de Londres. Le cœur gros, elle s'installa près de Charles, dans la confortable chambre d'un vaste bateau plat à voile carrée, la barge royale : « Tout le voyage jusqu'à Londres, constate l'ambassadeur de France, fut du même air. » Le curieux spectacle qui se déroulait de chaque côté du navire, les maisons de campagne qui embellissaient les rives, les entrepôts qui ne tardèrent pas à les encombrer, annonçant l'approche de la capitale, la forêt de mâts qui couvrait plusieurs milles, rien ne déridait la Reine. Le ciel d'ailleurs était lourd et menaçant. Nul divertissement, nulle gentillesse à l'arrivée de Henriette, saluée seulement par l'artillerie de cent vaisseaux de guerre, le fracas des boîtes et le canon de la Tour. Elle regardait d'un œil terne et rêveur la sombre et massive silhouette de cette Tour, les fines flèches des églises, les hautes façades des palais émergeant de l'immense ville qui s'étendait le long du fleuve : maisons entassées à perte de vue, « amas de bois et de plâtre », « méchantes petites fenêtres, étages bas, qui allaient en élargissant les uns sur les autres, tout cela de travers et paraissant prêt à trébucher (1) ». Dans la plupart de ces logis, une hôtesse redoutable : la peste. Ce qui rendait l'arrivée plus triste encore, c'était la pluie, une pluie chaude et torrentielle noyant la ville.

En dépit de l'averse, d'innombrables barques, drapées de riches étoffes, se mirent à faire cortège au navire du Roi. Les spectateurs, massés, malgré le mauvais temps, sur les pontons qui se pressaient le long de la rive, se montraient les uns aux autres, à l'intérieur de la barge royale, les deux époux vêtus de

(1) Misson, *Mémoires et observations faites par un voyageur en Angleterre*, p. 291-292.

vert (1). Des acclamations montèrent du rivage et Henriette, enfin tirée de sa rêverie, tendait les mains par les fenêtres ouvertes, pour répondre à ces acclamations. Le navire s'avançait vers le pont de Londres, pont gigantesque de vingt arches, dont l'une s'ouvrait pour laisser passer les grands vaisseaux et dont les dix-neuf autres supportaient une véritable rue bordée par les maisons de quelques riches marchands. La Reine dut remarquer, spectacle fort peu réjouissant, une quarantaine de têtes de morts, — toutes de qualité, — que le bourreau avait tranchées jadis à la suite de diverses insurrections. Mais déjà le navire franchit le pont. Il jette l'ancre devant Somerset House, dont le jardin finit à la rivière, — ce Somerset House que le lord protecteur du même nom avait commencé en 1549, trois ans avant d'être décapité, et qui, devenu propriété de la Couronne, avait été la résidence de la feue Reine. Henriette met le pied sur le rivage, toute menue à côté du Roi, qui semble joyeux : « Elle paraît si jeune, dit un spectateur, qu'elle peut encore grandir. »

Elle peut encore s'étonner. Étonnement à Somerset House, où le Roi la conduit, devant le grand lit de parade qu'on a préparé pour elle, « si antique », — c'est un de ceux de la reine Élisabeth, — « que les courtisans les plus vieux ne se souviennent point d'en avoir jamais vu la mode de leur temps ». Étonnement douloureux, lorsqu'elle apprend le soir que l'on a, — don étrange de joyeux avènement, — « recommencé les cruautés contre les catholiques, rempli les prisons de leurs personnes, les encans de leurs meubles et le fisc de leurs biens (2) ».

Cependant la peste dévorait catholiques et protestants : plus de sept mille en une semaine. La Cour s'enfuit à Hampton Court, le vaste château de briques, aux murailles crénelées, qu'avait bâti, un siècle plus tôt, le cardinal Wolsey, puis à Nonsuch, à Woodstock près d'Oxford, où devait s'ouvrir le Parlement. Tristes noces présageant un triste règne. Cependant Henriette recevait cet optimiste billet de son frère : « Votre lettre du mois passé me confirmant l'avis qui m'avait été donné de votre

(1) Comte de Baillon. *Henriette-Marie de France, Reine d'Angleterre.* p. 69.
(2) *Mémoires.* I. V. p. 143.

doux et favorable passage en Angleterre renouvelle la joie très grande que j'en ai reçue. J'espère d'un si bon commencement toutes choses heureuses en leurs suites (1). »

Le cœur envenimé du favori.

Le duc de Buckingham tremblait que le crédit de la Reine ne ruinât le sien. A Hampton Court, il tenta d'épouvanter Henriette : « Elle serait la plus malheureuse princesse de la terre, si elle ne voulait vivre avec plus de gaieté avec le Roi. Quant à lui, il savait bien qu'elle lui voulait mal ; mais cela lui était indifférent, pourvu qu'il fût en la bonne grâce de son maître. » Il revenait le lendemain et la priait de remplacer ses dames du lit, Mmes de Saint-Georges, de Tillières et de Cipierre, par des dames qu'il avait choisies, la duchesse de Buckingham, sa femme, la comtesse de Denbigh, sa sœur, la marquise de Hamilton, sa nièce. La fille de Henri IV avait tout le charme de son père, quand elle était de bonne humeur. Ce qu'elle ne perdait jamais, c'était son esprit et sa résolution. Elle répondit par un refus. Buckingham insista ; les ambassadeurs de France s'en mêlèrent, le grand aumônier aussi. Buckingham, finalement rebuté, ne s'en montra que plus odieux.

Le favori demande au Parlement des lois nouvelles contre les catholiques. Le Parlement, qui le hait, répond qu'il faut « garder les promesses que l'on a faites à Sa Majesté Très Chrétienne » et, « si elles sont contraires au bien et aux lois de l'État, châtier ceux qui les ont accordées ». Battu de ce côté, le favori revient importuner la Reine à Titchfield, d'autant plus insolent que le Roi chasse aux environs de Newforest et ne paraîtra à Titchfield que le samedi. Un jour, Buckingham annonce à Henriette « qu'elle ne sera plus traitée en reine, mais comme elle le mérite » : elle répond avec douceur qu'elle trouvera bon tout ce qui lui viendra de son époux. Un autre jour, il lui reproche de « vivre en petite demoiselle et non pas en reine ». La réplique de Henriette n'est

---

(1) E. Griselle, *Lettres de la main de Louis XIII*, t. II, p. 399.

pas moins douce : quand le Roi son mari n'approuvera pas sa conduite, « il n'aura qu'à le lui dire, elle la réformera le lendemain ». Un autre jour enfin, Charles arrive en personne, mais c'est Buckingham qui parle par sa bouche : « Le duc de Buckingham, commence-t-il, et le marquis de Hamilton m'assurent que, si vous étiez leur femme, ils useraient de leurs droits de maris plus souvent que je ne le fais... » Henriette aussitôt d'assurer que les volontés de son époux sont les siennes : elle le prie seulement de les lui faire connaître lui-même : ce qui désarme le ministre et enchante le Roi (1).

Buckingham subitement « change de style » et devient, à l'égard de la Reine, le plus galant des serviteurs : ce ne sont que « bals, musiques, divertissements, propos civils et gracieux ». Il semble vouloir la conquérir; il ne cherche qu'à la duper, pour la mieux desservir auprès du Roi, « qu'il veut posséder uniquement ».

Les incidents se multiplient : c'est la comtesse de Denbigh qui fait dire le prêche dans la salle des gardes de la Reine, de sorte que la Reine offensée se précipite hors de son appartement avec ses filles d'honneur et trouble la fête; c'est le ministre de la paroisse qui prétend, — pure calomnie, — que deux valets de la maison de la Reine, occupés à tirer de petits oiseaux dans un verger, ont essayé de le tuer à coups d'arquebuse sur un banc de son jardin; c'est Charles lui-même qui veut régler selon le bon plaisir de son favori la maison de sa femme.

Tillières dépêche le Père de Bérulle au cardinal; le cardinal dépêche un ambassadeur extraordinaire, M. de Blainville, au roi d'Angleterre. Peine perdue : Buckingham, à la veille d'aller sur le continent signer un traité avec les Hollandais et plein de l'espoir de passer en France, où l'appelle son amour, paie de bonnes paroles l'ambassadeur extraordinaire. Mais, quand il revient à Londres, toujours dévoré du désir de se rendre à Paris, l'ambassadeur lui répond qu'il n'y sera reçu que s'il exécute les articles du contrat de mariage impudemment violés.

(1) Voir *Mémoires*, t. V, p. 216-234; *Mémoires du Comte Le Veneur de Tillières*, p. 118-147 et Affaires étrangères, Correspondance politique, Angleterre, 41, fol. 283-328.

Difficulté nouvelle : le Roi veut être couronné ; la Reine ne veut pas l'être à cause des cérémonies anglicanes, dont le Roi ne consent pas à la dispenser. Le couronnement a lieu sans elle.

Le Parlement va s'ouvrir dans quelques jours. Le défilé des pairs et des députés gagnant Westminster à cheval sera bien curieux. Henriette fait préparer la grande salle de Whitehall, pour y assister des fenêtres qui donnent sur le passage du cortège, mais Charles préfère qu'elle s'installe aux fenêtres de la comtesse de Buckingham, mère de son favori. Elle se dispose à obéir. Malheureusement il pleut. Craignant de « gâter sa coiffure », elle demande la permission de rester au palais et l'obtient non sans peine. Ce n'est point là ce que voulait Buckingham ; il comptait que le Parlement, apercevant Henriette aux fenêtres de sa mère, le croirait dans les bonnes grâces de la Reine. Buckingham gourmande Charles ; il se fait envoyer à Whitehall et gourmande Henriette. Sur le conseil de M. de Blainville, Henriette se rend chez la comtesse de Buckingham. Alors le favori, que l'intervention de l'ambassadeur a mis au comble de l'irritation, se plaint à son maître et la Reine reçoit l'ordre de se retirer. Charles, un peu plus tard, la trouve seule dans sa chambre ; il exige qu'elle implore son pardon ; et comme elle le « conjure de lui dire en quoi il se peut tenir pour offensé : — En ce que, répond-il, vous m'avez assuré qu'il pleuvait, quand je vous ai dit qu'il ne pleuvait pas. »

Les moindres actions de la Reine sont condamnées : sa religion et sa patrie sont ses crimes. Henriette vient-elle de Hampton Court visiter incognito les magasins de Londres et se permet-elle d'y faire quelques emplettes ; la duchesse de Chevreuse, passionnée pour les « sports » comme une Anglaise de nos jours, traverse-t-elle la Tamise à la nage ; les Anglais d'alors, qui aiment l'étiquette et ne peuvent souffrir les baignades, murmurent avec dédain : « Voilà bien ces manies françaises. »

Buckingham incline de plus en plus à renvoyer en France la maison de la Reine. Il conseille à Mme de Saint-Georges de pousser Henriette à mieux vivre avec Charles ; il promet de pousser Charles à mieux vivre avec Henriette. La Reine, heureuse d'avoir recouvré les bonnes grâces de son époux et croyant en avoir obligation aux conseils de Buckingham, fait meilleur visage au favori. Le bellâtre, enhardi, lui parle aussitôt d'amour. Dédaigné, il se venge : il persuade au Roi que la Reine ne s'est montrée plus complaisante que pour obéir à Mme de Saint-Georges; il confie à Mme de Saint-Georges que « le Roi se plaint de ce que la Reine vit avec trop de retenue quand ils sont couchés ensemble »; Mme de Saint-Georges répond « qu'elle ne se mêle pas des choses qui se font dans le silence de la nuit ». Mais Buckingham se garde bien de transmettre cette réponse à son maître : dès que Mme de Saint-Georges, assure-t-il, a connu la froideur de la Reine, « elle a promis d'y remédier ».

Un matin, à son lever, Charles, ayant trouvé Henriette moins réservée que de coutume, envoie quérir son favori et lui annonce triomphalement que les conseils de Mme de Saint-Georges ont porté leurs fruits. Buckingham perfidement s'étonne : est-il possible que le Roi garde auprès de sa femme une dame du lit qui possède un tel empire sur l'esprit de sa maîtresse?

Charles n'est malheureusement que trop facile à exciter contre Mme de Saint-Georges. N'a-t-il pas écrit à Marie de Médicis : « C'est elle qui, blessée de ce que je lui ai refusé de monter en carrosse avec nous, parce qu'il y avait là des dames d'un rang plus élevé, a mis ma femme en mauvaise humeur contre moi [1]. »

D'après un récit de l'infortuné Roi lui-même, on peut se faire une idée de leurs duos d'amour. Les voici au milieu de ce silence de la nuit dont parlait Mme de Saint-Georges; le Roi est couché; la Reine lui met dans la main une liste des gens qu'elle a choisis comme « intendants de ses revenus », et presque aussitôt la querelle éclate : « Pour ce qui est des Français, dit le Roi, il m'est impossible de les y admettre. — Mais, observe la Reine, ils ont des brevets signés de la Reine ma mère et de moi. — Il n'est pas en votre pouvoir, reprend Charles, ni en celui de votre mère, de désigner personne pour ces emplois sans ma permission. — Gardez donc vos terres pour vous, réplique Henriette, j'aime

---

[1] Comte de Baillon, *Henriette-Marie de France*, p. 23.

mieux toucher sous forme de pension les sommes que vous trouverez convenables. — Oubliez-vous à qui vous parlez? — Je suis la plus misérable des femmes, puisqu'on me refuse de pouvoir donner des terres à mes serviteurs; me croit-on de si mince qualité qu'on puisse me traiter de la sorte? (1) »

L'attitude froide et autoritaire de Charles, dans les scènes de ce genre, n'était pas le moyen de faire cesser les « récriminations passionnées » de Henriette; en procédant « de la sorte », le Roi ne pouvait obtenir qu'un silence momentané : quand un orage était apaisé, un autre menaçait à l'horizon.

En vain le grand aumônier, M. de La Mothe-Houdancourt, évêque de Mende, qui est allé en France rendre compte au cardinal, revient avec les instructions les plus conciliantes; en vain Henriette accepte les dames du lit que nommera son époux et les officiers qu'il lui plaira de choisir : Buckingham n'en sait gré ni à l'évêque ni à la Reine. Il est fort de l'alliance conclue avec les Hollandais; il a su rendre inoffensifs les membres du Parlement, emprisonnés, bannis ou pourvus de charges qui les ruinent et qu'ils ne peuvent refuser. Il est le maître absolu du faible Charles. Certain lundi de l'été 1626, après le dîner, le voici dans l'appartement de la Reine avec le Roi. Henriette se divertit avec les dames. Sous les yeux de son favori, qui sans doute lui a dicté sa conduite, Charles prend sa femme par la main et l'emmène. Henriette est maintenant dans la chambre de son époux; elle voit Charles congédier tous les témoins de la scène et fermer les portes à clef. Le Roi lui signifie sa volonté ou plutôt celle de Buckingham, l'expulsion des Français qui composent sa maison : « Je ne veux plus de ces gens qui vous entourent; ils m'empêchent de vous posséder tout entière. » Elle fut si surprise, racontent les *Mémoires* de Richelieu, qu'elle tomba par terre et fut longtemps sans parler. Revenant à soi, elle éclata en cris qui étaient capables de faire fendre les rochers. Elle se jette en terre, embrasse les genoux du Roi, lui baise les pieds, lui demande pardon pour les siens, s'ils l'ont offensé, le fait souvenir des pro-

(1) Comte de Baillon, *Henriette-Marie de France*, p. 85, note. Voir le récit de Charles Ier, publié par Disraëli.

messes portées par son contrat de mariage et de ses serments, dont Dieu est le vengeur. »

Supplications inutiles. Les ordres sont donnés, déjà l'hôtel de Somerset ouvre ses portes pour recevoir les bannis. La Reine, désespérée, entend les lamentations de ses filles que l'on chasse. La clameur augmente, se rapproche et soudain retentit dans la petite cour intérieure, là, sous la fenêtre. Henriette bondit, brise les vitres de la tête, s'accroche désespérément aux grilles, se montre une dernière fois à ses filles d'honneur. Mais le troupeau gémissant est vite chassé. Dans la chambre, le Roi arrache la Reine des grilles, qu'elle refuse de lâcher, qu'abandonnent enfin ses doigts meurtris. Il n'y a plus personne pour répondre aux plaintes de Henriette; des gardes entourent l'appartement. L'évêque de Mende lui-même doit renoncer à la voir; elle ne peut plus communiquer avec son grand aumônier que par de brefs billets. Voici la lettre où s'exhale son désespoir : « Monsieur de Mende, je dérobe le *tant* que je puis pour vous écrire. L'on me tient comme prisonnière, que je ne puis pas parler à personne, ni le temps d'écrire de mes malheurs, ni de me plaindre seulement. Au nom de Dieu, ayez pitié d'une pauvre princesse au désespoir et faites quelque chose à mon mal. Je suis la plus affligée du monde; parlez à la Reine ma mère de moi et lui montrez mes malheurs. Je vous dis adieu et à tous mes pauvres officiers et à mon amie Saint-Georges, à la comtesse de Tillières et tous, femmes et filles, qu'ils ne m'oublient pas, je ne les oublierai pas aussi, et portez quelque remède à mon mal ou je me meurs. Je ne puis. Adieu, cruel adieu qui me fera mourir, si Dieu n'a pitié de moi. »

Cependant quelques-unes de ses femmes ou de ses filles sont rentrées auprès d'elle, car la Reine, au milieu des Anglaises, a déclaré, en sa douleur, qu'elle « ne mangerait ni ne se coucherait qu'on ne lui eût rendu ses dames ». On lui rend la duchesse de La Trémoïlle, qui est protestante, sa nourrice Françoise de Montbodiac, sa première femme de chambre Mlle de Ventelet; mais on lui refuse son confesseur le Père de Sancy. Voyant qu'elle ne veut pas recevoir deux prêtres suspects qu'il lui offre, le Roi lui donne le Père Philippe, un Oratorien écossais qui a souffert jadis la question et le bannissement pour sa foi. Le reste de la maison est expulsé, remboursé en nature des avances faites à une Reine toujours besogneuse : l'évêque de Mende, Mmes de Saint-Georges et de Tillières (1) finissent par accepter le pendant d'oreille qu'on leur offre à chacun, bijou qui vaut à peine quatre mille écus. D'ailleurs nuls appointements ne seraient payés, si le Roi, pour se procurer l'argent nécessaire, n'ordonnait une quête dans les églises.

La maison française de la reine d'Angleterre s'éloigne par la Tamise, comme onze ans plus tôt avait repassé la Bidassoa la maison espagnole de la reine de France. Il est vrai que cette fois-ci le congé était particulièrement brutal.

Si Buckingham avait osé infliger un pareil affront à Louis XIII et à Richelieu, c'est que, vers la fin de juillet 1626, Walter Montagu, fils du comte de Manchester, dépêché près de la Reine mère sous un prétexte frivole, avait apporté les meilleures nouvelles de la « cabale et rébellion » qui couvait en France. Au moment où il chassait les Français, le favori s'attendait à voir la France déchirée par la guerre civile et le cardinal poignardé.

(1) Catherine de Bassompierre, comtesse de Tillières, à son mari, 9 août 1626. — Voir *Mémoires du Comte de Tillières*, p. 253 : comme son mari se trouvait alors à la cour de France, elle accepta pour lui un second pendant d'oreille. Ce qui fit la paire !

CHAPITRE DEUXIÈME

LA FOLIE DE BUCKINGHAM

Les premières conspirations.

Malgré les déboires occasionnés par le mariage d'Angleterre, le cardinal de Richelieu est encore tout à la joie de ses premiers et prompts succès. Ce mariage a déconcerté ses grands adversaires du dedans et du dehors; la double paix, négociée avec tant d'industrie, a été, en somme, le fruit de cette union si adroitement réalisée ; dans l'affaire de la Valteline, on a gagné une première manche, car, si l'affaire n'est pas totalement résolue, les forts n'ont pas été rendus à l'Espagne; le Roi et l'opinion accueillent ces résultats avec satisfaction ; une période d'accalmie s'ouvre enfin : tout cela permet au cardinal de se retourner vers les affaires intérieures qui le réclament. L'âme inquiète de Richelieu commence à prendre confiance et courage, quand soudain des bruits singuliers viennent vers lui, soit par voie officielle, soit par ces mille canaux particuliers que sa prévoyance a su se ménager.

L'Angleterre a le sentiment qu'elle a été trompée. Lorsque les conditions du mariage ont été connues, le Parlement a mis sur la sellette le favori détesté : il lui fait un crime d'avoir adouci la condition des catholiques d'Angleterre. Buckingham, qui comptait sur des éloges, ne pardonnera pas.

Les protestants de France se sentent joués. Ils ont cru à un rapprochement des deux Couronnes et des deux politiques, anglaise et française, et ils se trouvent en présence, tout au plus, d'une alliance de famille, sans effet sur la politique générale.

L'Espagne a été jouée plus encore. On avait besoin d'elle ; c'est elle qui aurait dû obtenir des avantages en Valteline et en Italie : on les lui a, en quelque sorte, dérobés. Ses yeux se sont ouverts maintenant, et elle ne songe qu'à se dégager d'un accord surpris et qu'une trop habile exploitation de ses propres embarras a su lui imposer.

Le Pape n'est guère satisfait. Les dispenses du mariage lui ont été arrachées par des déclarations ambiguës, par des rédactions graduellement modifiées, et le voilà obligé de démolir lui-même les forts de la Valteline, de souscrire à la diminution de l'Espagne en Italie, en Allemagne et dans tout l'orbe catholique. Ce coup, asséné à la Papauté de la main d'un cardinal sur qui on avait fondé tant d'espoir, retentit dans le sein des congrégations et dans ce tourbillon de combinaisons secrètes qui environne le Saint-Siège. Le légat Barberini est rappelé et le « partement de M. le Légat », qui s'éloigne en faisant claquer les portes, va marquer l'irritation de Rome.

Cette irritation gagne les catholiques de France. Elle s'est affirmée déjà, nous l'avons vu, dans des libelles sanglants dirigés contre le cardinal : les *Mysteria politica* attribués à un Jésuite, le Père Keller, confesseur de l'électeur de Bavière, et surtout l'*Admonitio*, par laquelle, « brièvement et fortement, on démontre que la France a vilainement et honteusement fait une ligue, impie en ce temps, contre les catholiques, qu'elle ne saurait poursuivre sans préjudicier à la religion ». Polémique non négligeable, car elle donne des arguments à l'opposition qui commence à se grouper autour de Marie de Médicis.

Ce n'est pas tout. Le duc de Savoie ne cache pas sa colère. On a signé la paix d'Espagne sans le consulter ni même le prévenir. Il allait prendre Gênes et pénétrer dans le Milanais ; et l'armistice lui arrache cette double proie.

A ces difficultés extérieures le temps et une habile conduite des affaires peuvent porter remède : des ambassadeurs sont envoyés aux diverses cours ; ils donnent des explications, ils essaient de pallier les mécontentements (1). Mais il y a, pour Richelieu, des dangers plus proches et d'abord le risque d'une défaveur que les mécontents et les cabales imposeraient au jeune Roi toujours si impressionnable. Une querelle, devenue pour ainsi dire universelle, anime les opposants de l'intérieur et leur donne force et courage. Ce cardinal, où veut-il aller? Il bouleverse la politique des « mariages espagnols », celle de la reine Marie de Médicis sa protectrice, celle de tout un grand parti qui attendait le succès de son arrivée au pouvoir et qui se sent condamné par son silence sévère. Où va-t-il, encore une fois? Faut-il le laisser grandir et mener la barque où il lui plaît? En somme, il n'est rien par lui-même, il n'a d'autre appui que la faveur toujours inconstante du Roi; il n'appartient à aucun groupe : et comment, sans l'appui d'un groupe, se soutiendrait-il?

Puisqu'on ne peut compter sur lui et que ses premiers actes révèlent en sa pensée des desseins secrets et une force dangereuse, le mieux est de s'en défaire : « Dès le commencement de l'année (1626), c'était un bruit qui courait par la Cour et dans tout l'État qu'il s'y formait une grande cabale (2). » A la tête de cette cabale, le propre frère du Roi, Monsieur (alors duc d'Anjou), poussé par le maréchal d'Ornano. On fait luire aux yeux de ce jeune homme sans volonté et sans foi, la royauté si Louis XIII meurt; on lui laisse espérer une part de l'autorité, si, le cardinal tombé, la Reine recouvre la sienne. Après le frère du Roi, les frères naturels, le duc de Vendôme et le grand prieur de Malte, appuyés sur la forte position qu'ils occupent

---

(1) Nous donnerons de plus amples détails sur cette éternelle négociation que Richelieu, conseillé par le Père Joseph, suit avec les deux partis opposés en Europe et surtout en Allemagne. Lepré-Balain indique le sens général de cette politique si souple : « Ensuite, on envoye visiter les Princes souverains, les Républiques et même les Villes impériales qui étoient bien fort ennuyées du joug pesant de la maison d'Autriche et gémissoient des mauvais traitements qu'on leur faisoit souffrir... » Et un peu plus haut : « On envoya des députés et agents à plusieurs princes pour sonder et reconnaître leurs sentiments et tâcher de leur en marquer qui découvraient la tromperie dans laquelle on les précipitoit, ce qui a réussi de sorte que l'on en a reçu le profit dans la nécessité des affaires. » Le principal de ces agents, après la paix de Monçon, fut le comte de Marcheville, dont les Instructions, rédigées sans doute par le Père Joseph, sont publiées dans le *Supplément* de Lepré-Balain.

(2) *Mémoires*, t. VI, p. 5.

en Bretagne; Mme de Chevreuse, la redoutable intrigante, héritière de toutes les rancunes des Guises et des Luynes; les réformés bien entendu, et même certains membres de la maison du Roi, au premier rang Chalais, maître de la garde-robe ; enfin tout l'entourage de Monsieur : Déageant, Modène, Puylaurens, Bois d'Ennemetz.

Monsieur quitterait la Cour, se réfugierait soit dans une province frontière, soit à l'étranger; il s'appuierait sur la Savoie, l'Espagne, l'Angleterre, la Hollande, les protestants, les catholiques, les grands, tous ceux qui ont à se plaindre ou à se garder du ministre, de ses actes, de ses intentions. Tous ensemble ils pèseraient sur le Roi pour obtenir la disgrâce du cardinal, son éloignement, son emprisonnement... Sinon, l'exemple de ce qui s'était passé pour le maréchal d'Ancre n'était pas si loin; une crise ministérielle se dénoue assez naturellement par un assassinat.

En présence de cette « effroyable conjuration », plus ou moins avérée, mais qui assurément a pu séduire bien des esprits frivoles ou des âmes passionnées, le cardinal prend les devants et marche sur ses adversaires. Le Roi est averti : n'est-il pas personnellement en cause? Il s'émeut, cherche autour de lui un appui, un conseil... Un conseil? Un seul, donné à la fois par Richelieu et par le maréchal de Schomberg : prévenir, agir. « En matière de conspiration, il est presque impossible d'avoir des preuves mathématiques »; le Roi est obligé en conscience de pourvoir au péril de l'État.

Le Roi envoie quérir, le 4 mai 1626, à dix heures du soir, le maréchal d'Ornano. Le sieur du Hallier, capitaine des gardes, a reçu des ordres sans réplique et sans suspens. Ornano, arrêté, est « mené, nous dit le cardinal, en la chambre où fut aussi arrêté (vingt-quatre ans plus tôt) le maréchal de Biron ».

La conjuration de Chalais.

Cette première mesure prise, le cardinal se rend au château de Fleury, près de Fontainebleau. Il a tout le loisir d'y méditer sur la suite d'une opération ainsi engagée. Or, le 10 mai 1626, comme il se prépare à entrer dans la deuxième phase de l'affaire, comme, après avoir reçu le prince de Condé, — qu'il saura manœuvrer pour l'opposer à Monsieur, — il va recevoir Monsieur lui-même, on lui annonce soudain la visite d'un personnage qu'il tient en haute estime, le commandeur de Valençay; celui-ci est accompagné de son neveu, le comte de Chalais.

Achille d'Estampes, seigneur de Valençay, était un commandeur de Malte, très mêlé aux affaires du Royaume. Agé de trente-trois ans, il s'était distingué, dès sa prime jeunesse, sur les galères de l'Ordre, puis, en 1621, dans l'armée du Roi, sous les murs de Montauban. Il devait plus tard commander les troupes du pape Urbain VIII, battre le duc de Parme et recevoir en récompense le chapeau de cardinal. Il s'était fait remarquer jusqu'alors comme un fidèle tenant de Richelieu. Mais le service qu'il allait rendre au cardinal, en cette journée du 10 mai 1626, valait tous ceux que devait récompenser le Saint-Père : le commandeur, en amenant à Richelieu le comte de Chalais, déjouait le complot le plus redoutable qui pût menacer le pouvoir et la vie du premier ministre.

Un seigneur de fort agréable compagnie, ce cadet des Talleyrand, comte de Chalais, bien jeune encore, — il n'avait pas trente ans, — mais si vif, si léger! Maître de la garde-robe du Roi, il briguait la charge plus glorieuse de maître général de la cavalerie légère; il avait tout récemment tué en duel un Lude, le comte de Pontgibaud. En ce temps où le duel faisait fureur, impossible d'être plus à la mode.

Or, non seulement Chalais venait lui-même dénoncer à Richelieu le grand complot sur lequel le cardinal était déjà renseigné, mais il apportait de tragiques précisions : Monsieur, Gaston de France, duc d'Anjou, et quelques seigneurs avaient formé le projet de dîner au château de Fleury le lendemain, avant de partir pour la chasse. Pendant le repas, les veneurs se prendraient de querelle, — une querelle feinte, — au cours de laquelle, épées et poignards étant tirés des fourreaux, le cardinal serait, comme par hasard, égorgé. Chalais avait confié ce beau projet à son oncle. Le commandeur lui avait reproché l'indignité de sa conduite, le menaçant d'aller,tout révéler au cardinal, s'il ne le faisait pas lui-même. Finalement, ils avaient pris le parti de venir ensemble à Fleury.

Richelieu écoute la confession, remercie ces Messieurs et les prie de la répéter le plus tôt possible au Roi.

Valençay et son neveu s'acquittèrent de leur mission avec diligence, car, vers minuit, trente gendarmes et autant de chevau-légers du Roi, sans compter tous les gentilshommes de la Reine mère, fort en peine de son cardinal, arrivèrent à Fleury. Les officiers de Monsieur, qui venaient préparer le dîner, parurent à trois heures du matin. Richelieu leur livra la maison, puis, escorté de vingt chevaux, il s'éloigna dans la direction de Fontainebleau.

A peine débarqué au château, il monta droit chez Monsieur. Gaston, né en 1608, était un petit homme de dix-huit ans, toujours dressé sur ses hauts talons, pirouettant et sifflotant. Quelle ne fut pas sa surprise en voyant entrer Richelieu dans sa chambre! Le prince en était à son lever. Affectant la reconnaissance pour l'honneur que Monsieur voulait lui faire en venant dîner chez lui, le cardinal lui reprocha cependant de ne pas l'avoir averti : « Il lui eût donné à dîner, il eût fait au mieux qu'il eût pu. » Puisque Son Altesse avait préféré envoyer ses gens à Fleury, il s'était retiré discrètement. Tout en parlant, le cardinal s'empressait, tel un zélé courtisan, de donner la chemise à Monsieur. Tête-à-tête pénible pour le petit prince, qui voyait son beau projet renversé. La chemise passée et Son Altesse habillée, Richelieu se rendit chez le Roi.

Quels propos échangèrent alors le ministre et son maître? Les discours du ministre laissaient déjà pressentir sans doute la lettre qu'il écrivit au Roi quinze jours plus tard, lorsque la Cour eut quitté Fontainebleau et qu'il se fut retiré au château de Limours, afin, disait-il, de se reposer. Richelieu, dans cette lettre, suppliait Louis XIII « de lui permettre de vivre dorénavant en personne privée. Sa vie ne lui serait d'aucune considération toutes les fois qu'il s'agirait de l'employer pour le bien de la Couronne, mais il lui fâchait fort de se voir en danger continuel d'être assassiné à la Cour (1) ».

Feinte de courtisan supérieur se sentant maître de la situation. La lettre avait été envoyée à la Reine mère, pour être remise au Roi. La réponse était venue telle que la prévoyait le cardinal : le Roi le jugeait toujours nécessaire et lui donnait une garde ordinaire pour la sûreté de sa personne.

Bien que le cardinal « eût l'œil trop ouvert, — c'est lui-même qui nous le dit, — pour se laisser endormir », cette garde n'était pas inutile. Richelieu avait affaire à une faction dangereuse.

Si les étrangers et les protestants n'oubliaient pas que Richelieu les avait joués, les grands s'abandonnaient « à la légèreté ordinaire des Français », — l'expression est du cardinal lui-même, — au désir du changement, « au déplaisir de voir établir l'autorité royale », qu'ils ne pouvaient plus braver impunément. La cabale visait à pousser Monsieur vers une place frontière, d'où il aurait imposé au Roi ses conditions et celles des gens qui le faisaient agir. On l'incitait à refuser comme femme l'héritière des Bourbon-Montpensier, que lui proposait Richelieu ; on réservait Mlle de Montpensier pour le comte de Soissons, que la cabale s'attacherait solidement par une telle alliance. On mariait Monsieur à quelque princesse d'un royaume étranger, qui serait son appui et qui pourrait être son refuge : ou bien on faisait briller à ses yeux une alliance plus glorieuse encore : Louis XIII, valétudinaire et sans enfants, ne tarderait pas à mourir et son jeune frère hériterait à la fois du Royaume et de la Reine.

Ces propos se divulguaient parmi la Cour, la Ville et les pays étrangers. Le cocher du duc de Vendôme déclarait bonnement du haut de son siège : « N'a-t-on pas bien rasé Louis le Fainéant (2)? » L'oreille attentive du cardinal ne laissait rien

---

(1) Aubery, *Histoire du Cardinal-Duc de Richelieu*, t. I, p. 45.
(2) *Mémoires*, t. VI, p. 191.

échapper : « En telles matières, disait-il, tels bruits sont d'ordinaire avant-coureurs des vérités. »

Il venait d'avoir un long entretien avec Louis XIII, lorsque le maréchal d'Ornano, chef de la cabale, avait été arrêté sur l'ordre du Roi. Cet Ornano avait été, du temps de La Vieuville, enfermé au château de Caen : gouverneur de Monsieur, il prétendait faire entrer le prince au Conseil dès l'âge de seize ans. Richelieu, devenu premier ministre, avait cru habile de rendre le gouverneur à son élève et de lui donner le bâton de maréchal de France. Il en était bien récompensé aujourd'hui. C'était pour sauver son gouverneur, arrêté à Fontainebleau le 4 mai, que Monsieur avait comploté le guet-apens du château de Fleury.

Chalais trempait dans la conspiration pour plaire à la femme dont il était amoureux, l'illustre Marie de Rohan, duchesse de Chevreuse, que feu le connétable de Luynes avait épousée en 1617. La connétable avait convolé en 1622 avec Claude de Lorraine, duc de Chevreuse, « très bon homme, de beaucoup d'esprit et de fort bonne compagnie, fort poli et fort magnifique et qui n'était pas né pour être guisard ». M. de Chevreuse « pensait toujours comme elle et l'admirait en tout (1) ». « La taille ravissante, le charmant visage, les grands yeux bleus, les fins et abondants cheveux d'un blond châtain, le beau sein, la délicatesse et la vivacité, la grâce et la passion » de la nouvelle duchesse ont enchanté, au bout de deux siècles, l'imagination de Victor Cousin. La duchesse enrôlait, à la cour de Louis XIII, une légion d'adorateurs. Le cardinal lui-même n'était pas insensible à ses attraits, mais n'en faisait pas moins surveiller par des espions la dangereuse sirène. S'il ne savait pas encore que Chalais l'avait pour confidente lors du complot de Fleury, il n'ignorait pas que Mme de Chevreuse rendait Anne d'Autriche de plus en plus hostile au mariage de Gaston et de Mlle de Montpensier. Il suivait de loin, avec une égale attention, les efforts du duc de Vendôme pour se proclamer indépendant en son gouvernement de Bretagne et faire valoir les droits que sa femme tenait de la maison de Penthièvre.

---

(1) *Écrits inédits de Saint-Simon*, t. VI, p. 59.

De sept et trois ans plus âgés que Louis XIII, César, duc de Vendôme, et son frère Alexandre, chevalier de Malte, grand prieur de France, étaient fils de Henri IV et de Gabrielle d'Estrées. Quand on disait en 1608 au Dauphin, né en 1601 : « Monsieur, ils sont vos frères », le futur Louis XIII, qui les appelait *féfé Vendôme* et *féfé chevalier*, répondait : « Ho ! c'est une autre race de chiens ! » Ce qui ne l'empêchait pas de pleurer à chaudes larmes, si *féfé chevalier* devait rejoindre en Bretagne *féfé Vendôme*. Parvenus à l'âge d'homme, les deux légitimés de France avaient donné plus d'une marque d'insoumission à leur cadet légitime. Le cardinal était résolu de les mettre hors d'état de nuire. La difficulté était d'attirer à la Cour le gouverneur de Bretagne, qui avait quitté le Roi en disant à ses intimes qu'il ne le reverrait plus qu'en peinture.

Par bonheur, le grand prieur, inquiet d'avoir joué un rôle dans le complot avorté de Fleury, vient rendre ses devoirs à Richelieu et le prie de lui obtenir l'amirauté de France, dont le duc de Montmorency va se démettre. Richelieu cajole le jeune homme, lui fait craindre que le Roi ne refuse une telle grâce au frère d'un prince qui « écoute trop de gens malintentionnés » et, comme le grand prieur offre d'aller chercher le duc de Vendôme en Bretagne et de l'amener pour qu'il se justifie, — à condition toutefois qu'il ne reçoive aucun déplaisir, — Richelieu répond : « Le Roi veut aller se divertir à Blois. Partez pour la Bretagne et venez à Blois. Quant à l'assurance que vous demandez, c'est au Roi de la donner. Il ne vous la refusera pas. » Il ne la refuse pas en effet, mais il se sert de termes singulièrement équivoques : « M. de Vendôme peut venir à Blois, déclare-t-il. Je vous donne ma parole qu'on ne lui fera pas plus de mal qu'à vous. » Pour Louis XIII, Blois avec son château délicieux, ses terrasses et ses jardins, sa rivière de Loire qui s'attarde au pied de la colline et donne tant de charme au paysage, n'est pas un lieu de divertissement, mais une simple étape. Le Roi va à Nantes et c'est là qu'il entend affermir son autorité.

Quelque temps auparavant, Richelieu, prétextant sa santé toujours languissante, était allé se reposer à Chaillot (sur l'emplacement actuel du *Trocadéro*) dans le somptueux logis du beau-père de Chalais, M. de Castille, intendant des finances. Le gendre du maître de la maison l'y instruisait fort commodément des desseins du duc d'Anjou et lui promettait de le servir.

Les Vendôme cependant arrivaient à Blois. Le 11 juin 1626, tandis que Louis XIII se promenait dans les jardins du château, ils se présentèrent devant lui : « Sire, commença humblement le duc, je suis venu au premier commandement de Votre Majesté, pour lui obéir et l'assurer que je n'aurai jamais autre dessein ni volonté que de lui rendre très humble service. » Qui douterait des bonnes intentions de Louis XIII? Le Roi vient de se découvrir, il met la main sur l'épaule du duc de Vendôme, il répond du ton le plus aimable : « Mon frère, j'étais en impatience de vous voir. » « Voulez-vous, lui demanda-t-il pendant le souper, venir demain chasser avec moi du côté d'Amboise? » Le duc s'excuse sur la fatigue que lui a causée son long voyage en poste, et le Roi répond avec courtoisie : « Je vois bien que vous voulez voir vos amis. Je vous laisserai faire vos visites. »

Il tint parole, mais, le surlendemain, vers la fin de la nuit, les Vendôme, logés au château dans la même chambre, furent réveillés en sursaut et se trouvèrent soudain devant des pointes de hallebardes. MM. du Hallier et de Mauny, capitaines des gardes, à la tête de seize gardes du corps, s'approchaient l'un du duc de Vendôme, l'autre du grand prieur et faisaient connaître les ordres du Roi. Les deux frères ne disaient mot. Le duc, les yeux fixés sur le grand prieur, rompit le silence: « Hé bien, mon frère, ne vous avais-je pas bien dit en Bretagne qu'on nous arrêterait? — Je voudrais être mort et que vous y fussiez, répondit le grand prieur. — Je vous avais bien dit, reprit l'autre, que le château de Blois était un lieu fatal pour les princes. »

Quelques instants plus tard, au bas de l'escalier qui aboutissait à leur chambre, Mauny les faisait monter dans un carrosse du Roi qui les conduisit à la Loire. Les premières lueurs de l'aube éclairèrent bientôt sur le fleuve le bateau qui les emportait vers le château d'Amboise. On apercevait derrière ce bateau d'autres embarcations pleines de soldats des gardes française et suisse et, sur les deux rives, l'escorte de gendarmes de la garde, les chevau-légers et les mousquetaires.

Richelieu à ce moment n'était pas avec Louis XIII. Ne sachant s'il pouvait compter sur la fermeté du Roi, mais certain de pouvoir compter sur la colère des grands, il était resté au château de Limours, et même il avait écrit une nouvelle lettre à Louis XIII pour le supplier de le décharger du fardeau des affaires. Le 9 juin, le Roi l'avait prié de conserver le pouvoir : « Tout, grâces à Dieu, a bien succédé depuis que vous y êtes, avait-il répondu. J'ai toute confiance en vous et il est vrai que je n'ai jamais trouvé personne qui me servît à mon gré comme vous. Assurez-vous que je ne changerai jamais et que, quiconque vous attaquera, vous m'aurez pour second. »

Le 13, il lui annonçait l'arrestation des Vendôme et le priait de se rendre à Blois, si sa santé le lui permettait.

Le cardinal arrive. Ses espions ne tardent pas à lui apprendre que Chalais a été vu la nuit dans les galeries du château de Blois, allant en robe de chambre s'enfermer chez Monsieur. Chalais est demeuré de longues heures avec le prince. C'est que Chalais est furieux des mesures prises contre le grand prieur, son ami. Il excite maintenant le faible Gaston à la révolte. Le cardinal songe à faire arrêter Chalais lui aussi. Plusieurs voix lui conseillent la rigueur et notamment celle d'une de ses futures victimes, l'imprudent Bassompierre, qui lui reproche de « n'être pas dangereux ennemi ». Richelieu n'a pas besoin de se faire violence pour se rendre à de tels avis. Nul plus que lui n'approuverait la forte maxime qui fut celle de Napoléon : « Quand on dit d'un roi que c'est un bon homme, c'est un règne manqué. »

Le cardinal cependant n'use pas de brutalité. Une de ses maximes favorites est qu'il faut négocier toujours. Il négocie donc avec ce Chalais qui le trahit. Des ambassadeurs officieux rappellent à Chalais sa promesse de bien servir, l'avertissent de « n'estimer plus avoir de sûreté à la Cour sur la parole du cardinal ». On lui montre le mécontentement du Roi, l'abîme où il se précipite. Mais il est trop engagé ; sa passion pour la duchesse de Chevreuse ne lui permet pas de revenir en arrière : déjà le duc d'Épernon et son fils, le duc de La Valette, ont été priés par lui de recevoir Monsieur dans leurs gouvernements de Guyenne et de Metz.

Mais recevoir Monsieur en Guyenne ou en Lorraine, c'est retarder sinon briser le mariage qui doit se célébrer à Nantes. Proches parents de Mlle de Montpensier, Épernon et La Valette ne veulent pas contrecarrer un mariage qui les flatte. Monsieur ne peut donc disposer de Metz, « cette porte de derrière (1) » sur laquelle il comptait. Monsieur avait écrit à Épernon. Épernon envoie au Roi la lettre de Monsieur. Cela ne suffit pas pour décider l'arrestation de Chalais. Mais, suspect, il suffira du moindre incident pour le perdre. A Saumur, pendant le voyage de Nantes, une querelle s'élève au sujet d'une dame, entre Henri de Nogaret, duc de Candale, et Roger de Gramont, comte de Louvigny. Chalais, ami commun des deux rivaux, donne tort à Louvigny et le conjure de ne pas se battre. Louvigny ne le lui pardonne pas. A Ancenis, il se venge. Il n'ignorait pas le fond de l'intrigue de Metz : il révèle ce qu'il sait au Roi en personne et, pendant qu'il y est, il ajoute de son cru que Chalais a résolu d'assassiner le Roi, que Gaston et ses amis seront dans l'antichambre royale pour assister l'assassin.

Le 8 juillet 1626, au château de Nantes, où la Cour était arrivée le 3, où Mlle de Montpensier allait rejoindre la Cour, — le Roi, sa mère et son ministre n'ayant pas renoncé à la marier avec le duc d'Anjou, — M. de Tresmes arrête le maître de la garde-robe encore au lit. Atterré, Chalais ne prononce pas une parole. Dire que tout était réglé, même l'heure du départ de Gaston pour Paris! Et maintenant... Un exempt entre dans sa chambre, chargé, dit-il, de veiller sur le prisonnier : « Je crains plus une longue prison que la mort, n'était l'ignominie », réplique Chalais. Le 1er août, on le faisait descendre au fond d'une des tours du château.

Chalais se sent perdu. Or, à cette heure même, Monsieur vogue joyeusement sur la Loire, au milieu de ses confidents. Embarqué à Saint-Nazaire avec la permission du cardinal, il se dirige, à la

(1) *Mémoires*, t. IV, p. 24.

tête d'une flottille qui porte sa suite, vers la *Roche percée*, cette île de deux cents toises de circuit sous laquelle, au bout de l'immense estuaire, les flots s'engouffrent dans le couloir de pierre qu'ils se sont creusé au cours des siècles. Sur l'île, des vols de mouettes se posent, tourbillonnent dans un grand bruit d'ailes et de cris, s'abattent de nouveau. « Il y a tant d'oiseaux, constate un favori du prince, qu'il est impossible d'asseoir le pied sans marcher sur des œufs ou sur des petits. » Gaston débarque, tire des mouettes, remonte sur son navire. Rien ne trouble son insouciance. Il ne songe qu'à la collation qu'on lui prépare dans une île voisine.

Ce Gaston si heureux de vivre, ce n'est plus un conspirateur, c'est un fiancé : il a promis d'épouser dans quelques jours Mlle de Montpensier. Il est allé trouver le cardinal, d'abord au château de la Haye, près de Nantes, puis à l'évêché. Il a écouté les offres qui lui sont faites d'un bel apanage et autres largesses. En échange, Gaston a tout raconté du complot ourdi autour de lui. Les 11 et 12 juillet, devant le Roi, la Reine mère et le cardinal, il ne craignait pas de trahir ses amis. On conserve aux Archives du ministère des Affaires étrangères les procès-verbaux des « diverses choses que Monsieur a avouées au Roi ». Tristes documents (1), au bas desquels se lisent les trois signatures *Louis*. — *Marie*. — *Armand, cardinal de Richelieu*. Gaston y passe en revue ses complices; il est loin de ménager Chalais : c'est par Chalais qu'il a su qu'on voulait l'arrêter à Paris; c'est Chalais qui lui a conseillé de fuir; Chalais connaissait le projet de soulever Paris contre le Roi; Chalais n'a rien ignoré. Monsieur entend bien que ses redoutables confidences ne causeront pas la mort de son ami, car il est bon, mais sa charité commence par soi-même. Il a dit à la Reine sa mère « qu'à quelque prix que ce fût, il fallait sauver Chalais et qu'il fallait en parler au Roi et que de Paris on lui avait mandé que, s'il laissait perdre Chalais et qu'il en fût fait justice, il ne trouverait plus personne qui le voulût plus servir ».

Sa conscience ainsi mise en paix, il est retourné à ses plaisirs,

---

(1) Publiés par Victor Cousin, *Madame de Chevreuse* (p. 364-367).

à ce voyage, qui est, en vérité, le plus divertissant du monde. Son Altesse s'amuse de tout. Le moyen de ne pas s'amuser? Voici un gentilhomme trop passionné pour la chasse aux mouettes, oublié dans l'île après la collation, qui, debout sur un rocher, fait des signaux à la flottille cinglant vers les côtes et qu'il faut aller chercher à grand'peine ; voici le lancement d'un vaisseau de deux cent cinquante tonnes au Pouliguen ; et l'entrée burlesque dans la petite ville du Croisic : le prince sur un cheval sans bride, avec sa suite sur des ânes et des mulets sans selle, paradant au fracas des salves qui éclatent dans le port. Ni les confitures, ni les vins d'Espagne ne manquent au logis du prince, meublé à la mode du pays, orné de buffets bretons que chargent des profusions de chandeliers en cuivre et qui ébahissent tous ces gens de cour.

Monsieur, qui n'avait pas cessé de rire pendant tout le voyage, était d'excellente humeur lorsque le vent et la marée l'eurent ramené à Nantes avec sa flottille de trente voiles. « Il arriva (le dimanche 2 août) assez tard, nous confie Bois d'Ennemetz, son favori, mais il ne laissa pas de rendre des compliments au Roi, aux Reines et à Mademoiselle sa maîtresse ; après avoir ri avec elle des accidents qui lui étaient arrivés, il se retira très content. »

Comment ne le serait-il pas ? Voici, — comble de la fortune, — son chancelier, le président Le Coigneux, seigneur de Lierville et de Bachaumont, qui vient lui annoncer que le Roi lui donne « les duchés d'Orléans, de Chartres et comté de Blois jusqu'à concurrence de cent mille livres de rente » et qu'il y ajoute une pension de cinq cent soixante mille livres « pour l'entretènement de sa maison ». Sans compter les biens de sa fiancée (les principautés de Dombes et de La Roche-sur-Yon, les duchés de Saint-Fargeau et de Châtellerault, environ quatre cent mille livres de rente), il va jouir d'un revenu de six cent soixante mille livres, — trois millions trois cent mille francs de notre monnaie d'avant-guerre, seize millions de notre monnaie d'aujourd'hui.

De Chalais et du maréchal d'Ornano, en faveur de qui le président Le Coigneux avait charge de négocier, peu ou point de discours. Bois d'Ennemetz fit remarquer, il est vrai, « qu'il n'y avait point de raison que le mariage de Monsieur fût sanglant ». La tête légère du jeune prince se flattait de l'espérance qu'il ne le serait pas.

En acceptant le mariage doré que Richelieu avait tant à cœur, sans avoir rien convenu pour le salut de Chalais et du maréchal d'Ornano, Monsieur est en train de perdre le seul moyen qui lui restât d'agir sur le cardinal. Selon l'expression énergique de Michelet, Richelieu l'étouffe dans l'or. Mandé au Conseil par Louis XIII, qui lui donne officiellement son apanage, Monsieur remercie son frère, « proteste avoir un extrême déplaisir de toute les pensées qu'il a eues, jure qu'il ne se séparera jamais du service du Roi, auquel il reconnaît être extraordinairement obligé. — Parlez-vous sans les équivoques dont vous avez plusieurs fois usé? lui demande crûment Louis XIII. — Oui », répond le nouveau duc d'Orléans, et il fait un serment solennel.

Le soir de ce jour, 5 août 1626, il fut marié avec Mlle de Montpensier, dans la chapelle de l'Oratoire de Nantes, par le cardinal, qui le lendemain dit la messe au couvent des Minimes, en présence des deux conjoints, du Roi, des Reines et de toute la Cour. La présence de tant de majestés ne parvint pas à égayer la cérémonie : « Il ne fut jamais vu de mariage si triste, raconte Bois d'Ennemetz. Madame était vêtue d'une robe de satin blanc, parée de ses perles et de celles des Reines. On n'entendit ni violons ni musique de tout ce jour-là. Monsieur n'avait pas un habit neuf. » Les majestés assistèrent au coucher des mariés. Le Roi donna « la chemise à Son Altesse et le conduisit dans la chambre de Madame », que les Reines avaient couchée. Lorsque chacun se fut retiré, le silence de la nuit fut troublé soudain par des jappements et Gaston eut ce spectacle inattendu : sa belle-mère, la duchesse de Guise, pénétrant brusquement dans la chambre nuptiale et poursuivant de meuble en meuble un chien, le sien peut-être, qu'on y avait enfermé par mégarde.

Quelles furent les impressions de Chalais, lorsqu'il apprit deux jours plus tard, — Richelieu avait commandé qu'on lui en dît la nouvelle, — le mariage de l'écervelé qu'il avait tour à tour espionné et servi? Au temps si proche encore de sa fortune, il avait entendu répéter à Mme de Chevreuse que « c'était une honte que, le Roi étant idiot et incapable de gouverner, ce faquin de cardinal gouvernât ». Cette fois, Chalais rendit hommage au génie de Richelieu : « Voilà, s'écria-t-il, une action de haut biseau d'avoir non seulement rompu et dissipé une grande faction, mais anéanti l'espérance de la rallier ni de la raccommoder jamais. Il n'appartenait qu'au Roi et à Mgr le Cardinal de faire ce coup d'État. Il est bien employé qu'ils aient pris Monseigneur (le duc d'Orléans) entre bond et volée. O grand Roi, et trois fois heureux de se servir d'un si grand ministre! O grand ministre digne d'un très grand Roi! »

Sachant que ses paroles, soigneusement notées, seront mises sous les yeux du cardinal, qui tient sa vie entre ses mains, Chalais ne modère pas son enthousiasme. Il a, dès les premiers jours de sa détention, reçu la visite de Richelieu; il n'a pas oublié les promesses du redoutable visiteur : « Vous aurez votre grâce, je vous réponds de votre vie sur la mienne. Dès que je me serai tiré de l'affaire que mes ennemis ont tramée contre moi, je ferai en sorte que le Roi vous comble de biens et d'honneurs au delà de ce que vous pouvez espérer (1). »

Si Richelieu a vraiment tenu ce discours perfide, on comprend sans peine la fureur d'avouer qui s'empare de Chalais. Il charge ses complices; il assure que, même après l'attentat manqué de Fleury, même à Blois, la faction parlait à mots couverts d'assassiner le cardinal. « Et, non content de se condamner par sa bouche, remarque Richelieu, il se condamne par sa propre main : il écrit au Roi, il le supplie de lui pardonner, de se souvenir qu'il n'a été de la faction que treize jours. » Il écrit à la Reine mère, il écrit surtout à Mme de Chevreuse : « Si ces beaux yeux que j'adore, soupire-t-il, regardent cette lettre, j'augure bien de ma fortune et, s'il advient le contraire, je ne souhaite plus ma liberté, puisque j'y trouverais mon supplice (2). » Mme de Che-

---

(1) Levassor, *Histoire de Louis XIII*, t. III, p. 54.
(2) *Pièces du Procès de Henri de Talleyrand, comte de Chalais*, p. 111.

vreuse lit avec épouvante ces hymnes d'amour qui la compromettent.

Richelieu les lit aussi. Il sait que Mme de Chevreuse se contente de répondre oralement au serviteur de Chalais qui les lui porte. Il sait ou il devine l'exaspération du prisonnier. Il l'attise. Une jalousie cruelle dévore Chalais, lorsque le cardinal lui montre les beaux yeux qu'il adore se tournant vers d'autres adorateurs : « Depuis que vous me fîtes l'honneur de me dire qu'elle avait médit de moi, je n'ai plus eu autre intérêt, mande-t-il à Richelieu, que de me conserver aux bonnes grâces du Roi. » Tombé dans le piège de police, il ne cesse pas d'accuser sa maîtresse. Il offre de l'espionner. Son but suprême est désormais l'arrestation, la condamnation de la femme qu'il croit infidèle. L'ingrat ! Mme de Chevreuse va trouver le cardinal, insiste auprès de lui ; mais Richelieu l'arrête d'un mot de ses lèvres minces et lui tend la dénonciation de Chalais. Voilà notre suppliante changée en furie.

Une voix plus émouvante intercédait auprès du Roi. « Sire, ayez pitié et miséricorde de mon pauvre et misérable enfant », criait vingt-quatre ans plus tôt à Henri IV la mère du maréchal de Biron. Aujourd'hui c'est une autre mère en détresse, une Montesquiou, Jeanne-Françoise de Lasseran-Massencome, princesse de Chalais, qui implore la clémence de Louis XIII en faveur de son fils coupable : « Ayez pitié de lui, Sire. Son ingratitude passée rendra votre miséricorde plus recommandable. Je le vous donnai à huit ans ; il est filleul du feu Roi votre père, petit-fils du maréchal de Montluc et du président Jeannin par alliance. Les siens vous servent tous les jours, qui, n'osant se jeter à vos pieds de peur de vous déplaire, ne laissent pas de demander avec toute humilité et révérence, la larme à l'œil, avec moi, la vie de ce malheureux. » Comme jadis celles de Mme de Biron, ces larmes sont inutiles. Ce n'est point par hasard que le cardinal a soustrait son prisonnier à la juridiction ordinaire. Le Roi a nommé une chambre de justice, un de ces tribunaux d'exception qu'affectionna toujours Richelieu. Parmi les juges, siègent le garde des Sceaux, Michel de Marillac, dont le frère sera si cruellement jugé quelques années plus tard, et François Fouquet, père de l'infortuné surintendant. Coïncidences qui font une illustration tragique au vers :

> *Delicta majorum, immeritus lues,*

où le poète latin (1) se rencontre avec le roi David (2) : « *Quæ non rapui, tunc exsolvebam.* Ce que je n'ai pas dérobé, il faut que je le rende. »

Chalais ne pouvait échapper au supplice : comment envoyer à l'échafaud les grands coupables, la descendance de Henri IV, le duc d'Orléans et les deux Vendôme? Le cardinal, si l'on en croit ses *Mémoires*, eût montré quelque indulgence : « Ayant pour maxime que les hommes, en tant que créatures, sont sujets à faillir et que leur malignité bien souvent n'est pas si opiniâtre qu'elle ne puisse être corrigée, il conseilla au Roi de n'étendre pas généralement la punition sur tous les coupables et d'essayer de les rectifier et ramener au droit chemin par bienfaits. »

Il ne restait plus, en dehors de Chalais, que le maréchal d'Ornano. Mais celui-ci mourut au Bois de Vincennes, le 2 septembre, d'une crise d'urémie, mort à propos de laquelle Richelieu a bien soin de noter : « Le Roi fut marri que la justice de Dieu eût prévenu la sienne. »

Chalais, criminel puisqu'il avait connu les intelligences de Monsieur avec la Savoie et l'Angleterre et les divers projets d'assassiner le cardinal, restait la victime désignée : on cria haro sur Chalais. Le 18 août, les juges « le déclarèrent atteint et convaincu du crime de lèse-majesté, pour réparation duquel ils le condamnèrent à avoir la tête tranchée en la place du Bouffay, à Nantes, sa tête mise au bout d'une pique sur la porte de Sauvetout, son corps mis en quatre quartiers, chaque quartier attaché à des potences aux quatre principales avenues de la ville et, auparavant l'exécution, mis à la torture, tous ses biens confisqués, sa postérité déchue de noblesse ».

---

(1) Horace, Ode VI du livre III.
(2) *Vulgate*, ps. cxviii, vers. v.

La chambre de justice savait obéir au cardinal. En somme, pour Richelieu, la mort de Chalais était moins un acte de vengeance qu'une mesure de sûreté. Il se souvient du maréchal d'Ancre assassiné, il y a dix ans à peine, dépouillé de son épée, de sa bague de diamant, de son écharpe, de son manteau de velours noir et déposé plein de sang et de boue dans le corps de garde du Louvre. D'ailleurs Chalais n'en était point à son premier complot : « Ceux qui ont remis un forfait autrefois, songe le cardinal, l'ont remis à ceux de qui ils n'avaient aucune occasion de douter semblable conspiration ; mais de pardonner à ceux qui retiennent la même volonté et même moyen pour faire mal, c'est plutôt témérité que douceur. » On croit entendre Corneille célébrant *les Triomphes de Louis le Juste* :

> Qui pardonne aisément invite à l'offenser,
> Et le trop de bonté jette une amorce au crime.

Plusieurs des Maximes d'État de Richelieu portent l'empreinte de sa préoccupation constante : empêcher Louis XIII de faiblir. Écrites pendant le procès, elles sont développées au cours des entretiens du cardinal et du Roi : « Si le roi François Ier, dit Richelieu à Louis XIII, eût arrêté M. de Bourbon, quand il passa à Moulins, sur l'avis qu'il eut qu'il traitait avec l'empereur Charles-Quint, il n'eût pas été pris à la bataille de Pavie et la France n'eût pas souffert la plus insigne perte qu'elle ait jamais reçue. »

« C'est aujourd'hui, Sire, qu'on peut dire avec vérité que le ciel et la terre se trouvent en même temps remplis des plus hautes merveilles que l'esprit humain puisse imaginer... » En cette fête de l'Assomption, 15 août 1626, dans l'église Saint-Pierre, à Nantes, le cardinal est à l'autel. Il va donner la communion au Roi et à la famille royale ; il harangue Louis XIII. Si le léger Gaston écoutait d'une oreille distraite le sermon de son ennemi, il dut retrouver toute son attention, lorsque tombèrent des lèvres de Richelieu ces paroles menaçantes : « Au même temps que Dieu s'unit dans le ciel celle qui est, comme j'ai déjà dit, sa mère et sa fille tout ensemble, au même temps vous unit-il en terre et votre mère et celui que vous tenez et traitez comme votre fils ; fils qui vous doit aimer, respecter et craindre toute sa vie, non seulement comme son vrai Roi, mais comme son vrai père et qui ne peut faire autrement sans avoir lieu d'appréhender une seconde descente du grand Dieu sur sa personne, non en manne comme celle d'aujourd'hui, mais en feu et en tonnerre (1). »

Nul doute que Monsieur n'ait trouvé plus ingénieuse qu'agréable cette façon de passer de l'Assomption de la Sainte Vierge à la conspiration de Chalais. Chapitré au Conseil, chapitré à l'église, Louis XIII se sentait le juste vengeur de ses sujets, qui avaient failli être opprimés par des factieux. Il voulut cependant concilier sa justice et sa bonté : le 19 août, il fit dire à Chalais qu'il lui remettait toutes les peines « hormis la mort ».

La porte de Sauvetout, que, sans la *clémence* de Louis XIII, les juges eussent décorée d'un trophée si hideux, était flanquée de deux tours. On l'avait choisie parce que l'une de ces tours était le logis du bourreau. Or, en cette journée du 19 août 1626, le bourreau n'était pas chez lui ; il n'était pas non plus sur le lieu de l'exécution, place du Bouffay. Cet homme indispensable avait disparu, gagné à prix d'argent par Monsieur. Le bruit se répandit d'abord dans la ville que cette disparition était l'œuvre du cardinal, qui voulait donner au condamné le temps d'obtenir sa grâce. Mais, à la fin du jour, il y avait sur l'échafaud de la place du Bouffay un exécuteur et son aide. C'étaient deux prisonniers promis au gibet ; on leur avait offert la vie, s'ils consentaient à s'improviser bourreaux : ils avaient accepté.

Deux compagnies des gardes du corps vinrent occuper la petite place où s'élevaient alors les tours massives d'un château féodal, le Bouffay, bâti au Xe siècle et, depuis la fin du XVe, converti en palais de justice et en prison. Vers les six heures du soir, deux cordons de soldats se placèrent entre la porte de la prison et l'échafaud.

(1) Voir Gabriel Hanotaux, *Maximes d'État du Cardinal de Richelieu*, publiées dans la *Collection des Documents inédits* et *Histoire du Cardinal de Richelieu*, t. I, p. 103.

La porte s'ouvre ; Chalais marche au milieu des soldats, exhorté par un Minime, le Père du Rosier, son confesseur. Il baise de temps en temps la croix de son chapelet. Il montre une résolution admirée des spectateurs qui se pressent sur la place ou s'encadrent dans les fenêtres des maisons. Il sait que, là-bas, au couvent des Cordeliers, sa mère attend en prières l'arrivée du carrosse qu'on aperçoit au pied de l'échafaud et qui transportera tout à l'heure son cadavre décapité : « Dites-lui, a-t-elle répondu à l'archer qu'il lui a envoyé, que je suis très contente de l'assurance qu'il me donne de mourir en Dieu ; que c'est la seule chose qui me peut donner de la consolation et que, si je ne craignais que ma vue ne l'attendrît trop et ne lui ôtât quelque chose de la générosité qu'il témoigne, je l'irais trouver et ne l'abandonnerais point, que sa tête ne fût séparée de son corps, mais que, ne pouvant l'assister, je m'en vais prier Dieu pour lui. »

Le voici sur l'échafaud. L'exécuteur lui bande les yeux : « Ne me fais point languir », dit Chalais. Il est à genoux, les mains liées. L'épée, une épée de Suisse, s'abat sur son col nu. Chalais s'écroule, blessé seulement. L'exécuteur, un cordonnier toulousain, frappe trois autres coups timides. La tête n'est pas détachée du tronc, mais le patient ne paraît plus qu'un cadavre. Le confesseur donne des conseils au cordonnier, lui montre qu'il faut relever la tête, l'appuyer sur le billot avant de frapper ; il la relève lui-même... Les yeux sont ouverts : « Si vous avez encore quelque connaissance, dit le prêtre, témoignez-nous que vous pensez à Dieu (1). — *Jesus, Maria* », murmurent les lèvres qui s'entr'ouvrent... L'exécuteur improvisé a jeté son épée mal affilée. Armé d'une doloire de tonnelier, il frappe éperdument cette tête sanglante, d'où s'échappent des invocations et des soupirs et qui ne tombe qu'au vingt-neuvième coup.

L'horrible justice est faite. Ah ! qu'il était loin ce temps où Hugues Capet, demandant à l'ancêtre de Chalais : « Qui t'a fait comte ? », celui-ci répondait : « Qui t'a fait roi ? »

---

(1) Eugène Griselle, *Lettres de la main de Louis XIII*, t. II, p. 525, appendice III.

Cette boucherie ne laissa au cardinal nul remords. Le 8 septembre 1626, trois semaines après l'exécution de Chalais, revenant de Rennes et faisant étape à Connerré, entre le Mans et Nogent-le-Rotrou, escorté de trente gentilshommes prêtés par le Roi et de vingt autres par l'évêque du Mans, il écrivait à Bouthillier (1), secrétaire des commandements de la Reine mère : « Je vous avoue que c'est une fâcheuse chose d'être contraint de se faire garder, étant certain que, dès l'heure qu'on est réduit à ce point, on peut dire adieu à sa liberté. Cependant, s'il fallait encore refaire les choses que j'ai faites, je les referais de très bon cœur et plus ils chercheront ma vie, plus chercherai-je à servir le Roi. » Les réflexions de M. le Cardinal ne sont pas gaies : l'idée de l'assassinat le hante. C'est qu'en traversant le pays du Maine, il a respiré un air bien malsain : le promoteur de M. du Mans assurait avoir entendu « de ses propres oreilles » les amis de Monsieur se vanter que, quand ce prince le voudrait, il viendrait enlever le ministre à la tête de deux cents chevaux. Un écuyer de M. le Comte (de Soissons), logé à l'abbaye de la Couture, affirmait que c'était le cardinal seul que visaient toutes les haines.

Certain mémoire que Richelieu rédigea vers la fin de ce mois de septembre 1626, au moment où Louis XIII lui donna une garde de cinquante mousquetaires, fait une sorte de rencontre avec le monologue mis par Corneille, en 1639, dans la bouche de l'empereur Auguste :

> Rome a pour ma ruine une hydre trop fertile ;
> Une tête coupée en fait renaître mille,
> Et le sang répandu de mille conjurés
> Rend mes jours plus maudits et non plus assurés.

« Si les principaux auteurs de cette conspiration étaient perdus, écrivait le cardinal, il semble que ce dessein pourrait n'avoir pas lieu, mais il est impossible de les extirper tous, y en ayant de qualité, au châtiment desquels on ne peut pas penser. Les parents de ceux que l'on châtie demeurent sur pied pour les

(1) Claude Bouthillier, seigneur de Pont-sur-Seine et de Fossigny.

animer; les femmes ne perdent point leur mécontentement et leur rage. MM. de Vendôme sont toujours prisonniers; s'ils en sortent, ils feront le diable; s'ils sont punis, leurs enfants s'en voudront ressentir. » Et Richelieu n'oubliait ni l'irritation de la Reine, « qui s'était montrée pleine de désirs de vengeance depuis Nantes », ni sa réponse indignée quand le Roi l'avait accusée devant lui d'avoir voulu épouser Monsieur : « J'aurais trop peu gagné au change. » Il connaissait les fureurs de la duchesse de Chevreuse, cette Émilie qui avait juré « qu'elle s'abandonnerait plutôt à un soldat qu'elle ne trouvât quelqu'un qui lui fît raison de son éloignement ». Or, Mme de Chevreuse et toute la faction étaient en étroite intelligence avec l'Angleterre et la Savoie, où l'assassinat était un moyen ordinaire. Richelieu rappelait à son esprit les meurtres récents de la cour d'Angleterre, « le duc de Lennox (1), le comte de Rare (Arran) et Hamilton (2) empoisonnés et le médecin dudit Hamilton assassiné, outre vingt autres histoires semblables. On ne spécifie point les exemples de Savoie, ajoutait-il, pour être trop connus ».

L'ambassade de Bassompierre à Londres.

Cette inquiétude du cardinal nous ramène à Londres et aux suites du mariage d'Angleterre. Richelieu n'a que mépris pour la personne et les talents de son partenaire anglais Lorsqu'il parle du duc de Buckingham, on croit entendre, un siècle d'avance, le duc de Saint-Simon parlant de Dubois : « C'était, dit le cardinal, un homme de peu de noblesse de race, mais de moindre noblesse encore d'esprit, sans vertu et sans étude, mal né et plus mal nourri. Son père avait eu l'esprit égaré, son frère était si fol qu'il fallait le lier. Quant à lui, il était entre le bon sens et la folie, plein d'extravagances, furieux et sans bornes en ses passions. » Mais c'est précisément à cause de

---

(1) Ludovic Stuart, duc de Lennox et de Richmond, mort très opportunément le 16 février 1624.
(2) James, marquis de Hamilton, comte d'Arran, mort de fièvre maligne le 2 mars 1625.

sa folie que le cardinal le redoute : « La raison, remarque-t-il, y perd son escrime. »

Rappelons que trois semaines avant la condamnation de Chalais, Richelieu écrivait à Louis XIII : « Si Dieu me fait la grâce de vivre six mois, comme je l'espère, et davantage, je mourrai content, voyant l'orgueil de l'Espagne abattu, vos alliés maintenus, les huguenots domptés, toutes factions dissipées, la paix établie dans ce Royaume, une union très étroite dans votre maison royale et votre nom glorieux par tout le monde (1). » Or, ces grands desseins, voilà que les intrigues de Chalais et de Mme de Chevreuse, la folie de Buckingham empêchent le cardinal de les réaliser comme il s'en était flatté. Quel coup au début d'un ministère qui s'était bercé de tels espoirs !

Richelieu jette la sonde, d'abord, du côté de l'Angleterre; en octobre 1626, il expédie le maréchal de Bassompierre à Londres, pour protester contre le renvoi de la maison de la Reine, se plaindre de plusieurs saisies de navires français opérées par des corsaires britanniques et réclamer un rapprochement honorable du roi d'Angleterre avec la princesse française qu'il a épousée.

Le plus beau cavalier de la cour de France fut d'abord assez médiocrement reçu par Charles Ier et Buckingham. Il ramenait dans sa suite le Père de Sancy, que Marie de Médicis et Louis XIII avaient jugé de leur honneur de renvoyer en Angleterre; mais, comme Charles Ier pensait qu'il était du sien de le renvoyer en France, Bassompierre dut déclarer que, le Père étant son confesseur à lui, Sa Majesté Britannique n'avait que faire de s'occuper de son train. A l'audience publique, où il ne fut point question d'affaires, succéda bientôt, dans le château de Hampton-Court, l'audience privée, où Charles dut subir le long défilé des réclamations de l'ambassadeur. La mauvaise humeur du Roi peu à peu se trahit et tout à coup sa colère éclate : Bassompierre est venu lui déclarer la guerre, qu'il s'acquitte de sa mission ! « Sire, répond l'ambassadeur, je n'ai pas l'office de héraut pour vous annoncer la guerre, mais bien celui de maréchal de

---

(1) Avenel, *Lettres du Cardinal de Richelieu*, t. II, p. 225.

France pour la faire quand le Roi mon maître l'aurait résolue ; jusqu'à présent il fait avec vous comme un frère. » Alors, dans la galerie où se prolongeait cette discussion, entre les têtes à la Van Dyck, s'interposa le col à dentelles de Buckingham : « Je viens faire le holà entre vous deux », s'écria le favori. Bassompierre n'avait pas besoin de cet effronté holà. Il était assez diplomate pour céder un peu, afin d'obtenir beaucoup.

Le samedi 24 octobre, à Somerset House, l'ambassadeur, ayant assisté chez la Reine à une querelle du ménage royal, suivait le Roi dans sa chambre et patiemment écoutait ses doléances de mari. Le dimanche 25, il conduisait Buckingham chez la Reine, le « raccommodait » non sans difficulté avec Henriette, « raccommodait » aussi le Roi ; le jeudi 12 novembre, il se brouillait, à son tour, avec la princesse, parce qu'elle s'était de nouveau brouillée avec son époux : « Je lui dis, a-t-il raconté, que je prendrais le lendemain congé du Roi et dirais au Roi (son frère) et à la Reine sa mère qu'il tenait à elle (que tout venait d'elle). » La brouille ne dura guère. Dès le samedi, elle avait cessé. Henriette pouvait savoir gré à Bassompierre : il lui avait obtenu une nouvelle maison française, moins nombreuse, il est vrai, que la précédente, mais fort honorable cependant : douze prêtres ou capucins, y compris le confesseur, un grand chambellan, un secrétaire, un écuyer, deux dames du lit, trois femmes de chambre, une empeseuse, un gentilhomme huissier de la chambre privée, un valet de garde-robe, un gentilhomme servant, un joueur de luth, dix musiciens, un chirurgien, un écuyer de cuisine, un apothicaire, un potager, un pâtissier, un boulanger, un panetier, un écuyer du gobelet, — quarante-trois Français qui devaient entourer d'une petite France la fille de Henri IV exilée sur le trône d'Angleterre. Mais des années devaient s'écouler avant qu'on lui constituât autrement que sur le papier la maison que lui avait accordée son époux.

Cette ambassade, où Bassompierre n'avait remporté qu'un demi-succès, finit au milieu des fêtes. Le 15 novembre, Charles sortit de Whitehall avec Bassompierre, le fit monter dans sa barge et, par la Tamise, le mena souper chez Buckingham à York House. Bassompierre, assis à la table des majestés britanniques, dans la somptueuse maison de campagne du favori, admira « le plus superbe festin » qu'il eût jamais vu, les services apportés en cadence par des danseurs et des danseuses, les tables changées comme par enchantement, le Roi servi par le duc, la Reine par le comte de Carlton (1), lui-même par le comte de Holland. Après cette magnificence, il admira, sur un théâtre élevé dans la salle voisine, le ballet politico-mythologique imaginé par son hôte. C'était une sorte de Rubens vivant. Attention délicate du ministre de Charles pour l'ambassadeur de Louis, on voyait Marie de Médicis à la cour de Neptune, sur les flots qui séparent la France de l'Angleterre. Entourée de ses trois filles et de ses trois gendres, le roi d'Espagne, le roi de Grande-Bretagne et le prince de Piémont, la veuve de Henri IV félicitait Frédéric et Élisabeth d'avoir recouvré le Palatinat.

Il en coûtait à l'État, dont le trésor s'épuisait, six mille livres, à Buckingham l'ennui d'être déchiré dans les bas quartiers de Londres par des poètes de taverne, vilipendé dans un pamphlet intitulé *le Diable et le Duc :* « Qui gouverne l'État? Le Roi. Qui gouverne le Roi? Le Duc. Qui gouverne le Duc? Le Diable. » Mais Buckingham se soucie fort peu du puritain exaspéré qui a trouvé ces formules lapidaires. Ce qu'il veut, c'est gagner les bonnes grâces de Bassompierre, être reçu à la cour de France en qualité d'ambassadeur extraordinaire, revoir la Reine à qui il a osé déclarer son amour. Il a oublié la lettre que, de Paris, lord Holland lui écrivait vers le début de l'année, pages illustrées de figures mystérieuses où une fleur de lys représente le Roi, un cœur la Reine, une ancre le duc de Buckingham, grand amiral d'Angleterre : « J'ai été ici l'espion le plus attentif à observer les intentions et les sentiments en ce qui vous touche, lui avait mandé l'amant de la duchesse de Chevreuse. Je trouve beaucoup à craindre, pour vous, et point de certitude d'un accueil sincère et sûr. Le ✠ persiste dans ses soupçons, en parle très souvent et se laisse dire par les vilains que ♡ a des tendresses infinies,

(1) Dudley, lord Carlton d'Imbercourt, plus tard vicomte de Dorchester, vice-chambellan du roi d'Angleterre.

vous imaginez vers qui. C'est, dit-on, un propos courant parmi les jeunes et étourdis bravaches de la Cour, qu'en présence de tous les bruits répandus, celui-là ne serait pas un bon Français qui souffrirait que ☩ revînt en France. »

Rien ne peut fléchir la volonté du ministre. Ce qu'il veut surtout, c'est avoir un prétexte pour se trouver hors d'Angleterre pendant la session du Parlement, qui s'annonce orageuse. Justement la question des navires saisis par l'Angleterre n'a pu être réglée; elle se complique d'une affaire de représailles : toute une flotte anglaise chargée de vins que Richelieu a fait arrêter en pleine Gironde. Excellente occasion pour Buckingham de venir traiter de l'affaire à Paris.

Le mercredi 3 décembre, Bassompierre s'éloignait de Londres avec un équipage de quatre cents personnes, parmi lesquelles soixante-dix prêtres qu'il avait tirés des prisons d'Angleterre et que Charles Ier lui avait permis d'emmener en France. Il arriva le 5 à Douvres, où la tempête le retint quatorze jours. Profitant de ce retard, Buckingham l'invita à venir dîner avec lui à Canterbury. Le favori quitta son palais de Londres, poursuivi par les invectives de la populace qui criait derrière son carrosse : « Ne revenez plus! » Ce qui ne l'empêcha point de faire plus que jamais étalage de son luxe à Canterbury, pour gagner l'envoyé de Louis XIII.

Bassompierre s'embarque enfin; il erre de Douvres à Dieppe et de Dieppe à Douvres; il perd vingt-neuf chevaux, morts de soif pendant une traversée qui a duré cinq jours au lieu de trois heures et deux carrosses précipités dans la mer, chute d'autant plus fâcheuse que l'un d'eux contenait quarante mille francs de robes que le galant ambassadeur avait achetées à Londres pour ses belles amies de Paris. Le 22 décembre 1626, à peine arrivé, il est accueilli par un ordre de Louis XIII lui enjoignant d'écrire au duc de Buckingham de ne pas venir à la cour de France, car la présence de Sa Grâce ne serait point agréable à Sa Majesté Très Chrétienne.

Ce refus dicté par l'antipathie à Louis XIII, la politique de Richelieu l'avait conseillé. Le cardinal avait représenté que l'arrivée de Buckingham était « honteuse au Roi, préjudiciable au repos de l'État et peu utile à la correspondance des deux Couronnes. On n'a que trop de connaissance, ajoutait Richelieu, de la part qu'il avait dans la dernière conjuration et de la haine qu'il porte à celui qui, par son industrie et courage, a dissipé leur mauvais dessein et relevé l'autorité de son maître ». Le cardinal ne se souciait pas de compter au Louvre un conspirateur de plus.

La réponse de Bassompierre à Buckingham, fort adroite et modérée, avait été entourée de toutes les circonlocutions d'usage. Il y était dit notamment que le Roi ne pouvait recevoir aucun envoyé, que la « contravention » faite au traité de mariage par l'éloignement des officiers de la Reine n'eût été réparée. « Sa Majesté voulait être exemptée de toute occasion de se plaindre, lorsqu'elle verrait auprès d'elle un ambassadeur du Roi son beau-frère et désirait n'avoir à penser qu'à lui faire bonne chère (1). »

Buckingham, offensé dans sa vanité sinon dans son amour, ne songea plus qu'à satisfaire sa vengeance ; il comptait bien ne pas manquer Richelieu.

Vers la guerre des réformés.

Le cardinal, après avoir triomphé de la conspiration de Chalais, venait d'obtenir la disgrâce de ce François de Baradat, marquis de Damery en Champagne, premier écuyer de la Petite Écurie, capitaine du Petit Bourbon et premier gentilhomme de la Chambre, favori de Louis XIII comme jadis le connétable de Luynes. Richelieu n'avait pas voulu laisser à ce « jeune homme de nul mérite, venu en une nuit comme un potiron », le temps de devenir nuisible, et Bassompierre, à son retour de Londres, avait constaté que le favori avait été remplacé auprès de Louis XIII par « un jeune garçon d'assez piètre mine et pire esprit nommé Saint-Simon », le futur duc de Saint-Simon, père de l'immortel auteur des *Mémoires*.

(1) Bibl. nat., Ms. fr. 3692, f° 210.

Ces deux victoires du cardinal ne découragent pas Buckingham. Il n'a plus qu'une idée : renouer autour de la France et contre la France le vaste encerclement que le mariage de Monsieur et l'exécution de Chalais avaient élargi sans le briser.

Soubise, retiré en Angleterre, sollicite le ministre de Charles, Rohan qui, de son Languedoc, entretient des intelligences avec « tous les factieux du dedans » et « tous les brouillons du dehors », se garde bien d'oublier Buckingham. La Savoie et la Lorraine, prêtes à jouer le rôle d'entremetteuses, offrent de procurer la paix entre l'Angleterre et l'Espagne ; les réformés attendent l'heure de donner les mains à l'Angleterre et à l'Espagne réconciliées. Au mois de mars 1627, Walter Montagu passe en Lorraine, presse le jeune duc Charles IV d'entrer dans le grand dessein qui se prépare contre la France. Charles est d'ailleurs stimulé par la vanité et plus encore par la duchesse de Chevreuse, réfugiée à sa cour, gloire de ses fêtes, de ses combats à la barrière, de ses chasses, dont elle suit les péripéties dans son carrosse aux mantelets relevés. Le sourire aux lèvres, mais au fond du cœur la haine de Richelieu, les yeux moins fixés sur les plaisirs de cette petite cour provinciale que sur son injure, elle pousse le duc de Lorraine dans le précipice, sous la lointaine surveillance du froid cardinal.

Montagu ne s'attarde pas à Nancy. Sans oublier au passage les protestants français, il vole chez le duc de Savoie, comme dit Richelieu, « l'esprit le plus remuant de la cabale », et il trouve auprès du Savoyard le comte de Soissons qui en revient à ses projets d'assassinat. Bercé de si douces espérances, Montagu continue sa route et se rend à Venise, où il suscite au cardinal d'autres ennemis.

Mais rien n'est gagné, si l'on ne gagne le comte-duc d'Olivarès, premier ministre du roi d'Espagne (1). Sous prétexte d'acheter à Rubens une collection d'antiques, Buckingham dépêche à Bruxelles, auprès du peintre, l'un de ses agents,

---

(1) Gaspard de Guzman, comte d'Olivarès, duc de San-Lucar.

ce Balthazar Gerbier, peintre lui-même, à qui son origine française, sa naissance hollandaise, son métier d'espion anglais font trois nationalités sans lui faire une patrie. Rubens, par qui Buckingham, lors du mariage de Henriette de France, désirait d'être peint, brûle de joindre à la gloire de l'artiste celle du diplomate. Son rêve est de négocier une suspension d'armes entre l'Espagne et l'Angleterre. L'Espagne refuse de reconnaître l'indépendance des Hollandais, alliés de Charles Ier et sujets rebelles de Philippe IV. Richelieu par bonheur a devancé Buckingham (1).

A Madrid, M. du Fargis (2), ambassadeur de France, devançant le peintre diplomate s'entretient avec Olivarès d'une alliance contre l'Angleterre; à Paris, le Père de Bérulle aborde ce même « sujet d'Angleterre » auprès du marquis de Mirabel, ambassadeur d'Espagne. Richelieu approuve du Fargis, mais lui recommande d'insister pour que l'Espagne fasse une démonstration hostile à l'Angleterre, sans que la France, qui n'est pas prête, soit obligée de rompre avec les Anglais avant le mois de juin 1628. Olivarès, de son côté, voudrait entraîner la France dans cette même guerre contre l'Angleterre, brouiller le Roi Très Chrétien avec la Hollande, les princes protestants d'Allemagne, les Suisses, la Savoie et Venise, quitte à l'abandonner une fois qu'il l'aura compromis. Richelieu a pénétré Olivarès, il ne néglige aucune précaution du côté des anciens alliés de la France. Olivarès, ayant vu Rubens, fait entendre à du Fargis que la gouvernante des Pays-Bas espagnols va conclure avec Buckingham une trêve qui engagera l'Espagne. Du Fargis prend l'alarme. Il signe, le 20 mars 1627, un traité où l'Espagne tient tout en suspens, l'entrée en guerre ne devant avoir lieu qu'à la fin du printemps de l'année suivante. Richelieu, qui comptait sinon sur la coopération de l'Espagne du moins sur sa neutralité, blâme officiellement son ambassadeur, ce qui le dégage lui-même. Au fond il n'est pas fâché d'une demi-mesure qui le délivre de la crainte

---

(1) Voir Gabriel Hanotaux, *Les Chemins de l'Histoire*, t. I, p. 264, *Richelieu et Rubens*.
(2) Charles d'Angennes, sieur du Fargis, comte de La Rochepot.

d'une alliance anglo-espagnole et qui satisfait le parti dévot, dont il a besoin ; il finit par ratifier le traité sans retirer son blâme, qui pèsera désormais sur la carrière du même du Fargis, affilié à la coterie des Reines (20 avril 1627).

Cependant Buckingham a terminé ses préparatifs ; quelques mois plus tôt, il n'avait ni argent ni crédit : impossible de trouver les sommes nécessaires pour le subside à verser au Danemark et pour les gages des officiers de la Reine, qu'il fallait bien payer, puisqu'on les congédiait. Mais le favori avait pu emprunter en Hollande sur les bagues de la Couronne et commander une quête dans les églises. D'ailleurs, plus besoin de quêter : ordre a été donné de saisir tous les navires français qui relâchaient dans les ports de l'Angleterre ou voguaient le long de ses côtes ; on a vendu toutes les cargaisons. Le fruit de ce brigandage a permis d'équiper une flotte. Le favori a une confiance si orgueilleuse en la suprématie navale de l'Angleterre, qu'il craint peu les flottes de France et d'Espagne réunies. Embarqué, il cingle maintenant, téméraire et magnifique, vers les côtes occidentales de la France : « C'est la flotte de Cléopâtre », disent les courtisans de Louis XIII (1), tandis qu'en Angleterre la duchesse de Buckingham, la pauvre *Kate* (2), si souvent délaissée, écrit à l'époux infidèle et adoré une longue lettre de lamentations et signe tristement : *Your poor grieved and obedient wife.*

Les habitants de La Rochelle ont appelé l'Anglais, et il vient en France pour les secourir. Louis XIII est résolu d'aller lui-même au-devant de ces ennemis qui pensent le surprendre. Voici, de tous les coins du Royaume, se hâtant vers les routes du bas Poitou, les régiments de gens de pied et les compagnies de gens de cheval. Cette armée, le Roi en donne le commandement à Monsieur, contraint par cet honneur de demeurer en son devoir, mais devenu, en fait, plus encombrant que jamais, car il vient de perdre la prudente Madame, tuée à vingt et un ans par la naissance de Mademoiselle, — « Madame qu'on vit

---

(1) *Anecdotes du ministère du Cardinal de Richelieu, tirées et traduites de l'italien de Vittorio Siri*, p. 133.

(2) Catherine Manners, duchesse de Buckingham.

en dix mois femme d'un grand prince, belle-sœur des trois premiers et plus grands rois de la chrétienté, mère et morte tout ensemble » ! s'écrie le cardinal, dont l'éloquence transpose, avant Bossuet et Racine, un des plus beaux vers de Virgile.

Depuis de longs mois déjà, Richelieu, prévoyant une attaque anglaise, était décidé à « mettre La Rochelle à la raison ». Instruit par l'expérience des dernières batailles navales, il a fortifié l'île de Ré, il a construit le fort Saint-Martin près de la rade de ce nom, à cinq lieues environ de La Rochelle, et le fort de la Prée au sud-est du fort Saint-Martin, au nord-ouest de la rade de La Pallice. M. de Toiras, gouverneur de l'île, le futur maréchal de France, qui fournira une si brillante carrière, est chargé de diligenter les travaux, tandis que les lettres du cardinal endorment les méfiances des habitants de La Rochelle, à qui la vue de tant de fortifications ne dit rien qui vaille. « Ils se perdraient par la voie que le sieur de Soubise voudrait qu'ils embrassassent, écrivait Richelieu le 31 mai : pour mon particulier, je contribuerai toujours à leur avantage tout ce qui me sera possible. »

Six semaines plus tard, en cette fin du mois de juin 1627, Messieurs de La Rochelle s'apprêtaient à « embrasser la voie » où Soubise les entraînait et déjà Richelieu « contribuait » à leur « désavantage », — en attendant leur ruine totale.

Il était environ six heures du matin, le 20 juillet 1627, lorsque les guetteurs de l'île de Ré aperçurent, du côté des Sables d'Olonne, dix-huit ou vingt voiles. A la fin de la journée, il y en avait cent vingt en rade : c'était la flotte anglaise qui arrivait de Portsmouth en cinq escadres. Le lendemain matin, il ne restait plus que douze grands vaisseaux à l'entrée du Pertuis breton ; les autres, continuant leur route vers le sud-est, bloquaient la côte orientale de l'île, du bourg de la Flotte au fort de la Prée. Buckingham venait de rédiger, sur son vaisseau, un manifeste pour expliquer à l'Europe les motifs de son attaque brusquée, dont le principal était que son maître, protecteur des Églises réformées, n'avait accepté l'alliance française que pour maintenir la Réforme en France.

« Ces raisons, observent les *Mémoires* de Richelieu, parurent frivoles à toute la chrétienté. » Le contrat de mariage, en effet, promettait soulagement aux catholiques d'Angleterre, mais nulle mention n'y était faite des protestants français. Il y avait quelqu'un outre-Manche qui était de l'avis du cardinal, c'était la comtesse de Buckingham, mère du favori (1) : « Lors de votre départ, mandait-elle à son fils, vous avez dit que vous partiez pour faire la paix, mais vos paroles n'étaient point sincères. Vous ne prenez pas le chemin de la paix, quand vous embarquez tout le monde chrétien dans des guerres. Après quoi, vous déclarez que c'est pour la religion et vous mêlez Dieu à ces misérables affaires aussi éloignées de Dieu que le jour de la nuit. »

Richelieu se trouvait alors au château de Villeroy en Brie, dont les parterres, les fontaines, la vaste héronnière faisaient l'admiration des visiteurs et qui appartenait au marquis d'Alincourt, gouverneur de Lyon, fils de M. de Villeroy, le ministre de Henri IV. Louis XIII y était fort malade. Le 6 juillet, le Roi, grelottant de fièvre, claquait des dents : « Je suis pris », disait-il. Le 14, deux médecins consultants, deux Diafoirus (les plus habiles du monde) arrivèrent à Villeroy. C'étaient M. Charles et M. Bonnart, prévôt de l'ancien collège de chirurgie, qui méditait déjà son grand ouvrage, la *Semaine des médicaments observés des chefs-d'œuvre des maîtres-barbiers de Paris*. La fièvre persistait le 20 ; le 26, un courrier d'Urbain de Maillé, marquis de Brézé, beau-frère du cardinal, apportait des nouvelles qui n'étaient pas pour la faire baisser.

L'ennemi avait débarqué à Sablanceaux, à l'extrême pointe est de l'île de Ré, à un mille et demi du continent, au bout d'un « bras de terre » long de six cents toises, large de deux cents. Les vaisseaux anglais enveloppaient la pointe, les grands à portée de mousquet, les petits à portée de pistolet. Le 22 juillet 1627, sur les six heures du soir, la marée avait poussé vers la plage les chaloupes, qui abaissaient sur le sable des ponts de bois par lesquels descendaient hommes et chevaux. Impossible de s'opposer à ce débarquement, d'engager l'infanterie française

---

(1) Mary Beaumont, comtesse de Buckingham.

sur le long bras de terre exposé de trois côtés au feu des deux mille canons de la flotte anglaise, aux mousquetades des soldats britanniques juchés dans les hunes. Toiras avait abrité ses troupes à six cents toises de l'ennemi, derrière des dunes de sable, attendant le moment favorable pour lancer sa cavalerie. Cinq escadrons avaient chargé sur la grève, contraint les Anglais de reculer dans l'eau : si mêlés à l'ennemi, que les navires qui tiraient sans relâche avaient dû cesser le feu de peur de tuer leurs propres soldats. Mais l'infanterie n'avait donné que tard. Elle était d'ailleurs empêtrée dans le sable et Toiras avait oublié de lui envoyer les deux escadrons qui devaient la soutenir. Il avait fallu battre en retraite, essuyer de nouveau la canonnade de la flotte. De nombreux gentilshommes français jonchaient la grève, parmi lesquels M. de Montaigne, neveu de l'auteur des *Essais*. Nos pertes étaient moins lourdes que celles de l'ennemi, mais Buckingham ne s'en considérait pas moins comme victorieux.

Le lendemain, huit régiments anglais de mille hommes se massaient sur la pointe de Sablanceaux, et Toiras, incapable de les arrêter avec ses mille soldats, se repliait à deux lieues au nord, dans le fort Saint-Martin, dont les bastions n'avaient pas encore de parapets, où l'eau était rare, les vivres encore plus. Cinq jours après le débarquement, l'armée anglaise campait en vue du fort et la flotte de Buckingham, ayant peu à craindre des grands vaisseaux du roi de France, dont la plupart étaient encore sur chantier, se dispersait autour de l'île, où nul Français ne semblait pouvoir aborder désormais. L'île de Ré tout entière appartenait aux Anglais, sauf le fort de la Prée et le fort Saint-Martin.

Un mille sépare la pointe de Sablanceaux du fort de la Prée, un le fort de la Prée du bourg de la Flotte, deux le bourg de la Flotte du fort Saint-Martin. A deux milles plus au nord, on atteint la pointe de Loix, à l'extrémité de la presqu'île du même nom, qui devient elle-même une île lors des fortes marées. Une partie de la flotte anglaise s'échelonne de la pointe de Loix à la pointe de Sablanceaux, en se tenant à distance des forts Saint-Martin et de la Prée. Elle garde la baie de La Rochelle. Pour surveiller le rivage méridional de l'île, tout hérissé de récifs du côté de la « mer sauvage », quelques navires à l'ancre, toujours prêts en cas de tourmente à se réfugier dans le Pertuis d'Antioche ou le Pertuis breton, car, nous explique un illustre marin du dix-neuvième siècle, l'amiral Jurien de La Gravière, « il serait difficile d'imaginer un pire mouillage ».

Si l'on en croit les confidents du Père Joseph, Richelieu fut, d'abord, surpris et hésitant sur les résolutions à prendre. « Dans cette anxiété, Son Éminence eut recours à son refuge ordinaire, le Père Joseph, lequel, étant éloquent, plein de zèle et puissant en paroles, ne manqua pas, en cette occasion si opportune, de se servir des raisons puissantes pour le porter à l'exécution du grand et difficile dessein de la prise de La Rochelle, lui remontrant les souhaits qu'ils s'étoient communiqués souvent dès leur première connaissance en 1611. Ce Père avait de grandes intelligences et savoit fort particulièrement l'état de la place, de quoi il étoit assuré par des amis certains... Son Éminence résolut d'y porter le Roi, à quoi Sa Majesté avoit grande inclination tant pour sa piété que pour connaître trop qu'elle ne pourrait jamais posséder son Royaume, se dire Roi et faire jouir son peuple du repos qu'elle n'eût ôté tous les moyens de rebellion aux hérétiques et aux autres brouillons (1). »

Richelieu était un homme d'exécution; il fit mander sans retard au village d'Écharcon, sur la rive gauche de l'Essonne, à huit cents pas du château de Villeroy, un gentilhomme qui avait pris congé de Louis XIII au Louvre quelques jours plus tôt. C'était Philippe Prévost de Beaulieu, seigneur de Briailles en Bourbonnais et de Persac en Poitou, Beaulieu-Persac, le hardi capitaine qui, le 29 juillet 1609, avec son vaisseau, une patache, une légère tartane et l'aide trop discrète de douze navires espagnols, avait incendié, dans le port de Tunis, sous les cinquante bastions de la Goulette, vingt-trois vaisseaux barbaresques armés de cinq cent trente-huit canons : « — Eh bien! Beaulieu, commença le car-

---

(1) V. Lepré-Balain, *Supplément, anno* 1627. Sur les vues et l'action du Père Joseph, lire le chapitre un peu apologétique, mais plein de choses, du chanoine Dedouvres, *L'Éminence grise*, t. II, p. 265 et suiv.

dinal, que dites-vous de cette descente et de ce qui se peut faire pour travailler les ennemis et secourir la citadelle? Vous avez été à la mer et vous savez ce que c'est. Que jugez-vous que l'on puisse faire contre ces gens là? — C'est chose qui ne se peut résoudre qu'en voyant l'ordre que les ennemis tiennent », répondit Beaulieu-Persac. Et, le cardinal lui ayant demandé s'il voudrait « s'employer à cette occasion ». il répondit qu'il n'avait « pas de passion plus forte que celle de servir le Roi. — Eh bien! reprit le cardinal, vous m'obligez. Pourriez-vous partir bientôt pour aller trouver M. d'Angoulême et M. de Marillac, pour là aviser avec eux ce qui se pourra faire contre les ennemis? — Je suis prêt, dit Beaulieu-Persac. Il ne me reste que vos commandements (1). » Ces commandements furent de retourner à Paris, d'y toucher une ordonnance de cinq cents écus pour le voyage en Poitou, puis de prendre la poste à destination de Marans, où notre voyageur fut en trois jours. Richelieu savait choisir les hommes : il n'avait pas oublié que Beaulieu-Persac était un marin qu'il ne fallait pas laisser s'endormir dans ses terres.

Les nouvelles inquiétantes, les préoccupations qui l'assiègent, Richelieu ne les communique pas à Louis XIII; il ne veut point accroître la maladie du Roi. Le cardinal pourvoit seul à toutes choses; ses ordres sont « prompts et puissants ». En cas d'insuccès, on lui reprochera de n'avoir pas averti le Roi, ses ennemis ne manqueront pas de lui dire que son maître « y eût mieux pourvu ». Qu'importe? Il aime mieux « hasarder sa fortune et sa réputation » que la puissance et la personne de son maître. Sans doute aussi ses mesures sont-elles si bien prises, qu'il se croit assuré du succès. Il demeure tout le jour auprès du prince et le quitte fort peu la nuit. Il regarde ce malade que la fièvre tourmente, que l'on enfouit sous les couvertures, dont on réchauffe les pieds avec des bouteilles; il voit la médecine que présente l'apothicaire, la lancette du chirurgien, les « demi-bains » au moyen desquels on lutte contre la fièvre, mais sa pensée est ailleurs. Ce qu'il combat, lui, c'est l'Anglais envahisseur. Son

(1) *Mémoires de Beaulieu-Persac*, publiés par Charles de La Roncière, p 129-130.

esprit ne se détache pas des ordres qu'il faut donner à la dérobée pour secourir l'île.

De Bayonne, ses commandements tirent les pinasses longues, étroites et légères, qui, par ces temps de calme plat, courront sur la mer; au Havre, il arme cinq vaisseaux-dragons; sur la Garonne et la Dordogne, des barques, des galiotes, des flins remplis de vivres. De peur d'épuiser le trésor, il avance de ses deniers quatre-vingt-cinq mille francs, plus de deux millions de notre monnaie d'aujourd'hui; à cette somme il ajoute vingt-deux mille pistoles cinq millions environ de cette même monnaie, que prêtent les présidents Chevalier, de Flexelles, de Chevry, de Castille et du Houssay.

Les difficultés financières ne sont pas les plus redoutables; il faut hâter l'achèvement des quarante vaisseaux de ligne que l'on construit à Bordeaux, à Olonne, au Havre, des dix que l'on arme en Hollande; il faut triompher du mauvais vouloir des matelots normands, qui réclament des soldes attardées; il faut vaincre l'hostilité des armateurs de Saint-Malo, qui ne veulent pas que le Roi réquisitionne leurs plus beaux navires et qui rêvent de former une sorte de ville libre et de république; il faut lutter contre l'indifférence des populations maritimes de l'Aunis et du Poitou, qui ne tentent rien pour punir l'audace des vaisseaux anglais, ancrés si près des côtes qu'elles peuvent suivre les évolutions des équipages, la montée des marins dans les hunes (1).

Le 29 juillet 1627, Louis XIII paraît assez remis pour se rendre au Conseil et le cardinal lui dit tout. Une rechute se produit le surlendemain. Heureusement les nouvelles ne tardent pas à devenir plus favorables. Les forts Saint-Martin et de la Préc, qui n'avaient de vivres que pour quatre ou cinq jours, sont ravitaillés pour un mois par les chaloupes du cardinal (2). Ravitaillement que rendent très périlleux l'inexpérience de M. de Marsillac, évêque de Mende, et l'entêtement de M. Leclerc, général des vivres : « Monseigneur, écrit au cardinal un vieux loup de mer, le capi-

---

(1) M. de La Roncière dit qu'ils étaient à portée de mousquet, *Histoire de la Marine française* (t. IV, p. 510-515).
(2) Richelieu, *Mémoires*, t. VII, p. 123-124.

taine Cantelou, je vous supplie de me délivrer de deux nautonniers infernaux nommés M. de Marsillac et M. Leclerc. Je ne crois pas d'autre purgatoire en ce monde que d'être entre leurs mains et tout mon déplaisir est qu'ils ne connaissent les vents et veulent aller contre les marées. Je suis contraint de vous dire que, s'ils ne me donnent pas un peu de relâche, je me noierai avec eux (1). »

Les bonnes nouvelles, — plus, n'en doutons pas, que les terribles remèdes des médecins, — améliorent la santé de Louis XIII. Avec quelle joie, le cardinal, qui est allé goûter quelque repos dans son logis d'Écharcon, reçoit cette lettre envoyée du château de Villeroy par M. Guillemeau, l'un des Diafoirus qui s'empressent autour de l'infortuné malade : « Monseigneur, le Roi nous a fait assembler cette après-dîner, sur la résolution qu'il a prise qu'il ne prendrait point son apozème ni aucune chose purgative. Nous avons avisé de changer ses eaux en petit lait et lui en faire user dès demain, n'y ayant point d'apparence de le mettre dans l'usage des eaux sans le purger. Nous lui ferons tenir un régime de vivre très exact et userons de clystère tous les jours afin de s'accoutumer à son humeur, puisque nous ne pouvons faire autrement. Il se porte fort bien ; reste toujours l'inégalité de son pouls. J'ai cru être obligé de vous avertir, afin que vous n'ayez point la peine de venir si matin (2). »

Cependant la douairière de Rohan (3), toute puissante à La Rochelle, avait exigé qu'on y laissât entrer Soubise, qui arrivait en barque, suivi de quelques gentilshommes protestants, de quelques Anglais et de sir William Beecher, secrétaire de Buckingham. C'était le jeudi 22 juillet 1627, par une chaude et orageuse matinée. Soubise s'était présenté, avec sa suite, à la porte Saint-Nicolas, dont les sentinelles avaient refusé d'ouvrir aux ennemis du Roi. Mais voici que l'orage menaçant depuis l'aube éclate. Va-t-on laisser Mgr de Soubise se tremper jusqu'aux os ? Ce qu'il demande est peu de chose : la permission de se mettre à l'abri dans le corps

---

(1) Cantelou à Richelieu, 10 septembre 1627. (Aff. étr., France, 786, f° 143).
(2) Guillemeau à Richelieu (Aff. étr., France, 786, f° 86. fin).
(3) Catherine de Parthenay-Lusignan, dame de Soubise, veuve du vicomte de Rohan, mère du duc de Rohan et de M. de Soubise.

de garde, en attendant l'arrivée du maire, qu'on est allé quérir. Il a justement pour le premier magistrat de la cité des lettres importantes. Et le dialogue qui s'échange n'est pas fort différent de celui du loup et du biquet dans certaine fable de La Fontaine. La porte s'ouvre enfin... La petite troupe est dans la place. Le maire survient : il conjure Soubise de se retirer pour l'amour de La Rochelle et des Églises. Mais la douairière de Rohan, accourue de l'hôtel de Marsan où elle est installée, a pris la parole : « Entrez, mon fils, s'écrie-t-elle, suivez-moi sans crainte avec ceux qui sont avec vous. Tous les gens de bien sont joyeux de votre venue. La maison de Rohan voudra toujours du bien à La Rochelle et le procurera de tout son possible. » Tandis que parlait la douairière, la foule grossissait. Prête, comme toutes les foules, à crier selon le mot de Machiavel : « Vive ma mort, et meure ma vie »! elle acclame celui dont les détestables conseils vont la perdre.

Quelques instants plus tard, à l'hôtel de ville, Sir William Beecker pressait le maire d'accepter l'assistance de la flotte anglaise tant de fois implorée par la ville. Le maire demanda le temps de réfléchir. Le lendemain, l'échevin Jacques David et l'avocat David de Fos, dépêchés auprès de Soubise et de Beecher, déclarèrent qu'ils ne pouvaient prendre la responsabilité d'entraîner les Églises dans la révolte, sans avoir consulté le duc de Rohan. Décontenancé, le secrétaire de Buckingham, regagna sa barque afin de retourner auprès de son maître, mais il laissait à La Rochelle Soubise, qui travaillait pour lui (1).

Michelet a vanté le loyalisme des habitants de La Rochelle, qui n'avaient pas voulu ouvrir leurs portes aux Anglais. Louis XIII qui, dans les longs loisirs de sa maladie, avait compris que les Rochelais attendaient la prise du fort Saint-Martin pour se déclarer ouvertement, ne leur en savait aucun gré.

Il ne pouvait pas ignorer que la ville assistait l'ennemi en hommes, en vivres et en munitions. Le parti fut pris, le siège décidé.

Rien ne peut maintenant détourner le cardinal de ce dessein :

1) F. de Vaux de Foletier, *Le Siège de La Rochelle*, p. 87-91.

ni l'arrivée de M. de Laleu, bourgeois de La Rochelle, qui assure que les Anglais se retireront, si le Roi consent à démolir le fort Louis; ni les conseils du duc d'Angoulême, commandant des troupes royales campées devant la ville, qui prédit que les Anglais entreront dans La Rochelle et que recommencera la guerre de Cent ans; ni les propositions des envoyés de Buckingham, Saint-Seurin et Ashburnham, qui confirment celles de Laleu. Le Roi est guéri, délivré de ses médecins, qu'il a congédiés en les remerciant, prêt à entrer en campagne.

Le cardinal vient le trouver à Saint-Germain; il lui représente que raser le fort Louis c'est renoncer pour toujours à soumettre La Rochelle, c'est relever l'audace des réformés, c'est encourager les Anglais à une nouvelle guerre : « Celle-ci, dit-il, est venue de l'affront que les Anglais ont fait à la France en chassant les Français contre la foi des contrats de mariage de la reine d'Angleterre, ensuite des sujets du Roi qu'ils ont dépossédés contre la loi des anciennes alliances renouvelées depuis peu; elle est venue pour n'avoir pas voulu permettre à Buckingham de venir en France. » Et ici Richelieu prononçait des paroles qui devaient retentir profondément dans l'âme de Louis XIII : « Buckingham recommencera volontiers la guerre, puisque la même passion lui demeure. On ajoutera par cette paix honte sur honte, on acquerra peu de repos pour cet État, si on ne veut encore se soumettre à une vergogne plus grande, qui consisterait à permettre à Buckingham de venir triomphant en France apporter ses lauriers à ceux en faveur de qui il les aurait acquis. »

La conviction du Roi était faite. Le prestige royal autant que l'unité du Royaume était en cause. Le fils de Henri IV avait de la dignité de sa Couronne un sentiment très vif. Il allait, aidé par le cardinal, écrire l'une des pages les plus glorieuses de son règne.

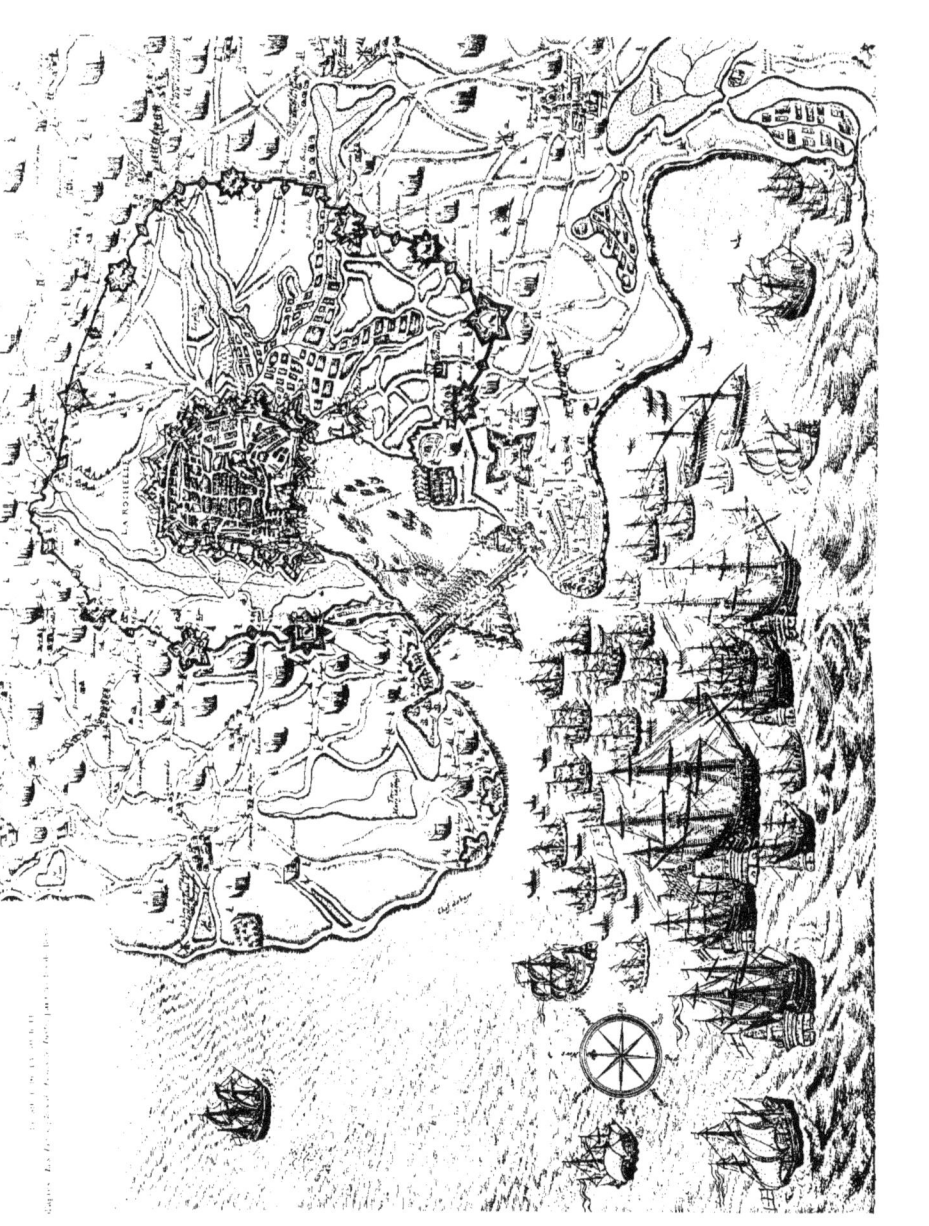

LIVRE II

LE SIÈGE DE LA ROCHELLE

LIVRE II

LE SIÈGE DE LA ROCHELLE

CHAPITRE PREMIER

LA DIGUE

Buckingham à l'île de Ré.

« Pour conclusion, arrive tout ce qui pourra, je ne ferai plus de folie, je me tiendrai bien avec le Roi, avec la Reine, que j'estime un pilier inébranlable, et avec les ministres. Fasse le fol qui voudra, je n'en serai point. » Celui qui prend ces belles résolutions, c'est Henri de Bourbon, prince de Condé, le père du futur vainqueur de Rocroi, l'époux de la radieuse Charlotte de Montmorency, dernier amour de Henri IV (1). Aujourd'hui 6 octobre 1627, ce Condé triste et gauche, avare, ambitieux et servile, se trouve au manoir de Richelieu, près de Chinon. Le cardinal était allé y prendre un peu de repos, tandis que le Roi s'arrêtait au château de Blois ; car le Roi et son ministre se rendent tous deux à La Rochelle, décidés à en finir avec la rébellion protestante. Dans la maison que le cardinal changera bientôt en palais, Condé étale son loyalisme récent : la veille encore, il était de la « cabale » ; or, le Roi et le cardinal viennent de lui donner le commandement de l'armée qui va opérer en Languedoc contre le duc de Rohan.

(1) Voir Vicomte de Noailles, *La Mère du Grand Condé*.

Condé n'épargne pas les conseils à Richelieu : « Le Roi, explique-t-il, doit ruiner les huguenots, ne plus pardonner aux factieux, bien traiter Monsieur et moi. » Il n'hésite pas à reparler du temps du maréchal d'Ancre, de la bataille des Ponts-de-Cé, et même de faits moins éloignés dont il n'a point sujet d'être fier ; il accumule les révélations et les on-dit, ne néglige rien pour rentrer en grâce. Richelieu fixe à la hâte sur le papier les confidences. Ses notes débutent ainsi : « Arrivée, civilités, protestations de passion et d'affection pour le Roi et la Reine sa mère, affection grande pour Amadeau. » Amadeau, c'est le pseudonyme que se donne le cardinal (1).

Sûr de Monsieur le Prince, il s'achemine vers Parthenay, où il rejoint son maître. Par Niort et Surgères, le Roi approche de La Rochelle.

Au fort Saint-Martin, dans l'île de Ré, il ne restait presque plus de vivres. On avait mangé les chevaux. Toiras, qui s'était mis à l'ordinaire de ses troupes, gisait au lit en proie à la fièvre. La garnison fondait ; les soldats passaient à l'ennemi. Le fort, sorti de terre il y avait treize mois à peine, et pour la construction duquel Toiras, quoi qu'en dit le cardinal, qui ne l'aimait guère, avait dépensé consciencieusement les deniers du Roi, commençait à s'effriter. Plus de sentinelles aux portes ; il fallait changer le mot en grande hâte, pour n'être pas surpris. « Le déplaisir d'un tel désordre, raconte Michel Baudier, biographe de Toiras, fut son médecin et le guérit. » Lui-même sut guérir du découragement ses compagnons d'armes et leur insuffler l'ardeur qui l'animait. C'est alors qu'il reçut du duc de Buckingham une lettre des plus courtoises, lui conseillant de se rendre. Toiras répondit par le plus courtois des refus : il avait résolu de conserver la citadelle à son maître. « Ni le désespoir de secours, ni la crainte d'être maltraité en une extrémité, concluait-il, ne me peuvent faire quitter un si généreux dessein, comme aussi je me sentirais indigne d'aucune de vos faveurs, si j'avais omis un seul point de mon

---

(1) Voir duc d'Aumale, *Histoire des Princes de Condé*, t. III, p. 192, et Avenel, *Lettres du Cardinal de Richelieu*, t. II, p. 646-653.

devoir en cette occasion; et, d'autant plus que vous aurez contribué à cette gloire, d'autant plus serai-je obligé d'être toujours, Monsieur, votre très humble et très obéissant serviteur, Toiras. »

Un échange de présents fort galants suivit bientôt cet échange de lettres. Buckingham apprit d'un Anglais, qui avait séjourné comme otage dans la citadelle, que Toiras avait demandé s'il y avait des melons dans l'île. Aussitôt il lui en envoya une douzaine par un gentilhomme. Toiras, non content de récompenser le valet, riposta par six bouteilles de fleur d'oranger et douze vases de poudre de Chypre.

Mais, tandis que s'échangeaient ces politesses, Richelieu recevait un billet d'une concision tragique, caché dans une balle et confié par Toiras à l'un de ses plus intrépides nageurs : « Si vous voulez sauver cette place, envoyez-moi les pinasses le 8 du mois d'octobre, pour le plus tard, car le soir du 8, je ne serai plus dans la place, faute de pain. »

On était au 12 octobre 1627. Il y avait alors un mois que La Rochelle avait ouvert le feu sur l'armée d'observation du duc d'Angoulême (1) et signé avec Buckingham un traité d'alliance, qui donnait à deux députés de la ville « voix délibérative » dans les conseils du grand amiral d'Angleterre. L'artillerie aujourd'hui tonnait en l'honneur de l'arrivée du Roi.

Louis XIII s'établit à une lieue au sud-est de la ville, sur le coteau couvert de vignes du petit village d'Aytré, point de jonction des routes de Surgères et de Saintes; le Conseil une demi-lieue plus loin, sur la route de Surgères, dans le bourg de la Jarne; le cardinal au Pont-de-la-Pierre, une demi-lieue au sud-est d'Aytré, dans une maison isolée, sise entre la route de Saintes et la mer. Monsieur, qui avait le commandement nominal des troupes et qui se trouvait à Aytré, avait transporté son quartier à deux lieues du Roi, à une lieue et demie au nord-est de La Rochelle, dans le château de Dompierre, sur la route de Niort. Au Pont-de-la-Pierre, Richelieu voyait devant lui les flots du Pertuis d'Antioche; vers la gauche, l'île d'Oleron; vers la droite, la pointe des

(1) Charles de Valois, duc d'Angoulême, fils de Charles IX et de Marie Touchet.

Minimes lui cachait l'entrée du golfe. Au fond du golfe, La Rochelle, rêvant d'indépendance, ambitionnant d'être la Genève de l'océan. Bien en sûreté derrière ses remparts, elle était attentive à ce qui se passait sur la mer. Au nord-ouest de la pointe des Minimes, face au continent, la pointe de Sablanceaux par où les Anglais avaient envahi l'île de Ré; plus à l'ouest encore, entre la pointe du Plomb et Saint-Martin-de-Ré, les vaisseaux de Buckingham, balancés par le flot.

La maison du Pont-de-la-Pierre, petit château sis au bord d'une mer où croisait l'ennemi, se trouvait loin de tout secours : elle n'était rien moins que sûre. C'est à quoi songeaient les assiégés de La Rochelle et, plus que personne, le propriétaire du Pont-de-la-Pierre, un ancien maire de la ville rebelle, Jean Berne, sieur d'Angoulins (1). L'idée leur vint d'enlever le cardinal. Une nuit de cette première quinzaine du mois d'octobre 1627, quelques Rochelais s'aventurèrent au large du Pont-de-la-Pierre, mais ils n'osèrent débarquer. Bien leur en prit, car un traître avait averti le ministre, et celui-ci, comme précédemment à Fleury, avait quitté le château avant que l'attentat pût s'accomplir. Tandis qu'il s'en allait à Brouage, de nombreux mousquetaires, à plat ventre dans les dunes, attendaient la petite troupe des Rochelais; derrière la maison, se tenait Louis XIII en personne avec plusieurs compagnies de cavalerie. L'entreprise échoua et Richelieu, revenu de Brouage, donna l'ordre de mettre le Pont-de-la-Pierre à l'abri d'une surprise.

Le 14 octobre, Bassompierre vint le trouver et lui déclara qu'il retournait à Paris plutôt que de servir conjointement avec le duc d'Angoulême, comme le lui demandait le Roi. Éternelles querelles de ces « bêtes d'attelage », qui désespérèrent si souvent le cardinal.

A la déclaration de Bassompierre, Richelieu, que Louis XIII avait chargé de retenir le maréchal à quelque prix que ce fût, n'opposa que des paroles de miel, des caresses et même des larmes. Il embrassa le maréchal, le pria de mettre par écrit ses demandes, lui promit que tout serait accordé par le Roi, qui tint parole.

---

(1) *Calendar of State Papers*, vol. XX, p. 560.

Mais le cardinal entrevoyait, au-dessus des murs de la ville assiégée, les tours de la Bastille pour le soldat indocile qui murmurait entre ses dents : « Nous serons si fous, que nous prendrons La Rochelle. » Mot fameux qui a pour commentaire celui que le comte de Carlisle laissa échapper devant Alvise Contarini, ambassadeur de Venise à Londres, le 9 janvier 1628 : « Sans cette fièvre (qu'est la rébellion de La Rochelle), la France serait trop vigoureuse et intimiderait toutes les puissances(1). »

Les nouvelles de l'île s'amélioraient. Le 7 octobre au soir, alors que Toiras avait envoyé la veille un gentilhomme à Buckingham pour demander composition, une flottille de quarante-six bâtiments avait vogué silencieusement vers les fanaux qui brillaient, ainsi qu'il avait été convenu, l'un sur la citadelle, l'autre au bord de la mer. L'obscurité de la nuit protégeait les vaisseaux du Roi, les quatorze barques de l'avant-garde, les dix pinasses et les quatorze traversiers du corps de bataille conduits par d'Andouins, le frère de la belle Corysande ; quelques barques olonnaises formaient l'arrière-garde. MM. de Maupas et de Grimaud tenaient la tête du convoi ; à leur droite, MM. de Launay-Rasilly et de Beaulieu-Persac filaient sur un rapide traversier. Mille feux s'allument successivement sur les navires anglais et dans l'île, pour embrouiller les pilotes. Mais d'Andouins, « ayant passé et repassé à travers la flotte anglaise, en connaît les détours » et l'habileté des pilotes est digne de leur courage et digne de leur mot d'ordre : « Vive le Roi ! Passer ou mourir ! » Ils ont franchi la ligne des vedettes ennemies ; mais celles-ci vont se rabattre sur leurs derrières, pour les enfermer entre elles et le barrage que Buckingham a établi en mer, du bourg de la Flotte à la fosse de Loix, immense demi-cercle de barques et de vaisseaux attachés entre eux par de « gros câbles ». Une lutte s'engage : Beaulieu-Persac est cerné par les vedettes, car son traversier vient de se heurter au câble ; il se voit assiégé par les navires anglais qui se groupent autour de lui. Sa défense héroïque détourne les bateaux ennemis de leur garde : la flottille française passe, tandis que Beaulieu-Persac capitule. Toiras est

(1) Voir F. de Vaux de Folletier. *Le Siège de La Rochelle*, p. 148.

secouru. Vingt-neuf bâtiments chargés de vivres et de munitions sont au pied de la falaise sur laquelle est assis le fort Saint-Martin.

Lorsque le jour fut levé, les Anglais de l'île, qui s'étaient avancés pour recevoir la capitulation d'une citadelle affamée, eurent la surprise de voir, au bout de piques brandies par la garnison, des chapons, des dindons, des jambons, des langues de bœuf, mille trophées de victuailles.

Beaulieu-Persac put savourer la déception de Buckingham. Il était couché sur un banc du *Nonsuch*, le vaisseau sur lequel ses gardiens l'avaient conduit, quand on vint lui dire : « Voici M. le Duc qui est à bord. » Un élégant gentilhomme entra aussitôt. Beaulieu-Persac se leva et s'inclina devant lui : « Je ne suis pas M. le Duc », dit l'Anglais. Sa Grâce suivait le gentilhomme ; elle rougit en apercevant Beaulieu-Persac et demeura silencieuse :

— Monsieur, commença le Français, vous faites trop d'honneur à vos prisonniers de les venir voir ; je crois que l'on vous a conté de la sorte que nous avons fait notre capitulation. C'est pourquoi, étant généreux comme vous êtes, nous ne doutons aucunement que vous ne l'observiez.

— Je le ferai assurément, répondit Buckingham, estimant vos personnes et votre nation bien fort, mais je ne puis pas m'imaginer que vous ne soyez des diables ou du moins personnes condamnées à la mort, qui, pour vous en rédimer, avez voulu hasarder votre vie à secourir cette place, laquelle je ne croyais pas le pouvoir jamais être.

— Monsieur, reprit Beaulieu-Persac, parmi notre nation on n'a pas accoutumé de se servir de personnes condamnées à la mort, pour faire de bonnes actions, car l'on se bat à qui aura de l'emploi.

— Eh bien ! repartit le duc, vous avez amené des barques, qui ne sont pas encore déchargées, je m'en vais les envoyer brûler tout maintenant (1).

Et montrant quantité de chaloupes, de galiotes et de bateaux

(1) *Mémoires de Beaulieu-Persac*, publiés par Charles de La Roncière, p. 13-174.

à rames qui s'étaient assemblés pour aller procéder à ce brûlement, car le vent était tombé et la mer semblait une « eau dormante », il dit adieu à son prisonnier et s'embarqua sur un des bâtiments de sa flottille.

Beaulieu-Persac le vit bientôt essuyer un coup de canon tiré de la citadelle, qui l'environna de mitraille sans l'atteindre, puis pousser son vaisseau à feu sur les barques françaises, défendues par leurs équipages et le canon de la falaise. Vains efforts des Anglais : Buckingham fut repoussé avec de lourdes pertes et, la nuit venue, les Français portèrent dans le fort toutes les provisions des barques.

Le fort de la Prée fut ravitaillé un peu plus tard.

Buckingham commençait peut-être à comprendre quelle faute il avait commise en se jetant dans l'île de Ré, qui ne produisait que du vin et du sel et que défendaient deux forteresses. Il aurait dû occuper l'île d'Oléron, mal défendue et abondante en ressources pour une année. Le voilà, à son tour, en danger d'être affamé. De plus, les maladies, l'approche de l'hiver et du *Christmas*, tout lui mettait une angoisse au cœur.

Richelieu a compris. Il supplie le duc de Guise, commandant de l'escadre du Morbihan, de se rendre à Belle-Isle, « afin, explique le cardinal, que les Espagnols, vous y trouvant, ne prennent aucune excuse qui les empêche de venir promptement aux mains. Par ce moyen vous acquerrez une si grande gloire, que, si M. Bernard (historiographe du Roi) n'est capable d'écrire, je m'offre d'en être l'historien (1). » Il faut que la retraite des Anglais ait lieu avant le 14 novembre, sans quoi Toiras sera contraint de capituler, car tous ses vivres seront épuisés le 13 : M. de Saint-Preuil, dépêché par lui le 25 octobre, a informé le cardinal de la fâcheuse nouvelle. Richelieu soutient contre Marillac au Conseil du Roi que, si l'on abandonne Ré pour ne pas nuire au siège de La Rochelle, on perdra bientôt Oléron et que les deux îles, fortifiées par les Anglais, rendront La Rochelle imprenable. Le cardinal, approuvé par le Roi, prépare un secours de six mille

(1) Avenel, *Lettres du Cardinal de Richelieu*, t. II, p. 658 (11 octobre 1627).

hommes et de trois mille chevaux. Il s'embarque lui-même à Brouage pour l'île d'Oléron ; mais, grand maître de la navigation, il ne l'est pas des vents : il arrive tout trempé par les lames. « La maligne, écrit-il à Schomberg, a été plus grande aujourd'hui qu'elle n'a été depuis trente ans, et la passe si gaillarde, qu'il ne fallait pas ouvrir la bouche qui ne voulait boire des coups de mer ; j'espère que je m'aguerrirai (1). »

A Oléron, le cardinal presse l'embarquement des régiments de Navarre et de La Meilleraye et de cinquante gendarmes de la compagnie de la Reine. Les troupes du Roi font voile vers l'île de Ré. Il en arrive des Sables d'Olonne, du Plomb et de Brouage, troupes d'élite que le pieux Louis XIII a fait confesser et communier avant le départ, « capables de combattre le double de ce qu'elles sont ». Voici la noblesse de la Cour venant en foule prendre congé de Sa Majesté : « Une telle gaieté règne sur tous les visages, qu'il faut avouer n'être permis qu'à la nation française d'aller si librement à la mort. » Ceux qui ne partent pas se plaignent que la faveur d'une telle expédition leur soit refusée : « Et moi, Sire, ne passerai-je point? répète plus d'un gentilhomme. — Et moi, répond Louis XIII, demeurerai-je seul dans mon camp? » On supplie le Roi de ne pas s'engager dans cette boucherie. Mais il répond : « Je ne sais pas envoyer des troupes à la boucherie, mais, quand il le faut nécessairement, je ne sais que les y mener moi-même (2). »

Le 30 octobre 1627, à onze heures du soir, il y a déjà huit cents hommes en vue du fort de la Prée. Deux mille Anglais et cent vingt chevaux attendent que les Français débarquent dans la nuit. Ils mettent en déroute les soldats étourdis par la traversée. A l'aube, la cavalerie, enfin descendue sur le rivage, met en fuite quelques cavaliers ennemis. Les Anglais hésitaient. Ils avaient commencé de retirer leurs canons des retranchements élevés devant les forts Saint-Martin et de la Prée et semblaient décidés à remonter sur leurs vaisseaux. L'annonce d'un puissant secours, que doit amener le comte de Holland, les prières de Soubise et

(1) **Avenel**, *Lettres du Cardinal de Richelieu*, t. II, p. 683-684 (26 octobre 1627).
(2) **Saint-Simon**, *Parallèle des trois premiers Rois Bourbons*, p. 36.

ÉCHEC DES ANGLAIS AU FORT SAINT-MARTIN.

des habitants de La Rochelle changent leur résolution : mais l'attente du secours est décevante! Les malheureux soldats, morfondus dans la boue des tranchées, grimpent, aux heures de relève, sur les toits du village de Saint-Martin et fouillent de leurs lunettes l'immense horizon de la mer, où nulle voile ne sort de la brume : « Ayez pitié de nous! » gémit un soldat dans une lettre écrite des tranchées anglaises à destination de l'Angleterre; si notre lord Holland ne se hâte pas, il nous faudra trousser sacs et bagages (1). » Devant l'afflux des troupes françaises, Buckingham finit, selon son premier dessein, par tenter sur le fort Saint-Martin l'assaut général que demandent les Rochelais.

Toiras est averti le 5 novembre à la tombée de la nuit. Le lendemain matin à sept heures, Beaulieu-Persac voit entrer, dans la chambre qu'il occupait sur le *Nonsuch*, des officiers anglais qui lui disent : « Venez voir prendre la citadelle. — Dieu nous en garde! » répond le prisonnier, qui monte avec eux sur le tillac. Cinq minutes plus tard, les officiers anglais tirent trois coups de canon : la première salve commande aux troupes de se préparer, la deuxième de marcher, la troisième de donner. « Rien de plus furieux ni de plus imprudemment attaqué que cette place, laquelle ils veulent emporter de vive force », songe Beaulieu-Persac (2). Les assaillants, au nombre de deux mille hommes dans l'attaque principale, gagnent rapidement les dehors, que les Français ne perdent pas leur temps à défendre. Le long de la falaise, dont la marée descendante a mis à sec les bases, quarante échelles se posent, des pelotons d'assaillants atteignent le dernier échelon, se hissent sur la crête, s'avancent vers le bord du fossé. Mais le feu des mousquetaires les arrête. Les malades eux-mêmes sont sortis de leurs huttes, se sont aventurés sur le bastion. Ceux qui se sentent trop faibles chargent les mousquets de leurs camarades; ceux qui ont voulu combattre et que leurs forces trahissent, disent aux autres : « Ami, je te donne mes hardes, je te prie, fais-moi ma fosse. » Ils s'y couchent et meurent.

Cependant, les mousquetaires du Roi marchent aux ennemis

(1) Gibbs, *The first Duke of Buckingham*, p. 340.
(2) *Mémoires de Beaulieu-Persac*, p. 178.

qui sont massés entre le bord du fossé et le bord de la falaise. Les Anglais reculent, se hâtent vers leurs échelles. Ils sont culbutés, précipités.

Les échelles restent aux mains des vainqueurs ainsi que cinquante prisonniers. Dans le village de Saint-Martin, les Anglais blessés se traînent en foule jusqu'à leurs logis, pour mourir.

Tandis que Buckingham assistait, le sourire aux lèvres et la mort dans l'âme, à la ruine de ses espérances, Richelieu pourvoyait avec entrain au ravitaillement des forts. On peut en juger par le court billet qu'il adressait à M. de Guron de Rechignevoisin, ce vieil ami, ce joyeux Guron que les courtisans appelaient « le Révérend Père ». Le cardinal, en ce 7 novembre 1627, écrit de sa plus belle encre et belle humeur au Révérend Père Guron, gouverneur de Marans : « Monsieur, je baille demain au sieur Hébert de l'argent, pour fournir des vivres à Marans pour la Prée et payer les barques selon que demande du Lac : il vous ira trouver. » Et soudain, changeant de ton : « Si tu veux m'obliger à supporter toutes tes imperfections durant ta vie et tes humeurs grapillantes, fais entrer de ton chef quelques barques à la Prée, chargées de vivres, et je paierai le tout. » De nouveau, style administratif : « En outre, faites en sorte que les vivres de Bigotteau et ceux dudit Hébert soient heureusement et promptement trajetés. Il faut en faire passer une partie au Plomb, afin que plus commodément on secoure la Prée, c'est-à-dire les gens de guerre qui y sont descendus. » Puis, nouveau changement; le cardinal laisse libre cours à la joyeuse ardeur qui l'anime : « Si tu me mandes que tu aies fait entrer en abondance des vivres, je te dirai ce que je ferai; si encore trois jours après tu me fais savoir quelque nouveau secours, tu connaîtras par quelque action ma réjouissance. Père! il ne faut point tarder : vous me donnerez la vie si vous faites entrer des vivres. Adieu. Père, c'est le cardinal de Richelieu (1). »

Le lendemain 8 novembre, on annonce au cardinal l'échec de l'assaut britannique et, le surlendemain, Schomberg envoie son

---

(1) Avenel, *Lettres du Cardinal de Richelieu*, t. II, p. 695-696.

Veni, vidi, vici : « Sire, j'ai fait en un même jour la descente en Ré, vu lever le siège et défait et chassé l'armée anglaise. »
« Ils s'embarquent tous », mande Richelieu, triomphant, à l'évêque de Maillezais, bientôt archevêque de Bordeaux, son bras droit dans les affaires de marine et qu'il appelait, avec un sourire, « mon lieutenant des eaux douces et salées ». Et, comme s'il ne pouvait croire à tous les bonheurs qui lui arrivent à la fois, il écrit à Schomberg : « Beaucoup disent ici que Buckingham est demeuré sur la place ou mort ou fort blessé: une seconde dépêche de votre part en rendra certain (1). »

Buckingham n'était ni mort ni blessé. Il avait bravé les balles, franchi le dernier le pont de bois qu'il avait fait construire entre l'île de Ré et la presqu'île de Loix, où s'était opéré l'embarquement de ses troupes.

Le cardinal lisait avec orgueil les glorieux détails de la victoire de Schomberg. Poursuivis par le maréchal et MM. de Marillac et de Toiras à la tête des troupes du Roi, devant lesquelles marchaient trois Capucins, le crucifix dans la main droite (2), les Anglais s'étaient retirés dans la région des marais salants par une chaussée de vingt pieds de large qui, resserrée entre les deux lignes d'eau de ses fossés, courait vers la mer au milieu de l'immense marécage. Au bout de la chaussée, après plusieurs zigzags, on apercevait, au-dessus d'un canal large de quarante toises, un pont fortifié sur lequel six chevaux de front pouvaient passer sans peine. Les troupes britanniques l'atteignirent enfin. L'infanterie anglaise s'était retournée pour tirer. Elle essaya d'arrêter, par une décharge de quinze cents coups de mousquet, l'infanterie française, qui n'était plus qu'à cinquante pas. Détail à peine croyable, les mousquetaires du Roi n'eurent qu'une dizaine de morts ou de blessés. Ils répondirent par une décharge meurtrière. Attaqués aussitôt par la cavalerie de Buckingham, ils furent dégagés par la cavalerie du Roi (3). La cavalerie britannique fut renversée par la nôtre, l'infanterie

---

(1) Avenel, *Lettres du Cardinal de Richelieu*, t. II, p. 710 (10 novembre 1627).
(2) Lepré-Balain, année 1627.
(3) *Ibidem.*

percée jusqu'au drapeau. La furie française emporta les troupes jusqu'à deux cents toises au-delà du pont. Le sol, derrière elle, était jonché de cadavres britanniques, l'eau du canal ensanglantée.

Du vaisseau sur lequel se trouvait Beaulieu-Persac, on ne voyait qu'une mêlée confuse. Las de regarder sans comprendre, le prisonnier était descendu dans sa chambre, où il s'était mis à lire. Il fut interrompu par l'entrée affolée de son valet : « Monsieur, criait cet homme, vous êtes perdu. Voilà le capitaine Rous, qui vient de me dire que les Français ont coupé la gorge aux Anglais en terre, mais que vous et moi en pâtirons. Il y en aura bien peu de reste, s'il n'y en a pour nous ôter d'ici (1). » Ces propos n'empêchaient pas Beaulieu-Persac de continuer sa lecture. Le soir, toutefois, il monta sur le tillac. Il y rencontra le terrible capitaine, qui lui apprit les dernières nouvelles : « Anglais et Français s'étaient battus et il en était demeuré plus de quatre mille sur la place et les Anglais s'étaient retirés dans l'île de Loix. » Invité à souper par les officiers, il vit arriver, au moment de se mettre à table, deux capitaines fort crottés, qui étaient de la déroute. L'un d'eux, après souper, accompagna Beaulieu-Persac dans sa chambre et « lui raconta franchement la disgrâce » de l'armée anglaise.

Sur la flotte, les choses n'allaient pas mieux. L'épidémie faisait rage, malgré les précautions observées, les lavages des navires à grande eau tous les deux jours, au vinaigre toutes les semaines, malgré le goudron et l'encens brûlés pour purifier l'air, les bassins de charbons ardents promenés dans les entreponts.

Le lendemain, sur le *Triumph*, vaisseau amiral, ce fut le récit de Buckingham lui-même que Beaulieu-Persac eut l'heureuse fortune d'entendre. Le duc causa longuement avec lui sur le pont et finit par l'emmener dans sa chambre, sa belle chambre dorée, où l'on foulait des tapis de Perse, où, sur une espèce d'autel, plusieurs flambeaux, si l'on croit Tallemant, étaient allumés devant le portrait d'Anne d'Autriche. Buckingham « attribuait tout son

(1) *Mémoires de Beaulieu-Persac*, p. 181.

malheur à la bonne conduite et diligence de M. le Maréchal de Schomberg et de M. de Toiras, duquel il estimait le courage et les ruses ». Quelle folie de s'être laissé prendre aux belles propositions de ce Toiras, qui avait voulu gagner du temps! « Le duc parlait fort dignement, ajoute Beaulieu-Persac, de Mgr le Cardinal et avec force honneur et de grandes louanges de son courage et de son esprit, me disant que c'était le premier homme du monde (1). »

Relâché sur parole, Beaulieu-Persac, avant de retourner en Angleterre, où il devait rester jusqu'au paiement de sa rançon, alla trouver Richelieu et lui répéta les discours du chevaleresque Anglais. Nul doute que le cardinal n'ait goûté l'endroit où Buckingham reconnaissait qu'il avait de l'esprit. Il est un détail cependant que Richelieu se rappelait avec plus de plaisir encore : Soubise, qui avait rejoint Buckingham depuis quelques semaines et qui depuis le 17 novembre voguait vers l'Angleterre à bord de la flotte anglaise, « avait eu tant de hâte de se mettre en sécurité » le jour de la déroute de Loix, « qu'il s'était mis à l'eau jusques au col pour gagner une chaloupe (2) ».

Cependant, sous l'inspiration du Père Joseph, les libelles poursuivaient l'ennemi vaincu. On évoquait la *Pucelle d'Orléans apparue au duc de Buckingham pour le tancer de sa folle entreprise;* on faisait dire à l'adorateur d'Anne d'Autriche par Jeanne d'Arc en personne : « N'es-tu pas de ceux qui fondent leurs querelles privées sur le prétexte de la piété et qui rendent la religion comme la chambrière de leurs cupidités (3) ».

Cependant, comme pour contrebalancer cette victoire, des avis étaient arrivés au Roi « de plusieurs parts qu'un orage se formait en Allemagne, sous le nom de l'Empereur, pour venir fondre sur notre frontière de Champagne, sous prétexte de la protection de Metz, Toul et Verdun ». Richelieu vit bien que le coup venait de

---

(1) *Mémoires de Beaulieu-Persac*, p. 183.
(2) *Ibidem*, p.188-189. *Calendar of state Papers*, t. II, p. 588.
(3) Louis Dedouvres, *L'Eminence grise*, t. II, p. 275-276.

Madrid. Le Roi Catholique s'était gardé d'envoyer au Morbihan la flotte promise; il voulait faire attaquer la France par l'Empereur, qui était un autre lui-même, tout en feignant de se montrer fidèle à l'alliance française : « L'Espagne, disent les *Mémoires*, nous faisait une querelle d'Allemand(1). » L'énergique dépêche envoyée à du Fargis, ambassadeur du Roi à la cour de Madrid, avait suspendu l'attaque. Richelieu lisait dans le jeu de ses adversaires et d'autant plus aisément qu'il s'emparait de leurs cartes. D'après les papiers de Buckingham, il savait depuis longtemps que l'Anglais était d'intelligence avec Mme de Chevreuse, — la « chevrette » comme il l'appelait. Aujourd'hui il apprenait que c'était « la chevrette » qui, « buquinée », avait conseillé à Buckingham l'expédition de La Rochelle.

Richelieu attendait d'autres révélations : il faisait suivre Montagu, qui était de nouveau par les chemins de Lorraine et de Piémont. Au printemps 1627, l'agent anglais avait appris qu'on venait d'arrêter près de Lyon, puis de relâcher, un certain Montégni, dont le nom avait été confondu avec le sien (2). Aussi avait-il soin de ne pas s'aventurer sur les terres du Roi. Mais M. de Bourbonne, gouverneur de Coiffy près de Langres, dont la maison était située sur les limites du Barrois, avait mission de le saisir au passage, sans respect pour les terres du duc de Lorraine. Deux Basques, mis aux trousses de Montagu, l'observaient sans cesse de près ou de loin. Un soir du mois de novembre suivant, alors qu'il se trouvait à courte distance de la frontière, l'un des Basques poussa jusqu'à M. de Bourbonne. Celui-ci accourut avec douze de ses amis, arrêta Montagu, Okenhem (un gentilhomme qui l'accompagnait) et un valet de chambre qui portait une valise bourrée de papiers. Il mena ses prisonniers souper à sa maison de Bourbonne, puis les enferma à Coiffy, « château assez bon pour n'être pas pris d'insulte ».

« Je suis très aise de la prise de Montagu, écrivait Richelieu à Marie de Médicis le 25 novembre. Je crois que Votre Majesté l'aura fait venir maintenant à Paris. Si elle ne l'a fait, il sera de besoin

---

(1). *Mémoires du Cardinal de Richelieu*, t. VII, p. 177.
(2) *Calendar of State Papers*, t. XX, p. 164.

d'envoyer la cavalerie de Champagne et de Picardie, pour le quérir et l'amener dans la Bastille sûrement (1). » Il y avait quelqu'un au Louvre qui était beaucoup moins aise que le cardinal. C'était Anne d'Autriche. Tremblante d'être nommée dans les papiers de Montagu et de se voir renvoyée en Espagne par Louis XIII, « elle en perdait le dormir et le manger (2) ».

Heureusement, après l'aventure d'Amiens, elle a donné à La Porte un grade dans sa compagnie de gendarmes, — celle qui doit garder Montagu durant son voyage. La Reine mande La Porte dans sa chambre au Louvre, un soir après minuit. Elle le supplie, elle lui fait « beaucoup de belles promesses à la manière des grands quand ils ont besoin des petits » : elle craint d'être désignée sous un nom supposé dans les papiers de la valise, elle le conjure d'obtenir que Montagu ne prononce jamais son nom véritable. La Porte part avant le jour, il est bientôt à Coiffy. Juste les troupes s'ébranlent. Voici, au milieu de neuf cents cavaliers, Montagu « sur un petit bidet, sans épée et sans éperons ». Le baron de Ponthieu, guidon de la compagnie des gendarmes de la Reine, qui affectionnait La Porte, se doutant de sa mission, la lui facilite. Un soir, à l'étape, tandis que Montagu joue au reversis avec Bourbonne et les officiers, comme il manque un quatrième, Ponthieu fait asseoir La Porte entre lui et le prisonnier. L'Anglais lui marche aussitôt sur le pied. La Porte « lui rend son compliment ». On joue et, non seulement cette fois, mais tous les soirs ; La Porte, sans éveiller les soupçons des officiers présents, finit par lui dire l'angoisse de la Reine, et le bon Montagu répond qu'elle n'est nullement en cause dans les papiers saisis et qu'il aimerait mieux mourir que de la compromettre. Anne d'Autriche, avertie, en tressaille de joie.

M. de Bullion et M. Fouquet, — le futur surintendant de Louis XIV, — eurent à examiner les papiers de Montagu. Enfin Richelieu tenait la preuve de ce qu'il avait soupçonné depuis longtemps.

Que de révélations sanglantes dans ce grimoire : le comte de

---

(1) Avenel, *Lettres du Cardinal de Richelieu*, t. II. p. 733.
(2) *Mémoires de M. de La Porte*, p. 39.

Soissons, dès le mois de juillet dernier, prêt à commander seize mille ennemis, à faire ses armements à Valence; le duc de Savoie décidé à lui prêter main-forte; le duc de Lorraine offrant de lever dix mille hommes et quinze cents chevaux; l'Empereur promettant six mille hommes et mille chevaux; Verdun menacé; le duc de Rohan à la veille de recevoir du duc de Savoie deux mille hommes et quatorze cents chevaux; Venise contribuant à la solde de dix mille hommes de pied pour concourir à ce coup décisif contre son allié, le roi de France!

Buckingham battu, le complot découvert : double désastre pour les adversaires du cardinal. Buckingham demande la paix. Richelieu la refuse. Il conseille cependant à Louis XIII de rendre, par égard pour sa sœur la reine d'Angleterre, tous les prisonniers. Mesure courtoise, qui montrera aux Anglais les avantages du mariage de France et permettra au diplomate qui se rendra en Angleterre, — où, d'ailleurs, il ne verra pas le Roi, — de dire à la Reine plusieurs choses confidentielles.

Pour achever sa victoire, Richelieu compte ou feint de compter sur les Espagnols et sur cette fameuse flotte toujours annoncée, n'arrivant jamais. Il impose silence aux railleries des courtisans : « Si l'on fait semblant, explique-t-il à Louis XIII, de croire que les Espagnols n'ont point manqué, cela les obligera à mieux faire une autre fois pour couvrir leur honte, ou du moins promettre plus que jamais un nouveau secours : ce qui est capable d'empêcher que les Anglais ne reviennent promptement secourir La Rochelle. »

M. de Bautru, chargé par le Roi d'aller à Madrid contremander la flotte espagnole, inutile désormais devant La Rochelle, reçoit l'ordre de prodiguer les plus grands remerciements à Sa Majesté Catholique.

Effet merveilleux! Le 28 novembre, vingt jours après la défaite de Buckingham, don Frédéric de Tolède et la flotte qui devait chasser les Anglais, surviennent sans être annoncés. Le duc de Guise, sur la côte de Morbihan, traite don Frédéric avec splendeur. Fêtes à bord et à terre, festins et même pèlerinages : à Vannes, on montre aux Espagnols le chef de saint Vincent Ferrier.

M. de Guise et l'évêque de Mende conjurent don Frédéric d'attaquer l'Angleterre, dont le commerce se meurt, où la « nécessité est incroyable », où tout l'État crie contre Buckingham.

Au moment où le léger Buckingham décevait à la fois l'Angleterre et La Rochelle, le duc de Rohan demeurait toute l'espérance de la cause protestante, dont il était le plus puissant cerveau. Depuis le 14 octobre, il est déchu du privilège de la pairie : c'est le Parlement de Toulouse qui le jugera. Les pamphlets protestants fulminent contre le cardinal, qui s'en rit. Mais le duc de Rohan se rit plus encore des procédures : le moyen pour les magistrats toulousains de mettre la main sur un capitaine à la tête de ses troupes! De Nîmes, où il vient d'arriver en force, Rohan peut, en cas de revers, gagner les Cévennes, se cacher dans les défilés du vaste massif, y refaire ses troupes dans les villages peuplés d'ardents religionnaires, se ravitailler sur les coteaux et, de l'immense camp retranché que lui offrent ces montagnes, exécuter sur l'ennemi des sorties victorieuses.

C'est pour lui enlever les places qui commandent les portes des Cévennes ouvertes sur la vallée du Rhône, que Monsieur le Prince a quitté Lyon. Il occupe en Vivarais Soyons et Beauchastel, deux petites villes situées sur le fleuve, d'où M. de Brison, qui a horriblement peur d'être pendu, « s'enfuit par des lieux inaccessibles » ; il occupe Saint-Auban sur l'Ouvèze, dont la garnison presque tout entière (trente-quatre hommes) est passée au fil de l'épée.

Dans sa maison de Pont-de-la-Pierre, Richelieu approuve de telles sévérités : « Cela empêchera que beaucoup d'autres bicoques ne résistent », écrit-il à Monsieur le Prince vers le 20 décembre 1627. Toute place forte peut être, en ce moment, taxée de bicoque sauf la grande cité des huguenots. C'est La Rochelle qui concentre tous les regards et le cardinal ajoute ces lignes triomphantes dans leur simplicité : « Je ne vous mande rien de deçà, sinon que le Roi avance toujours le blocus de La Rochelle et fait une digue qui, dans trois semaines, sera avancée de trois cents toises dans la mer, le pouvant assurer que, dans la fin de janvier, rien ne pourra passer par le port dans La Rochelle. Il ne reste plus qu'un fort à faire par terre pour enceindre cette ville (1). »

Sous les murs de La Rochelle.

A travers les rues obscures du Paris de Louis XIII, précédé de quatre pages, qui chacun portaient un flambeau devant son carrosse, un protestant, fils de Sully et gendre du maréchal de La Force, le comte d'Orval, se rendait du Louvre à l'ambassade d'Espagne. Premier écuyer de la Reine, il venait, en cette soirée du 11 janvier 1628, visiter, au nom de Sa Majesté, Ambroise Spinola, marquis de Los Balbazès, car le capitaine génois au service de l'Espagne, ce fameux capitaine, dont la prise de Bréda, immortalisée par Vélasquez, avait illustré le nom, allait de Bruxelles à Madrid et il était arrivé à Paris le matin même.

Le lendemain, ce fut Spinola qui se rendit au Louvre, dans un carrosse du maréchal d'Estrées, suivi de douze autres carrosses pleins de seigneurs et de gentilshommes de la Cour. Révérences, courtoisies, longues causeries en espagnol à l'audience de la Reine mère, puis dans la chambre de la Reine régnante. Le surlendemain, visite au duc d'Orléans, qui, après la délivrance de Ré, s'était retiré de l'armée. On parla de la défaite de Buckingham : beaucoup de gentilshommes présents y avaient contribué par leur valeur « et ainsi devisèrent quelque temps de guerre ».

Nulle conversation ne pouvait plaire davantage au grand capitaine pour qui les fêtes mondaines avaient peu de charme. C'était un homme de régime, qui ne soupait jamais et, certain soir où le marquis de Mirabel, ambassadeur d'Espagne, lui fit servir, dans un repas de neuf couverts, neuf plats seulement, remarque avec dédain le *Mercure*, l'infortuné capitaine « se trouva malade ». Il n'en coucha pas moins tout habillé, car c'était son habitude en voyage comme en campagne : « Quand il va aux armées, rapporte encore le *Mercure*, du jour qu'il part pour y aller, il ne se dépouille que quand il est de retour à Bruxelles (2). » On

---

(1) Avenel, *Lettres du Cardinal de Richelieu*, t. II, p. 766-767.
(2) *Mercure françois*, t. XIV, deuxième partie, p. 145.

conçoit qu'un tel soldat eût grand désir d'aller saluer le Roi au camp de La Rochelle et s'informer des moyens par lesquels il pensait prendre une ville réputée imprenable.

Le 14 janvier, à minuit, il se mettait en route avec son gendre, le marquis de Leganès. Il s'arrêta, au bout de cinq lieues, à Bourg-la-Reine, dont l'hôtellerie Saint-Jacques attirait les voyageurs du sud-ouest et les pèlerins de Compostelle. De ce train il n'atteignit les environs de La Rochelle qu'au bout de douze jours. Le 29, Spinola fut reçu à Aytré par le Roi : « Je suis venu en ces quartiers, dit Louis XIII, contre l'avis de mes médecins, n'étant pas entièrement guéri d'une longue et fâcheuse maladie. » Il ajouta qu'il était résolu de châtier la rébellion, espérant de réussir à La Rochelle comme son visiteur à Bréda.

Louis XIII paraissait tout joyeux d'être au milieu de ses troupes, attentif aux plus petits détails et même plein d'expérience comme un soldat nourri dès l'enfance au métier des armes. Spinola « ne put se tenir de lui dire qu'il n'avait autre regret en sa vie que de n'avoir jamais vu le roi son maître honorer les armées de sa présence; que la noblesse française était bien heureuse de se voir honorée de la sienne, qui la rendrait invincible ». Soldat qui savait flatter les princes, il rappela que, l'an 323 avant Jésus-Christ, Antigone, offrant la bataille à Eumène malade, parce qu'il le croyait hors d'état de se montrer à la tête de ses troupes, et l'apercevant tout à coup porté dans une litière d'où il encourageait les soldats, avait commandé la retraite et déclaré à ses lieutenants : « Ce n'est pas cette armée, mais cette litière que je crains. »

Spinola inspectait d'un œil de connaisseur les travaux des assiégeants et les fortifications des assiégés. La Rochelle, plantée dans un vrai paysage de Hollande, au milieu des marais, était défendue, dit un écrivain du temps, le sieur des Carneaux, historiographe du Roi, par tout un système de fortifications « à la moderne » : bastions, chemins couverts, fossés à fond de cuve, demi-lunes, portes robustes et bien gardées; le tout formant une sorte de fer à cheval dont les deux branches aboutissaient à l'entrée du port, que resserraient deux tours inégales et que fermait une chaîne. En deçà de la chaîne, deux cents vaisseaux rochelais. Au delà, l'immense rade, s'élargissant vers l'océan, s'ouvrait entre deux pointes : Chef-de-Baie au nord, Coreille ou les Minimes au sud (1).

Ville enceinte de murailles colossales, *muris ingentis operis cincta*, Richelieu l'entourait d'une ligne de circonvallation défendue par des redoutes et des forts, qui se développait à perte de vue, en un interminable circuit. La circonvallation commençait, du côté de la pointe de Coreille, au fort de la Digue, à l'intérieur duquel on avait aménagé, pour M. de Marillac et ses mestres de camp, un logis et une chapelle, « où des Minimes disaient tous les matins la messe et, le soir, les litanies de la Vierge (2) ». Passant au pied des forts d'Orléans, de Coreille, de Bonne Graine, Saint-Nicolas, de la Moulinette, de Cogne, de la Fons (au nord-est), elle s'inclinait à l'ouest vers le fort du Saint-Esprit et, presque en face du fort de la Digue, allait finir sur la rive septentrionale de l'avant-port de La Rochelle, au fort Louis, terreur des Rochelais.

Derrière la ligne de circonvallation, qui était profonde, de vastes faubourgs semblaient être sortis de terre à la voix du cardinal. C'était le camp royal avec ses maisons, ses baraquements et ses tentes. M. de Vaux de Folletier, dans un ouvrage des plus pittoresques, a brossé le vivant tableau de cette ville assiégeante ceignant la place assiégée, étrange amas d'êtres et de choses inhérent à ces sièges qui, tel celui de Bréda, semblent ne devoir jamais finir (3). Le seul spectacle de si grands préparatifs suffit pour expliquer la croissante lassitude de Louis XIII et l'angoisse de Richelieu, dont l'oreille, perpétuellement aux écoutes, saisit les mille bruits de la Cour, entend les murmures ou les railleries des courtisans, qui, selon leurs intérêts ou leurs passions, prédisent la victoire ou l'échec.

Le duc d'Angoulême commandait de Coreille à la Mouli-

---

(1) Voyez la gravure, p. 315.
(2) *Mémoires du Cardinal de Richelieu*, t. VIII, p. 33-34.
(3) F. de Vaux de Folletier, *le Siège de La Rochelle*, p. 236-238.

nette, le maréchal de Schomberg de la Moulinette à la Fons, le maréchal de Bassompierre de la Fons au fort Louis. Spinola est auprès du duc d'Angoulême. Il admire les travaux, mais il fait remarquer tout de suite que, « le Roi n'ayant point d'armée sur les bras, il suffit d'avoir des forts, redoutes et lignes » pour se défendre contre les sorties des assiégés, tandis que, devant Bréda, il avait été contraint, lui, Spinola, de creuser « double ligne de tranchées », pour se défendre contre les armées de secours. Il regarda longuement l'estacade de mâts au moyen de laquelle Pompeo Targone, l'Italien qui avait su barrer le canal d'Ostende, prétendait barrer celui de La Rochelle, et cette machine flottante, hérissée de canons accouplés, qui, suivant le mouvement des vagues, se trouvaient tous en batterie tour à tour. On lui parla des chaînes que l'on allait placer sur des pipes en travers du canal ; il objecta que « la plus forte pouvait être rompue par la moindre barque ayant vent derrière ».

Il est facile d'imaginer Spinola botté de cuir, d'après le tableau de Vélasquez, vêtu d'un pourpoint fauve, le nœud vert à l'épée, maigre et las, le teint bistre, l'œil dur et pensif. Le vieux soldat dit de Pompeo Targone que « c'était un homme de grands desseins (1) », mais quand on lui demanda s'il les exécutait, il garda le silence. Ce qu'il approuva, ce furent les vaisseaux échoués. Richelieu, pour enfoncer du côté de la haute mer une palissade sous-marine entre les extrémités de l'immense digue, devait en couler deux cents, — deux cents carcasses de vieux navires amenés de Bordeaux, de Rouen, de Saint-Malo, de Roscoff, du Conquet, de Brest, de Concarneau, de Blavet, d'Auray, de Vannes, de Nantes et, les unes après les autres, immergées dans la rade.

L'architecte Metezeau et le maçon Thiriot avaient posé la première pierre de la digue le 30 novembre 1627. Cette digue était composée de blocs entre lesquels on avait ménagé des trous pour briser l'effort de la mer. L'apport incessant des vagues, le gravier et le limon la durcissaient comme un rocher. Ses deux tronçons partaient, l'un de Coreille, l'autre du point

(1) Voir *Mercure françois*, t. XIV, deuxième partie, p. 593-595.

qui porte aujourd'hui le nom de Richelieu. Un fourmillement d'ouvriers hâtait le travail, que le cardinal surveillait en personne. Mais il fallait compter avec les erreurs, avec la mer, avec les obstacles des choses et des hommes : le 10 janvier, la mer ayant enlevé le parement de la digue, il fallut recommencer l'ouvrage sur des assises plus larges. Richelieu expliquait le tout à Spinola : au lieu de reconstruire le parement en verticale, on avait dû le reconstruire en talus.

Le Génois, clignant ses petits yeux noirs, dit que « si l'on bouchait le canal et si l'on payait bien les gens de guerre (chose rare en Espagne) la ville était perdue ». *Es tomada la ciudad* (1). Il ajouta qu'il voyait bien que le Roi s'était « engagé » dans ce siège sur le seul avis de son ministre. Songeant à tant de travaux qui coûtaient des sommes immenses, il félicita le cardinal d'avoir trouvé « l'unique moyen pour arriver à la fin d'une si grande entreprise : *abrir la mano y cerrar el puerto* (ouvrir la main et fermer le port (2) ». Sept jours après le départ de Spinola, Richelieu écrivait au cardinal de La Valette : « Il faut avouer la vérité, que c'est un des meilleurs hommes du monde et que sa bonté égale sa capacité. »

Il se montrait également satisfait de l'amiral espagnol : « Don Frédéric, ajoutait-il, est aussi, pour la mer, un très honnête homme (3). » Mais cette maudite escadre, si tardive à se montrer, pouvait-on compter sur elle? Elle était en mauvais état et son chef ne songeait, d'après les ordres de sa cour, qu'à la mettre à l'abri dans les ports d'Espagne avant le retour des Anglais; et il partit en effet.

Spinola et Leganès firent avec le cardinal un projet d'articles, pour « éclairer » le traité du 20 avril 1627, régler la composition de la flotte espagnole et de la flotte française qui opéreraient conjointement et fixer les « buts de guerre » : rétablissement de la religion catholique en Angleterre et conquête de deux ports de descente anglais. Le Génois et l'Espagnol obtin-

---

(1) *Mercure françois*, t. XIV, deuxième partie, p. 595.
(2) *Entretien des Champs-Élysées*, par J. Sirmond. — *Recueil de Hay du Chastelet*, éd. 1639, p. 206.
(3) Avenel, *Lettres du Cardinal de Richelieu*, t. III, p. 26.

rent, en outre, de Richelieu ce qui leur tenait le plus à cœur : le droit de recueillir sur les côtes de Guyenne les débris de deux grandes caraques portugaises, qui valaient plus de deux cent mille livres. L'Espagne s'accommodait fort bien d'une guerre qui affaiblissait à la fois l'Angleterre et la France. Elle était enchantée que Buckingham eût échoué devant Ré. Elle ne désirait pas moins vivement que La Rochelle demeurât imprenable et tînt Louis XIII et son armée loin de ses propres possessions d'Italie. L'attitude des Provinces-Unies n'était pas moins ambiguë : leurs chantiers construisaient des vaisseaux pour le Roi Très Chrétien, mais elles permettaient que l'on recrutât chez elle des cavaliers pour le roi d'Angleterre. Ainsi, catholiques d'Espagne et protestants de Hollande desservaient sourdement leur alliée, la France : éternels dessous de la politique !

Cependant le cardinal, — en dépit des traverses d'une santé chancelante, — multiplie ses efforts. La tempête ni le froid ne l'empêchent d'être à Coreille le 3 février ; avec Bassompierre, il regarde enfoncer dans le canal une estacade de trente et un vaisseaux dont on a maçonné l'intérieur ; le 7, il reparaît, en compagnie du maréchal, sur la digue. Ces travaux le retiennent de longues heures, son manteau flottant au vent. Les vaisseaux murés que l'on coule parallèlement à l'ouvrage, du côté de la haute mer, vont rendre le passage impossible, bien avant que soit achevée la digue elle-même. En vain les Rochelais tentent de les incendier à marée basse. Que Dieu donne au cardinal quatre jours de beau temps et « les vaisseaux ennemis n'entreront plus à La Rochelle, s'ils ne volent » !

Sachant que « la solde est l'âme du soldat et l'entretien de son courage », Richelieu, qui couvre d'or les constructeurs de sa digue, fait payer toutes les troupes avec une régularité parfaite. Plus de « passe-volants », plus de ces figurants qui remplacent, les jours de revue, les soldats que les capitaines ont congédiés pour s'approprier l'argent de leur solde. L'argent est remis chaque semaine à des commissaires intègres, les capitaines sont surveillés et les compagnies toujours au complet.

Le Roi jusqu'à présent s'est montré vrai chef de guerre. Au mois de janvier, il faisait l'admiration de Spinola; au mois de décembre, il avait fait celle du cardinal : « Quoique le lieu soit très mauvais, que les tempêtes, que les vents et les pluies y soient ordinaires, qu'on soit dedans un continuel marécage, avait mandé Richelieu à la Reine mère, Sa Majesté ne laisse pas de demeurer avec autant de gaieté que s'il était au plus beau lieu du monde. Avant-hier, il fut trois heures durant à la digue. Non seulement y faisait-il travailler à sa vue, mais il voulut lui-même mettre la main à l'œuvre (1). » Sous un ciel noir de décembre, le roi de France bâtissant comme un simple maçon l'énorme digue battue des eaux et des vents, quel spectacle réconfortant pour le soldat !

Mais voici qu'au mois de février, Louis XIII se sent las. Ce n'est rien, un simple malaise, mais qui va s'aggraver, si le Roi ne fait un tour à Paris. Le cardinal s'oppose à ce départ, « représentant qu'il y va de la réputation de son maître ». Il tremble que la Reine, qui se laisse circonvenir par le garde des Sceaux Marillac et le cardinal de Bérulle (2), ne retienne son fils à Paris : « Au moindre accident qui arriverait devant La Rochelle », Richelieu serait congédié. Ne sachant s'il doit accompagner le Roi, il consulte le Père Joseph, qui le presse de ne point s'éloigner. Ira-t-il, n'ira-t-il pas ? « Deux jours entiers il est en ce combat (3). » Cependant Louis XIII finit par reprocher à Richelieu de prendre toujours parti contre lui. La discussion, comme il arrive trop souvent, aboutit à une cote mal taillée : le Roi rentre au Louvre et le cardinal reste au camp; le cardinal demeurant, il n'y aura personne qui ne croie que le Roi ne revienne bientôt.

Louis XIII partit le 10 février. Pendant l'espace de deux lieues, sur la route de Surgères, Richelieu l'accompagna. Il fallut se séparer. Louis XIII fit, en pleurant, ses dernières recommandations. Un traître soleil, avant-coureur du printemps, éclairait ses

---

(1) Avenel, *Lettres du Cardinal de Richelieu*, t. II, p. 751-752, décembre 1627.
(2) Le Père de Bérulle avait reçu le chapeau le 30 août 1627.
(3) Lepré-Balain, 1629.

adieux. Le cardinal n'avait pas osé, par respect, prendre son parasol et souffrait, le chapeau bas.

Le lendemain, dans son logis du Pont-de-la-Pierre, il était « surpris » d'une crise de sa fièvre tierce. Mais cinq accès ne le rendent pas inactif, et l'ample pouvoir que le Roi lui a donné sur les provinces de Poitou, Saintonge, Angoumois, sur le duc d'Angoulême, les maréchaux de Bassompierre et de Schomberg, suffit à ranimer son corps défaillant. A Louis XIII, il écrit que l'affliction qu'il reçoit de son absence, est « plus grande qu'il n'eût su se la représenter ». Au cas où le Roi apprendrait que son ministre est malade, il le prie d'avoir « l'esprit en repos ». Il relit dans Quinte-Curce l'histoire de la digue construite par Alexandre devant Tyr et suit avec passion le cheminement de la sienne (1).

L'ouvrage du cardinal, dans sa nouvelle conception, aura sept cent quatre-vingt-sept toises (quinze cent soixante-quatorze mètres) de longueur. Hauts de plus de deux toises, larges de quatre, les deux tronçons avancent l'un vers l'autre au travers de la rade, mais ne se rejoindront pas complètement, afin de laisser une certaine liberté au mouvement de la mer. On ménagera entre eux un goulet de trente toises, que prolongeront, du côté de la mer, deux jetées de bois armées de canons. Pour protéger de ce même côté la digue en construction et rendre le goulet impraticable, on coule sans cesse des navires. Mais durant les fortes marées de l'équinoxe, au-dessus des navires submergés, il y a six pieds d'eau. Alors le cardinal plante, par delà cette palissade sous-marine, des poutres enchaînées. Entre la digue et La Rochelle, cinquante-huit vaisseaux, liés ensemble par des câbles et des chaînes, forment une palissade flottante armée de longs épars qui écarteront les brûlots, et de grappins destinés à saisir les navires ennemis. Trente-six galiotes et pinasses évolueront dans l'avant-port et empêcheront les assiégés de prendre à revers les vaisseaux immobilisés. Entre la digue et la haute mer, Richelieu fait attacher les uns aux autres cinquante navires ; on les dispose dans la rade en triangle, comme un vol de canards sauvages, pointant vers la mer. Cet extraordi-

(1) Quinte-Curce, *Vie d'Alexandre*, livre IV, ch. 2-4.

naire travail en était encore à ses débuts au mois de mars 1628.

La porte Maubec.

Si le cardinal comptait sur le blocus pour se rendre maître de La Rochelle, il ne renonçait pas à l'espoir d'y entrer par surprise.

La porte Maubec, murée en temps de paix, pouvait s'ouvrir en temps de guerre. Elle faisait face aux marais salants qui s'étendent à l'est de La Rochelle. Gens de pied et de cheval voulant entrer dans la ville trouvaient au bord de la contrescarpe un pont-levis de huit pieds de longueur; ils franchissaient sur un pont dormant un large fossé où coulait l'eau de la mer. Un nouveau pont-levis, long de dix pieds, donnait accès à la première porte; derrière la première porte, un couloir creusé sous les remparts les menait à la seconde, qui les séparait de la rue. Les bateaux chargés du sel des marais serpentaient parmi les marécages vers cette Amsterdam de l'océan, sur un canal qui ne tardait pas à se confondre avec le fossé. Ils s'engouffraient à trente pas de la porte Maubec sous une voûte dont on ouvrait la grille à leur approche, et, trois cents pas plus loin, abordaient à la ville.

Le cardinal n'ignorait aucun de ces détails. Le marquis d'Effiat lui avait amené un habitant de La Rochelle, « catholique et officier du Roi (1) », qui lui avait parlé de cette voûte et de cette grille vraiment faites pour quelque aventure de roman. Richelieu eut envie « d'y former une entreprise pour la facilité qui s'y rencontrait ». Sur son ordre, l'homme s'était abouché avec des sauniers, catholiques comme lui. Le cardinal connut par eux la largeur du fossé (douze toises), sa profondeur (six pieds à marée haute, trois ou quatre à marée basse). Il sut que le confluent du canal et du fossé était fort vaseux, mais qu'au bout de quelques pas on rencontrait le roc et le gravier; que le terrain était solide sous la voûte et l'eau peu profonde; que la grille était en bois et qu'au sortir du couloir, à l'endroit où le canal débouchait dans La Rochelle, une pente douce permettait de gagner le bord et d'aller se saisir du corps de garde, qui était proche. Les sauniers étaient

---

(1) Le sieur de Lizon, lieutenant général de La Rochelle, « grand catholique et serviteur du Roi ». (Lepré-Balain, cité par Louis Dedouvres, *L'Éminence grise*, t. II, p. 301.)

entrés à pied dans La Rochelle plus de cent fois par ce chemin (1).
Le Rochelais catholique avait obtenu du maire un passeport sous prétexte de quelques affaires domestiques à régler. En réalité, il voulait voir si rien n'était changé à la disposition de la voûte Maubec. Il avait rapporté que tout était en même place. Richelieu avait fait contrôler ses dires et ceux des sauniers par deux gentilshommes de sa maison, MM. de Saint-Germain et de La Forêt.

Du rempart, nul n'avait aperçu le paysan et les gentilshommes passant et repassant de nuit sur le bord de la contrescarpe, en face de la voûte grillée ; nul, à deux semaines d'intervalle, ne les avait remarqués discutant au même endroit avec M. de Marillac. L'obscurité les dérobait aux regards et c'est impunément que M. de a Forêt, une jambe pendante le long de la contrescarpe, avait avancé le bras et sondé, au moyen d'un bâton, la profondeur de l'eau, qui n'était que de trois pieds, alors que la mer descendait encore.

Le cardinal, tout enflammé de ce beau projet, avait rassemblé des pétardiers pour faire sauter la porte Maubec. Le marquis de Feuquières offrait de se mettre à leur tête. Il était allé en quérir à Paris quelques-uns de sa connaissance. La Gascogne et la Bretagne envoyaient au cardinal ce qu'elles possédaient « de plus habile et de plus estimé » en ce genre. Il arrivait des pétards de Paris, de Saintes. Ceux que l'on fabriquait chez le cardinal étaient en bois « reliés de bandes de fer », forts et légers tout ensemble et des ouvriers des plus « rares » travaillaient sans relâche.

Le 25 janvier, M. de Feuquières avait reçu de M. de Marillac l'ordre d'aller, pendant le jour, reconnaître de loin les avenues de la porte Maubec. M. de La Forêt le guidait. Les voici à mille pas de La Rochelle. Qu'est-ce que ces hommes qui se cachent là-bas derrière des masures?... Fusils, arquebuses (1)... « L'ennemi! » s'écrie Feuquières. Mais La Forêt, qui connaît le quartier, explique d'un air entendu : « C'est un corps de garde que les nôtres ont avancé. » On se rapproche... Soudain, les masures s'enveloppent de flammes et de fumée : une salve de douze coups. La Forêt est tué d'une balle dans la tête ; le cheval de Feuquières,

(1) *Mémoires du Cardinal de Richelieu*, t. VIII, p. 68-71.

blessé à l'épaule, s'abat sous son cavalier. Feuquières tire son épée et n'a que le temps d'écarter des deux bras deux arquebuses huguenotes qui lui touchent la poitrine. Deux détonations à ses côtés, presque à la fois ; il n'est pas effleuré, mais il est pris et les arquebusiers l'emmènent vers la ville avec le cadavre de l'imprudent La Forêt. On aperçoit quelques royaux accourant au loin pour venir en aide. Trop tard. Les protestants vont s'engager sur le premier pont-levis de la porte Maubec. Cependant Feuquières, sous son manteau, n'a pas manqué de mettre en petits morceaux qu'il répandait sur le chemin le papier qui contenait « le nom et l'ordre de l'attaque des lieux et des troupes ». On traverse les trois ponts à présent. Il paraît fatigué de la course, il ralentit. C'est qu'il veut graver dans sa mémoire les moindres détails de la porte, de la grille et de la voûte. Feuquières est homme de ressources. Même prisonnier, il communique avec Richelieu. Le Père Joseph a des intelligences dans la ville depuis plus de quinze ans. Cousin-germain du religieux, Feuquières lui « écrit deux fois la semaine », il fait savoir au cardinal « qu'à son avis l'entreprise peut réussir et beaucoup mieux qu'il n'eût pensé auparavant (1) ».

Il fallait laisser aux assiégés le temps d'oublier cette alerte. Un mois s'est passé. Le cardinal a devant lui un habitant de La Rochelle, un catholique dont il est sûr. Comment est-il parvenu à faire sortir cet homme de la ville? Ses *Mémoires* ne le disent pas ; mais, comme l'a observé Louis XIII, le cardinal a plus d'un tour en son sac. L'homme lui dit que la sécurité règne dans La Rochelle. Point de changement dans les rues, point aux murs de la ville, point à la porte Maubec. Voilà une porte dont les gardiens sont fort négligents : chaque nuit, deux ou trois heures avant le jour, la plupart des trente hommes qui sont là pour veiller, « s'en vont chez eux dormir » à leur aise et se font remplacer par leurs valets. Ces renseignements sont confirmés par MM. de Corbeville et de Cahusac, dépêchés à la porte Maubec avec les principaux pétardiers pour une dernière exploration : jamais « si mauvaise garde pour une telle ville ».

(1) Mmes du Tremblay et de Feuquières étaient nées La Fayette : voir Dedouvres, *op. cit.* t. I, p. 301-302 et *Négociations de M. de Feuquières*, I. ed. 1753, t. I, p. 88.

Le cardinal se décide. L'entreprise est fixée au samedi 12 mars. Ce jour, à cinq heures, le cardinal apprend d'un autre catholique, mystérieusement extrait de La Rochelle comme le premier, qu'il n'y a ni changement ni soupçon dans la ville.

Sept heures : à Périgny, petit village, près duquel prend naissance le ruisseau qui devient canal du côté de la Moulinette et se jette dans le fossé de La Rochelle à quelques pas de la porte Maubec, Richelieu tient conseil de guerre, passe en revue pétards et machines. Dix heures : la clarté mourante de la lune permet encore de distinguer cinq chaloupes amarrées non loin de la Moulinette. Des gens s'embarquent : MM. de Cahusac, de Charnacé, de Saint-Germain, de La Louvière, vingt autres gentilshommes de la maison de Richelieu, puis des gardes, puis des soldats d'élite. Les chaloupes glissent silencieusement dans la nuit plus sombre. MM. de Banneville et de Beauregard ont charge d'appliquer le pétard à la grille de bois sous la voûte. Il y a dans les barques toute une provision de pétards et de tenailles, des marteaux et des haches. Les cinquante hommes bien armés et résolus, choisis par le cardinal, sauront se frayer un passage. Le gros de la troupe dégringolera aisément de la contrescarpe dans le fossé, suivra les chaloupes, dont les occupants auront soin de sonder l'eau devant eux. C'est M. de Corbeville qui doit soutenir avec ses carabiniers les pétardiers conduits par Pierre d'Albon, sieur de Saint-Forgeux.

La manœuvre paraît simple. On se trouve en face du pont de pierre bâti au milieu du fossé ; un pont-levis le relie à la contrescarpe, un autre pont-levis le relie à la première porte de la ville. Les assiégés lèvent chaque nuit les deux ponts. Les assiégeants ont apporté un pont volant. A l'aide de cette étroite passerelle, quelques hommes franchiront la première partie du fossé jusqu'au pont de pierre, puis la seconde du pont de pierre à la première porte, qu'ils feront sauter au moyen d'un pétard. Cependant plusieurs d'entre eux, avec des ferrements fabriqués exprès, auront abaissé les ponts sans bruit. Les soldats du Roi passeront alors le fossé, entreront par la porte rompue dans le couloir creusé sous le rempart. La deuxième porte, dépourvue de pont-levis et de herse, volera bientôt en éclats : ils seront dans la ville et donneront la main aux gens des chaloupes, entrés par la porte du canal.

Les deux troupes réunies, soutenues par les cinq cents hommes de Marillac, soutenus eux-mêmes par les quinze cents de Schomberg, « tailleront en pièces le corps de garde », établiront un corps de bataille « sur la place de la ville neuve ». Les premiers arrivés courront à la porte de Cogne, à quatre cents toises au nord de la porte Maubec, ouvrir au cardinal (1).

En cette nuit du 12 au 13 mars 1628, par un froid piquant, le cardinal attendait, à trois cents pas de la Cogne, avec mille chevaux, quatre mille hommes de pied et son valet de chambre. Que venait faire là ce valet de chambre d'évêque, sans doute Des Bournais? Il tenait prêtes les armes de son maître, qui « voulait se battre comme les autres (2) ». Voilà donc notre prélat à cheval, revêtu de la cuirasse couleur d'eau, qu'il endossait volontiers sur l'habit feuille morte brodé d'or, le chapeau à panache sur la tête, l'épée au côté et les pistolets à l'arçon. Quel triomphe pour le cardinal si, demain, il pouvait écrire à Louis XIII que La Rochelle est prise, la digue inutile, tous les projets de Buckingham déjoués! L'affaire s'annonce le mieux du monde. Elle a été « conduite avec tant de secret durant quatre mois », que les Rochelais semblent n'avoir connaissance de rien. Ils entendront tout à l'heure le fracas annonciateur de la chute de la ville, le pétard de la porte Maubec.

La nuit passe silencieuse et lente. Richelieu s'impatiente, s'étonne. Déjà le ciel blanchit vers l'est. C'est l'aube grise sur les marais gris. Les énormes murailles apparaissent estompées dans la clarté blafarde et peu à peu s'éclairent. Que se passe-t-il? Marillac ne fut jamais « hasardeux » : il a dû « saigner du nez à cette occasion »; il n'a pas « osé entrer dans un lieu dont il ne voyait pas la sortie », songe le cardinal en comprenant que l'affaire est manquée. Il se retire de fort méchante humeur. Marillac infortuné !

(1) *Mémoires du Cardinal de Richelieu*, t. VIII, p. 76-78.
(2) *Relation véritable de ce qui s'est passé en l'ordre de la surprise de la ville de La Rochelle* (Bibliothèque nationale, Cinq-cents de Colbert 2, fol. 125).

ÉCHEC COMPLET DU COUP DE MAIN.

On sut bientôt que Marillac et Corbeville s'étaient mis en route avec leurs hommes vers onze heures du soir, mais s'étaient arrêtés bientôt, pour construire deux ponts destinés à rendre moins pénible la traversée des marais; ils avaient ensuite attendu les pétards. Saint-Forgeux et les autres pétardiers, qui les suivaient avec les machines et devaient arriver à la contrescarpe vers deux heures du matin, n'avaient pu retrouver dans les ténèbres les gens que le maréchal de Schomberg mettait à leur disposition. Le temps de les chercher et de faire porter par un petit nombre ce qui devait l'être par un grand, ne leur avait permis d'être au rendez-vous que sur les cinq heures après minuit. Et ils n'avaient qu'une demi lieue à parcourir!

Marillac, ne voyant personne, avait tenté de joindre Cahusac et ses bateaux. Mais Cahusac, arrivé dès deux heures à deux cents pas de l'endroit où le canal se confondait avec le fossé, avait dissimulé ses barques, pour les dérober aux regards des sentinelles qui montaient la garde à la porte Maubec. Sans le vouloir, il les dérobait également aux regards de Marillac, gêné par un ruisseau qui l'empêchait d'atteindre le bord du canal. Cahusac avait fini par débarquer avec plusieurs de ses compagnons. Il s'était promené une grande heure le long de la contrescarpe, sans être vu par les sentinelles et les rondes qu'il entendait sur le rempart. Cela jusqu'au jour, qui l'avait contraint de s'éloigner avec les bateaux. Marillac était depuis longtemps retourné aux ponts jetés sur les marais. Il avait rencontré l'un des pétardiers, qui lui avait dit que les machines n'arriveraient que dans une heure et qu'il serait sans doute impossible d'achever l'entreprise avant le soleil levé. Marillac y avait alors renoncé; il avait enlevé ses deux ponts et chargé Corbeville d'aller avertir le cardinal.

Dire « qu'on avait pris ses mesures si justes » et que même les ennemis avouèrent que le succès était « infaillible sans ce malheur »! On conçoit la mauvaise humeur de Richelieu. « Le peuple de La Rochelle, racontent ses *Mémoires*, réputa à miracle d'être échappé de ce danger. » Le cardinal se consolait en pensant que ce peuple n'en était pas moins perdu : « Il y eut bien, continuent les *Mémoires*, quelque sorte de merveille en la conduite et l'on n'en voit pas moins en la rupture de ce dessein si bien entrepris, lequel Dieu voulut changer en une autre manière de châtiment plus convenable à la malice des coupables, qui était si extrême, qu'on ne leur pouvait donner de bourreaux moins cruels et plus infâmes que les propres auteurs, se faisant mourir eux-mêmes par la faim et toutes sortes de misères (1). »

Ces misères, Richelieu travaillait de toutes ses forces à les accroître. Les deux tronçons de la digue n'avaient jamais cessé d'avancer lentement mais sûrement, l'un vers l'autre et, trois jours après la tentative manquée de Maubec, quatorze navires arrivés de Bordeaux, avaient été maçonnés et coulés dans le canal de La Rochelle. Le cardinal tenait à le fermer avant l'arrivée de la flotte anglaise. Mais ce retour n'était-il pas fort incertain? Le cardinal n'était pas éloigné de le croire, depuis les longs entretiens qu'il avait eus avec Guillaume de Bautru, comte de Serrant, près d'Angers.

Ce Bautru, fin courtisan, avait un esprit aimable et enjoué qui lui permettait d'en user le plus familièrement du monde avec le cardinal et même avec le Roi. Un jour que Richelieu lui parlait des préparatifs de l'Angleterre, Bautru avait hasardé : « N'est-il pas vrai que Buckingham doit commander la flotte anglaise et qu'il a repassé en Angleterre, le cœur plein d'une indicible passion pour la Reine? — Eh bien! avait interrompu le cardinal, à quoi cela peut-il aboutir? — Il faut, avait repris Bautru, que la Reine écrive une lettre à Buckingham, qu'elle flatte sa vanité, qu'elle se serve des termes les plus persuasifs pour l'empêcher de secourir La Rochelle; qu'elle l'en prie, si cela est nécessaire, et que je me déguise pour porter moi-même cette lettre. » Si l'on en croit un récit du maréchal de Tessé, paru en 1745, le « Roi et le cardinal, après bien des contestations, des contredits, des répliques et des contre-répliques », avaient adopté l'idée de Bautru. Anne d'Autriche, à la prière de Louis XIII, avait écrit la lettre,

(1) *Mémoires du Cardinal de Richelieu*, t. VIII, p. 82.

« trouvant qu'il y avait quelque chose de grand pour elle de rendre au Royaume le plus grand service du monde et que ce fût l'effet de sa vertu et de l'amour qu'elle avait fait naître dans le cœur de Buckingham (1) ». Et, afin de pouvoir, le cas échéant, désavouer la lettre, on l'avait confiée à un simple courrier, moins facile à reconnaître que Bautru, même déguisé.

Les habitants de La Rochelle se demandaient avec angoisse pourquoi la flotte anglaise ne paraissait point. Leurs députés, MM. Vincent, Salbert et de Hinsse, embarqués le 17 novembre sur une patache anglaise (2), avaient rejoint la flotte qui ramenait Buckingham en Angleterre et ils avaient jeté l'ancre à Portsmouth. Ces députés ne s'étaient donc pas conformés aux instructions qu'ils avaient reçues; ils n'avaient donc pas supplié Sa Majesté Britannique de hâter l'envoi du secours!... Buckingham avait levé l'ancre le 19 novembre 1627; on était au début de mars : près de quatre mois sans nouvelles! Aussi quelle joie quand un messager survint, qui, s'étant introduit dans La Rochelle, avait ouvert un bouton de son habit, tiré la dépêche qu'il avait cachée et donné le message tant attendu aux autorités de la ville! Or, voici ce qu'il contenait : « Votre ravitaillement conduit par M. de Hinsse s'en allait en mer escorté de quatre ramberges et quinze vaisseaux de guerre, quand nous avons appris que la flotte anglaise prenait la route de La Rochelle; le conseil a jugé le convoi trop faible, a rappelé à Plymouth M. de Hinsse pour renvoyer le tout avec une forte armée. »

Le dîner des Rochelais était loin d'être servi. Trois semaines plus tard les malheureux eurent la consolation de recevoir dans leur port, après une vive canonnade et une poursuite acharnée, le capitaine David, qui, sur sa patache montée par vingt-deux hommes, avait franchi l'estacade naissante, passé avec le flot

(1) *Récit des incidents secrets qui firent que l'Angleterre ne secourut point La Rochelle, et que le Roi Louis XIII se rendit maître de cette ville pendant le ministère du Cardinal de Richelieu*, par M. le M. de T. — Voir Henry de La Garde, *M. Le Duc de Rohan*, p. 253-558. Si, comme le pense Henry de La Garde, le récit est l'œuvre de René de Froulay, comte de Tessé, père du maréchal, qui avait été élevé enfant d'honneur de Louis XIII, nul doute que le style n'en ait été retouché par le maréchal, car plus d'une expression trahissent le contemporain de Louis XV.

(2) F. de Vaux de Folletier, *Le Siège de La Rochelle*, p. 176.

par-dessus les navires submergés, glissé entre la ligne des vaisseaux enchaînés et la rive septentrionale de la rade. David, en frôlant de sa quille la palissade sous-marine, s'était cru perdu ; il avait jeté à la mer toutes les dépêches écrites par les députés depuis leur départ pour l'Angleterre. Les nouvelles orales qu'il apportait valaient bien la chaîne d'or que lui remit en récompense le maire de la ville et sur laquelle était gravée cette devise : *Patriae sunt magni dona pericli :* le duc de Buckingham et son beau-frère, le comte de Denbigh, arrivaient avec une flotte de soixante navires de guerre. La chance tournait. La Rochelle aurait encore de beaux jours. Et ce n'est pas tout. Quelques heures après l'entrée du capitaine David, un autre vaillant marin, le capitaine Sacremore, échouait entre le fort d'Orléans et le fort rochelais de Tadon. M. de Marillac, à la tête d'un détachement royal, l'attaqua dans les ténèbres et lui tua beaucoup de monde. N'ayant ni hache ni pétards, il ne put crever la barque ; la marée survenant impétueuse, le vent soufflant en tempête ne lui permirent pas de continuer le combat, emportèrent Sacremore dans le port de La Rochelle et forcèrent les galiotes qui lui donnaient la chasse de renoncer à la poursuite, de peur d'y être emportées à leur tour.

Sacremore avait sur lui un double des lettres jetées à la mer par David. Les précieuses lettres que les Rochelais lisaient avec passion, étaient accompagnées d'un projet de traité d'alliance avec le roi de la Grande-Bretagne. Ils jurèrent cette alliance, en faisant observer toutefois qu'ils entendaient ne point déroger à la « fidélité et obéissance » due « au Roi Très Chrétien, leur naturel et souverain seigneur ». Habituel refrain de tous les rebelles. Un frondeur, mué en courtisan, ne disait-il pas un jour à Louis XIV : « C'était du temps où nous servions Votre Majesté contre le cardinal Mazarin ? »

Cependant le paquet de David, trouvé par les assiégeants à marée basse dans les vases de la rade, avait été remis au cardinal. Mieux renseigné que les Rochelais, Richelieu apprit ainsi que le roi d'Angleterre était affligé d'une « prodigieuse disette d'argent » et que le jour où sa flotte pourrait mettre à la voile, paraissait fort incertain (1). On aurait donc tout le temps de barrer le canal. D'ailleurs, les Anglais ne semblent avoir nulle envie de s'exposer à une nouvelle défaite. Le cardinal, de son côté, n'ignore pas « qu'en matière de grandes affaires, qui veut faire assez, doit vouloir trop ». Écartant les desseins chimériques de Pompeo Targone, qui a perdu tout crédit, il se rallie au projet de ranger d'énormes chevaux de frise entre les vaisseaux de l'estacade flottante. Les soldats les appellent, du nom de l'inventeur, les chandeliers de M. du Plessis-Besançon. Richelieu a soin que l'argent, « nerf de l'entreprise », ne manque jamais : de l'argent, toujours de l'argent! Vers l'œuvre de titan, se hâtent, grâce à l'argent, les bateaux porteurs de pierres, les matelots, les ingénieurs, tous les spécialistes. Non seulement les finances du Royaume sont mises sur un pied nouveau, mais le cardinal lui-même fait des avances à son maître jusqu'à concurrence de 4.000 livres tous les deux jours. Richelieu joue sa partie à fond sur le succès de cette entreprise, « à laquelle nul autre que lui n'eût osé penser ».

Son esprit n'est pas moins attentif aux ouvrages en terre qui environnent La Rochelle, qu'à l'immense construction maritime. Racan, alors enseigne d'une compagnie de gendarmes, vante le « confortable » assuré à l'armée assiégeante :

> Parmi les sanglants exercices
> De tant de bataillons épais,
> L'on jouit comme en pleine paix
> De l'abondance et des délices;
> Ils ne nous ont jamais quittés.
> Paris et ses commodités
> Nous suivent par toute la terre.
> Et semble qu'il ne soit permis
> Aux malheurs qu'apporte la guerre
> De nuire qu'à nos ennemis (2).

(1) Voir Charles de La Roncière, *Histoire de la Marine française*, t. IV, p. 543.
(2) Ode à d'Effiat, voir p. 584, dans le *Racan* de Louis Arnould, cette ode restée inédite depuis 1631.

La haine de Marie de Médicis.

Le cardinal souhaitait le retour de Louis XIII. Ce n'était pas seulement parce que la présence royale stimulait l'ardeur des troupes. Richelieu savait que, depuis quelques semaines, « il s'était fait un grand changement dans l'esprit de la Reine mère » à son égard. Il n'ignorait pas que la princesse de Conti et la duchesse d'Elbeuf, « qui avaient toujours été fort bien avec la Reine et la suivaient partout », n'aimaient point son cardinal, surintendant de sa maison, « parce que sa domination était beaucoup plus rude que celle où elles avaient été nourries ». L'une, fille de Henri Ier, duc de Guise (1), et de Catherine de Clèves, l'autre, fille légitimée de Henri IV et de Gabrielle d'Estrées, elles regrettaient le temps du bon Roi et celui de la bonne Régence. La première avait contre le cardinal un grief personnel : le ministre ne prétendait-il pas enlever au duc de Guise, son neveu, l'amirauté du Levant ?

En plus, querelle de femmes : la nièce du cardinal, Marie-Madeleine de Vignerot du Pont-Courlay, veuve du marquis de Combalet, dame d'atour de la Reine mère, est « jeune et emportée de présomption par la grande faveur de son oncle ». Cette nièce a rompu avec l'entourage de Marie de Médicis ; elle n'est plus jamais où l'appelle son service ; on monte l'esprit de la Reine mère contre elle.

Au mois de janvier 1625, lorsqu'elle avait reçu le brevet de dame d'atour, cette veuve, alors âgée de vingt et un ans, brune aux yeux bleus, dans toute la fleur de sa beauté, « s'habillait aussi modestement » qu'une dévote de cinquante. « Elle n'avait pas un cheveu abattu, raconte Tallemant des Réaux ; elle portait une robe d'étamine et ne levait jamais les yeux. Avec ce harnais-là, elle ne bougeait de la Cour. Son oncle devenant plus puissant, elle commença à mettre des languettes, après elle fit une boucle ou mit un ruban noir à ses cheveux ; elle prit des habits de soie et peu à

---

(1) Henri Ier de Lorraine, duc de Guise, assassiné à Blois, en 1588, par ordre de Henri III.

peu elle alla si avant, que c'est elle qui est cause que les veuves portent toutes sortes de couleurs, hors du vert (1). »

La Reine, avertie par les mauvaises langues, commence à remarquer que sa dame d'atour « ne la sert ni ne la suit quasi jamais (2) ». Elle la rappelle à son devoir de cour par un billet aigre-doux : « J'ai été un peu indisposée d'une fluxion qui m'a donné bien de la douleur ; elle est un peu diminuée et j'espère que ce ne sera rien. Vous hâterez, je m'assure, votre retour pour me venir servir en ce fâcheux mal, si Dieu permet qu'il dure (3). » Assurées que la dame d'atour ne se corrigera pas, les deux perfides princesses la demandent chaque fois qu'elle n'est pas à son poste : la Reine se plaint plus haut ; il n'est question avec ses confidentes que de la négligence et de l'orgueil de la dame d'atour. Par les propos sur la nièce, on en vient au cardinal. Ses actes les plus innocents sont passés au crible : « Il ne se tient si souvent éloigné des lieux où elle est que parce qu'il s'ennuie avec elle ; les grandes complaisances qu'il rend au Roi, ne sont que pour tenir par lui-même et se pouvoir passer d'elle » ; il n'a emmené le fils à La Rochelle que pour le désaccoutumer de la mère « et lui faire trouver des plaisirs ailleurs (4) ». Avec ses deux confidentes, Marie de Médicis ne parle plus que de l'*ingrat*. Qu'est-ce qui se passe dans ce cœur vieilli ? Voilà que peu à peu elle arrive à le haïr. Les sentiments espagnols de la Reine enhardissent l'intrigue de la Cour. Richelieu n'est pas défendu au Louvre : ses fidèles serviteurs sont près de lui à La Rochelle.

Depuis que Louis XIII était revenu à Paris, Marie de Médicis, « couvrant bien son jeu », s'était contentée de le supplier de ne point retourner au camp de La Rochelle, de peur du mauvais air et des fatigues qu'il y supportait : le cardinal était un extravagant, un ambitieux, un imprudent, un téméraire « qui s'était entêté d'une chose dont il ne viendrait jamais à bout ; ce siège de La Rochelle renouvellerait la mémoire de celui de Troie, qui avait duré dix ans et il y avait de la folie à ruiner une armée puissante

(1) Tallemant des Réaux, *Historiettes*, t. II, p. 27.
(2) *Mémoires de Fontenay-Mareuil*, p. 200.
(3) Bonneau-Avenant, *Marie de Médicis*, p. 139.
(4) *Mémoires de Fontenay-Mareuil*, p. 201.

et aguerrie devant une place imprenable (1) », Bouthillier, rentré à Paris avec le Roi, lui avait ouvert les yeux et s'était décidé à écrire au cardinal. Mais Richelieu ne peut quitter le siège. Ce serait l'échec, la ruine de sa faveur, « le Roi étant ainsi fait ».

La Reine redouble ses instances; elle vante à son fils les belles chasses des environs de Paris; elle cherche à obliger ceux qui ont quelque crédit auprès de lui et notamment M. le Premier, — M. de Saint-Simon, premier écuyer, que le Roi goûte fort, — qui n'est point pressé de retourner auprès du cardinal et qui ne lui écrit même pas. Le vent de la défaveur souffle. Or la Cour prend toujours le vent... Si le pied glisse au ministre?...

M. de Blainville (2), premier gentilhomme de la Chambre, vient à mourir. Marie de Médicis pousse le Roi à donner à Saint-Simon, son favori du jour, la charge du défunt, sans consulter Richelieu. Mais Richelieu a prévenu le coup et, « du camp devant La Rochelle », il écrit au Roi pour proposer la nomination du même Saint-Simon. Louis XIII, ravi, « ne parle plus que du cardinal et de retourner à La Rochelle, dès qu'il en sera besoin, sans s'arrêter à tout ce que dit la Reine mère (3) ». Richelieu félicite le Roi d'avoir « fait du bien » à son favori : « J'ai toujours connu, dit-il, M. le Premier si sincère, si reconnaissant en votre endroit et si courtois envers tout le monde, que je répondrais bien en mon propre et privé nom que jamais il n'en abusera (4). » Et il ose écrire à Marie de Médicis : « Jamais je n'ai été plus étonné que lorsque j'ai reçu une lettre de Pancrace, — c'est le pseudonyme dont il affuble Bouthillier, — qui me fait connaître que Votre Majesté est fort mécontente de moi, au même temps que je pensais avoir plus assurément vos bonnes grâces, et, qui plus est, les mériter, par les mêmes actions qui me les ont fait perdre, à ce qu'on me mande. » Il flatte, il endort d'un encens capiteux l'orgueil de la déesse

---

(1) *Anecdotes du ministère du Cardinal de Richelieu, tirées et traduites de l'italien du Mercurio de Siri* par M. de Valdory, t. I. p. 177.
(2) Jean de Varignies, sieur de Blainville, premier gentilhomme de la Chambre du Roi, mort le 26 février 1628.
(3) *Mémoires de Fontenay-Mareuil*, p. 202.
(4) Avenel, *Lettres du Cardinal de Richelieu*, t. III, p. 59, 9 mars 1628.

irritée : il vante sa « gloire » « qui, grâces à Dieu, dit-il, est venue à tel point que toute la chrétienté vous considère pour la plus célèbre personne qui de longtemps ait été au monde ». Et le voici qui s'agenouille, bat sa coulpe, s'excuse, sans quitter toutefois ce ton glorieux qui sera toujours le sien : « Quand vous considérerez, observe-t-il, l'état auquel est une personne à qui on donne à tenir le timon d'un vaisseau dans une mer orageuse et pleine d'écueils, sans qu'il puisse en aucune façon le tourner qu'il ne déplaise à ceux mêmes par le commandement et pour le salut desquels il veille perpétuellement, vous jugerez que je ne suis pas sans peine, l'expérience vous faisant connaître que, comme je suis maintenant mal avec vous, je suis quelquefois brouillé avec le Roi et toujours avec Monsieur, et ce pour nul autre sujet que pour vous servir tous avec sincérité, courage et franchise (1). »

La Reine se défend à son tour, en propos embarrassés : « Il est vrai que je suis un peu colère. Mais vous savez que je croyais avoir raison, quand j'ai fait paraître ma promptitude : je suis fort aise de n'en avoir pas en l'affaire dont est question et vous assure qu'il faut que le ciel m'abandonne de tout, avant que je perde le souvenir des fidèles services que vous m'avez toujours rendus, qui me feront être, jusques à la fin, mon Cousin, votre bien bonne cousine et affectionnée Marie (2). »

Lorsque Richelieu reçut cette lettre de réconciliation, il y avait plusieurs semaines que le Roi était revenu au camp de La Rochelle. Louis XIII y avait éprouvé, le 17 avril, jour de son arrivée, « un merveilleux contentement ». Les travaux de terre, que Spinola avait vus fort loin d'être achevés, étaient aujourd'hui à leur perfection, bien qu'ils eussent quatre lieues de circonférence « avec de grands forts royaux de mille pas en mille pas et les redoutes fraisées de cent pas en cent pas », protégées de pieux dont les pointes sortaient horizontalement des pentes gazonnées des talus. « Les lignes avaient six pieds de profondeur et autant de largeur » : elles permettaient au cardinal de « grignoter » la résistance de l'ennemi.

(1) Avenel, *Lettres du Cardinal de Richelieu*, t. III, p. 92-95.
(2) *Ibidem*, p. 115, note 1.

CHAPITRE DEUXIÈME

LE MIRACLE DE LA REINE ET LA TOUSSAINT DU CARDINAL

Le maire Guiton.

Depuis le début du mois de mai, le maire de La Rochelle n'était plus ce Godefroy qui, le 21 juillet 1627, avait conjuré Soubise de se rembarquer. Chaque année, le dimanche de Quasimodo, on nommait un nouveau maire. Le raisonnable Godefroy avait pour successeur, en ce printemps 1628, un petit homme farouche, impétueux, décidé à se faire obéir et sûr d'être obéi, le fameux Guiton, qui personnifie, aux yeux de la postérité, la résistance de La Rochelle. Le jour de son élection, il aurait dit à ses compatriotes, en leur présentant un poignard : « Je serai maire, puisque vous le voulez, à condition qu'il me sera permis d'enfoncer ce poignard dans le sein du premier qui parlera de se rendre ; je consens qu'on en use de même envers moi, dès que je proposerai de capituler, et je demande que ce poignard demeure tout exprès sur la table de la chambre où nous nous assemblons dans la maison de ville. » Nul contemporain, il faut le reconnaître, ne mentionnne ce mot « historique », et la table, « historique » elle aussi, que l'on montre à l'hôtel de ville de La Rochelle, n'y était pas en 1628 (1).

Dans l'attente de la flotte anglaise, Guiton grimpait souvent au clocher de l'église Saint-Barthélemy et, par delà les toits de la ville, les tours du port, l'estacade flottante du cardinal, la

---

(1) F. de Vaux de Foletier, *Le Siège de La Rochelle*, p. 175.

digue, les vaisseaux coulés, la palissade de pieux, il fouillait de ses regards, anxieux et toujours déçus, l'inexorable horizon.

De nouveau la flotte anglaise.

Le 11 mai 1628, le cardinal était logé à une demi-lieue de la Cogne, non loin du quartier général de Bassompierre. Il y reçut vers midi un exprès qui venait de Chef-de-Baie. Bassompierre avait emmené visiter cette batterie M. de Sourdis, archevêque de Bordeaux, et quelques gens de guerre qui avaient dîné chez lui. Tout à coup, de l'autre côté du Pertuis breton, au-dessus du fort de la Prée, il avait aperçu le signal convenu entre Toiras et Bassompierre pour annoncer que la flotte anglaise doublait la pointe des Baleines, au nord-ouest de l'île de Ré : une fumée épaisse précédée de trois coups de canon. Vers deux heures, l'avant-garde britannique passait en vue de Saint-Martin.

Aussitôt averti, Richelieu a fait revenir Louis XIII sur la rive méridionale de la rade. Il accourt près de lui à Coreille, voulant voir de ses yeux l'arrivée de la flotte ennemie. Tandis que Guiton et son ancien capitaine de pavillon, Chevallier (1), juchés au sommet du clocher de Saint-Barthélemy, découvrent au loin les vaisseaux du roi d'Angleterre, qu'ils prennent d'abord pour les vaisseaux du roi de France, le cardinal, installé à la pointe de Coreille, peut compter les « unités » du roi Charles; quatre ramberges, sept vaisseaux de cinq cents tonneaux, quarante et un plus petits (brûlots et transports), en tout cinquante-deux navires, s'avancent majestueusement « en trois ordres ».

Le cardinal peut se féliciter des mesures qu'il a prises. Comme il a été sage de renvoyer à Brest les gros vaisseaux de l'amiral Mantin, aussi embarrassés pour évoluer dans la rade que les ramberges britanniques! Il n'a gardé que les « dragons » au faible tirant d'eau, capables de faire échouer les lourds vaisseaux ennemis. Le duc de Guise, humilié de conduire une flotte si petite, a remis ses pouvoirs à son maréchal de bataille, M. de

---

(1) Charles de La Roncière, *Histoire de la Marine française*, t. IV, p. 544.

Valençay. Le cardinal ne s'en trouve que mieux assuré de la victoire.

La flotte du roi d'Angleterre avance toujours; elle passe plus près de Chef-de-Baie que de Coreille... Soudain, décharge sur décharge. C'est Bassompierre qui a donné à Chef-de-Baie l'ordre de tirer sur les vaisseaux d'avant-garde. Cinquante volées de canon tuent quelques marins anglais ou se perdent dans les voiles. La flotte ennemie, alors que les Rochelais avaient bercé l'amiral lord Denbigh du fol espoir de franchir la digue, ne tarde pas à virer de bord, d'autant plus que le fort de Coreille tire aussi, que l'escadre de Valençay vient de « s'épauler » au fort Louis et à la palissade et que la digue est toute garnie de soldats. Lord Denbigh juge prudent d'aller mouiller loin des canons français, dans le Pertuis d'Antioche, face au canal de La Rochelle.

Ni le 12 ni le 13, il ne bouge. Les Rochelais s'inquiètent de cette immobilité. Si les malheureux savaient que les équipages se composent en partie de soldats qu'on a déguisés en marins, s'ils entendaient les propos de l'amiral, affirmant qu'il a mission d'escorter un convoi de vivres et non d'attaquer une digue, ils s'inquiéteraient bien davantage. A la faveur de la nuit, une chaloupe se glisse dans le port. Elle apporte tout un courrier. Lord Denbigh écrit froidement que, s'il ne trouve pas la voie libre, comme leurs députés le lui ont promis, il repartira pour l'Angleterre. Des Rochelais, Bragneau et Gobert, arrivés avec la flotte anglaise, confirment par un décourageant commentaire la lettre de Denbigh; ils écrivent qu'il n'y a plus qu'à traiter avec le cardinal. Avis désespéré, que les membres du Conseil jurent de ne communiquer à personne, mais qu'ils suivront, la mort dans l'âme.

Ils choisissent pour amorcer une sorte de négociation un ancien maire, M. de Laleu qui, voulant quitter La Rochelle, a obtenu un passeport royal. M. de Laleu part clandestinement un matin, pendant le prêche. S'il ne réussit pas dans son ambassade, il doit revenir en rendre compte; s'il obtient des conditions médiocres, il enverra un parlementaire à La Rochelle avec un tambour; s'il en obtient de bonnes, il aura soin d'adjoindre au tambour un trompette.

Il a sans doute pleinement réussi, car, l'après-midi du même jour, un tambour et un trompette arrivent devant le fort de Tadon, mais le capitaine Sanceau, qui commande le fort, trouve cette mission de Laleu suspecte. Les mousquetaires tirent... Une balle de mousquet crève la caisse du tambour et dissipe du même coup toutes les espérances d'accommodement, car le parlementaire se hâte de retourner au camp royal sans avoir rempli sa mission. Guiton ne peut que communiquer la lettre de Gobert à divers chefs rochelais. Des bruits de trahison se répandent : négocier avec le roi de France, quand la flotte du roi d'Angleterre est là, prête à secourir la ville (1) !

Au comble de l'angoisse, Guiton écrit à lord Denbigh : « Ne laissez point périr vos frères que vous avez, avec tant de belles paroles, repus de promesses : toute l'Europe a les yeux sur vous (2). »

Le cardinal se rend, le 15, dans le quartier de Bassompierre, sur la rive septentrionale de la rade : il regarde les vaisseaux anglais qui appareillent malgré le mauvais temps, mais se trouvent bientôt arrêtés par une violente tempête. Le 16, la lutte reprend : un brûlot et une chaloupe, montée par un pétardier émérite, sont envoyés vers les vaisseaux français. Le brûlot échoue au pied de la batterie de Chef-de-Baie; le pétardier ne peut approcher d'aucun navire, son pétard éclate à l'improviste et le coule avec sa chaloupe. Dans la nuit du 17 au 18, la flotte anglaise lance des « artifices à feu » : c'est une pluie lumineuse qui éclaire au loin la rade et le canal sans arriver jusqu'aux vaisseaux du Roi : fusées de fête nautique ! Le 18, enfin, Louis XIII, accompagné de Bassompierre, chez qui il avait dîné, contournait La Rochelle pour revenir à Aytré, lorsque, passant au fort de la Fons, le Roi et le maréchal virent, à l'ouest, la flotte anglaise qui appareillait de nouveau. Le maréchal se hâte de regagner sa batterie de Chef-de-Baie. Un immense espoir fait tressaillir les habitants de La Rochelle. Les tours et les clochers se pavoisent;

---

(1) F. de Vaux de Foletier, *Le Siège de La Rochelle*, p. 194.
(2) Pierre Mervault, Rochelais, *Journal des choses les plus mémorables qui se sont passées au dernier siège de La Rochelle*, p. 336.

sur les moulins et les forts de Tadon, les étendards claquent au vent, le canon de la ville tonne en signe d'allégresse. Ramberges et grands vaisseaux se sont rapprochés de Chef-de-Baie. Leurs flancs s'enveloppent soudain de fumée; ils lâchent toutes leurs bordées sur les vaisseaux du commandeur de Valençay... Et les voilà, de nouveau, qui s'éloignent. Sentant leur faim croître avec leur déception, les assiégés suivaient des yeux les voiles blanches qui s'estompaient dans le Pertuis d'Antioche (1). Bientôt elles se confondirent avec l'horizon. Il était cinq heures de l'après-midi. De sa batterie de Chef-de-Baie, Bassompierre assistait à la fuite des vaisseaux-fantômes : « Nous les conduisîmes de vue tant que nous pûmes, raconte-t-il dans son *Journal*, puis nous retournâmes faire bonne chère sans crainte des ennemis et avec bonne espérance de la prompte reddition de La Rochelle. »

« Savoir ce qu'ils veulent faire, écrivait le cardinal à Marie de Médicis, le 20 mai 1628 : il n'y a personne qui le puisse comprendre. Il est difficile à croire qu'ils s'en retournent en Angleterre pendant que le Parlement tient. Ils peuvent aller attendre quinze jours à Belle-Ile, voir si le temps redeviendra bon, mais je ne le crois pas, car, quand ils reviendraient, ils y perdraient leur peine et eux-mêmes l'ont trop bien reconnu. »

La lettre du cardinal était encore sur la table, lorsqu'on lui apporta des nouvelles qui lui permirent d'ajouter à sa lettre le plus intéressant des post-scriptum. « Tout présentement, viennent d'arriver dix-huit matelots français que les Anglais avaient mis dans une chaloupe sans gouvernail et sans rames, à la merci de la mer. Ils assurent que les huit ramberges s'en retournent tout de bon en Angleterre et quelques petits vaisseaux de guerre s'en vont pirater où ils pourront sur la mer. Ils assurent de plus que le bon ordre qu'a mis le Roi a empêché que, depuis qu'ils sont à la rade, ils n'ont pu recevoir aucune nouvelle de La Rochelle et que tous les matelots qu'ils ont pris en la mer dans de petites barques, leur ont représenté le passage impossible. Ils ont aussi rapporté que le comte de Denbigh, avant que de lever l'ancre

(1) *Mémoires du Cardinal de Richelieu*, t. VIII, p. 146.

pour s'en aller, a fait signer à Vergnault, Bouguier et autres principaux Rochelais qu'ils n'avaient pas trouvé le passage libre, comme ils l'avaient représenté en Angleterre. » Les vaisseaux du Roi, loin de « s'enfuir en Charente, Brouage et la rivière de Bordeaux », les attendaient résolus au combat. Cette fière contenance les avait décidés à la retraite (1).

Était-ce la Reine qui avait obtenu cette miraculeuse retraite? Cent ans plus tard, à la cour de Louis XV, une tradition demeurée vivante lui attribuait le miracle. Voltaire, qui interrogeait avec une si infatigable curiosité tous les survivants du siècle de Louis XIV, l'affirme dans l'*Essai sur les mœurs* : « La Cour, dit-il, a toujours été persuadée que le cardinal de Richelieu, pour parer ce coup, se servit de l'amour même de Buckingham pour Anne d'Autriche et qu'on exigea de la Reine qu'elle écrivît au duc. Elle le pria, dit-on, de différer au moins l'embarquement et on assure que la faiblesse de Buckingham l'emporta sur son honneur et sur sa gloire. Cette anecdote singulière a acquis tant de crédit qu'on ne peut s'empêcher de la rapporter : elle ne dément ni le caractère de Buckingham, ni l'esprit de la Cour. » L'intrigue des cours a souvent frisé le romanesque.

A La Haye, dans l'entourage du prince d'Orange, le bruit s'accrédita, en ce printemps 1628, que Buckingham avait reçu de la cour de France deux cent mille couronnes pour ne point délivrer La Rochelle (2). Affirmation lancée du haut de la chaire par des ministres en furie. L'ambassadeur de Venise dans les Pays-Bas, Giovanni Soranzo, qui la rapporte, n'y croyait guère.

Bossuet, qui interrogea les entours de Henriette-Marie, indique simplement que la reine d'Angleterre usait de l'influence qu'elle avait pu prendre sur le faible Charles, pour réconcilier son époux avec son frère : « Qui ne sait, proclamait-il le 16 novembre 1669, dans l'église de Sainte-Marie de Chaillot, qu'après la mémorable action de l'île de Ré et durant ce fameux siège de La Rochelle, cette princesse, prompte à se servir des conjonctures importantes,

---

(1) Avenel, *Lettres du Cardinal de Richelieu*, t. III, p. 113-115.
(2) Voir *Calendar of State Papers*, t. XXI, p. 108 et 114.

fit conclure la paix qui empêcha l'Angleterre de continuer son secours aux calvinistes révoltés (1)? »

L'ambassadeur de Venise en France écrivait au Doge, le 7 février 1628 : « Meaux (2) a apporté à la Reine une lettre de sa fille, qui implore la paix (3). » La vérité paraît bien être que le roi Charles, après la retraite de Denbigh, n'entendait nullement renoncer à délivrer les Rochelais. L'histoire n'est guère plus avancée sur le fond des choses que l'ambassadeur vénitien, qui, du camp de La Rochelle, mandait à son gouvernement le 20 mai : « On ignore si ce départ des Anglais est dû à la nécessité, à quelque arrangement ou quelque dessein (4). »

Concluons, avec l'amiral Jurien de La Gravière, que ce Denbigh qui, malgré l'aide du grand vent et de la grande marée, n'avait même pas tenté de forcer le passage, n'était pas un Nelson. On a dit à propos de la bataille de la Hogue que c'était la « guerre des cotillons »; on peut en dire autant de la retraite de Denbigh bombardé amiral, pour le seul mérite d'avoir épousé la sœur de Buckingham.

Le plus extraordinaire, c'est qu'au moment où sa flotte faisait voile vers la côte anglaise, Charles Ier encourageait encore La Rochelle : « Tenez bon, je suis résolu que toute la flotte périra plutôt que vous ne soyez secourus. » Lorsqu'il eut appris ce qui s'était passé, le Roi bouleversé dit et répéta « que, sa flotte eût-elle péri, le désastre serait peu de chose auprès de la honte présente ». L'opinion, très hostile à Buckingham, ne se montra pas aussi émue et on n'avait pas encore porté la loi qui justifie la boutade de *Candide :* « Dans ce pays-ci il est bon de tuer de temps en temps un amiral, pour encourager les autres. »

(1) Bossuet, *Oraison funèbre d'Henriette de France* (*Œuvres de Bossuet*, t. XVII, p. 306).
(2) Louis de Meaux, sieur de la Ramée et de Douy, gouverneur des Ponts-de-Cé.
(3) *Calendar of State Papers*, vol. XX, p. 587.
(4) *Ibid.*, vol XXI, p. 94.

Les affamés de La Rochelle.

« Monsieur, cette lettre est pour savoir si vous prétendez que j'aie commandement en cette armée ou non. Si vous le prétendez, vous obéirez, s'il vous plaît, à l'ordre que j'ai donné à M. de Rothelin de prendre les chevaux qui sont en votre quartier pour aller quérir des poudres à Saumur. Si votre prétention n'est pas telle, puisque celle du Roi est autre, vos pensées n'empêcheront pas que je sois obéi, ne désirant pas que la patience que j'ai eue en plusieurs occasions empêche en celle-ci que le service du Roi ne soit fait selon que le bien de ses affaires le requiert. C'est celui qui a toujours été et veut être, etc., etc. (1) »

Bassompierre trouva « fort piquante » cette lettre que venait de lui apporter à Chef-de-Baie, le samedi 24 juin 1628, M. de Beauplan, capitaine des gardes du cardinal. Il se rendit au château de la Sauzaie, où l'attendait Richelieu.

La réponse de Bassompierre à la hautaine semonce était toute simple : il n'y avait plus une charrette au parc ; toutes avaient été données pour la digue. Introduit auprès du cardinal guerrier, « fort jaune et pensif de visage », il reçut un accueil aussi froid que la lettre : « Il y eut encore de grosses paroles », raconte Bassompierre. Mais le maréchal ne se troubla point, il dit ses raisons et le ministre amadoué, sinon satisfait, l'invita à dîner avec Schomberg.

L'humeur du cardinal s'explique : sur la digue, les boulets des assiégés semaient les cadavres des travailleurs ; il fallait doubler les équipes, hâter le travail à tout prix, surcharger de ponts couverts de pierre les vaisseaux coulés. Le 26 juin, dans sa galiote, entouré du maréchal de Bassompierre, de l'archevêque de Bordeaux et d'autres chefs de guerre, le cardinal visitait les machines de M. du Plessis-Besançon. Quittant le navire, il monta sur les vaisseaux de la flotte et traita sans aménité le commandeur de Valençay. Il n'ignorait pas, maintenant, que la flotte anglaise

---

(1) Avenel, *Lettres du Cardinal de Richelieu*, tome III, p. 120-121.

se préparait à revenir et que cette fois l'attaque serait de grande envergure : embossée contre les vaisseaux du commandeur, la flotte anglaise permettrait à deux mille soldats britanniques de débarquer sur la côte de l'océan, derrière la pointe de Coreille et les troupes viendraient le fort d'Orléans. S'appuyant à droite sur le fort rochelais de Tadon, elles tiendraient sous le feu de leur artillerie et les vaisseaux français de la rade et la digue et les galiotes de l'avant-port. Valençay serait pris à revers (1).

Le pieux Louis XIII avait ordonné six semaines plus tôt les prières des quarante heures, afin d'obtenir la retraite de lord Denbigh. Le samedi 10 juin, vigile de la Pentecôte, le jeune Roi, musicien passionné, avait veillé jusqu'à minuit, « en faisant des concerts et des faux-bourdons ». Le dimanche, il avait fait « l'office de MM. de la Chapelle durant les vêpres » et recommencé le lundi. Une « personne de qualité », invitée à l'entendre ce même lundi, regardait avec admiration le Roi au milieu des chantres et le comparait à David jouant de la harpe devant l'arche. Et, le mardi, à Surgères, lorsque le Roi était venu gagner son jubilé, « qu'il faisait beau le voir », après de longues prières, s'agenouiller sur les marches de l'autel ! « Il semblait, continue le même personnage, qu'il prenait son cœur et l'offrait au pied du Saint Sacrement (2). »

Ce fut le 24 juin que le cardinal avertit son maître des nouveaux projets britanniques. Le marquis de La Force (fils aîné du maréchal) fut chargé d'en porter la nouvelle au Roi. Louis XIII se trouvait à Surgères. Revenu assez fatigué de la chasse, il dormait. Lorsqu'on lui eut appris que ce retour de la flotte anglaise n'était qu'à l'état de simple projet, il ne cacha point son contentement. Il écrivit au cardinal une longue lettre, à laquelle il joignit un fort curieux document. De même qu'en 1621, assiégeant dans Montauban le maréchal de La Force, il avait tracé une carte fort exacte des campagnes environnantes; de même, ce 24 juin 1628, il dessina un plan de bataille où figurait la place que devait

---

(1) Voir une lettre de La Ville-aux-Clercs (9 juin 1628) citée par Charles de La Roncière, *Histoire de la Marine française*, t. IV, p. 548.
(2) *Mercure françois*, t. XIV, 2ᵉ partie, p. 619.

occuper chacun des corps de son armée, si les Anglais avaient l'audace de tenter un débarquement (1).

Les semaines passaient, une faim de plus en plus cruelle tordait les entrailles des Rochelais. Une surveillance exercée avec un soin jaloux devait empêcher tout ravitaillement.

Le cardinal ne se lassait pas de répéter à son maître : « Si le Roi ne prend La Rochelle cette fois-ci, il ne la prendra jamais et les Rochelais et les huguenots seront plus insolents et, tous les ans, on aura la guerre par les huguenots et les grands factieux... Mais, si le Roi la prend, il aura la paix pour jamais; sa réputation passera celle de ses prédécesseurs : il sera le plus puissant roi de l'Europe et arbitre de la chrétienté. Sans doute un tel dessein sera beaucoup traversé, il y trouvera beaucoup de difficultés. » Il n'en est pas moins certain que, si « Sa Majesté persévère, elle l'emportera et lors il faudra raser la plupart des places de la France, ce qu'il ne faut point dire », de peur de se trouver en présence de villes closes (2).

Le 24 mai 1628, les assiégés avaient essayé de se débarrasser des bouches inutiles. Les femmes et les enfants s'étaient pressés aux portes de La Rochelle. Leur exode n'avait pas été de longue durée : les soldats royaux avaient chassé le pâle troupeau vers la ville où l'on mourait. Les habitants avaient semé quelques fèves auprès de la contrescarpe, on les faucha; on faucha le blé qu'ils espéraient récolter sur les parties sèches de leurs marais. Dans les greniers plus un boisseau. La ville vivait à demi-ration de légumes, d'herbes et de coquillages. Ce qui n'empêchait pas le maire d'affirmer qu'il y avait encore « assez de vivres pour tenir longtemps ». Le 8 juillet 1628, en présence de huit conseillers et d'une foule de peuple, il donna lecture d'une lettre où le cardinal assurait La Rochelle de la miséricorde du Roi, si elle se remettait en son devoir avant quatre jours. Loin d'accepter cette offre, Guiton dit très haut que, dans huit jours, il comptait recevoir un puissant secours d'Angleterre, puis il renvoya sans réponse le tambour qui avait apporté la lettre. Lui montrait-on

---

(1) E. Rodocanachi, *Les derniers temps du Siège de La Rochelle*, p. 16.
(2) *Mémoires du Cardinal de Richelieu*, t. VII, p. 283-284.

quelqu'un de sa connaissance qui paraissait n'avoir plus que le souffle : « Êtes-vous surpris de cela? disait le maire stoïque; il faudra bien que nous en venions là vous et moi, si nous ne sommes point secourus. Il suffit qu'il en reste un pour fermer les portes (1). »

En ce mois de juillet 1628, Malherbe, alors âgé de soixante-treize ans, visitait le camp royal. Racan lui en faisait les honneurs. Le vieux poète n'avait jamais pensé que La Rochelle pût tenir si longtemps. Le 21 janvier, tandis qu'il se trouvait encore à Paris, il avait écrit à l'un de ses cousins : « L'Anglais s'attaquant au Roi est un petit gentilhomme de cinq cents livres de rente qui s'attaque à un qui en a trente mille. Je ne sais si je vous ai dit qu'il n'y a que deux rois en Europe capables de mener du canon en campagne; si je ne le vous ai dit autrefois, je le vous dis à cette heure, car il est vrai. On ne compte que deux puissances en la chrétienté, la France et l'Espagne; pour les autres, ce sont leurs suivants et rien de plus (2). » La résolution des Rochelais surprenait le sage Normand. Un jour, se trouvant à l'ouest de la ville assiégée, en face du bastion dit de l'*Évangile*, lui qui, dix mois plus tôt, avait chanté sur le mode lyrique :

> Ils ont beau vers le ciel leurs murailles accroitre,
> Beau d'un soin assidu travailler à leurs forts,
> Et creuser leurs fossés jusqu'à faire paroitre
> Le jour entre les morts,

i s'écria brusquement : « A qui, diable, en veulent ces gens-là de tâcher tous les jours à s'égorger les uns les autres, encore qu'ils n'aient rien à démêler ensemble? Voyez-vous cet homme-là, — et Malherbe montrait, sur le bastion, la sentinelle la plus proche, — il souffre la faim et mille autres incommodités et s'expose à tous moments à perdre la vie, parce qu'il veut communier sous les deux espèces et les autres l'en veulent empêcher : n'est-ce pas un beau sujet pour troubler toute la France (3)? » Malherbe

---

(1) P. Griflet, *Histoire du Règne de Louis XIII*, t. 1, p, 591-592.
(2) *Œuvres de Malherbe*, t. IV, p. 71.
(3) Louis Arnould, *Racan*, p. 375.

le savait bien, ce n'était pas seulement au sujet d'une querelle religieuse mais pour l'unité française que le siège était mis devant La Rochelle.

Les survivants pétrissaient un pain effroyable avec des morceaux de parchemin et de cuir bouillis dans du suif et de la cassonade; ou bien ils préparaient un gâteau de racines et de chardons sous le nom de *pain chaudé;* ils s'en allaient à marée basse chercher des coquillages dans les vases de l'avant-port, malgré le feu des batteries, qui achevaient ces mourants. Ancrée dans son opiniâtreté, Mme de Rohan relevait le courage des malheureux qui s'asseyaient à sa table. Or, le 1er août, son cuisinier, qui n'accommodait pas de tels menus, planta là casseroles et fourneaux et franchit la porte de la ville; un parti de royaux le fit prisonnier. Cet homme aimait mieux être pendu haut et court que d'user ses talents à composer des gelées de bottes et des pâtés de vieux souliers (1).

Un des plus grands partis de La Rochelle, une jeune fille qui possédait une dot de trente mille livres, suivit l'exemple du cuisinier. Elle sut qu'il y avait, dans le régiment de M. de La Bergerie, du côté de Rompsay, « un lieutenant de belle apparence ». Bien qu'elle ne l'eût jamais vu, elle forma le dessein de l'épouser : le mariage lui paraissait être un moindre mal. Avisé par l'amoureuse affamée, le beau lieutenant, de son côté, accepta le risque. Les Rochelais qui venaient pendant la nuit chercher leur nourriture sur les plages à marée basse, ne s'expliquaient pas pourquoi il leur arrivait de trouver du pain abandonné sur des planches et même des « pochées de blé ». Le 22, la jeune fille parvint à sortir de la ville. Le nonce du Pape, qui se trouvait alors au camp royal, supplia le Roi de permettre le mariage et de renoncer au droit de confiscation qu'il avait sur les biens de la rebelle. Louis XIII ne refusa aucune des grâces qu'on lui demandait et les noces se firent au son des trompettes et des fifres (2).

Mais le Roi et le cardinal se montraient sans pitié pour les

---

(1) *Mercure françois*, t. XIV, 2° partie, p. 635.
(2) *Les derniers temps du Siège de La Rochelle*, p. 31-33.

envoyés de La Rochelle, qui, revenant d'Angleterre, s'efforçaient de traverser les lignes. L'un d'eux, un gentilhomme poitevin, M. de La Grossetière(1), qui avait été page du Roi, fut arrêté, au début de juillet, dans la bourgade normande de La Haye-du-Puits, près de Carteret, alors qu'il venait de débarquer sur une plage déserte. Il était allé presser Charles 1er et Buckingham de hâter le départ de la flotte si impatiemment attendue. Les Rochelais prétendirent l'échanger contre M. de Feuquières; ils invoquaient le droit des gens. Richelieu leur répondit : « Vous n'êtes ni de condition ni en état de traiter avec votre maître : la pensée en est criminelle. Partant, je vous conseille de n'augmenter point par cette voie le nombre de vos fautes. Je ne sais quelle est la volonté du Roi (dont la bonté est infinie) sur le sujet de La Grossetière, mais je sais bien qu'il ne saurait recevoir aucune peine qui ne soit moindre que ses démérites(2). » Les Rochelais menacèrent d'user de représailles : n'avaient-ils pas Feuquières entre leurs mains ? Richelieu crut prudent de suspendre le procès de son prisonnier; mais, après la chute de la place, il fit juger à Poitiers, condamner à mort et décapiter l'infortuné gentilhomme, dont la tête, expédiée à La Rochelle, fut exposée, au bout d'une lance, sur la tour de la Lanterne.

Les Rochelais conservaient toujours l'espoir d'une délivrance qui viendrait d'Angleterre. En effet, à cette même fin d'août 1628, le roi Charles se décidait à envoyer une flotte formidable. Soixante vaisseaux de guerre, trente brûlots, quinze ramberges, dix pinasses, quarante navires regorgeant de victuailles, des transports montés par deux mille hommes de débarquement : telle était la force de cette nouvelle flotte. On pouvait tout espérer. Buckingham était résolu à vaincre ou à perdre la vie.

(1) Voir l'étude de M. Louis Batiffol sur M. de La Grossetière, dans *Au temps de Louis XIII*, p. 190-279.
(2) *Lettres du Cardinal de Richelieu*, t. III, p. 132.

Le drame de Portsmouth.

Ce jour-là, 2 septembre 1628, un Anglais, issu d'une ancienne famille du Suffolk, esprit sombre et faible, âme ardente et mélancolique, John Felton, venait d'arriver à Portsmouth. La flotte, prête à prendre le large et à cingler vers La Rochelle, était mouillée dans le port. Felton avait embarqué, l'année précédente, sur la première flotte, commandée par le duc de Buckingham. Lieutenant, il avait connu les misères et les déceptions de la campagne de Ré. Il avait été blessé, il avait vu son capitaine frappé mortellement. Et c'était pour demander à le remplacer qu'il était en ce moment à Portsmouth. Le duc lui avait préféré une de ses créatures, un freluquet de cour. Felton, d'autant plus exaspéré qu'on lui devait un gros arriéré de solde, avait réclamé en vain les huit livres qui lui étaient dues. L'historien de Buckingham, Philipp Gibbs, a peint sous de vives couleurs le malheureux officier traînant son oisiveté dans les rues de Londres. Felton entrait-il dans quelque chapelle de faubourg, un puritain au verbe enflammé y flétrissait les « péchés d'écarlate » (*scarlet sins*), opprobre de la Cour. S'asseyait-il dans les maisons des bas quartiers de Londres, devant une table chargée de pots de bière, des poètes de taverne couvraient de leurs malédictions le duc, vrai suppôt du diable, montraient sur le front du damné courtisan l'épouvantable reflet de l'enfer.

Quand, au retour de ces courses, Felton se retrouvait dans son galetas, c'était pour lire, à la lueur trouble d'une torche, la sévère remontrance des Communes ou les invectives des ennemis de Buckingham. De sanglants pamphlets, qu'il dévorait avidement, ne lui parlaient que de meurtre, lui soufflaient dans l'âme que le tyrannicide était le plus sacré des devoirs. Dedans, dehors, le duc, toujours le duc, ce Buckingham qui lui avait volé sa solde!

Sous l'empire de l'idée fixe, Felton avait couvert de son écriture deux feuilles de papier qu'il avait cousues dans la doublure de son chapeau. Sur la première de ces feuilles : « Je ne veux point que d'autres me louent d'avoir fait ceci, mais qu'ils se blâment plutôt eux-mêmes ; car, si Dieu ne leur eût ôté le courage à cause de leurs péchés, il n'eût demeuré si longtemps impuni. John Felton. » Et sur la seconde : « Celui-là est couardement abject, à mon opinion, et ne mérite point le nom de gentilhomme ni de soldat, qui refuse de sacrifier sa vie pour l'honneur de son Dieu, son Roi et sa patrie. John Felton. »

Obsédé de la pensée du meurtre, il était entré chez un coutelier, près de la Tour, et il avait acheté un couteau de dix pence. Le 27 août, il franchit à pied les soixante-dix milles qui séparent Londres de Portsmouth, comme, dix-huit ans plus tôt, Ravaillac, le visionnaire d'Angoulême, avait franchi à pied les cent lieues qui le séparaient du Louvre de Henri IV. Avant de quitter Londres, Felton avait demandé au chapelain d'une petite église de Fleet Street des prières « pour une âme en peine ». Il avait cru sentir l'effet de ces saintes prières, du fait que, le long du chemin, quelque voiture le rejoignait, s'arrêtait et lui abrégeait la route de plusieurs heures.

A Portsmouth, troubles, émeute : la veille, Buckingham avait chargé, à la tête de ses cavaliers, des matelots mutinés qui prétendaient arracher à la potence un de leurs camarades. Deux mutins avaient péri dans la bagarre, il y avait eu quelques blessés, et Buckingham, toujours suivi de ses gentilshommes, après cette peu glorieuse victoire, avait escorté le condamné jusqu'au gibet. Felton ignorait que le duc, à la prière de la duchesse, avait voulu gracier ce malheureux et que l'émeute avait rendu la grâce impossible. Le supplice avait accru la haine du fanatique.

Ce 2 septembre, vers neuf heures du matin, il gagna High Street et entra dans une maison où logeait alors le trésorier de l'armée. C'est là aussi qu'étaient descendus le duc et la duchesse de Buckingham. Felton est dans la grande salle, au milieu d'une foule d'officiers et de gentilshommes ; il a dans sa poche son couteau, dont la lame est enveloppée d'un linge ; il se tient debout à l'entrée d'un couloir obscur, que ferme une tapisserie. Ce couloir mène à la chambre de Buckingham. Celui-ci va venir dans la grande salle pour prendre son *breakfast*. Il s'habille, entouré de ses courtisans, de M. de Soubise, et de quelque huguenots français. Que n'endosse-t-il une cotte de mailles sous son pourpoint, ainsi que le lui conseillait, il y a trois semaines, Sir Clement Throgmorton? Il a répondu au donneur de conseil : « Ce serait une piètre défense contre la fureur populaire et, pour ce qui est de l'attaque d'un homme seul, je n'estime point ma vie en danger : il n'y a plus d'âmes romaines. » Tout à l'heure il gourmandait la duchesse en larmes, qui le conjurait d'avoir soin de sa vie ; il la remerciait de son importunité amoureuse. Il est brave, imprudent et léger... Felton attend.

Buckingham, dans la chambre où il achève sa toilette, annonce qu'il vient d'apprendre la levée du siège de La Rochelle. Le départ de la flotte n'est donc plus urgent ; il ne sera sans doute plus nécessaire. Qu'on se hâte de servir le *breakfast*. Buckingham veut monter dans son carrosse en sortant de table, porter lui-même la bonne nouvelle à cinq milles de Portsmouth, à Southwick, où le Roi est l'hôte de Sir Daniel Norton. Protestations indignées de Soubise et des huguenots français : la nouvelle est certainement inexacte, c'est un faux bruit répandu par les agents du cardinal. Les Anglais, témoins de cette scène, ignorant le français pour la plupart, se demandent quelle est la cause de ce tumulte. Felton, qui en perçoit la vague rumeur, est aux écoutes. La tapisserie s'écarte. Buckingham paraît, accompagné de sa suite. Il se penche vers un colonel de petite taille, qui lui parle à l'oreille. Soudain Felton, la main à la poche, tire son couteau, bondit et, allongeant le bras par-dessus l'épaule du colonel, plonge la lame jusqu'au manche dans la poitrine du duc : « Le scélérat m'a tué », dit Buckingham, haletant. Sa main se porte convulsivement à sa blessure, rencontre le manche du couteau, arrache l'arme. Flot de sang. Buckingham vacille, fait quelques pas, et lourdement s'écroule sur une table. Il est mort.

Coup si rapide que nul ne l'a vu. Devant le cadavre, les assistants s'imaginent que l'assassin est un de ces Français qui semblaient parler si rudement au duc. Cependant quelqu'un a ramassé le chapeau de Felton, trouvé les papiers cousus dans la doublure, et, tandis que l'on entend crier : « Le Français! Le Français!

Où est le scélérat? Où est le boucher? » Felton, qui s'était glissé jusqu'à la cuisine, s'avance nu-tête sur le seuil, l'épée au poing : « C'est moi, dit-il, me voici. » On l'arrête.

A la clameur qui monte de la grande salle, une porte s'est ouverte dans la galerie du premier étage; lady Anglesey, belle-sœur de Buckingham, montre au-dessus de l'escalier son visage bouleversé par l'épouvante; elle court chercher la duchesse, qui apparaît à son tour en robe de nuit et qui, apercevant le corps de son époux inondé de sang, remplit la maison de cris, de sanglots et de gémissements.

Charles Ier pleura; Felton fut pendu. Buckingham repose depuis trois siècles dans un monument fastueux élevé dans la chapelle Henri VII, à l'abbaye de Westminster. L'inscription composée par l'inconsolable duchesse, — qui se remaria peu de temps après avec lord Antrim, — célèbre l'époux adoré, — quoique infidèle. L'épitaphe chante les qualités de son corps et de son esprit, sa bonté, sa générosité, la grâce incomparable de la victime, qu'a grandie cette misérable fin.

Après le drame de Portsmouth, Bassompierre écrivait dans son *Journal* : « Le mercredi 13, la nouvelle de la mort du Buckingham arriva. » Cette mort mentionnée par le maréchal si sèchement, nul doute qu'elle n'ait rappelé à Richelieu la fragilité de sa propre puissance. « Buckingham, disent avec gravité les *Mémoires* du cardinal, était un grand colosse contenant en soi toutes les prérogatives de la fortune assemblées en un sujet, qui fut abattu en un moment par la main d'un traître, accident digne de larmes et qui montre évidemment la vanité de la grandeur (1). »

Vie chère et menus de siège.

La mort du duc ne changeait rien aux projets du roi d'Angleterre, décidé, comme toute la nation, à venger l'honneur anglais, compromis par les échecs de l'automne et du printemps. Charles Ier est résolu à employer contre la France les six millions de livres que le Parlement lui a votés.

(1) *Mémoires du Cardinal de Richelieu*, t. VIII, p. 192.

Quant au cardinal, il craignait peu maintenant cette flotte « qui était tout l'effort de l'Angleterre », car tout l'effort de la France était fait, tous les vaisseaux à leur place, les « quatorze cents pas de la digue parachevés ». Il souriait à l'idée de la dernière espérance des Rochelais : « C'est la coutume des personnes éperdues, songeait-il, de demander secours, chercher des remèdes et ne savoir ce qu'ils demandent, ni voir l'utilité qu'ils en peuvent recevoir (1). »

« Squelettes, fantômes vains, morts respirantes, plutôt qu'hommes vivants (2) », tels il dépeint lui-même les défenseurs de la ville qu'il tient à la gorge. Au tambour qui avait apporté la lettre du maire relative à La Grossetière, il avait demandé de quoi vivaient les Rochelais. Et, comme le tambour avait répondu qu'ils se nourrissaient de peaux et autres cuirs bouillis avec du suif, le cardinal, se retournant vers le duc de Montbazon, aurait dit « qu'il fallait en avoir et les faire apprêter par ce tambour, qui savait les accommoder ». Richelieu ne voulait point en manger lui-même, mais il tenait à en faire goûter à ses gens « pour savoir ce que c'était (3) ».

Il est certain que « les mieux traités, à la réserve de cinquante ou soixante », « ne mangeaient que du cuir bouilli avec de l'eau et du vinaigre, et encore si petitement, raconta Fontenay-Mareuil après la prise de la ville, que celui chez qui je logeai me montra, dans une chose grande comme une palette à tirer du sang, sa portion d'un jour, qui n'aurait pas assurément suffi pour le déjeuner d'un petit enfant, quand ç'aurait été la meilleure viande du monde et la plus nourrissante ; dont il était devenu si faible, qu'il ne pouvait quasi plus marcher ni se soutenir et fût mort sans doute, pour peu que cela eût duré davantage (4) ».

Ces « cinquante ou soixante » qui, pendant les premiers mois du siège, s'étaient fait servir du cheval sous le nom de bœuf d'Irlande ou de bœuf à la mode, étaient contraints peu à peu

---

(1) *Mémoires du Cardinal de Richelieu*, t. VIII, p 186.
(2) *Ibid.*, p. 190.
(3) Père Griffet, *Histoire du Règne de Louis XIII*, p. 598-599.
(4) *Mémoires de Fontenay-Mareuil*, p. 213.

de renoncer à ce luxe. Vers la fin de juillet, Mme de Rohan avait mangé les deux chevaux de son carrosse(1); il lui fallait maintenant s'attaquer au carrosse lui-même : la douairière et sa fille en avaient dévoré les cuirs, si l'on en croit Saint-Simon. Nous avons sous les yeux un document qui, dans sa sécheresse, est émouvant comme le témoin même de la réalité : il s'agit d'un tableau relatant le prix des vivres à La Rochelle, pendant le mois d'octobre 1628, composé en 1847 par Callot, historien de Jean Guiton, au moyen « de divers manuscrits ou imprimés contemporains « et du mémoire envoyé à la Reine par ordre de Louis XIII. Voici quelques chiffres :

	Mémoires et manuscrits.		Mervault et Bernard.	
	livres.	sols.	livres.	sols.
Un boisseau de blé, mesure de ville	300		1600	»
	960		800	»
Une once de pain ordinaire	1	2	»	»
	1	12	1	12
— de pain de paille fait avec du sucre	1	»	»	»
	1	2	1	2
— de colle de poisson au sucre	»	16	»	»
Une livre de bœuf ou de vache	12	»	12	»
— de cheval ou de chèvre	6	»	6	»
— de chien	1	»	4	»
— d'âne	1	12	4	»
Une tête de chien	»	10	»	»
Un œuf	8		10	»
			3	4
Une morue	10	»	10	»
Une pinte de vin	7	»	7	»
— de lait de vache	3 à 4	»	3	4
Une livre de suif de mouton	1	12	»	»
— de beurre	18	»	18	»
Deux feuilles de chou	»	10	»	»
	»	5	»	»
Un oignon	»	10	»	»
Une livre de sucre	24	»	24	»
Un melon	10	»	»	»

Si les melons étaient à dix livres, les cercueils étaient à vingt-cinq, car il n'y avait presque plus de menuisiers. Comme il n'y

---

(1) F. de Vaux de Foletier, *Le Siège de La Rochelle*, p. 246.

avait plus de chevaux, les morts étaient traînés à travers les rues de la ville jusqu'à la fosse, par les survivants exténués : « Tel père ou telle mère, conta plus tard l'un des assiégés, portait son enfant mort à l'hôpital et de là tout habillé dans le cimetière. Les plus accommodés n'avaient plus de pain qu'une once ou deux par jour, et les peaux soutenaient le reste, mais il ne s'en trouvait pas suffisamment, parce que les tanneurs, aussi bien que les autres, étaient morts(1). » Le moral de la population commençait à faiblir et plus d'un habitant regrettait que l'on eût chassé le dernier héraut, qui avait paru le 16 août devant la porte de Cogne, en casaque de velours violet parsemé de fleurs de lys d'or, la toque de velours noir sur la tête et le bâton royal à la main, pour sommer La Rochelle de s'en remettre à la clémence du Roi.

Aussi quand, le dimanche 3 septembre, à l'issue du prêche, Guiton eut annoncé que la flotte anglaise « arriverait infailliblement le 29 » : « Quoi! M. le Maire, s'écria une femme, ne savez-vous pas qu'il y a quinze jours que je n'ai mangé de pain et que la nourrice de mon enfant meurt de faim avec lui; il n'y a plus moyen d'attendre, il faut recourir à la miséricorde du Roi ou avoir du pain. »

Cette femme était venue avec d'autres femmes de sa famille. Toute cette parenté se lève. C'est une clameur indignée, qui redouble lorsqu'une amie de Guiton va souffleter l'insolente. Bataille : les deux femmes se prennent aux cheveux et avec tant de force, malgré leur faiblesse, qu'on ne les sépare pas sans peine.

Mais le capitaine de l'un des quatre quartiers de la ville est allié à la femme qui a interpellé le maire. Il intervient : « Monsieur, dit-il d'un air menaçant, ne nous flattons plus, je vous avertis que je ne saurais retenir davantage mes compagnons, qui sont tous armés, et que vous me verrez bientôt à leur tête, pour vous forcer à capituler, si vous ne trouvez pas les moyens de nous donner du pain(2). »

Guiton répond avec douceur, — avec plus de douceur que de sincérité; — il consent que deux députés aillent trouver le car-

---

(1) *Journal de Pierre Mervault*.
(2) Père Griffet, *Histoire du Règne de Louis XIII*, t. I, p. 603-604.

dinal. Riffaut, député du Conseil, et Journauld, député du peuple, sortent à pied de la ville, gagnent une maison de Rompsay, non loin de Beaulieu. C'est là qu'a été fixée l'entrevue.

Elle dura plusieurs heures. Les députés de La Rochelle affichèrent des prétentions surprenantes. Richelieu ne s'emporta point et leur dit « de ne pas trop compter sur les secours anglais, qui ne leur serviraient de rien, même s'ils se montraient dans le chenal » ; après l'arrivée de la flotte anglaise, le Roi serait plus sévère, tandis qu'il était disposé à laisser aux Rochelais « leur vie, leurs biens et la liberté de leur religion ». « Par ma foi! ajouta-t-il. Foi de gentilhomme! Foi de cardinal(1)! »

Les députés s'éloignèrent du logis de Richelieu, les oreilles pleines des serments dont Sa Seigneurie illustrissime avait émaillé ses discours. « Ils rentrèrent à La Rochelle plus satisfaits du cardinal que celui-ci ne l'était d'eux et sans avoir rien conclu », observait le nonce du Pape. Richelieu comptait cependant que les députés reviendraient le 11 et que, ce jour-là, serait signée la capitulation de La Rochelle. Il n'en fut rien. Dans la nuit du 11, un brûlot rochelais tenta même d'incendier la palissade qui protégeait la digue. Guiton, par sa manœuvre, avait gagné quelque délai.

Encore la flotte britannique

Maintenant que l'arrivée de la flotte britannique était l'espoir suprême et la suprême pensée de La Rochelle, tous les habitants s'abandonnaient aux mirages de la faim. Ils croyaient apercevoir au loin des voiles, des voiles encore, émergeant de la brume, grossissant d'heure en heure, les plus beaux vaisseaux de l'Angleterre s'avançant en bataille ; la digue s'écroulait, martelée par l'artillerie des ramberges monstrueuses ; tous les vaisseaux du Roi, tous les ouvrages laborieusement élevés par le cardinal s'abîmaient au choc des engins perfectionnés en usage dans la marine anglaise, « ces globes d'artifices qui vont entre deux eaux et, venant à toucher quoi que ce soit, se crèvent et enlèvent tout ce qui est

---

(1) Voir F. de **Vaux de Foletier**, *Le Siège de La Rochelle*, p. 248.

dessus (1). » Le combat fantastique recommençait perpétuellement, chaos de rêve, hallucination colossale de toute une ville.

Le 28, voici qu'apparurent en effet sur la mer, dans la fosse de Loix, les premières voiles britanniques. Elles approchèrent de la pointe du Plomb le 29. Là-bas, vers Laleu, se hâte un carrosse. Il est à portée du canon des murailles. Le canon tire ; couverts de la terre qu'a soulevée le boulet, Richelieu et Bassompierre, assis dans le carrosse, n'en continuent pas moins leur route vers le dîner qui les attend au logis du maréchal.

Le Roi s'annonce après le dîner, il veut loger chez Bassompierre ; le fastueux Lorrain s'empresse : chambre, garde-robe, mousquetaires à cheval, chevau-légers, gendarmes, compagnies des gardes, compagnies de suisses, gentilshommes au nombre de douze cents, grands et princes de sang, il reçoit dans son quartier de Laleu l'énorme suite royale ; il va « festoyer sans embarras » tout ce monde, qui s'émerveille. Il est tout glorieux des huit cents écus qu'il va lui en coûter par jour.

Le lendemain, les mêmes personnages, Roi, cardinal, ministres, maréchal, étaient en contemplation sur le rivage devant la flotte anglaise immobile sur ses ancres et semblant attendre la marée. Le maréchal conduisit ses hôtes à la batterie de Chef-de-Baie, où ils trouvèrent trente canons « en état de faire du bruit », disait fièrement Bassompierre. Le Roi voulut que deux batteries nouvelles fussent édifiées entre Chef-de-Baie et La Rochelle ; il se rendit jusqu'au bout de la partie septentrionale de la digue, « ma digue » comme Bassompierre appelait ce tronçon pour le distinguer de l'autre, qui n'en était plus éloigné que de quatre-vingt-dix pas, car on avait jugé bon de rétrécir encore le passage (2). Louis XIII ordonna que plusieurs barques fussent coulées dans le chenal et déclara d'un air connaisseur que les « Anglais ne pourraient pas faire grand chose ». Une sorte de sérénité confiante éclairait son pâle visage.

La flotte anglaise, grossie de trente et un vaisseaux, leva l'ancre l'après-midi. Cent vingt voiles passèrent au sud-est de l'île de Ré,

(1) Voir Charles de La Roncière, *Histoire de la Marine française*, t. IV, p. 549-550.
(2) Voir F. de Vaux de Foletier, *Le Siège de la Rochelle*, p. 240.

entre la pointe de Sablanceaux et la pointe de Chef-de-Baie. Ceux des Anglais qui n'étaient jamais venus dans les eaux de La Rochelle, eurent la surprise désagréable de constater que la rive septentrionale de la rade était hérissée de fortifications et garnie de gens de guerre. Une canonnade éclata de part et d'autre, d'ailleurs assez peu meurtrière. Mais les canons français contraignirent les vaisseaux britanniques à choisir un mouillage plus éloigné de la côte et plus proche de l'île de Ré. Les vaisseaux du roi d'Angleterre, — il y en avait maintenant cent cinquante, sous les ordres d'un amiral fort capable, Robert Bertie, comte de Lindsey, filleul de la reine Élisabeth, — se déployaient en un vaste demi-cercle de la pointe de Coreille au sud à la pointe de Chef-de-Baie au nord, face à la digue, face aux remparts de La Rochelle, à ses tours, aux clochers de ses églises ; ils fermaient la rade au même endroit que la flotte si peu efficace du printemps.

Les lieutenants de l'amiral ne manifestaient nul entrain, car leurs bâtiments étaient en mauvais état. Dans la matinée du 3 octobre 1628, vers dix heures et demie, la galiote de M. de Pontis, fendant les eaux sous l'effort de ses galériens penchés sur les rames, parcourait l'entrée du golfe, que venait de quitter la flotte anglaise. Un soleil radieux éclairait la mer (1). La bonace n'avait pas permis à l'amiral Lindsey d'engager le combat le jour précédent. Mais, ce matin, durant trois heures, favorisée par la grande marée et le vent, la flotte anglaise avait canonné Chef-de-Baie, la digue et la batterie de Coreille ; durant trois heures le Roi, le cardinal et le maréchal de Bassompierre à Chef-de-Baie, le duc d'Angoulême, le maréchal de Schomberg et M. de Vignoles à Coreille, tous les gens de guerre en armes sur les deux rives, une foule innombrable de curieux qui se pressaient à perte de vue de chaque côté de la rade immense, des femmes même, confortablement installées dans leurs carrosses, décidées à ne rien perdre de l'imposante naumachie que leur offraient l'Angleterre et la France, avaient voulu assister au grand drame militaire.

(1) Lepré-Balain, année 1628.

La galiote de M. de Pontis avait reçu, comme toute la flotte française, l'ordre de se tenir à couvert sous les canons du promontoire de Chef-de-Baie ; elle avait essayé d'attirer les vaisseaux anglais sur les bas-fonds, pour les faire échouer. Plus d'une fois, la galiote s'était hasardée à suivre un vaisseau anglais, quand, après avoir lâché sa bordée sur la digue, il se retirait au plus vite. Mais elle était obligée de revenir en toute hâte « de peur d'être surprise par quelque autre », ce qui ne l'empêchait pas d'avoir eu sa coque fortement endommagée et deux de ses galériens emportés par un boulet. Il semble que l'on peut croire sur ce point les romanesques *Mémoires* de Pontis, dont Mme de Sévigné a dit : « Il conte sa vie et le temps de Louis XIII avec tant de vérité et de naïveté et de bon sens que je ne puis m'en tirer. » Ces *Mémoires* décrivent en termes impressionnants l'attaque majestueuse et vaine des navires britanniques ; « le tonnerre des pièces de marine et de siège » ; « les mille éclairs déchirant la fumée noire et épaisse qui couvrait toute la mer » ; les ramberges colossales, « qui ressemblaient à de grandes maisons flottantes sur l'eau et qui, s'avançant les unes après les autres, en très bel ordre, sur la digue, y faisaient tout d'un coup, en présentant le flanc, une décharge de cinquante ou soixante volées de canon à la fois ».

L'artillerie anglaise avait battu les pointes de Chef-de-Baie et de Coreille, d'où ripostaient les quarante canons de l'une et les vingt-cinq de l'autre. Louis XIII, dans la batterie de Chef-de-Baie, avait entendu passer, au-dessus de sa tête, plus de trois cents boulets, qui portaient à trois cents pas en arrière : certains de ces projectiles étaient tombés fort près de lui. Aussi brave que Henri IV, il s'en était peu soucié. Il avait tiré lui-même plusieurs coups de canon, « prenant un singulier plaisir à tout ce qui regardait l'exercice de la guerre et il ne fut jamais plus libéral ni de plomb avec ses ennemis, ni d'or et d'argent envers ses canonniers, qu'il encourageait en leur jetant des pistoles ». C'était le cardinal qui avait donné le signal de la canonnade : il avait « choisi le plus assuré canonnier et le meilleur canon » ; il avait pointé la pièce lui-même sur la proue d'une ramberge et vu, non sans plaisir, la pièce tourner légèrement sous le coup (1).

Anglais et Français avaient échangé cinq mille boulets, on pourrait presque dire « sans résultat », car les soldats de Charles Ier comptaient deux cents morts et ceux de Louis XIII vingt-sept. Maintenant que le combat était terminé, quantité de débris flottaient sur la mer. Pontis aperçut, ballottée sur les vagues, une belle proue dorée aux armes d'Angleterre. Un pareil trophée lui parut un présent digne du Roi : il parvint à grand peine à le placer sur sa galiote, accosta bientôt le rivage, avertit le Roi, qui voulut immédiatement l'aller voir. Tout en descendant de Chef-de-Baie, Louis XIII demandait à Pontis où il l'avait trouvé. « Sur la droite », expliquait Pontis, qui l'avait trouvé en effet dans la ligne de tir de la batterie. « C'est moi-même qui ai tiré ce coup, affirmait le Roi; j'ai vu le vaisseau, qui s'est sauvé dans l'instant que le coup a été tiré, je me doutais bien qu'il était blessé. » Pontis qui, naturellement, n'avait rien vu, s'empressa d'appuyer le sentiment de son maître, « apportant diverses preuves qui furent un très grand sujet de joie pour le prince ». La chose était vraisemblable, sinon vraie, le Roi « se piquant de tirer fort juste (2) ».

Les pronostics du cardinal s'étaient réalisés. Richelieu ne doutait plus de l'échec définitif des Anglais. En vain, le 4 octobre, ils appareillèrent de fort bonne heure : leurs capitaines commencèrent la canonnade de si loin, qu'elle ne fit point de dégât (3). Neuf brûlots et un vaisseau chargé de mines furent dirigés sur la flotte française, qui occupait un poste plus favorable que le 3. Les felouques royales saisissaient, au moyen de longs câbles, les brûlots et les faisaient dériver sur la falaise de Chef-de-Baie, contre laquelle ils se consumaient le plus inoffensivement du monde. L'après-midi de ce jour, les Anglais en étaient déjà aux négociations (4); le surlendemain, deux députés rochelais, Frignelet et l'Estreille, qui étaient venus d'Angleterre à bord de la flotte anglaise, furent autorisés à parler, dans des chaloupes, à

---

(1) Lepré-Balain, année 1628.
(2) *Mémoires du Sieur de Pontis*, t. I, p. 437-448.
(3) Voir F. de Vaux de Foletier, *Le Siège de La Rochelle*, p. 264.
(4) F. Rodocanachi, *Les derniers temps du Siège de La Rochelle, relation du Nonce*, p. 81.

mi-chemin des deux flottes, à M. de Treuillebois, un protestant, capitaine de l'un des vaisseaux du Roi. Montagu, à qui le Roi avait permis, cinq mois plus tôt, de regagner l'Angleterre, les accompagnait. La conversation fut des plus banales; mais le 15, Montagu, dînant chez le cardinal (un assez mauvais dîner, de l'avis même de Richelieu), au château de la Sauzaie, demanda si l'on ne pourrait lui garantir que les Rochelais, en cas de reddition, seraient « assurés d'un bon traitement ». Il en fut référé à Louis XIII, qui répondit qu'il n'avait jamais denié sa miséricorde à la ville rebelle, mais que les Rochelais « n'apprendraient point ses volontés par une voie étrangère, la raison ne le voulant pas ainsi ». Richelieu pensait comme Louis XIII et il écrivit à Marie de Médicis dès le lendemain : « Le sieur de Montagu fut plus de deux heures à me vouloir persuader que cette réponse était trop austère, mais le Roi, Monsieur et son Conseil n'en voulaient rien croire. Ainsi il se retira, disant qu'au premier moment favorable aux Anglais nous connaîtrions ce qu'ils savaient faire (1). »

Deux jours après ses menaces, Montagu se rencontre de nouveau avec le cardinal sur le vaisseau de M. de Valençay. Le cardinal s'embarque avec lui sur la galiote de Bassompierre et ne manque pas de dire à son partenaire que les Anglais ont été bien trompés par les Rochelais, qui leur ont fait recevoir une grande confusion outre une dépense dont l'Angleterre n'avait pas besoin (2). Richelieu fait les honneurs de sa digue et de toutes les machines qui embarrassent le canal. Montagu contemple ce travail de géant avec une stupeur qui comble d'orgueil l'âme du cardinal; à regret convaincu, il avoue que c'est une entreprise impossible de forcer la passe. Le soir même, muni d'un sauf-conduit, il courait la poste, afin de s'embarquer à Saint-Malo pour l'Angleterre. L'évêque de Meaux, qui l'accompagnait, l'attendit dans la petite ville bretonne d'où il avait mission de le reconduire au camp de La Rochelle, dès qu'il serait revenu de Londres.

Il ne s'était trouvé qu'un évêque pour se charger d'une pareille mission, nul gentilhomme ne consentant à s'éloigner de La Ro-

(1) Avenel, *Lettres du Cardinal de Richelieu*, t. III, p. 138.
(2) Lepré-Balain, année 1628.

chelle, depuis que les Anglais étaient arrivés et qu'on pouvait acquérir de la gloire en se mesurant avec eux. L'ennemi, après une courte suspension d'armes, ne combattait plus que mollement. Une rapide razzia dans un village de l'estuaire de la Charente le 19 octobre, une abondante et peu meurtrière canonnade ainsi que d'inoffensifs brûlots le 23, c'est à peu près tout ce que signalent les chroniqueurs du siège. La parole allait être, non plus aux marins et aux soldats, mais aux suppliants.

Guiton découvrit un soir « un gros fagot, apprêté avec beaucoup de soin, qui brûlait le bas de son logis ». Un autre soir, le 24 octobre, un voisin, au moment de se coucher, aperçut des flammes sortant de la maison du maire. Elles provenaient d'un foyer qu'une main inconnue avait allumé avec des sarments bien secs et des copeaux de bois enduits de soufre, de térébenthine et de goudron : incendie aisément éteint, dont l'auteur ne fut point trouvé. C'était, si l'on en croit le nonce du Pape, un soldat rochelais en correspondance avec le Père Joseph. Il y avait, en effet, dans La Rochelle un confrère du fameux capucin, un Molé (1) qui portait en religion le nom de Père Athanase et avait organisé, pour le service du Roi, une agence d'espionnage. C'est ainsi que Richelieu avait pu écrire à Louis XIII, le 24 décembre 1627 : « La batterie du port fait merveille. Les Rochelais en sont extrêmement incommodés; le Père Cyrille, étant dans la ville, a vu, de ses yeux, un coup de canon donner dans la salle du maire, qui fit courre grande fortune à sa femme (2). »

La reddition.

On touchait à la fin. Dans l'après-midi du 27, six députés de La Rochelle, ayant comme Guiton lui-même renoncé à l'espoir, étaient venus en parlementaires au fort de la Fons. Bassompierre accourut au galop et, sur l'ordre de Richelieu, les conduisit au

---

(1) Édouard Molé, frère du futur garde des sceaux, Mathieu Molé.
(2) Avenel, *Lettres du Cardinal de Richelieu*, t. II, p. 768. — Voir aussi Lepré-Balain, année 1627.

château de la Sauzaie, où le cardinal commanda qu'on les fît entrer dans l'appartement de feu le cardinal de Sourdis. De leur côté, les députés rochelais qui se trouvaient à bord de la flotte anglaise, avaient demandé à parlementer. Ils débarquaient de la galiote de Bassompierre en ce moment même et c'est dans le carrosse du maréchal qu'ils arrivèrent à la Sauzaie.

Le cardinal, qui les a fait introduire dans une galerie, les reçoit bientôt dans sa chambre en présence des maréchaux de Bassompierre et de Schomberg, du garde des sceaux et des autres ministres. Ils entrent. On les nomme : M. Vincent, pasteur protestant, originaire de l'Isle-Bouchard, M. Gobert, banquier rochelais. Ils ne demandent qu'une seule grâce : parler à leurs frères les députés de La Rochelle; après quoi les pauvres assiégés n'hésiteront plus à se remettre dans leur devoir. Le cardinal les congédie : ils attendront dans la galerie.

Les députés de La Rochelle sont toujours dans l'appartement de feu le cardinal de Sourdis. Ils entrent à leur tour; ils demandent une grâce : qu'on leur permette d'envoyer quelqu'un à leurs frères qui se trouvent à bord de la flotte britannique et « ils remettront la ville entre les mains du Roi, suppliant très humblement M. le Cardinal de leur moyenner de tolérables conditions ». Cependant ils murmurent quelques propositions qui surprennent une fois encore le cardinal. Quoi ! ces « ombres d'hommes vivants » à qui « il ne reste plus de vie qu'en la clémence du Roi, dont ils sont indignes », prétendent obtenir un traité pour tout le parti protestant, conserver « leurs anciens privilèges, franchises et immunités », à l'exception, il est vrai, de « ceux qui peuvent donner naissance à de nouveaux troubles ». Ils osent proposer que Mme de Rohan soit « remise en ses biens », qu'elle « soit comprise dans le traité » ainsi que M. de Soubise, qui a eu la bonté de venir à leur secours. Ils ont le front de vouloir consulter les Anglais, s'opposer au « rasement » de leurs murailles, au changement de leur gouvernement. Ils exigent que le traité soit un « traité de paix et non un pardon et une grâce ». Selon eux, leur maire doit être maintenu, les gens de guerre doivent sortir de la ville, tambour battant, mèche allumée...

Richelieu les laisse parler. « Une telle impudence ! » Trop heureux s'ils obtiennent le pardon qu'ils ne savent même pas implorer !

C'est alors que se produit le coup de théâtre habilement préparé : le cardinal sort, il rentre conduisant Vincent et Gobert. Scène émouvante, où les regards muets sont éloquents ainsi que les silencieuses embrassades. Puis le pasteur et le banquier disparaissent de nouveau dans la galerie. Car le ministre, qui a permis les effusions, a interdit tout entretien.

Les députés de la ville ont compris que toute résistance est inutile désormais : ils implorent les bons offices du cardinal. Richelieu daigne répondre qu'il parlera au Roi dans huit jours, lorsque Sa Majesté, qui est allée se promener, sera revenue : « Comment, Monseigneur, dans huit jours ! s'exclame l'un des Rochelais. Il n'y a pas dans La Rochelle des vivres pour trois jours (1). »

Fort de cet aveu, le cardinal fait mesurer aux députés l'abîme où ils sont tombés ; il promet de s'entremettre auprès du Roi pour leur obtenir miséricorde et, tout de suite, il dicte la liste des grâces dont ils devront se contenter : « la vie, la jouissance de leurs biens, l'abolition de leurs crimes passés et l'exercice libre de leur religion ». Ils promirent tout ce que l'on voulut et se chargèrent de porter les articles à La Rochelle. Quelques instants plus tard, députés de la flotte et députés de la ville étaient autorisés à parler entre eux. Les premiers demandaient aux seconds de les comprendre dans leur accommodement. Vincent, plein d'admiration pour le génie de Richelieu, disait à qui voulait l'entendre : « C'est un grand homme (2). »

Le cardinal avait accordé comme une grâce ce qu'il tremblait de se voir refuser par La Rochelle : « D'un côté, expliquent ses *Mémoires*, il savait bien que, dans dix ou douze jours, on aurait les Rochelais la corde au col, mais, d'autre côté aussi, il considérait qu'il fallait se hâter, pour éviter plusieurs inconvénients et que Montagu trouvât la paix faite, que l'armée navale (anglaise)

(1) *Mémoires du Maréchal de Bassompierre*, t. III, p. 410-412.
(2) Voir F. de Vaux de Foletier, *Le Siège de La Rochelle*, p. 274.

la vit faire sans son consentement, à sa vue, ce qui rendrait le reste des affaires du Roi plus facile, soit au regard de l'Angleterre, soit d'Espagne, soit au dedans du Royaume. »

Richelieu avait développé ces raisons la veille, en ce même château de la Sauzaie, où s'était réuni le conseil du Roi. Après que les partisans de l'extrême rigueur et ceux de l'extrême indulgence eurent opiné tour à tour, il avait proclamé la nécessité d'un châtiment, mais aussi l'utilité de la miséricorde, sans laquelle aucune des villes encore fidèles au duc de Rohan n'oserait ouvrir ses portes à Sa Majesté. Il avait montré qu'il fallait que le Roi saisit « une occasion aussi illustre de se signaler par sa clémence, qui est la vertu par laquelle les rois approchent davantage de Dieu, de qui ils sont plus les images en bien faisant que non pas en détruisant et en exterminant (1) ». La miséricorde prêchée par le cardinal était d'autant plus habile, que Soubise et les délégués de La Rochelle à Londres n'avaient cessé de répéter que les Rochelais « étaient résolus de périr avec leur ville, parce qu'ils n'attendaient du Très Chrétien ni foi ni clémence, les maximes des Jésuites permettant de ne pas tenir les promesses faites aux hérétiques (2) ». Richelieu avait ajouté que le Roi aurait pitié de ses sujets décimés par la famine et dont les survivants étaient de « vraies images de la mort »; il avait rappelé que, loin de se donner au roi d'Angleterre, qui prétendait les ranger sous son sceptre, les habitants de La Rochelle « avaient conservé le cœur français ». Louis le Juste avait été du même avis que son ministre : il avait résolu d'épargner les Rochelais, mais non les murailles et les privilèges dont ils avaient abusé pour leur plus grand malheur.

Les députés de La Rochelle revinrent à la Sauzaie le 28 octobre. Ils apportaient le consentement de la ville. Jean Berne, sieur d'Angoulins, ancien maire, et Pierre Viette, échevin, Daniel de la Goutte, Jacques Riffault, pairs (3), puis Élie Moquay et Charles de

(1) Voir F. de Vaux de Foletier, *Le Siège de la Rochelle*, p. 271-273.
(2) *State Papers*, 13 juin 1628, t. XXI, p. 122.
(3) Le corps de ville, dit Callot, ex-maire de La Rochelle, se composait de vingt-quatre échevins et de soixante-seize pairs, qui se recrutaient eux-mêmes par voie d'élection et à qui appartenait le droit de choisir chaque année, parmi eux, les trois

La Coste, bourgeois, signèrent les articles dictés par Richelieu; mais ils virent avec surprise que ni le Roi, ni le cardinal, ni les maréchaux, ne comptaient s'abaisser jusqu'à signer avec des sujets. MM. du Hallier et de Marillac, simples maréchaux de camp, avaient ordre d'apposer leurs noms près de ceux des députés de La Rochelle.

Le cardinal retint ceux-ci à souper et coucher. Ils firent honneur au repas. On admira surtout l'appétit de leurs enfants, qu'ils avaient déguisés en valets afin de leur épargner un dernier jour de jeûne. Les malheureux prenaient tout ce qu'ils pouvaient cacher et remplissaient leurs poches de victuailles.

Le dimanche 29 octobre 1628, la porte Neuve, qui donnait au nord de La Rochelle, s'ouvrit tout à coup, le pont-levis s'abaissa, douze Rochelais apparurent sur les planches au-dessus de l'abîme du fossé, puis, tournant à gauche, suivirent le bord de la contrescarpe. C'étaient les six députés rentrés dans la ville le matin même et qui revenaient, accompagnés de six autres. Ils marchaient d'un air lassé vers l'ouest, vers la mer qui là-bas, au large, secouait rudement la flotte anglaise, car le temps s'était soudain gâté. Ils atteignirent, au bout de mille pas, la tenaille de la porte des Moulins, toute voisine de l'avant-port, et s'arrêtèrent épuisés. Mais voici le beau-frère de Feuquières, M. de Corbeville, qui vient à leur rencontre de la part de Bassompierre. Qu'on veuille bien leur donner un carrosse ou des chevaux : ils n'en peuvent plus. Les chevaux arrivent, amenés par MM. du Hallier et de Marillac. Les députés montent péniblement sur leurs bêtes. Ils approchent du fort Louis. Au bout de mille pas entre la contrescarpe de La Rochelle et la tranchée qui relie les uns aux autres les forts des assiégeants, ils trouvent Bassompierre à cheval à la tête d'une troupe de gentilshommes. Tout le monde met pied à terre, y compris le maréchal. Coups de chapeau, saluts, politesses prodiguées même au dernier des Rochelais : Bassompierre, le seigneur le plus raffiné de la Cour, se montre digne de sa brillante réputation.

_{candidats dont l'un était appelé à la mairie par le souverain ou son représentant. La noblesse avait été attachée par Charles V au titre d'échevin.}

Tout le monde est de nouveau en selle, et l'on chemine vers Laleu. Il est trois heures et l'on est à cent pas du quartier du Roi, lorsque Bassompierre invite les députés à descendre. Précédés et suivis des cavaliers du maréchal, les députés de La Rochelle s'avancent à pied, comme il convient à des coupables qui vont implorer leur pardon.

A l'entrée du logis, tout est en armes : le marquis de Brézé, capitaine des gardes, les reçoit. A l'entrée de la chambre, ils trouvent le cardinal, qui vient au-devant d'eux, suivi du garde des Sceaux, du maréchal de Bassompierre, des marquis d'Effiat, et de Châteauneuf, et de M. d'Herbault, secrétaire d'État. Louis XIII était assis au fond de la salle, entouré de princes du sang et de grands seigneurs. Il vit les députés tomber à genoux dès la porte : « Sire, commença l'orateur de la députation, M. de La Goutte, avocat, dont la voix tremblait, ceux qui sont retenus dans les cachots ténébreux d'une prison obscure, lorsqu'ils viennent à se présenter à la lumière du soleil, leurs yeux, tout éblouis de l'éclat de ses rayons, à peine en peuvent supporter la clarté. De même, Sire, privés que nous avons été depuis un si long temps de l'honneur de vos grâces et faveurs accoutumées, nos faces toutes confuses de honte au seul souvenir de l'énormité des fautes que nous avons commises contre Votre Majesté, nous n'aurions point la hardiesse de comparaître en sa présence... » Et l'avocat célèbre la bonté du Roi, rappelle que La Rochelle autrefois servit de « retraite et demeure » au feu roi Henri le Grand.

Lorsque M. de La Goutte eut demandé pardon, promis de vivre et de mourir dans l'obéissance, et que la ville, en la personne de son représentant, se fut humiliée devant son souverain seigneur, Louis le Juste répondit brièvement : « Je prie Dieu que ce soit de cœur que vous me portiez honneur, et que ce ne soit pas la nécessité où vous êtes réduits qui vous fasse tenir ces paroles. Je sais bien que vous avez toujours été malicieux et pleins d'artifices, et que vous avez fait tout ce qui vous a été possible pour secouer le joug de mon obéissance. Je vous pardonne vos rébellions. Si vous m'êtes bons et fidèles sujets, je vous serai bon prince, et si vos actions sont conformes aux protestations que vous me faites, je vous tiendrai ce que je vous ai promis. »

Les pardons de Louis XIII n'avaient pas l'irrésistible cordialité, à la fois chaude et spirituelle, de ceux de Henri IV.

Les Rochelais écoutèrent M. d'Herbault lire les articles qu'ils avaient signés la veille. Le Roi refusa les demandes qu'avait refusées le cardinal. Ils acceptèrent de grand cœur le dîner que le Roi leur fit servir et rentrèrent à La Rochelle « très contents », affirme le *Mercure*. Et d'abord ce dîner n'était pas celui d'un méchant homme. Et puis ils allaient manger tous les jours.

La Toussaint du cardinal.

Au bout d'une longue rue venant du port de La Rochelle et traversant la ville du sud au nord, à quelques pas du bastion des Garennes, le couvent des Oratoriens avait ouvert ses portes. L'église, dédiée à sainte Marguerite et transformée par les réformés en magasin, avait été « réconciliée » par l'archevêque de Bordeaux le matin même. Il était neuf heures et demie. Richelieu achevait d'y célébrer la messe de la Toussaint. Logés comme lui dans le couvent, qu'agrémentaient un jardin et la campagne toute proche, les principaux personnages de la Cour avaient assisté à la messe de la victoire : le garde des Sceaux et le maréchal de Schomberg avaient communié de ses mains.

Le cardinal était entré dans La Rochelle l'avant-veille (30 octobre 1628), vers trois heures de l'après-midi, avec le nonce du Pape et une suite nombreuse. Il s'était fait précéder d'un convoi de chariots remplis de vivres. Dès huit heures du matin, les gens de guerre étaient sortis de la ville : soixante-quatorze Français et soixante-deux Anglais, misérable reste d'une garnison morte de faim ; les chefs et les gentilshommes avaient gardé leurs épées, les autres avaient remplacé leurs armes par des bâtons blancs. Ils allèrent, les Français où bon leur sembla, les Britanniques à bord de leurs vaisseaux, où le cardinal les fit conduire. Guiton était venu à sa rencontre à la tête de six archers. Richelieu lui « fit commandement » de « congédier ses archers » et de ne plus se qualifier de maire sur peine de la vie.

Il garda longtemps devant les yeux l'horreur de la vision que nous ont conservée ses *Mémoires;* « la ville toute pleine de morts, dans les chambres, dans les maisons, dans les rues » ; les cadavres demeurant sur place faute de vivants pour les porter au cimetière, « sans que l'infection en fût grande, pour ce qu'ils étaient si atténués de jeûnes, qu'ils achevaient plutôt de s'y dessécher qu'ils ne pourrissaient » ; la population criant sans cesse : *Vive le Roi!* des gens de toute condition demandant du pain, se précipitant sur celui que les soldats portaient en bandoulière, les remerciant avec larmes de le leur abandonner. Le 31 octobre, cette première faim assouvie, on voyait peu de Rochelais dans les rues : il leur avait été recommandé de rester chez eux, de peur de lasser les troupes et d'être insultés par elles. Aux fenêtres, de véritables spectres, hommes et femmes, dont plus de cent devaient mourir le soir même, pour avoir mangé avec trop d'avidité, regardaient l'armée et la Cour affluer dans La Rochelle, qui se « peuplait, nous dit le *Mercure*, comme un autre Paris ».

La Rochelle, en cette fête de la Toussaint 1628, s'était parée pour recevoir le Roi, qui n'avait pas voulu encore en franchir les portes.

Le cardinal sortit de la ville quelques heures après sa messe, pour aller à la rencontre du Roi. Louis XIII arrivait de Laleu. Contournant les remparts à cheval, il se dirigeait vers la porte de Cogne, au nord-est de La Rochelle. Lorsque les quatre compagnies des gardes, les deux de Suisses, les chevau-légers, les mousquetaires et les gardes du corps furent entrés dans la ville, que le comte d'Alet, le comte de Croisy (1), le marquis de Nesle (2), toute la cavalcade des courtisans eut fait résonner les planches du pont-levis, que le duc d'Angoulême eût passé

---

(1) Odet d'Harcourt, comte de Croisy, mestre de camp d'un régiment d'infanterie.
(2) René aux Espaules, marquis de Nesle.

ayant à sa droite et à sa gauche les maréchaux de Schomberg et de Bassompierre, le cardinal entra à son tour. Il s'avançait à cheval devant le Roi, qui avait revêtu l'armure fleurdelysée d'or et, par-dessus l'armure, un manteau de cérémonie fermé sur le devant et fendu sur les côtés, un balandran rouge assorti à la pourpre du cardinal. Trois cents Rochelais se pressaient au bord du fossé, le front dans la boue, chantant les laudes du prince qui les avait vaincus : « Vive le Roi qui nous a fait miséricorde! criaient les prosternés. Ce n'est pas ce qu'on nous avait dit, qu'il nous ferait tous mourir, mais, au lieu de ça, il nous salue. » Louis XIII saluait, en effet, avec une bonne grâce qui redoublait l'enthousiasme. Il était pour eux « le bon ange qui les était venu retirer du profond abîme et d'entre les bras de la mort ». Une longue clameur de *Vive le Roi!* accompagnait la foule des gentilshommes qui fermaient le cortège. Dans les rues, le corps de justice à genoux, des groupes de femmes aux visages « secs et arides ». Louis XIII, plein de compassion, faisait distribuer du pain à ces malheureuses : « Le Roi, disaient les femmes, commande qu'on donne du pain à ceux qui ont mérité qu'on les fasse passer par le fil de l'épée. »

Arrivé au couvent des Oratoriens, le Roi était entré dans l'église Sainte-Marguerite, où, mitre en tête et crosse en main, M. de Sourdis, archevêque de Bordeaux (1), l'attendait, environné de son clergé et d'une foule de religieux. Le cardinal est dans le chœur, devant le maître-autel, un peu au-dessous du Roi : *Te Deum laudamus*, entonne l'archevêque, *Te Dominum confitemur*, continue le Roi, qui chante jusqu'au dernier verset le cantique triomphal. Les derniers échos de l'orgue se sont tus ; l'archevêque a donné sa bénédiction ; un Jésuite, le fameux Père Suffren, confesseur du Roi, monte en chaire : « Sire, commence-t-il, le pèlerin qui a dessein de faire un long voyage, il y pense souvente fois, puis l'entreprend et finalement il persévère jusqu'à ce qu'il en soit venu au bout et au

---

(1) Henri d'Escoubleau de Sourdis, évêque de Maillezais, qui venait de succéder sur le siège de Bordeaux à son frère, le cardinal, mort depuis peu.

terme. » Et voilà le Père embarqué dans une comparaison entre le pèlerinage des saints sur la terre, leur persévérance, leur victoire finale et la persévérance, la victoire du Roi : « C'est ainsi qu'a fait Votre Majesté en l'acquisition de cette ville, qui a la gloire de vous posséder à présent. Vous y avez pensé plusieurs fois et repensé, ce qui a dérobé plus d'une fois le sommeil de vos yeux. Mais après avoir mûrement et royalement considéré les obstacles qui s'y rencontreraient, l'avez hardiment entreprise, méprisé toutes les difficultés, puis votre persévérance, tant de jours et de nuits redoublée, vous l'a mise entre les mains. »

Le cardinal était peu sensible à l'éloquence du Jésuite. Il détournait son regard et semblait méditer (1) : « On eût pu accourcir le temps de la prise de cette ville, pensait Richelieu, si on leur eût coupé leurs eaux, ce qui était aisé ; si on eût fait un dégât fort exact des blés, légumes et verjus que les assiégés recueillirent sur le bord de leur contrescarpe, ce qui pouvait être empêché et fit subsister deux mois cette malheureuse ville. » Pourquoi n'avoir pas mis à mort dès le début du siège tous les Rochelais qui passaient les lignes? Ceux qui souffraient trop dans la place, n'ayant plus d'espoir que dans une prompte reddition, auraient poussé le gros de la population à se rendre. Pourquoi, dès le mois d'avril, au retour du Roi, n'avoir pas attaqué La Rochelle de vive force? Ses habitants, non accoutumés aux fatigues de la guerre, n'eussent pas été capables de la défendre. Et le cardinal s'essayait à prévoir les objections de la postérité : « On s'étonnera peut-être, qu'ayant le crédit que j'avais auprès du Roi, puisque ces choses pouvaient avancer le siège, je ne les aie proposées et fait résoudre. A quoi il n'y a rien à répondre, sinon qu'il est fâcheux, en un conseil, d'emporter par autorité ce qu'on devrait céder à la raison, et se rendre garant d'un événement au mauvais succès duquel tout le monde contribue d'autant plus volontiers que le conseil a été pris contre leur jugement (2). »

(1) Voir Louis Dedouvres, *L'Éminence grise*, t. I, p. 302-303.
(2) *Mémoires du Cardinal de Richelieu*, t. VIII, p. 207-208.

Deux fautes autrement graves avaient été commises. Le duc d'Angoulême, malgré des ordres réitérés de la Cour, en juillet 1627, n'avait pu empêcher les Rochelais de transporter dans la ville le blé de leurs maisons de campagne et de leurs fermes. Pompéo Targone n'avait pas vu qu'on ne devait pas laisser les rebelles fortifier l'éminence de Tadon, entre Coreille et le port de La Rochelle. Il fallait construire à Tadon un fort qui eût battu en ruine les deux tours du port, écrasé de ses boulets un quartier de la ville, rendu intenable la porte Saint-Nicolas, qui était toute voisine. Ainsi, dans son minutieux examen de conscience, le cardinal frappait surtout la poitrine des autres.

Cependant le Père Suffren continuait : « Sire, que Votre Majesté reconnaisse que sa victoire vient de Dieu et non de vos armes ni de votre conseil (1)... » Le cardinal lève la tête à ces mots ; des regards s'échangent avec Louis XIII, assis dans le chœur un peu au-dessus de son ministre. A quelques jours de là, parut une ordonnance où le Roi, tout en se montrant humblement reconnaissant « du secours si efficace de la faveur divine », déclarait qu'il avait pris La Rochelle, grâce « au conseil, singulière prudence, vigilance et laborieux service de son très cher et bien-aimé cousin, le cardinal de Richelieu (2) ».

C'est cette même ordonnance qui, autorisant à La Rochelle le culte protestant, mais rétablissant le culte catholique, mettait à la disposition du clergé le temple de la place du Château. Le Pape allait ériger la ville en évêché, le temple en cathédrale. Le Père Joseph, malgré les instances du Roi et du cardinal, refusa d'en être l'évêque. Il ne se laissa point tenter par le chapeau, qui devait suivre de près la mitre (3). Le temple, bâti en 1603, périt par le feu en 1687. Sur ses ruines s'élève la cathédrale construite en 1740, agrandie en 1856.

Le roi de France remettait tous les ecclésiastiques en pos-

---

(1) *Mercure françois*, t. XIV, p. 712-713.
(2) *Ibidem*, p. 721.
(3) Louis Dedouvres, *L'Éminence grise*, t. I, p. 320.

session de leurs biens. Il installait un intendant « chargé de la justice, police et finances ». On démolissait les fortifications, sauf les tours Saint-Nicolas, de la Chaîne, et de la Lanterne, qui, élevées du côté de la mer, pouvaient servir à défendre la ville contre une flotte étrangère. Puissantes fortifications en briques de Hollande, dont Louis XIII, les jours précédents, avait fait le tour à cheval et qu'il avait longuement observées de son œil de connaisseur. Richelieu, qui les admirait aussi, laisse percer comme un regret dans la relation qu'il avait rédigée pour les diverses cours de l'Europe : « Sa Majesté, dit-il, a résolu, pour le bien et le repos de son État, et pour le châtiment de cette ville, rebelle depuis tant d'années, de faire ruiner et abattre toutes ses superbes fortifications et de la laisser sans murailles, comme aussi de lui ôter ses privilèges, qui étaient plus grands que d'aucune autre ville du Royaume (1). »

Le fort Saint-Martin-de-Ré ne fut pas mieux traité que La Rochelle. Il était imprenable, il fut démoli. Richelieu ne voulait pas qu'un jour le gouverneur d'une pareille citadelle, comme plus tard Fouquet à Belle-Ile, méditât quelque vertigineux *Quo non ascendam?* Et, précisément, il regardait d'un œil à demi soupçonneux M. de Toiras, le gouverneur qui avait si bien défendu l'île, mais qui lui paraissait avoir tiré de son succès trop d'orgueil. Le cardinal fit passer sous les yeux du Roi cette phrase qui semblait une accusation : « On peut remarquer par les divers discours du sieur de Toiras, qui sont autres qu'un homme de sa condition, de sa portée et d'une ambition supportable ne doit tenir, qu'il a quelque dessein particulier de s'élever, par le moyen de cette place, à une fortune démesurée, contre le gré même non seulement de toutes personnes subalternes, mais de la souveraine puissance (2). »

On était au 16 novembre 1628. Le 4, Guiton, ainsi qu'une quinzaine de bourgeois, avait été banni de La Rochelle pour six mois. Quelques années encore et, lorsque Sourdis, archevêque de Bordeaux, livrera bataille aux Espagnols à Fontarabie, l'un

(1) Avenel, *Lettres du Cardinal de Richelieu*, t. III, p. 143.
(2) *Ibid.*, t. III, p. 157, note 2.

de ses meilleurs lieutenants sera Jean Guiton, « capitaine entretenu pour le service du Roi ». Quelques années encore et l'ancien maire, l'adversaire implacable de Richelieu, mourra, le 15 mars 1654, seigneur de Repose-Pucelle (1).

Le 3, la procession du Saint-Sacrement, suivie par la Cour, le cardinal et le Roi, s'était déroulée à travers les rues et places de la cité protestante ; le 2, la douairière de Rohan et sa fille, qui n'avaient pas été comprises dans la capitulation, étaient montées en carrosse et un lieutenant des gardes, à la tête de cinquante chevau-légers, les avait escortées jusqu'au château de Niort, où elles demeurèrent enfermées plusieurs mois (2).

Montagu, ce 2 novembre, revenait d'Angleterre, gardant toujours l'espoir de traiter en faveur de La Rochelle. Il avait trouvé Richelieu installé dans la place : il n'avait plus qu'à regagner son pays.

La flotte britannique entendit le fracas des mines qui disloquaient le fort de Tadon et jetaient bas les murailles de la ville qu'elle était venue secourir. Elle appareilla le 10, amoindrie de vingt-deux navires, vaisseaux échoués ou brûlots consumés. Ironie du sort, elle disparaissait au moment où l'océan furieux ouvrait, dans la digue qu'elle n'avait pu entamer, une large brèche.

Le Roi et le cardinal s'éloignèrent à leur tour : le 17 Louis XIII, Richelieu le 19.

L'Europe n'avait pas prévu cet échec de l'Angleterre. Le marquis de La Force, fils aîné du maréchal de La Force, protestant comme son père et protestant royaliste, que Louis XIII avait autorisé à servir dans l'armée du prince d'Orange, écrivait de la cour de Hollande à sa femme demeurée en France : « Je crois que la prise de La Rochelle aura étonné force gens qui ne la croyaient pas ; pour vous, vous l'avez toujours crue et M. le Maréchal aussi, et ne vous êtes point trompée en ce que vous disiez que les Anglais ne feraient rien qui vaille (3). »

Urbain VIII, plus qu'aucun autre prince de l'Europe, se réjouit

---

(1) Voir F. de Vaux de Foletier, *le Siège de La Rochelle*, p. 295.
(2) Père Griffet, *Histoire du Règne de Louis XIII*, t. I, p. 621.
(3) *Mémoires du Duc de La Force*, t. III, p. 298.

de la prise de La Rochelle. Richelieu, lorsqu'il avait « fait la paix avec les huguenots », le 5 février 1626, s'était « mis en mauvaise réputation » à la cour romaine. Mais, « ce faisant », il savait « qu'il avait moyen d'attendre plus commodément le temps de réduire ces hérétiques aux termes où tous sujets doivent être en un État, c'est-à-dire de ne pouvoir faire aucun corps séparé et dépendre des volontés de leur souverain (1) ». Et il avait prédit au cardinal Spada, alors nonce à Paris : « On me condamne maintenant à Rome comme un hérétique et bientôt on m'y canonisera comme un saint (2). »

Cependant il parlait, écrivait, répondait aux félicitations innombrables.

Il disait au Roi : « Par la prise de La Rochelle, Votre Majesté a mis fin à la plus glorieuse entreprise pour vous et plus utile pour votre État que vous ferez de votre vie. »

Il disait à MM. de la Ville de Paris : « Outre l'intérêt général que toute la chrétienté et la France ont à la prise de La Rochelle, j'estime que Paris y en a un particulier. Tous les étrangers remarquaient en ce Royaume deux choses dignes d'étonnement : Paris pour la grandeur et La Rochelle pour sa force et sa rébellion. Maintenant que cette malheureuse ville est prise et en état d'être bientôt rasée, Paris seul demeure en France digne de l'admiration d'un chacun comme la huitième merveille du monde. »

Il disait à MM. de la Cour des Aides : « Si la joie que vous avez de la prise de La Rochelle est grande, le fruit que toute la France en recevra ne sera pas moindre. Le Roi s'est attaché à ce dessein d'autant plus volontiers que, s'il n'en fût venu à bout, il n'eût jamais pu vous procurer un parfait repos, comme il le désire. Sa Majesté a beaucoup fait, mais elle ne veut pas demeurer là, elle est résolue d'arracher le reste des racines qui pourraient à l'avenir produire de nouvelles rébellions en son État. J'y contribuerai, si peu que j'y pourrai, et rechercherai les occasions de vous servir. »

(1) *Mémoires du Cardinal de Richelieu*, t. V, p. 229.
(2) *Mémoires de Fontenay-Mareuil*, p. 174.

Ce qu'il ne disait pas, c'est qu'avant d'entamer sa vaste lutte contre la maison d'Autriche, il lui restait à vaincre un ennemi implacable à la Cour même. Cet ennemi, l'ultime espoir de ce parti dévot qui l'avait aidé à prendre La Rochelle, c'était sa dame et Reine, Marie de Médicis, qui, après l'avoir porté au pouvoir, ne pouvait réprimer sa fureur de le voir triompher. Les catholiques avaient été « assez fous pour prendre La Rochelle ».

LIVRE TROISIÈME

LA JOURNÉE DES DUPES

LE PAS DE SUSE
d'après : *Les Triomphes de Louis le Juste*, par Charles de Beys.

LIVRE TROISIÈME

LA JOURNÉE DES DUPES

CHAPITRE PREMIER

LE PAS DE SUSE

Le 3 janvier 1629, Louis XIII descendait de carrosse à la porte de la maison que M. de Castille, beau-frère de l'infortuné Chalais, possédait à Chaillot. Cette maison de campagne, bâtie par Catherine de Médicis, couronnait la colline au pied de laquelle la Seine s'incurve avec tant de mollesse. En amont sur la rive droite, les hôtes de l'ancien contrôleur des finances distinguaient, quand la journée était claire, les Tuileries, la porte Neuve, et par delà les galeries du Louvre parées de toutes les grâces de la Renaissance, les tours pointues couvertes de tuiles qui, du côté de l'ouest, du nord et de l'est, conservaient au vieux palais de nos Rois son air morose de château féodal. Richelieu se reposait (1) alors dans ce délicieux logis, dont les terrasses étagées, — remplacées de nos jours par les jardins du Trocadéro, — descendaient jusqu'au bord de la rivière. Bassompierre était à cette heure avec lui.

Le cardinal se reprochait d'avoir offert à Monsieur le commandement de l'armée qui se préparait à délivrer Casal. Mais comment faire? Monsieur voulait épouser Marie de Gonzague, fille du duc de Nevers, depuis peu duc de Mantoue. La Reine mère eût préféré pour Gaston une des deux Médicis, filles du

(1) *Mémoires du Maréchal de Bassompierre*, t. IV, p. 2.

grand-duc de Florence. Or l'aînée, fiancée au duc de Parme, était seule jolie, et Gaston ne voulait pas entendre parler de l'autre. La Reine mère ressassait en son esprit un mot du duc de Nevers : ce prince, dont elle avait parlé avec beaucoup de mépris, avait dit qu'il « savait le respect qu'il devait à la mère de son Roi, mais que, hors de là, personne n'ignorait que ceux de Gonzague étaient princes avant que les Médicis fussent gentilshommes ». Richelieu, pour des raisons politiques, était opposé au mariage Nevers. Louis XII, ainsi conseillé, avait prié son frère de renoncer à sa princesse. Gaston avait répondu que, si on lui donnait le commandement de l'armée d'Italie et cinquante mille écus pour son équipage, c'était une affaire faite et que même Marie de Gonzague quitterait la France, quinze jours après son propre départ. Le Roi avait accepté le marché: mais le cardinal, qui connaissait Monsieur, était d'avis maintenant que le commandement présentait plus d'inconvénients que les épousailles.

C'est pour en délibérer qu'avait lieu la rencontre de Chaillot. Probablement suggérée, une pensée obsédait l'esprit de Louis XIII : son frère n'allait-il pas conquérir à la tête de l'armée une gloire qui ravalerait la sienne? La jalousie l'a empêché de dormir et il accourt. Le cardinal écoute avec respect les doléances de Louis XIII, mais, observateur aux regards duquel rien n'échappe, il songe à part soi : « Cette grande jalousie du Roi n'a-t-elle pas été émue par cette chasse où les chiens de Monsieur donnèrent mieux que les siens et parurent si excellents qu'après que la meute de Sa Majesté eut un jour failli un cerf dans la forêt de Saint-Germain, les autres y en prirent un le lendemain nonobstant tout l'art qu'on pût y apporter pour le faire faillir, ce qui se pratique d'ordinaire entre chasseurs. » Or, voici que ce Roi, incertain en tant de choses, parle en maître : « il ne saurait souffrir que Monsieur commandât son armée delà les monts; il entend que le cardinal fasse en sorte que cet emploi se rompe. Richelieu répond froidement « qu'il ne sait » pour le Roi qu'un « seul moyen de le rompre », prendre le commandement lui-même et « partir dans huit jours au plus tard ».

Se retournant vers Bassompierre, qui s'était retiré discrètement au bout de la chambre, le Roi s'écrie : « Voici qui viendra avec moi et m'y servira bien — Où? demande le maréchal — En Italie, où je m'en vas dans huit jours, reprend le Roi, faire lever le siège de Casal. Apprêtez-vous pour partir et m'y servir de lieutenant général sous mon frère (s'il y veut venir) : je prendrai avec moi le maréchal de Créqui, qui connaît ce pays-là et j'espère que nous ferons parler de nous (1). »

La résolution prise, Louis XIII rentre au Louvre pour en faire part aux deux Reines et à Monsieur. Le cardinal ne se sent pas de joie. La délivrance de Casal était devenue sa grande affaire depuis la prise de La Rochelle, il ne pensait plus à autre chose.

Le dernier duc de Mantoue, Vincent de Gonzague, mort en décembre 1627, avait choisi comme successeur le cousin établi en France, Charles de Gonzague, duc de Nevers (le père de la jeune fille qu'aimait le duc d'Orléans). Le Gonzague français avait donc pris possession du bel héritage italien, et, comme le Mantouan et le Montferrat étaient des fiefs de l'Empire, il avait envoyé l'évêque de Mantoue prêter en son nom hommage à l'Empereur. L'Empereur n'était pas contraire : ce Nevers qui n'avait pas craint d'aller en Hongrie se battre contre les Turcs et recevoir des blessures au service de Sa Majesté Très Sacrée, lui était sympathique : homme bizarre, il est vrai; mais on pourrait exploiter sa marotte de la guerre contre les Turcs. Cependant d'autres princes prétendaient à l'héritage, la duchesse douairière de Lorraine, Marguerite de Gonzague, sœur aînée des trois derniers ducs de Mantoue, François II, Ferdinand et Vincent II; un cousin de ceux-ci Fernand de Gonzague, duc de Guastalla; enfin le duc de Savoie, Charles-Emmanuel. Le Savoyard assurait que le Montferrat, comme fief féminin, devait revenir à sa petite-fille Marguerite, dont le père était le duc de Mantoue François, frère aîné du duc Vincent.

Dès le mois de janvier 1628, Charles-Emmanuel, toujours prompt « à changer de roupille », s'était tourné vers l'Espagne

---

(1) *Mémoires du Maréchal de Bassompierre*, t. IV, p. 2.

et lui avait proposé de lier leurs intérêts par le partage du Montferrat. Alléché, Philippe IV s'adresse à l'Empereur et lui fait observer que si Philippe III a renoncé à ses prétentions sur la Bohême, la Hongrie et l'Autriche, c'est à condition d'obtenir, le cas échéant, tous les fiefs de l'Empire en Italie. Richelieu sentait bien que l'union de la Savoie et de l'Espagne n'était pas peu de chose et il avait conseillé au duc de Nevers de se dégager du côté du duc de Savoie moyennant douze mille livres de rente en terres souveraines. Il avait même fait luire aux yeux de Charles-Emmanuel la couronne royale, sans parler de quelques avantages territoriaux dans la région contestée. En un mot, il n'avait rien épargné pour empêcher cette redoutable combinaison. Peine perdue. A la fin de l'hiver 1628, Albe et Turin avaient été prises par le duc de Savoie, Moncalvo par le prince de Piémont, fils du duc de Savoie, et Casal enfin, que défendaient quatre mille soldats du nouveau duc de Mantoue et quelques gentilshommes français, se trouvait assiégée par le gouverneur espagnol du Milanais, Gonzalès de Cordova (1). Le comte de Guiche avait capitulé dans Nice-de-la-Paille et les troupes que Richelieu avait autorisé Charles de Gonzague à lever en France, s'étaient, faute de munitions, dispersées à leur entrée en Italie.

Tous ces événements s'étaient déroulés tandis que les armées françaises étaient retenues devant La Rochelle. Mais maintenant on avait les mains libres. « La défense de Casal, disent les *Mémoires*, non seulement reprenait courage, mais ne sentait plus rien de tous ses maux, trouvant abondamment en cette seule nouvelle tout ce dont elle avait besoin (2). » Le cardinal ne « craignait plus que, par la ville protestante, comme par l'ouverture funeste d'un autre cheval de Troie, on pût faire entrer dans le Royaume des armées ennemies, pour y mettre le feu et y entretenir un long embrasement; il ne faisait point de doute que le parti huguenot ne fût ruiné, puisque la communication avec

---

(1) Don Gonzalès de Cordova, duc de Soma et de Sessa.
(2) *Mémoires du Cardinal de Richelieu*, t. VIII, p. 210.

l'étranger lui était ôtée et qu'il ne pouvait plus tirer de nourriture et de soutien de dehors (1) ».

Assuré de sa force, il n'hésitait plus à mettre en scène le Roi lui-même : « si le Roi ne perdait point de temps, il donnerait la paix à l'Italie au mois de mai et en plus revenant avec son armée par le Languedoc, il donnerait la paix à la France au mois de juillet et rentrerait victorieux à Paris au mois d'août (2) ».

Le fils de Henri IV, brave comme son père, était séduit par ce beau rôle : il avait parfaitement compris qu'il s'agissait de la grandeur de sa Couronne. Mais une opposition violente jouait à fond contre les desseins hardis et la faveur de Richelieu. Laissons le ministre s'en expliquer lui-même : « Ces gens, écrit-il, haïssaient le cardinal, premièrement pour ce qu'il était aimé de son maître et que c'est chose ordinaire dans les cours des rois que, là où est l'amour et la confiance du prince, là soit aussi la haine des courtisans, en cela semblables aux démons qui accourent et essaient de s'insinuer par leur malignité en l'âme en laquelle ils voient que Dieu habite par sa grâce. Ils le haïssaient par envie, qu'ils portaient à sa gloire, d'avoir si sagement prévu, si courageusement persévéré, si heureusement réussi en ses conseils contre leur intention et leur désir. » Ils abhorraient en lui le ministre qui établissait et affermissait l'autorité souveraine et les contraignait eux, la famille royale, la Cour et les grands, forts de la faiblesse de l'État, à servir au rang qui leur était assigné.

« Voilà le principal sujet pour lequel ils pestaient et forcenaient contre le cardinal (3) » et, du même coup, on comprend tous les dessous de l'entretien de Chaillot. Richelieu se taisait comme les grands politiques savent se taire, mais il voyait d'autres conséquences plus lointaines. Les protestants une fois abattus comme parti d'État, l'heure allait sonner où l'on mesurerait le danger de cette formidable combinaison Autriche-Espagne qui écrasait l'Europe et le cardinal découvrait dans la péninsule

---

(1) *Mémoires du Cardinal de Richelieu*, t. VIII, p. 211.
(2) Avenel, *Lettres du Cardinal de Richelieu*, t. III, p. 150-152, décembre 1628.
(3) *Mémoires du Cardinal de Richelieu*, t. VIII, p. 211-235.

italienne le talon d'Achille où l'on pourrait atteindre mortellement ce grand corps qui se croyait invulnérable (1).

Cette éternelle affaire de la Valteline, qui avait contrecarré ses premiers desseins, était toujours présente à son esprit. Or Mantoue, Montferrat réveillaient en lui le même souci, les mêmes calculs, les mêmes espoirs. La volte-face de la Savoie aggravait le danger, si elle devenait définitive et si l'on ne donnait à l'astucieux Allobroge un sévère coup de caveçon.

Fallait-il aller jusqu'à la guerre et pourrait-on retirer à temps le doigt de l'engrenage? telle était la question qui hantait ses nuits. Mais il sentait aussi qu'il n'y avait aucun avantage à tergiverser. *Principiis obsta!* C'est la grande loi de la politique. Que fallait-il cependant pour agir à coup de prestige et intimider l'adversaire? Il fallait, autour de la majesté du Roi, l'union de tous les Français. Donc toujours la même pierre d'achoppement : la Cour, les partis, les coteries, en un mot la cabale des deux Reines.

Le parti protestant avait succombé, mais la querelle confessionnelle n'était pas close; le parti dévot, après le succès de La Rochelle, entendait pousser à bout sa victoire, se saisir du pouvoir, en revenir à la politique de l'alliance espagnole : pour but le refoulement des puissances protestantes du nord et pour moyen l'unité catholique en Europe avec prédominance assurée à la maison d'Espagne.

On en revenait toujours à la politique de la Régence lors de la conclusion des « mariages espagnols ». Marie de Médicis avait suivi d'instinct jadis cette politique qu'exaltait encore son entourage; et quel appui lui apportait la présence au Louvre d'une reine espagnole! Celle-ci, jeune femme timide, mais passionnée et tenace, comme l'avenir devait le montrer, restait bien renfermée dans l'étroite surveillance où la tenait l'impuissance jalouse du jeune Roi; mais entourée d'un personnel gagné d'avance à la cause, la Reine à qui la couche royale ne ménageait pas les pénibles attentes, se maintenait dans une ligne

---

(1) Avenel, *Lettres du Cardinal de Richelieu*, t. III, *in fine*.

d'opposition muette favorable aux impétueuses revendications de la Florentine.

Autour de ce noyau féminin, la famille royale dissidente : à sa tête, cet écervelé Monsieur et cet ambitieux Condé, que son intérêt du moment retenait dans une apparence de fidélité. Puis les derniers Ligueurs, les Guise, les Épernon, les Bellegarde, les Bassompierre, les Lorrains et leurs alliés, les grands, la haute noblesse; puis les favoris d'intrigue, les séides, les gens de main, impatients du repos; puis les parlementaires, toujours en goût de critique ou d'opposition, les financiers inquiets pour leurs profits, les privilégiés enragés de leurs privilèges, les défenseurs, attitrés ou non, du « pauvre peuple »; en tout et surtout ce grand parti « catholique », frais émoulu de la Ligue et que les sentiments les plus généreux ralliaient autour de l'unité religieuse européenne, avec comme ultime but, le refoulement des Turcs et la délivrance des Lieux Saints.

Le secours de Casal, tout tournait donc autour de ce pivot. Et voilà que le Roi s'y portait de lui-même ! Quel pas accompli et quel triomphe au lendemain de la prise de La Rochelle !

Ayant saisi au vol cette première adhésion du Roi, le cardinal ne songeait plus qu'à la faire confirmer par le Roi lui-même en présence de la Reine mère. Un entretien fut convenu, auquel assisteraient seuls, auprès de Louis XIII et de Richelieu, Marie de Médicis et le Père Suffren, confesseur de Sa Majesté. Dans cet entretien, Richelieu entendait parler à la fois en prêtre et en ministre d'État. Ayant pris son parti de secourir Casal, quels que fussent les sentiments de l'Espagne, il dressa un long mémoire, une sorte d'examen de conscience, qu'il devait soumettre au royal pénitent et dont les en-têtes de chapitres, écrits de la main des secrétaires ou de celle de Richelieu, sont conservés aux archives du ministère des Affaires étrangères (1). Promptitude, soupçons, jalousie, aversions, impressions, changements, oubli des services, facilité à blâmer ceux qui servent, inexécution des lois, libéralité, mauvaise honte, mépris des

(1) Avenel, *Lettres du Cardinal de Richelieu*, t. III, p. 179-213.

affaires : tels étaient les sujets sur lesquels on allait attirer l'attention du Roi. En cherchant à éclairer sur l'état de leur conscience Louis XIII et Marie de Médicis, le cardinal cherchait surtout à les gagner définitivement à sa politique.

L'examen de conscience du Roi.

13 janvier 1629, l'audience prévue pour l'avant-veille du jour où le Roi va prendre la route de l'Italie. Rien n'est plus facile à percer que le jeu du cardinal ; il risque le tout pour le tout. Après avoir exposé les projets qu'il médite, les raisons qu'il a de s'inquiéter ou de se plaindre, les oppositions qu'il rencontre chez le Roi, dans la famille royale, chez les grands, il mettra le Roi en quelque sorte au pied du mur. Il lui demandera devant la Reine et devant le confesseur, plus tremblant encore que suspect, de se prononcer une bonne fois et de lui accorder avant de partir un appui et un engagement contre l'intrigue. Il veut être garanti même contre les défauts du Roi, l'hésitation, la jalousie, la suspicion, mais avant tout contre les coups fourrés, les coalitions et les menées de toute nature qui le menacent; sinon, il cède la place, quitte la Cour, laisse le gouvernement. Un autre fera mieux, s'il le peut. Et le cardinal de développer ses projets. D'abord le plus facile et le plus agréable au Roi : achever de détruire la rebellion de l'hérésie, prendre Castres, Nîmes, Montauban et tout le reste des places de Languedoc, Rouergue et Guyenne; raser toutes les places qui ne sont pas frontières, ne tiennent point les passages des rivières ou ne servent point de bride aux grandes villes mutines et fâcheuses; « prendre en main le gouvernement : abaisser et modérer les parlements, qui par une prétendue souveraineté, s'opposent tous les jours au bien du Royaume; faire obéir les grands et les petits : remplir les évêchés de personnes choisies, sages et capables »; « racheter le domaine du Royaume et augmenter son revenu de la moitié, comme il se peut, par moyens innocents ». Ensuite, une première vision des grands desseins, hérités de Henri IV, et qui sans doute ont été l'objet fréquent des conversations intimes

entre le Roi et le ministre : « fortifier la France, lui ouvrir des portes pour entrer dans les États de ses voisins et les garantir des oppressions d'Espagne » ; « se rendre puissant sur la mer, qui donne entrée à tous les États du monde » ; munir Metz, « s'avancer jusqu'à Strasbourg avec beaucoup de temps, grande discrétion et une douce et couverte conduite » ; « mettre Genève en état d'être un des dehors de la France » ; acheter au duc de Longueville la souveraineté de Neuchâtel ; prendre au duc de Savoie le marquisat de Saluces ou l'obtenir moyennant une compensation en Italie ; entretenir trente galères dans la Méditerranée pour être considéré par les princes italiens ; « penser à la Navarre et à la Franche-Comté comme nous appartenant, étant contiguës de la France et faciles à conquérir toutes et quantes fois que nous n'aurons pas autre chose à faire ». Cette esquisse a quelque chose de glorieux, fait pour flatter le Roi et l'attacher au ministre, seul capable de s'élever si haut et de donner au règne le cachet de la grandeur.

Mais pour atteindre à ce sommet, il faut vouloir et persévérer. Alors commence l'examen des difficultés et des obstacles qui peuvent contrecarrer cette politique aux longs détours. Elle demande avant tout volonté, persévérance, fidélité, union. Le Roi est mis en face de lui-même. Le prêtre, le cardinal lui épargne la peine d'un examen de conscience, qu'il fait pour lui, devant lui, devant les assistants, tout haut : le Roi est soupçonneux ; il est jaloux : « comme si le soleil pouvait être jaloux des astres qui lui doivent leur lumière » ; le Roi n'a pas d'héritier, prend en haine un successeur qui lui marche sur les talons. Quel danger pour le cardinal! car, sous un prince jaloux « on court plus de fortune de se perdre pour trop bien faire que pour ne pas faire ce à quoi on est obligé ». Le Roi prête l'oreille aux propos de Cour, aux calomnies contre ses meilleurs serviteurs. « Les diverses impressions pourraient même faire craindre que Sa Majesté se pût dégoûter aisément de ceux qui la servent le mieux, ce qu'elle doit éviter avec soin. » Non sans amertume, Richelieu ajoute : « Comme aussi s'étudier à faire perdre l'opinion, que beaucoup ont, qu'un service rendu à Sa Majesté est tellement perdu en sa mémoire, qu'elle ne s'en souvient plus trois jours après, attendu qu'il y a peu de gens qui veulent travailler la plus grande partie de leur vie, pour qu'on leur en sache gré si peu de temps. » Le Roi « ne s'applique pas volontiers aux affaires, on ne peut rien entreprendre en sa présence, puisqu'il faut répondre des mauvais événements, comme si on était coupable ».

Il est d'autres défauts encore, où « Sa Majesté s'empêchera, s'il lui plaît, de tomber » : péché, l'inexécution des lois ; péché, l'impunité des factieux ; faute des plus impolitiques, le manque de libéralité envers les grands serviteurs de l'État. Ici le cardinal met prudemment ses critiques dans la bouche du feu connétable : « M. de Luynes a souvent dit qu'il avait remarqué que le Roi, de son inclination naturelle, se portait plus volontiers aux sévérités qu'aux grâces. Pour moi je n'ai jamais fait cette remarque, mais le mal est que beaucoup ont cette croyance. » Et Richelieu laisse échapper cette maxime inattendue sur les lèvres de ce fameux coupeur de têtes : « Les rois doivent être sévères et exacts à faire punir ceux qui troublent la police et violent les lois de leurs royaumes, mais il ne faut pas y prendre plaisir. » Le Roi est mis en garde contre une certaine bonté exploitée par les entourages. Le Roi enfin devra faire en sorte que l'on sache bien que les décisions viennent de lui, qu'il connaît ses affaires et qu'il suit avec résolution et affection celles qui sont sur le tapis (1).

Après un retour sur lui-même où il fait l'aveu de ses propres faiblesses, le cardinal en vient au point le plus délicat : l'attitude de la Reine mère. Il connaît à fond Marie de Médicis et ne craint pas de lui parler avec la même franchise dont il a usé envers le Roi. « Les changements de la Reine, dit-il, viennent de son naturel, à mon avis, qui, de soi-même, est ombrageux et qui, ferme et résolu aux grandes affaires, se blesse aisément pour peu de chose, ce qu'on ne peut éviter, parce qu'il est impossible de prévoir ses désirs ; joint que souvent les considérations d'État requièrent qu'on passe par-dessus la passion des princes. » Rendant Marie de Médicis responsable des imperfections de Louis XIII,

(1) Avenel, *Lettres du Cardinal de Richelieu*, t. III, p. 179-199. — *Avis donné au Roi après la prise de La Rochelle pour le bien de ses affaires*, 1ᵉʳ janvier 1629.

il ajoute : « Les dégoûts du Roi peuvent provenir de diverses causes et du même naturel soupçonneux et ombrageux de la Reine, de qui, par raison naturelle, il doit tenir, et de l'inclination naturelle de Sa Majesté. Il lui ennuie si promptement d'une grande affaire, que « quelque fruit qu'il en puisse recueillir », il « ne peut empêcher qu'il n'en soit dégoûté, avant que d'en être au milieu ». Voici donc la vraie question : le Roi et sa mère ont-ils confiance oui ou non? Les soupçons, les calomnies, les critiques, quel cas en font-ils? Ont-ils pris une résolution ferme de marcher avec lui au but qu'il leur a proposé ou ruineront-ils sans profit et sans raison la force de la confiance et de l'union?

Et le cardinal fait le dernier pas : sa santé, les haines qui l'entourent, celle de Monsieur, qui peut être son maître demain, l'opposition d'une partie de la Cour, la grandeur des tâches qui sont en vue, tout lui commande de laisser à d'autres la charge du gouvernement : « En vérité, toutes ces considérations rendront un autre, quoique de moindre force, égal à moi et peut-être réussira-t-il en ce que, n'étant pas prévenu de ces craintes, il dira librement ses pensées et agira avec plus de hardiesse. » Hardiesse! Le cardinal accentue ce mot. Il a terminé, il s'incline, il attend.

La Reine n'a rien dit. Le Père Suffren n'a rien dit. Les yeux sont tournés vers le Roi. Louis XIII a écouté patiemment le long mémoire longuement pourpensé, les admonestations, les vérités, les interrogations, la mise en demeure finale. Il répond avec une brièveté royale : Ce que le cardinal vient de lui dire, « il est résolu d'en faire son profit; mais il ne veut plus qu'il parle de retraite ». C'est tout. Richelieu se tait. Le voyage de Casal est décidé.

Le voyage du Cardinal.

Dix jours plus tard, Richelieu se trouvait près de Nogent-sur-Seine, au château des Caves, qui appartenait au secrétaire d'État Bouthillier. Le Roi avait quitté Paris le 13 janvier 1629, après avoir, en un lit de justice, donné à la Reine mère le gouvernement des provinces en deçà de la Loire et assisté à l'enregistrement de la compilation de lois et d'ordonnances libellées par le garde des Sceaux Marillac et qui est connu sous le nom de *Code Michau* (1). Richelieu accompagnait le Roi, mais s'était écarté légèrement de sa route pour aller voir Madame Bouthillier.

Sur le point de reprendre son voyage, Richelieu dictait une lettre, qui remerciait Bouthillier, demeuré à Paris, de la « bonne chère que lui avait faite » sa femme. Le terrible justicier parlait avec toutes les grâces d'un courtisan, et, bâtisseur passionné, donnait au maître de la maison des conseils pour l'embellissement de son château : « Je ne puis que je ne vous die que là où vous nous aviez fait passer cette maison jusques ici pour une ferme, elle se peut dire très jolie et très belle maison, n'y restant rien à désirer pour la rendre au point où elle doit être, que d'y faire faire une galerie à la main gauche en entrant, pour répondre à l'aile droite qui joint au corps du logis, à quoi tous ceux qui l'ont vue avec moi vous condamnent. »

Ses loisirs aux Caves n'étaient pas perdus pour la politique. Il lisait le résumé de l'entretien qu'il avait eu avec le prince de Condé, en ces mêmes Caves. Installé dans son gouvernement de Berri, au retour de la campagne où il avait vaincu, mais non écrasé le duc de Rohan, Monsieur le Prince désirait recouvrer entièrement les bonnes grâces du Roi, qu'il n'avait pas vu depuis six ans. Il avait parlé au cardinal de la situation du Dauphiné, du Languedoc et de la Guyenne, où le « Roi n'était pas roi » ? Plus d'une dénonciation agrémentaient ses discours: Richelieu avait fait noter par Charpentier, son secrétaire, celle qui concernait le duc d'Épernon, gouverneur de Guyenne : « Dit que le vieil Cacofin, — c'est ainsi que le cardinal désignait l'ancien mignon de Henri III, — l'a souvent pressé de n'achever pas les affaires contre les huguenots, au contraire d'aller bride en main, pour voir les événements des choses; qu'il lui représentait que c'était son avantage et que, si une fois le Roi prenait La Rochelle, le cardinal lui conseillerait de faire raser toutes les places que tenaient tous les grands et encore des têtes. » Le cardinal avait noté aussi : « Vendôme, liberté quand

(1) Voir étude sur le *Code Michau*, t. IV du présent ouvrage, dans le chapitre *Richelieu législateur*.

le Roi voudra, après son abolition et l'échange de son gouvernement. Le Grand Prieur; méchant pour l'État, pour le Roi et pour tout, peut porter Hébertin (Monsieur) et Saint-Ursin (le comte de Soissons) à toutes extravagances; mérite punition (1). »

Il s'agissait du duc de Vendôme et de son frère le Grand Prieur, arrêtés lors de la conspiration de Chalais, il y avait près de trois ans. Le bonheur du Roi fit que le Grand Prieur mourut d'hydropisie à la Bastille le 8 février 1629. Richelieu n'accepta point les dépouilles du mort : « Le Roi, écrivit-il à M. de Rancé le 15, m'a voulu donner les deux meilleures abbayes de feu M. le Grand Prieur, je les ai refusées, comme vous verrez par la copie des lettres que je vous envoie pour les faire voir à la Reine. Il est bon que l'on sache la bonté du Roi en mon endroit et comme j'en ai usé, ce qui, à mon avis, sera approuvé. »

A la suite de ce refus, Louis XIII avait destiné une partie des abbayes du Grand Prieur au cardinal de Bérulle et ainsi on espérait donner quelque contentement à Marie de Médicis, près de qui Bérulle était alors en faveur. Quant au duc de Vendôme, Louis XIII avait décidé de faire entériner par le Parlement les lettres d'abolition qu'il lui avait envoyées dès 1627, mais les Parlementaires ne s'exécutaient pas, « non pour l'intérêt du Roi et de la justice, disait Richelieu, mais pour celui de leurs prétentions (2) ». Ils cédèrent le 23 mars.

Condé n'obtint pas encore la permission d'aller à Paris. Il fut du moins chargé de tenir les États de Bretagne à la place du duc de Rohan, dont Louis XIII lui avait donné le duché.

Cependant le Roi s'acheminait avec son ministre vers le Piémont. Par la Champagne, Dijon et Chalon-sur-Saône, tous deux gagnaient Grenoble, évitant la route de Lyon, où la peste sévissait. De somptueux décors et des entrées triomphales les attendaient dans les grandes villes : La Rochelle vaincue était figurée à Troyes par une Niobé pleurant ses enfants, à Chalon par un Cerbère foulé aux pieds par Hercule.

Le 1er février, Richelieu couchait à Gilly-les-Citeaux à quatre

(1) Avenel, *Lettres du Cardinal de Richelieu*, t. III, p. 215-219.
(2) *Mémoires du Cardinal de Richelieu*, t. IX, p. 73.

lieues de Dijon, Louis XIII un peu plus loin, à Nuits-Saint-Georges. Le soir même de son arrivée à Gilly, le cardinal reçut de graves nouvelles de Madrid. L'ambassadeur du Roi, M. de Bautru, à la fin de l'automne 1628, alors que La Rochelle était inviolée et Casal en grand danger d'être prise, avait, avec la permission de Richelieu, accepté que cette dernière ville fût confiée aux Espagnols. Et voici qu'au moment où la fortune souriait à nos armes, il envoyait un projet d'accord rédigé par le conseil d'Espagne et contenant des articles plus désavantageux encore pour la France. Le marquis de Mirabel, ambassadeur d'Espagne, publiait hautement à Paris que l'ambassadeur de France avait signé le projet : « Il n'a pu consentir le dépôt d'un château entre les mains de Gonzalès (de Cordova, gouverneur du Milanais), écrivait Richelieu à M. d'Herbault, secrétaire d'État, ni recevoir autre que le Pape pour dépositaire de la citadelle de Casal, s'il n'était en même temps dépositaire de la ville et du château. Il n'a pu consentir les dépôts, si, au même temps, M. de Mantoue n'était investi du duché de Mantoue. Il n'a pu aussi n'établir pas le Pape pour juge définitif et absolu de cette affaire. Je vous avoue que cette nouvelle m'a fait malade jusque-là qu'il m'a fallu saigner cette nuit à une heure ». Et Richelieu commandait d'expédier un courrier à Bautru avec sa lettre.

Bautru, par bonheur, n'avait fait nulle réponse à la note qui troublait si fort le cardinal. Le 2 février 1629, le lendemain du jour où le document parvenait à Gilly, l'ambassadeur de France sollicitait du roi d'Espagne son audience de congé. Aussitôt Olivarès retarde l'audience en vue de suspendre la marche de Louis XIII et de donner aux troupes espagnoles le temps de prendre Casal. Sous différents prétextes et à la faveur d'incidents d'étiquette, on prolonge le retard jusqu'au 12 février. Bautru part enfin.

Ces manœuvres dilatoires n'avaient ralenti ni la marche de Louis XIII ni celle des généraux français. Le 16 février, Bassompierre arrivait à Châteaumorant, près de Roanne. Il y avait juste un mois que Louis XIII avait quitté Paris et qu'il lui avait demandé, pour son voyage, un peu de ce bon cidre que ses amis avaient coutume de lui envoyer de Normandie. Bassompierre avait envoyé douze bouteilles et, le soir au Louvre, le Roi, qui savait que le maréchal, depuis ses énormes dépenses du siège de La Rochelle, « n'était pas fort en argent », lui avait dit en lui passant le mot d'ordre pour la nuit : « Betstein (1), vous m'avez donné douze bouteilles de cidre et moi je vous donne douze mille écus; allez trouver Effiat, qui vous les fera délivrer. » Façon vraiment royale de rembourser au maréchal une partie des vingt-huit mille écus qu'il avait dépensés durant cinq semaines dans son quartier de Laleu, à loger et à festoyer l'innombrable suite du Roi : « Sire, avait répliqué Bassompierre, j'ai la pièce entière au logis, que, s'il vous plaît, je vous donnerai tout entière à ce prix-là (2). »

Le maréchal rejoignit à Châteaumorant Monsieur, qui n'était pas de si belle humeur que son frère. Cheminant avec Bassompierre jusqu'à Haon-le-Châtel, Gaston se plaignait du cardinal. Il disait : « qu'il n'aurait aucun emploi à l'armée, puisque Monsieur le Cardinal y était, qui ne ferait pas seulement sa charge, mais celle du Roi encore ». En ce voyage de Casal, le ministre, prétendait-il, « faisait aller le Roi contre son gré, seulement pour lui ôter (à lui Monsieur) le commandement que le Roi lui avait accordé ». Aussi Monsieur, loin de rejoindre Sa Majesté, était-il résolu de se retirer dans sa principauté souveraine de Dombes, où il attendrait les commandements du Roi. Toute l'éloquence de Bassompierre, — qui ne tenait peut-être pas beaucoup à combattre sous Monsieur, — fut impuissante à changer la résolution du jeune prince et ce fut sans Gaston que Bassompierre se présenta devant Louis XIII à Grenoble, le 19 février.

Le Roi et le cardinal sont décidés à ne pas s'y arrêter longtemps. Le 21 février, le Roi dépêche vers son frère un gentilhomme « pour l'avertir de son passage, afin qu'il se trouve à la frontière, s'il l'a ainsi agréable ». Or Monsieur reprit la route de Paris, tandis que le cardinal, précédant son maître à quinze lieues au delà de Grenoble, s'enfonçait dans les montagnes.

(1) Forme allemande du nom de Bassompierre.
(2) *Mémoires du Maréchal de Bassompierre*, t. IV p. 3.

Le 24 février, Richelieu arrive à Saint-Bonnet. Le temps se brouille : grave difficulté pour franchir les Alpes. Comme il l'écrivait à Marie de Médicis, « les chemins n'étaient pas si beaux » que le Cours la Reine. Le 28, les maréchaux de Créqui et de Bassompierre, ensuite le cardinal, enfin le Roi gravirent le mont Genèvre. Ils regardent avec admiration, dit Bassompierre « les arbres qui portent la manne, l'agaric et le térébinthe (1) ». Le tapis de neige s'épaissit sous les pas de leurs mulets. Les *Mémoires* de Bassompierre nous représentent la cour de France embarquée dans de petits traîneaux appelés *ramasses* et filant sur les pentes neigeuses à la merci des guides. Du bourg d'Oulx, choisi pour le coucher, Richelieu écrit à la Reine mère : « Il neige ici continuellement, le lieu est le plus laid qu'il se puisse trouver au monde mais personne ne s'y ennuie. »

Le cardinal moins que personne ; au milieu de ces neiges, il était parvenu à ses fins. Le 27 février, dans un conseil tenu à Embrun, le Roi s'était rangé à son avis, qui était de franchir le défilé du pas de Suse et de pénétrer dans les États du duc de Savoie, que ce prince le voulût ou non. Le cardinal, avant même que son maître eût quitté Paris, avait envoyé le commandeur de Valençay et M. de Lisle demander au duc l'autorisation de passer, offrant, en échange du passage, la ville de Trino et douze mille écus de rente. Le duc avait répondu par de bonnes paroles et des lettres courtoises, que terminait, au lieu de l'habituel *très affectionné serviteur* un *très affectionné cousin à vous faire service* assez inquiétant. Richelieu avait pensé qu'un prince qui traitait si cavalièrement le premier ministre, était déjà détaché du service du Roi « et le voulait faire paraître (2) ». Charles-Emmanuel en revenait à sa vieille exigence : qu'on lui permît d'attaquer la ville de Gênes.

Richelieu, dans le conseil d'Embrun, écarta de haut les prétentions du Savoyard. Trahisons publiques ou secrètes ; excitations sous main à la guerre ; secours en hommes et argent au duc de Rohan ; les places frontières qui s'échelonnaient entre la France et

---

(1) *Mémoires du Maréchal de Bassompierre*, t. IV, p. 6.
(2) *Mémoires du Cardinal de Richelieu*, t. IX, p. 129.

la Savoie (Valence, Montélimart, Toulon) audacieusement « muguetées » ; encouragements à la rebellion du comte de Soissons, à l'entrée en guerre du duc de Lorraine ; envoi d'un « ambassadeur exprès en Hollande pour détacher les États de la France et les joindre à l'Angleterre et à l'Espagne tout ensemble » ; lettres insolentes au roi de France, où le duc de Savoie se donnait comme seul détenteur des clefs de l'Italie : tels étaient les griefs qui furent ramassés dans un véritable réquisitoire fortement documenté, et cela au moment où Charles-Emmanuel « voyait le Roi à sa porte avec trente-cinq mille hommes et trois mille chevaux et que la nécessité le contraignait d'offrir ce qu'il ne pouvait dénier ». Attaquer Gênes ! Ce qui n'aurait même pas l'avantage de le brouiller avec les Espagnols, « puisque, par le traité qu'il avait conclu avec eux pour l'attaque du Montferrat, il ne s'était pas « interdit de vider » par les armes le différend qu'il avait avec cette république (1) ».

Les négociations traînaient par l'entremise du prince de Piémont, beau-frère de Louis XIII ; Richelieu passa outre ; il s'avança jusqu'au village de Chaumont à trois lieues d'Oulx. Là il vit arriver, le 5 mars, le comte de Verrue, ministre du duc du Savoie. Nouvelles insistances pour obtenir du moins Trino, Albe et Moncalvo. Sur un nouveau refus, il offrit de remettre Suse entre les mains du Roi, si une place française était mise entre les mains du duc de Savoie. « Le cardinal, entendant cette proposition, disent les *Mémoires*, se prit à rire et lui offrit, en se moquant, Orléans ou Poitiers » ; en vérité « M. de Savoie traitait avec le Roi, comme s'il avait cinquante mille hommes et le Roi dix » ; « procédé peu honorable » et qu'il serait bon de « changer ». Évidemment, le Savoyard voulait gagner du temps pour fortifier les passages, dans l'espoir où il était que Casal ne pourrait tenir que jusqu'au 20 mars. Il entendait brusquer les événements. Un courrier fut dépêché vers Louis XIII, qui était à Oulx et partit pour Chaumont.

Il y a trois lieues d'Oulx à Chaumont. Accompagné du comte de Soissons, du maréchal de Schomberg et d'une foule de gentilshommes, qui l'avaient rejoint, Louis XIII y arrive vers les

(1) *Mémoires du Cardinal de Richelieu*, t. IX, p. 133-134.

trois heures après minuit; il donne aussitôt l'ordre de pousser les troupes vers Suse et d'attaquer les barricades à huit heures du matin.

Ces trente-cinq mille hommes qui s'apprêtaient à passer en Piémont, quelle peine Richelieu avait eue à les réunir et à les amener jusque-là! Quelque dix jours plus tôt, à Grenoble, rien n'était prêt, pas ou peu de munitions, le canon encore au bas des montagnes, pas de magasins de vivres, pas un grain de blé, bien que les intendants eussent reçu une avance de deux cent mille livres, nulle étape organisée, un seul officier d'artillerie très vieux. L'arrivée du cardinal a mis tout le monde en alerte : de Valence on reçoit du blé pour cinquante mille écus; le canon est monté « à graisse d'argent »; les troupes du maréchal de Créqui, retirées « sous prétexte d'épargner le Dauphiné », accourent à l'appel du ministre. Le 6 mars, Louis XIII prend le commandement et donne l'ordre de marche à la pointe du jour. Le cardinal, le comte de Soissons, le comte d'Harcourt, frère du duc d'Elbeuf, le comte de Moret, bâtard de Henri IV, le marquis de Brézé et le marquis de La Meilleraye, l'un beau-frère, l'autre cousin de Richelieu, sont auprès de lui.

Le défilé.

La vallée, où coule la Doire, s'ouvre vers Suse. Elle est couverte de neige. On avance tantôt à cheval, tantôt à pied. Un quart de lieue au delà de « Chaumont, nous explique le Père Joseph, le duc de Savoie a fait mettre une assez faible barricade proche du lieu où les confins de la France et du Piémont se rencontrent. A un quart de lieue plus bas, au-dessous du fort de Gélasse, qui est du Piémont, il y en a une autre bien flanquée et fort haute, qui ferme un passage étroit et creux entre deux montagnes, et cent pas au delà, une troisième qui défend la seconde, laquelle reçoit aussi un grand secours de ce fort de Gélasse, situé sur un grand rocher, au pied duquel il faut passer à la merci du canon et des mousquetades (1) ».

(1) *Relation de ce qui s'est passé à l'entrée du Piémont* (*Mémoires du Cardinal de Richelieu*, t. IX, appendice, p. 350).

Le Roi est à cent pas en arrière, entouré de cinq cents hommes du régiment des gardes. Sept heures du matin : Bassompierre, qui commande ce jour-là, envoie Comminges (1), précédé d'un trompette, demander à l'officier de la première barricade la permission d'aller préparer à Suse le logis du Roi, qui se présente en ami. Comminges rapporte bientôt la réponse du comte de Verrue, qui est sorti du retranchement avec deux cents mousquetaires pour dire : « Monsieur, Son Altesse a grand honneur de loger Sa Majesté; mais puisqu'elle vient si bien accompagnée, vous trouverez bon, s'il vous plaît, que j'en avertisse auparavant Son Altesse » (qui se trouve à cinq cents pas). « Nous défendrons bien nos passages et vous n'avez pas affaire aux Anglais » (de La Rochelle) (2). Comminges n'a pas attendu la réponse, — trop prévue, — de Son Altesse (3).

Bassompierre s'approche du Roi : « Sire, Sire, dit-il, l'assemblée est prête, les violons sont entrés et les masques sont à la porte; quand il plaira à Votre Majesté, nous danserons le ballet. — Savez-vous bien, observe Louis XIII que nous n'avons que cinq livres de plomb dans le parc de l'artillerie. — Il est bien temps maintenant de penser à cela, réplique le maréchal, faut-il que, pour un masque qui n'est pas prêt, le ballet ne se danse pas? Laissez-nous faire, Sire, et tout ira bien. — M'en répondez-vous? — Ce serait témérairement fait à moi de cautionner une chose si douteuse, bien vous réponds-je que nous en viendrons à notre honneur ou j'y serai mort ou pris. — Oui, mais, si nous manquons, je le vous reprocherai. — Que me sauriez-vous dire autre chose que de m'appeler marquis d'Uxelles (4). Laissez-nous faire seulement. » Alors le cardinal, muet témoin de cette courte scène, sort enfin de son silence : « Sire, à la mine de M. le Maréchal, j'en augure bien, soyez-en assuré (5). »

---

(1) Charles de Comminges, sieur de Guitaut, capitaine des gardes.
(2) *Mémoires du Sieur de Pontis*, t. I, p. 512; et Avenel, *Lettres du Cardinal de Richelieu*, t. III, p. 248.
(3) *Relation de ce qui s'est passé à l'entrée du Piémont.*
(4) Jacques du Blé, marquis d'Uxelles, fameux par la défaite qu'il avait essuyée l'année précédente en voulant secourir le duc de Mantoue.
(5) *Mémoires du Maréchal de Bassompierre*, t. IV, p. 10-11.

Le cardinal en augurait d'autant mieux que, la veille, sous prétexte de faire porter une lettre au comte de Verrue, il avait envoyé sur les lieux M. d'Argencourt, un gentilhomme, qui avait constaté que les barricades « se pouvaient emporter ». Il est bien possible que Bassompierre n'ait pas eu besoin d'insister auprès de Louis XIII autant qu'il veut bien nous le dire en ses *Mémoires*.

Le voici au fond de la vallée, à la tête des troupes avec Schomberg et Créqui. Parmi les maréchaux de camp, Toiras, Valençay. Déjà Schomberg est blessé aux reins d'une mousquetade « venue de la montagne à gauche ». Sur cette gauche, Valençay conduit les Suisses, les régiments de Navarre et d'Estissac. A droite, avec d'autres régiments, le comte de Sault, fils du maréchal de Créqui, gagne les hauteurs afin de tourner les barricades par les sommets et d'envelopper l'ennemi. Guidé par des gens du pays, il passe au-dessus du fort de Gélasse et « taille en pièces un régiment italien ». Cependant Valençay, avec quelques Suisses et quelques soldats du régiment de Navarre, a chassé l'ennemi des postes qu'il occupait à la crête des rochers ; il menace d'en haut les soldats du duc de Savoie « qui défendaient dans le fond les barricades ». Voyant aussi venir à eux de front le régiment des gardes animé de la furie françoise, les défenseurs « abandonnent la première barricade, font peu de résistance à la seconde et à la troisième et se retirent en désordre dans Suse (1) ». Les gardes et les Suisses, dit triomphalement le *Mercure*, « suivis de fort près de la propre personne du Roi et de M. le Cardinal, donnèrent d'une telle impétuosité, que, comme si c'eût été un coup de tonnerre, ils firent ouverture dans le détroit de ces montagnes retranchées, remparées et flanquées de telle sorte que le lieu semblait imprenable (2) ». Nos gens suivirent « les vaincus » à la course, notait le Père Joseph le lendemain 7 mars, et, trouvant les portes ouvertes, s'en fussent saisis à la même heure sans que MM. de Créqui et de Bassompierre estimèrent à propos de savoir la volonté du Roi, qui, tout plein de justice, dit tout haut qu'il était mieux d'éviter les désordres ordinaires dans le saccagement

---

(1) *Relation de ce qui s'est passé à l'entrée du Piémont.*
(2) *Mercure françois*, t. XV, 1ʳᵉ partie, p. 128.

des villes et principalement en ce qui concerne l'honneur des femmes (1) ».

L'entrevue de Suse.

Au moment où écrivait le Père Joseph, Suse, évacuée la veille par les troupes de Savoie, était occupée par les soldats de Louis XIII, « avec la conduite et le règlement qu'on se peut promettre, ajoutait l'Éminence Grise, de la bonté du Roi et de la piété de M. le Cardinal ». Richelieu et le prince de Piémont y signèrent, le 11 mars 1629, un traité aux termes duquel M. de Savoie ouvrait à l'armée du Roi les défilés qui menaient à la place. Le Savoyard livrait la citadelle et les châteaux forts des environs, consentait à vendre tout ce qui était nécessaire pour le ravitaillement de Casal. Le Roi, de son côté, s'engageait à obtenir du duc de Mantoue, pour le duc de Savoie, la ville de Trino et une rente de quinze mille écus d'or; il s'abstiendrait de toute conquête en Italie et défendrait le Savoyard, s'il était attaqué. Des articles secrets stipulaient que, dès le 15 mars, Casal recevrait « mille charges de blé », cinq cents de vin et que Charles-Emmanuel, s'entremettant auprès de Gonzalès de Cordova, ferait lever le siège (2).

Prompt et décisif succès pour le cardinal. Trois jours plus tard, annonçant à Marie de Médicis la grossesse de la princesse de Piémont, il lui écrivait : « Si Sa Majesté ne réglait ses desseins par sa bonté, je puis vous assurer qu'il lui serait fort aisé d'emporter tous les États de M. de Savoie, mais Mme la Princesse de Piémont lui sert beaucoup en cette occasion. » Louis XIII, le 21 mars, attendait à cheval sa sœur, à quatre mille pas de la ville de Suse, dont le séjour lui agréait un peu plus que le triste village de Chaumont, car, — Richelieu le constatait avec plaisir, — « quoiqu'il n'y ait qu'une lieue de distance, en même jour que l'hiver est à l'un, on ressent le printemps à l'autre (3) ». Il vit

(1) *Relation de ce qui s'est passé à l'entrée du Piémont.*
(2) Voir *Mercure françois*, t. XV, p. 132-136, et Avenel, *Lettres du Cardinal de Richelieu*, t. III, p. 234, note.
(3) Avenel, *Lettres du Cardinal de Richelieu*, t. III, p. 258.

bientôt sortir d'une litière « ouverte et toute en broderie d'or », qu'escortaient le maréchal de Créqui et vingt cornettes de cavalerie, une jeune femme richement vêtue à la française, parée « de belles perles » et dont les boucles, qui tombaient sur les joues, à la mode d'Angleterre, s'échappaient d'une « grande plume incarnate » illustrée de « perles en poires, grosses comme celles que l'on contrefaisait à Venise ». C'était sa sœur Christine de France, princesse de Piémont. Louis XIII mit pied à terre. Christine sortit de sa litière, se jeta à genoux et, tandis qu'il la relevait en l'embrassant, elle lui dit : « Votre Majesté est si remplie de gloire, que je ne sais si j'oserai la regarder ; vous êtes le plus heureux prince du monde. — Je ne pouvais avoir plus grand contentement au monde que de vous voir », répondit Louis XIII. Le prince de Piémont s'approcha ensuite et s'agenouilla. Quelques instants plus tard, la princesse remontait en litière et Louis, chevauchant à la portière, s'entretenait avec Christine. Cependant Madame « savait si bien se servir des avantages que son grand esprit lui donnait (1) », qu'elle refaisait peu à peu la conquête de son frère. Les troupes françaises défilèrent devant le Roi et la princesse, puis Louis XIII conduisit le prince de Piémont au milieu des bataillons et des escadrons et les lui montra en connaisseur (2). On gagna enfin le château de Suse : « Demain, écrivait Richelieu à Marie de Médicis le 22 mars, doit venir M. de Savoie, après quoi nous aurons tout vu, hormis les infantes, qui ne bougent de Turin et ne vont point d'ordinaire avec Madame (3). » Demain ?... Charles-Emmanuel n'avait pas tant de hâte de rendre hommage au vainqueur et il ne voulait point paraître, aux yeux de l'Espagne, trop empressé à l'égard de la France. Il ne se décida que le 5 avril, lorsque le prince de Piémont fut sorti de Suse, car, nous explique un historien du temps, il avait « pris cette conduite de ne se voir pas ensemble, son fils et lui, au pouvoir du Roi, quoiqu'il n'y eût rien à craindre pour lui ni pour son fils (4) ».

Richelieu sortit à cheval au devant du Savoyard. Charles-

(1) *Mémoires de Fontenay-Mareuil*, p. 220.
(2) *Mercure françois*, t. XV, p. 143-144.
(3) Avenel, *Lettres du Cardinal de Richelieu*, t. III, p. 264.
(4) M. Baudier, *Histoire du Maréchal de Toiras*, t. II, p. 29.

Emmanuel arrivait, à cheval comme lui, avec Louis XIII, qui, « sous prétexte de se promener », était allé à sa rencontre jusqu'à une demi-lieue de Suse. Si, tout à l'heure, Charles-Emmanuel, en saluant le Roi, avait « mis le genou en terre », cette fois aucun des cavaliers ne descendit de sa monture. Le duc et le cardinal s'approchèrent l'un de l'autre, s'arrêtèrent et « se baissèrent sur le col de leurs chevaux, pour se saluer : les compliments furent fort succincts et la mine encore plus fraîche, principalement de la part de M. de Savoie, qui l'a haï jusqu'à la mort plus qu'aucun homme du monde, parce qu'avec lui il fallait parler nettement et agir de même et que ce n'était pas son style (1) ».

Quelques instants plus tard, au château de Suse, le Roi menait M. de Savoie dans sa chambre. Une foule nombreuse de gentilshommes se pressait sur leurs pas, remplissant toute la galerie, et comme Louis XIII conseillait à son hôte de se hâter, « de crainte que le plancher surchargé ne vînt à plier sous lui : Ce n'est pas sous moi, Sire, qu'il peut plier, répondit le fin renard, mais bien plus sous Votre Majesté, sous laquelle plient les plus fortes puissances de la terre (2) ».

Le Roi garda près d'une demi-heure le duc de Savoie dans sa chambre, puis Charles-Emmanuel alla trouver le ministre dans le cabinet du Roi : « Au retour, il me dit mille biens de mon cousin le cardinal de Richelieu et me témoigna avoir reçu un grand contentement de l'entretien qu'ils avaient eu ensemble, écrivit Louis XIII à sa mère. Je ne sais encore ce qu'ils se sont dit, parce que je n'ai pas vu mondit cousin le cardinal depuis, à cause qu'il s'est trouvé un peu mal aujourd'hui (3). » Richelieu a raconté dans ses *Mémoires* qu'il reçut du Savoyard « force assurances d'amitié et d'estime et tâcha de lui en rendre avec usure (4) ». En réalité, Charles-Emmanuel s'était excusé de ne pouvoir ravitailler davantage la place de Casal, le cardinal s'était « opiniâtré (5) » et le duc avait promis tout ce qu'on avait

---

(1) *Mémoires de Fontenay-Mareuil*, p. 22.
(2) M. Baudier, *Histoire du Maréchal de Toiras*, t. II, p. 29.
(3) Avenel, *Lettres du Cardinal de Richelieu*, t. III, p. 262, note.
(4) *Mémoires du Cardinal de Richelieu*, t. IX, p. 194.
(5) *Journal du ... secours de Casal*, f° 50.

voulu, d'autant plus aisément qu'il était décidé à ne rien tenir.

M. de Savoie se garda bien d'abord tant de sujets qui lui tenaient à cœur. Si Gonzalès de Cordova, gouverneur de Milan, trouvait dans le traité « beaucoup de choses amères et de difficile digestion (1) », Charles-Emmanuel n'était guère plus satisfait. Ce « singe des grands rois (2) », pour employer la forte expression du cardinal, prétendait ajuster les affaires comme s'il eût été vainqueur. Depuis quinze jours, il pressait le Roi d'attaquer le Milanais; ou bien il offrait le marquisat de Saluces et les quatre vallées qui y donnaient accès ou bien encore il demandait la permission d'attaquer Genève. « Il veut, songeait le cardinal, porter la France à tout entreprendre, veut avoir toutes ces conquêtes et ne lui donner aucune chose de considération; son esprit ne peut pas avoir de repos et, allant plus vite que les mouvements rapides des cieux, il fait tous les jours plus de trois fois le tour du monde, pensant à mettre en guerre tous les rois, princes et potentats les uns avec les autres, pour retirer seul le profit de leurs divisions (3). »

Le cardinal ne s'était pas arrêté à l'échange du Montferrat, mais il avait examiné la question de Genève et celle de Gênes: la France était l'alliée perpétuelle des Cantons suisses, qui lui fournissaient des soldats; elle n'avait nul intérêt à voir Genève entre les mains d'un prince aussi peu sûr que le duc de Savoie.

Quant à Gênes, la conquête de cette ville pouvait être juste et utile; mais était-il sage de hasarder la réputation du Roi, « mise à si haut point par la prise de La Rochelle et le secours de Casal (4) », dans un temps où les affaires du Languedoc ne permettaient pas d'employer toutes les forces de Sa Majesté? Le Roi finit par « condescendre » à l'expédition de Gênes. Rien ne fut conclu cependant, car, devant les irrésolutions de M. de Savoie, Richelieu avait simplement prié ce prince d'exécuter les articles du traité qu'il avait signé : il avait exigé le ravitaillement de Casal et

---

(1) *Mémoires du Cardinal de Richelieu*, t. IX, p. 170.
(2) *Ibidem*, p. 179.
(3) *Ibidem*, p. 182.
(4) *Ibidem*, p. 187.

la retraite définitive des Espagnols, qui tenaient encore plusieurs châteaux. De peur que le Roi n'y allât en personne, Charles-Emmanuel s'y était rendu lui-même.

Après l'entrevue du 5 avril, le prince de Piémont refusa de laisser pour toujours au pouvoir du Roi la place de Pignerol, qui commandait la porte de l'Italie. Il offrit le marquisat de Saluces. Mais le cardinal savait que Charles-Emmanuel avait reçu un courrier de l'abbé Scaglia, son ambassadeur à Madrid, et que Clausel, agent du duc de Rohan, avait passé d'Espagne à Gênes et se cachait à Turin. Richelieu avait conseillé au Roi de partir pour le Languedoc.

Deux traités fort importants n'en furent pas moins signés : l'un, ratifié à Suse par Louis XIII le 19 avril, formait contre l'Espagne une ligue défensive entre la France, la République de Venise, le Pape, le duc de Savoie et le duc de Mantoue, afin de maintenir ce dernier prince sur son trône italien; l'autre, signé à Paris le 24 avril (1), rétablissait les anciennes alliances entre les deux couronnes de France et d'Angleterre « sans restitution de part et d'autre et confirmait les articles du contrat de mariage de la reine Henriette pour être exécutés de bonne foi ». Le malheureux Charles Ier, aux prises avec son Parlement, n'était déjà plus assez puissant à l'extérieur de ses États pour obtenir que fût inséré dans son traité un article favorable aux protestants de France.

Louis XIII rentrait dans son Royaume, admiré et redouté. Sa politique tenait l'Espagne en échec partout. A Madrid, Spinola ne craignait pas de rendre justice à l'adversaire du Roi catholique; il disait tout haut, dans l'antichambre d'Olivarès : « Le roi de France a fait en soldat et en homme de bien tout ensemble. » Les seigneurs de la cour d'Espagne « ajoutaient encore, mais plus secrètement, de peur du comte-duc, qui ne leur eût pas pardonné, que le roi de France était heureux d'avoir un si grand ministre que le cardinal et que c'était la preuve fondamentale de la bénédiction de Dieu en son règne (2) ».

Richelieu, qui recueille, dans ses *Mémoires*, ces propos louan-

---

(1) *Mémoires du Cardinal de Richelieu*, t. IX, p. 243.
(2) *Ibidem*, éd. Petitot, t. V, p. 224.

geurs, nous montre le peuple de Madrid contemplant, dans toutes les boutiques, les portraits de Louis XIII qui s'y trouvaient exposés. Grâce à lui, nous apercevons, dans une galerie du couvent de l'*Incarnation,* le roi d'Espagne marchant tout pensif. Le petit-fils de Philippe II semble plongé dans une incurable mélancolie : « Une religieuse s'étant approchée de lui pour le divertir, nous explique le cardinal, qui tient [ces détails d'une personne de confiance, le Roi Catholique la pria de le recommander à Dieu, pour ce qu'il était en la plus grande anxiété d'esprit où il eût jamais été, et qu'une prophétie le menaçait, en l'an 1630, de la perte de tous ses États d'Italie (1). »

Cependant, en Languedoc, le duc de Rohan, lui aussi, rendait hommage à la gloire du Roi et de son ministre : « Dieu permit, constatent les *Mémoires* du chef rebelle, que le Roi allât, vît et vainquît, car passer les montagnes, prendre la ville de Suse, ravitailler Casal et faire la paix avec le roi d'Espagne furent une même chose. »

Louis XIII s'était mis en route pour le retour, le 28 avril 1629. Un Conseil avait été tenu à Suse l'avant-veille de son départ. On y avait agité une grave question d'étiquette, au sujet de laquelle le Roi et le cardinal n'étaient pas du même avis : les députés de la République de Gênes paraîtraient-ils devant le Roi couverts ou tête nue? L'ambassadeur de Gênes, Fiesque, veut être reçu couvert, il invoque des précédents. Endoctriné par M. de Châteauneuf, Louis XIII en invoque d'autres. Il déclare que les Génois sont ses sujets; il n'oublie pas que Gênes est une dépendance du duché de Milan, qui appartenait à François Ier; [dans tous les traités qui se font avec les Suisses, les rois de France ne prennent-ils pas la qualité de ducs de Milan et de seigneurs de Gênes (comme les rois d'Angleterre se diront rois de France jusqu'au milieu du XIXe siècle et même à la cour de Louis XIV)? Le nonce du Pape a prié Bassompierre de faire entendre raison à Louis XIII. Bassompierre a répondu que ce n'était pas facile, parce que le Roi était « opiniâtre, quand il avait mis une fois une chose en sa tête »; Bassompierre a consulté le cardinal. Richelieu a promis

(1) *Mémoires du Cardinal de Richelieu*, éd. Petitot, t. V, p. 227.

LES DÉPUTÉS DE GÊNES RESTERONT COUVERTS.

de le soutenir au Conseil; il lui procurera l'appui des maréchaux de camp et de M. de Bullion, il obtiendra que Châteauneuf défende mollement sa thèse.

Le Conseil délibère. M. d'Herbault, secrétaire d'État, vient de dire que l'ambassadeur de Gênes lui a montré des papiers qui prouvent que les envoyés de Gênes se sont autrefois couverts; il ajoute que l'ambassadeur de Gênes ne demande audience qu'à cette condition. Devant la résistance du Roi, qui s' « opiniâtre fort », le cardinal dit froidement : « S'il vous plaît, Sire, d'en prendre les avis de ces Messieurs, après quoi vous jugerez vous-même ce qu'il vous plaira. » Alors Louis XIII se tourne vers Bassompierre, lui demande son opinion, et, comme le maréchal veut parler : « Je vous la demande, ajoute-t-il avec aigreur, mais je ne la suivrai pas, car je sais déjà qu'elle va à les faire couvrir et que ce que vous en faites est à la recommandation d'Augustin Fiesque. » Le cardinal entend Bassompierre répondre, la voix altérée, qu'il n'est pas assez léger pour desservir Sa Majesté en faveur du Génois. Et le maréchal conclut : « Puisque vous jugez si mal de ma prud'hommie, je m'abstiendrai, s'il vous plaît, de vous donner mon avis. — Et moi, réplique Louis XIII extraordinairement en colère, je vous forcerai de me le donner, puisque vous êtes de mon Conseil et que vous en tirez les gages. » Richelieu, assis un peu au-dessus du maréchal, se penche et lui glisse à l'oreille : « — Donnez-le au nom de Dieu et ne contestez plus. — Sire, explique Bassompierre avec son ironie lorraine, puisque Votre Majesté veut absolument que je lui dise mon opinion, elle est que vos droits et ceux de votre couronne se dépériraient, si par cet acte, vous accordiez la souveraineté aux Génois, que vous prétendez avoir sur eux et que vous les devez entendre tête nue comme vos sujets, et non couverts comme républicains. » Le Roi, transporté de fureur, se lève, il dit que le maréchal se moque de lui « et qu'il lui fera bien connaître qu'il est son roi et son maître ». Tandis que Bassompierre laisse couler le flot des paroles royales, Richelieu, qui observe Louis XIII, intervient, l'apaise en quelques mots froids et précis. Tous les avis sont demandés; ils sont tous contraires à celui du Roi.

Ce fut encore le cardinal qui ramena Louis XIII le lendemain, après que la députation de Gênes se fut présentée couverte. Le Roi reconnut « qu'il avait tort de s'en prendre à Bassompierre pour une chose dont le maréchal ne parlait que pour son service ». Bientôt Louis XIII lui donna neuf caisses d'excellentes confitures qu'il venait de recevoir de la princesse de Piémont et fit ainsi sa paix avec lui (1).

Le soir de ce 28 avril 1629, le Roi avait annoncé à Bassompierre « qu'il quittait l'armée du Piémont pour aller à celle de Valence ». Le cardinal prenait le commandement de l'armée et il gardait Bassompierre et Créqui pour lieutenants généraux. Sur l'ordre du cardinal, Toiras, qui servait sous les ordres de Bassompierre en qualité de maréchal de camp, entrait dans le Montferrat à la tête de trois mille hommes et de quatre cents chevaux et prenait le gouvernement de la ville de Casal.

(1) *Mémoires du Maréchal de Bassompierre*. t. **IV**, p. 30-34.

CHAPITRE DEUXIÈME

LE CARDINAL ENTRE LA MÈRE ET LE FILS

Six mois plus tard, en septembre 1629, le cardinal revenait de Languedoc. Embarqué sur l'Allier, il avait gagné la Loire. C'était une véritable flottille qui s'avançait entre les deux rives, où deux pelotons de gardes à cheval marchaient à la même allure que les bateaux. En avant, une frégate, pour « faire la découverte des passages » resserrés entre les dangereux bancs de sable, puis un bateau de mousquetaires, puis deux autres montés par des gardes et des gentilshommes, enfin, peuplé de gardes à la proue et à la poupe, le navire à voile où Richelieu s'était installé avec ses familiers et ses domestiques. Une chambre et une antichambre, tendues de tapisseries, formaient l'appartement du cardinal, dont les hardes et l'argenterie suivaient en deux barques, sur lesquelles veillaient des mousquetaires.

Richelieu s'acheminait vers Fontainebleau, où le Roi l'avait précédé. Retour triomphal, mais à quel prix! Que de travaux, en effet, que de fatigues depuis ce 29 avril où le Roi l'avait laissé à la tête de l'armée de Piémont! « Ceux qui savent le particulier état des affaires, songeait-il, n'estiment pas à petite merveille d'être sorti à souhait d'avec ledit duc de Savoie, dont la malice et l'industrie surpassent celles de Lucifer, qui n'a jamais fait état de sa parole, de sa foi et de son seing qu'en tant que ses affaires le requéraient, et qui, depuis cinquante ans qu'il règne, ne s'est étudié à autre chose qu'à se tirer par art, par ruses et par tromperies des mauvais pas où son injustice et ambition l'avaient porté (1). »

Vers le début de mai, le cardinal avait commandé au maré-

(1) *Mémoires du Cardinal de Richelieu*, t. IX, p. 230.

chal de Créqui de rester à Suse avec six mille cinq cents hommes et cent cinquante chevaux et de n'évacuer la citadelle que sur une déclaration signée du Roi, établissant que le traité du 11 mars était exécuté. Cette précaution prise, il avait passé à Valence avec neuf mille hommes et treize cents chevaux, franchi le Rhône et rejoint Louis XIII sous les murs de Privas. Il y était arrivé le 10 mai, fort du traité qu'il venait de conclure avec la Grande-Bretagne et qui allait être rendu public le lendemain. Dans ce traité, suite logique de la prise de La Rochelle, le roi d'Angleterre déclarait qu'il était résolu à ne plus se mêler de la religion des sujets protestants du roi de France. Or un tel engagement décevait cruellement tous les adversaires de la politique française et, en particulier le duc de Savoie, qui avait déployé tous ses artifices pour l'empêcher de se conclure.

La ville fortifiée de Privas restait aux mains des protestants. Richelieu avait le dessein arrêté d'en finir avec toutes les places fortes tenues par les réformés. Privas est investie; elle capitule au bout de dix jours. Mais par un de ces malheurs que les mœurs militaires du temps n'excusent pas, la ville est livrée au pillage, ses maisons brûlées, ses défenseurs passés au fil de l'épée, réservés pour la potence ou les galères. Richelieu s'était levé du lit où il était malade, pour arrêter le désordre (1), mais le carnage était déchaîné. Le ministre, dont la mémoire n'est pas sortie sans atteinte de cette rigueur, s'explique en ces termes sur l'événement : « Dieu m'a fait la grâce, écrivait-il le 30 mai 1629 à la Reine, que je n'ai point vu cette tuerie » ; et il ajoutait : « Cette rigueur non volontaire qui est arrivée, et la bonté dont le Roi usera envers les villes qui se rendront volontairement, devra faire connaître à beaucoup l'avantage qu'ils auront à se mettre de bonne heure en l'obéissance, sans attendre qu'on les y contraigne (2). » Si le dessein n'y était pas, le résultat n'en parut pas moins favorable. En fait, Saint-Ambroix, La Gorce, Barjac se rendirent aussitôt, « villes non grandes par leur quantité d'habi-

---

(1) *Mémoires pour servir à l'Histoire du Cardinal-Duc de Richelieu, recueillis par le Sieur Aubery, avocat au Parlement et aux Conseils du Roi*, t. I, p. 105-106.
(2) Avenel, *Lettres du Cardinal de Richelieu*, t. III, p. 327-328.

tants, constate Richelieu, mais redoutables par leurs fortifications, chacune étant capable d'arrêter une armée royale ».

Le Roi et le cardinal ne se trouvaient qu'à trois lieues d'Alais, qui fut sommée aussitôt de se rendre. Rohan, posté à Anduze, à deux lieues d'Alais, au pied des Cévennes, avait essayé de secourir la ville assiégée par l'armée du Roi. Richelieu avait fait charger les troupes de secours par trois cents cavaliers. « La nouvelle de la prise de Privas, disent les *Mémoires,* abaissa les cornes à M. de Rohan », qui, découragé par la paix de Suse, par celle d'Angleterre, par les lenteurs de Madrid, se sentait perdu. Le 17 juin, Alais, épouvantée par la pendaison de quelques soldats protestants enlevés au duc de Rohan, avait capitulé. « Cependant, mandait Richelieu à la Reine, tous nos maréchaux de France sont hors de combat. Il y a quinze jours que M. de Schomberg a la fièvre et la goutte. M. de Bassompierre a la colique et M. de Marillac une mousquetade dans le bras (1). » Rohan avait fait prier le Roi de lui permettre de réunir à Anduze, pour y discuter de la paix, les députés des Églises qui étaient assemblés à Nîmes. Sur le conseil de Richelieu, Louis XIII avait consenti et, le 28 juin, il avait accordé la fameuse paix d'Alais, moins paix qu' « abolition et grâce ». Les protestants perdaient toutes leurs places de sûreté, et devaient en détruire les murailles à leurs dépens ; le duc de Rohan sortait du Royaume. On lui versait cent mille écus, pauvre compensation, « qui n'était pas la moitié des ruines des bâtiments de ses maisons et du rasement de ses forêts (2) ». « Autrefois, écrivait Richelieu à Condé, on faisait des traités avec les huguenots, maintenant le Roi leur accorde grâce. Autrefois les chefs du parti des rebelles avaient des établissements particuliers et M. de Rohan sort du Royaume et va à Venise (3). » Antithèses glorieuses dont ne manquera pas de s'inspirer un disciple de Malherbe et de Corneille, le poète tragi-comique Charles de Beys :

> Mais la paix qu'il accorde en cette extrémité,
> Est pour eux une grâce et non pas un traité.

(1) Avenel, *Lettres du Cardinal de Richelieu,* t. III, p. 350.
(2) *Mémoires du Cardinal de Richelieu,* t. IX, p. 292.
(3) Avenel, *Lettres du Cardinal de Richelieu,* t. III, p. 363.

Il traitait autrefois, maintenant il ordonne ;
Alors il excusait, à présent il pardonne (1).

Rohan avait été conduit à Venise par Toulon et Gênes, « et chacun, voyant ledit Rohan, observe Richelieu, était obligé d'avouer qu'il n'y avait plus de corps d'hérétiques en France, puisqu'il avait été décapité et que l'on voyait le chef comme porté en triomphe par les ports d'Italie ».

Le Roi, accablé par les chaleurs du Languedoc, était rentré au Louvre. Quant au cardinal, il avait voulu achever lui-même une œuvre si bien commencée. Montauban, dont Monsieur le Prince n'avait pu que dévaster les campagnes, tenait encore ; le maréchal de Bassompierre avait reçu l'ordre de l'investir. L'approche du cardinal changea les dispositions des assiégés ; des délégués se portèrent jusque dans Albi : Montauban, après quelque débat, accepta la grâce du Roi, ses portes s'ouvrirent et les 20 août 1629, Richelieu fit son entrée dans cette ville, « qui était, nous dit-il fièrement, compagne de La Rochelle » et qui, en 1621, avait infligé au connétable de Luynes un si lamentable échec. Il se montra dans les rues à cheval : le peuple, enthousiaste, mais ignorant, « demandait à voir Mme la Cardinale comme la femme la plus heureuse du monde pour avoir un si digne mari (2) ».

Les ministres protestants encensèrent le cardinal, comme s'ils eussent été des catholiques. Richelieu écrivit au Roi : « On peut dire maintenant avec vérité que les sources de l'hérésie et de la rebellion sont taries. Tout ploie sous le nom de Votre Majesté (3). »

Une fois ces dernières et dangereuses flammèches de la rebellion éteintes, le cardinal avait pris le chemin de Fontainebleau et de Paris. Ses forces étaient à bout : cinq accès de sa fièvre tierce l'avaient arrêté à Pézenas, où « mille lettres » étaient venues lui exprimer la louange, — sincère ou feinte, — de la Cour. Celle de Marie de Médicis n'avait pas été la moins caressante. Mais le cardinal n'en était plus à ignorer les véritables sentiments de la Reine qui l'avait porté au pouvoir. Dès le 24 mai, dans une

(1) *Les Triomphes de Louis le Juste.*
(2) Lepré-Balain, année 1629.
(3) Avenel, *Lettres du Cardinal de Richelieu*, t. III, p. 410-411.

lettre datée du camp de Privas, il s'était enhardi à lui écrire :
« En vérité je voudrais de bon cœur avoir tous les maux qui
peuvent travailler Votre Majesté; et, pour ce qui est de sa disposition à mon endroit, je lui avoue que j'ai tant de confiance en
sa bonté et tant de connaissance, non pas de mes services, mais
de l'affection sincère que j'ai toujours eue de lui en rendre, que
je ne puis croire qu'il y puisse avoir aucun changement en elle
à mon préjudice. Cependant je confesse que les bruits en sont
fâcheux. » Aussi offrait-il une fois de plus de se retirer : « Je la
supplie, de me faire savoir sa volonté et de croire que, quelque
chose qu'on lui puisse avoir dite ou qu'elle puisse avoir pensée,
elle trouvera enfin que je n'ai jamais eu d'autres désirs que
ceux qu'elle eût pu souhaiter... Je ne sais qui sont les auteurs
de ces bruits ou des inventions qui en causent l'effet, s'il est
véritable, mais je ne les veux point connaître, pour n'en avoir
aucun ressentiment; ainsi je prie Dieu qu'il les bénisse et leur
fasse la grâce de vous être aussi utiles comme je le leur serai
assurément, si la perte de ma vie me peut rendre tel. »

Une protestation si humble semblait devoir faire merveille sur
l'esprit de la Reine. Il parut au porteur (le cardinal de La Valette)
« que la Reine n'avait point été de si bonne humeur depuis son
arrivée auprès d'elle ». Mais, les ennemis de Richelieu avaient
aussitôt redoublé leurs efforts. Il y avait dans tout cela une intrigue
de cour désespérée, mais il y avait aussi un grave dissentiment sur
les affaires européennes. Gaston avait appris, dans sa principauté
de Dombes, que le duc de Mantoue rappelait sa fille : il avait
aussitôt fait dire à Marie de Médicis que, résolu à ne pas laisser
Marie de Gonzague regagner les États de son père, il se disposait
à l'enlever du château de Coulommiers, où elle se trouvait avec
sa tante la duchesse de Longueville. Marie de Médicis, non
moins opposée au mariage mantouan que Louis XIII, avait envoyé
au château de Coulommiers plusieurs carrosses, escortés de cent
vingt chevaux, pour conduire les deux princesses au Bois de Vincennes, où elles furent installées dans l'appartement du Roi.

Louis XIII avait approuvé cette sage précaution et déclaré, par
la plume de Richelieu, « qu'il supporterait la faute de son frère

comme un père celle de son enfant (1) ». Mais la Reine, plus tendre que ce frère si paternel, n'avait pu supporter davantage la douleur et les lamentations de son second fils : Richelieu avait appris, vers le 9 mai, que la Reine avait relâché les deux prisonnières, sans exiger que la jeune fille fût reconduite en Italie. Le cardinal n'avait guère approuvé la prompte et inopinée liberté « des oiseaux qui étaient en cage »; moins encore le désir de la Reine, qui voulait que « Monsieur reçût, en guise de satisfaction un gouvernement de province et l'entrée au Conseil (2) ». Monsieur n'ayant rien obtenu, la mère prit fait et cause pour son fils préféré. Sa colère maternelle avait éclaté, quand le bruit était venu jusqu'à elle que le cardinal favorisait en sous-main le projet de mariage combattu seulement en apparence. Au début de cet automne 1629, Monsieur avait chargé son confesseur d'aller dire au Roi qu'il ne se sentait plus en sûreté dans le Royaume, et il avait passé la frontière pour se réfugier en Lorraine.

Richelieu avait donc hâte de se retrouver au centre des affaires. Quittant sa flottille le 11 septembre à Briare, il avait couché à Montargis le 13. La Cour presque tout entière avait franchi les quatre lieues qui séparent Fontainebleau de Nemours : les cardinaux de Bérulle et de La Valette, MM. de Longueville, de Chevreuse, de Saint-Paul, de Montbazon, de La Rochefoucauld, s'empressaient auprès du ministre, à la fois glorieux de son succès et inquiet de l'accueil qu'il allait recevoir de la Reine mère. Déjà Richelieu « s'est aperçu de quelque changement en l'esprit de ces Messieurs, reconnaissant, à leur entretien, qu'ils ne parlent plus avec la sincérité et confiance ordinaire et qu'ils sont agités et comme en perplexité de quelque grand dessein (3) ».

L'interminable cortège s'allonge sur la route de Paris, au cœur de la forêt de Fontainebleau, déjà rouillée par le premier souffle de l'automne; au bout d'une heure, on est au château.

Après avoir rendu ses devoirs à Louis XIII, le cardinal, dans

---

(1) Avenel, *Lettres du cardinal de Richelieu*, t. III, p. 269.
(2) *Ibidem*, p. 310.
(3) Lepré-Balain, année 1629.

l'appartement de Marie de Médicis, fait sa révérence aux deux Reines. La Reine mère le reçoit si froidement, que tous les témoins de cette scène sont plongés dans la stupeur. D'un air glacial, elle lui demande comment il se porte. Il répond, le front haut, les yeux étincelants, « le nez affilé et les lèvres tremblantes » : « Je me porte mieux que beaucoup de gens qui sont ici ne voudraient. » Marie de Médicis rougit, puis soudain elle se met à rire, amusée par le spectacle imprévu qui attire tous les regards : le cardinal de Bérulle vient d'entrer, vêtu d'un habit court et chaussé de bottines de cuir blanc, le tout jurant si drôlement avec sa calotte rouge. Richelieu s'est approché et dit sourdement à la Reine : « — Je voudrais être aussi avant dans vos bonnes grâces que celui dont vous vous moquez ». « Dissimulant cette seconde picoterie, Marie de Médicis répond que l'estime qu'elle fait d'un cardinal ne diminue point les sentiments avantageux qu'elle a toujours eus pour l'autre (1). » Richelieu se tait. Il présente à la Reine les héros de la campagne, les maréchaux de Schomberg, de Bassompierre et de Marillac. Marie de Médicis n'a de paroles que pour Marillac. Richelieu éclate à la fin. Par un détour, il s'en prend aux deux amies de la Reine, la princesse de Conti et la duchesse d'Elbeuf, qui se sont bien gardées d'être là. Il sait que la cabale des dames a mis tout en jeu pour irriter la Reine contre sa nièce. Marie de Médicis ne se laisse pas mettre en défaut sur ce sujet, qui l'atteint au vif. Elle déclare froidement à son ancien favori qu'il se rend insupportable et, comme le Roi paraît, Richelieu demande la permission de lui parler dans la chambre voisine. Seul avec le Roi, il ouvre son cœur : depuis que La Rochelle a succombé, il est en butte à l'inimitié de toute la Cour; il supplie Sa Majesté de permettre qu'il se retire.

Le lendemain il fait appeler Mme de Combalet et M. de La Meilleraye, ses parents, placés par lui dans la maison de Marie de Médicis, et il leur enjoint de se retirer avec lui.

Louis XIII arrange encore une fois les choses malgré un tel

(1) Voir Mathieu de Morgues et *Mémoires de M. de Chizay*, p. 177-179. — Voir aussi Levassor, *Histoire de Louis XIII*, t. III, p. 379-381.

éclat : le cardinal écrira une lettre d'excuse. Il l'écrit et la porte lui-même en la baignant de ses larmes, ces larmes que Marie de Médicis connaissait bien.

Louis XIII « pleurant, à son tour, amèrement », — car on pleurait beaucoup, même avant le romantisme, — était parvenu à faire plier l'échine au cardinal.

Le 15 septembre, à trois heures et demie de l'après-midi, trois carrosses quittaient le grand perron de Fontainebleau, tournaient dans la cour du Cheval-Blanc et gagnaient le bourg. Ils se dirigèrent vers l'église, où Louis XIII se trouvait déjà pour « jurer », avec l'ambassadeur britannique, les articles de la paix d'Angleterre. Dans le premier carrosse, les deux Reines, la princesse de Conti et leurs dames d'honneur; dans le deuxième, les duchesses douairières de Montbazon et d'Halluin et la comtesse de Tresmes. Dans le troisième, le cardinal de Richelieu avec le garde des Sceaux Marillac, rapprochement qui symbolise une paix fourrée.

Mais huit jours se sont à peine passés qu'éclate un nouvel orage. Richelieu a prié la Reine de rétablir la pension d'Alexandre Sardini, vicomte de Buzançais, fils de ce Scipion Sardini, baron de Chaumont-sur-Loire, partisan italien qui s'était gorgé au service de Catherine de Médicis. La princesse répondit qu'elle avait supprimé cette pension à la demande du cardinal lui-même, mais que, « s'il était content » de M. Sardini, elle voulait qu'on lui « donnât satisfaction », le surintendant de sa maison n'ayant pas qualité pour gouverner en maître. La condescendance ironique de la Reine ranima une flamme mal éteinte : « Vous le pouvez faire payer de votre tête, s'écrie violemment le cardinal, aussi bien que vous avez donné de votre mouvement et sans me demander avis, une abbaye à Vautier, votre médecin. » Vautier! le vrai maniganceur de la brouille! La Reine bondit : « Vous vous abusez, si vous me croyez votre esclave. » Et elle tourne le dos. Et le cardinal voit bientôt arriver un valet de chambre, qui lui apporte son congé signifié par écrit.

Ainsi traité, il n'a plus qu'à quitter la Cour. En vain le Roi averti promet de le rétablir dans sa charge de surintendant de la maison de la Reine, Marie de Médicis est inflexible. Elle déclare à son fils que « son intention n'est point de le prier d'ôter la connaissance des affaires de son État au cardinal, s'il le juge utile à son service, mais de permettre qu'elle ne s'en serve plus dans les siennes, pour ne pas être obligée de traiter avec cet insolent ailleurs qu'en la présence du Roi et dans ses conseils ».

De quelles confidences, de quelles supplications la mère accabla-t-elle son fils? Toujours est-il que le cardinal croit devoir s'humilier de nouveau. Il écrit au Roi : « Sire, mon intention était ignorante et, à l'heure que mes mains écrivaient ce qui a déplu à Votre Majesté, mon cœur pensait à la servir. L'humeur de celle avec qui j'avais à traiter excuse mon action. Je pensais que toutes sortes d'insinuations m'étaient permises pour vous servir en vos contentements, que je ne pouvais aider par d'autres voies; car bien souvent, donnant le tort à Votre Majesté et la raison à elle qui en était privée, son opiniâtreté, vaincue de mon consentement, se tournait à vos volontés. Votre Majesté se souviendra que, m'ayant fait l'honneur maintes fois de me vouloir pour juge de vos différends, elle l'a refusé, disant que j'avais trop de passion à votre service (1). » Flèche du Parthe qui devait laisser son venin au cœur du Roi.

Quelques semaines après cette lettre, Louis XIII, alors à Malesherbes, mandait au cardinal : « Je ne manquerai de me rendre à Fontainebleau vendredi (19 octobre), à midi, auxquels jour et heure, j'espère vous y trouver. Assurez-vous toujours de mon affection, qui durera jusques au dernier soupir de ma vie. » Et, comme pour lui en donner un témoignage, le Roi chasseur voulait bien lui envoyer des nouvelles de *Monseigneur*, le cheval barbe que le ministre venait de faire acheter quelques semaines plus tôt et d'offrir à son maître (2) : « *Monseigneur* s'est mis un chicot dans le pied, j'ai envoyé chercher mon maréchal pour le lui ôter(3) » Mais qui ôtera jamais du cœur du Roi la flèche empoisonnée décochée par le cardinal?

---
(1) Avenel, *Lettres du Cardinal de Richelieu*, t. III. p. 437.
(2) Maximin Deloche, *La Maison du Cardinal de Richelieu*, p. 309.
(3) Marius Topin, *Louis XIII et Richelieu*, p. 143.

Réconciliation apparente ; départ.

Tout parut s'arranger encore : « Monsieur le Cardinal fit un superbe festin au Roi et aux Reines avec comédies, ballets et musiques excellentes. » Le maréchal de Bassompierre nous a laissé ce bref compte rendu de la fête qui se déroula vers la Noël 1629, dans l'hôtel de Rambouillet, que Richelieu avait acheté en 1624 et qu'il devait bientôt détruire, pour édifier son Palais-Cardinal. Richelieu, passionné de musique comme Louis XIII et qui se sentait quelquefois ému jusqu'aux larmes par certains airs italiens, peut goûter, plus encore que les sanglots des violons, la joie du triomphe. Non seulement, à la prière du Roi, la Reine mère a fini par lui rendre la surintendance de sa maison, mais elle a dû consentir à l'expédition de lettres patentes en vertu desquelles son ingrat protégé est nommé principal ministre d'État. Il possède officiellement le titre des fonctions qu'il exerce depuis le 13 août 1624. Ses pouvoirs sont immenses : « Le Roi ne s'est réservé que celui de guérir les écrouelles », murmurent à l'oreille les plaisants. Louis XIII est rentré à Paris, Richelieu lui ayant persuadé, non sans raison, que la présence royale était nécessaire au Louvre, tant que Monsieur intriguerait à la cour de Lorraine avec les ennemis de l'État. Le cardinal peut se passer quelques jours de la présence royale, il ne craint plus de laisser les gens qui le haïssent profiter de son éloignement pour travailler à sa perte : « Je sais, a-t-il déclaré à Louis XIII, que les plus raffinés courtisans ont pour maxime d'être le moins qu'ils peuvent absents de leur maître et jugent que les grands sont esprits d'habitude, auprès desquels la présence fait beaucoup. Ils croiront qu'ayant été mal avec la Reine, je puis aisément retomber en pareil malheur, ce qui enfin pourrait m'attirer la disgrâce de Votre Majesté. Je sais enfin que je m'expose à plusieurs accidents, dont les moindres sont ceux que l'on considère d'ordinaire à la guerre, mais puisqu'un serviteur n'est pas tel qu'il doit d'être, s'il ne sacrifie tous ses intérêts à ceux de son maître, lorsque l'occasion le requiert, toutes ces considérations ne m'empêcheront pas de marcher (1). »

Cette occasion c'étaient les nouvelles d'Italie qui l'avaient amenée. Richelieu avait gardé les fonctions de lieutenant général du Roi représentant sa personne aux armées d'Italie. Or, dès le mois de mai précédent, deux armées impériales et une espagnole avaient menacé les États du duc de Mantoue : la première, commandée par le comte de Mérode, s'était emparée de Coire, avait emprisonné Mesmin, ambassadeur de France auprès des Ligues grises, occupé les passages de Sturk ; la seconde sous le comte de Collalto, rejoignait bientôt la première. Une troisième armée de six mille hommes et trois mille chevaux, à la tête desquels marchait le marquis de Los Balbazès, qui avait remplacé don Gonzalès de Cordova comme gouverneur de Milan, s'apprêtait à investir Casal. La ville était assurément bien fortifiée, mais l'on n'y avait laissé sous le maréchal de Toiras qu'une garnison de trois mille soldats.

Ce n'étaient pas les représentations de Sabran, gentilhomme ordinaire du Roi, dépêché à Vienne pour se plaindre de l'invasion germanique en Valteline et obtenir au duc de Mantoue l'investiture de ses États, qui pouvaient arrêter l'avance des armées allemandes. La cour de Vienne avait répondu que le premier devoir du duc de Mantoue était de mettre les duchés en séquestre et d'attendre que Sa Majesté Impériale eût pris connaissance du droit des parties.

A Suse, malgré l'insistance du maréchal de Créqui, pressant le Savoyard d'unir ses troupes aux siennes, conformément au traité, pour chasser les envahisseurs, les Allemands n'avaient eu qu'à se montrer pour être maîtres du Montferrat : les villes ouvraient leurs portes et l'armée de Collalto campait sous les murs de Mantoue.

Richelieu se décide à aller voir les choses lui-même. Le 29 décembre 1629, il monte en carrosse vers les trois heures de l'après-midi et se dirige sur Fontainebleau. Il ne faut pas imaginer le

---

1) Père Griffet, *Histoire du Règne de Louis XIII*, t. I, p. 687-688.

prélat guerrier lisant son bréviaire en voiture, tandis qu'une centaine de seigneurs le suivent à cheval. Richelieu vient justement de recevoir de Rome la dispense écrite de la « récitation du saint office : Je la désire avec passion, avait-il confié au Père Bertin deux mois plus tôt, de laquelle Sa Sainteté ne fera, je m'assure aucune difficulté, puisque déjà elle l'a accordée de vive voix. J'ai aussi besoin qu'elle trouve bon qu'en ne publiant pas cette grâce qu'elle m'accorde, je ne la tienne pas cachée à tout le monde, afin que ceux qui connaissent le plus l'accablement auquel je suis, ne pensent pas que j'omette à satisfaire à une obligation comme est celle de l'office, sans en avoir licence (1) ».

Le cardinal de La Valette, le duc de Montmorency, le maréchal de Schomberg sont assis dans le carrosse aux côtés de Richelieu (2). A cet entourage de choix, il manque le cardinal de Bérulle, qui est mort depuis plus de deux mois. Les méchantes langues ont répandu le bruit que Richelieu l'avait empoisonné : « Je suis extrêmement fâché des calomnies qu'on a fait courre et à Rome et en France, écrivait le cardinal au lendemain de la mort de Bérulle. Je fais tout ce qu'il m'est possible pour les dissiper, faisant voir à tout le monde que la grande vertu du défunt et la façon avec laquelle nous avons toujours vécu ensemble, ôte tout lieu de croire ce que les faux bruits ont répandu avec si peu d'apparence. J'honore la mémoire du défunt et ferai toujours un cas particulier de ceux qui le touchent, et notamment de la compagnie qui a pris naissance sous sa conduite. » En être réduit à ce genre d'explications, quand on est le grand ministre d'un grand Roi ! Non pas que le cardinal ait à regretter la disparition du saint fondateur de l'Oratoire. Ils étaient dans deux camps différents, ce qui est permis, et ils ne s'aimaient plus, ce qui est conforme aux mœurs de la politique. Richelieu, dans ses *Mémoires*, prend la peine d'excuser son dévot collègue, qui ne goûtait ni l'alliance anglaise ni les Jésuites : « Cette bonne âme, dit-il, ne se portait pas à ces extrémités par animosité aucune ; il n'en avait contre personne, mais bien se rendait-il si ferme en ses pensées, parce

(1) Avenel, *Lettres du Cardinal de Richelieu*, t. III, p. 459.
(2) Père Griffet, *Histoire du Règne de Louis XIII*, t. I, p. 688.

qu'il croyait qu'elles étaient conformes à la volonté de Dieu. Son erreur n'était pas vice de volonté, mais d'entendement, qui croyait volontiers voir dans les secrets de la Providence divine, qu'il ne voyait pas (1). »

Au cours des négociations entamées depuis quelques mois pour réconcilier Monsieur avec le Roi, Bérulle avait réclamé pour Gaston le gouvernement des provinces frontières, Champagne ou Bourgogne; en l'absence de Richelieu, il avait conseillé au Roi d'accorder à Monsieur une augmentation d'apanage. On pense si le maladroit conseiller s'était heurté à une volonté arrêtée et à un sec refus : confier les entrées de la France à ce poltron rebelle ! Et Bérulle ayant insisté auprès de Richelieu, celui-ci lui avait répondu plaisamment qu'il « se trouvait fort heureux lui-même, quand on voulait bien suivre les avis qu'il donnait ». Le Roi offrit à son frère Amboise, le gouvernement d'Orléans et cent mille livres de rente sur le domaine de Valois et en plus cinquante mille écus comptant, ce qui fut accepté avec empressement le 2 janvier 1630.

Le carrosse de Richelieu a franchi la porte de la ville, l'immense train du cardinal est là qui attend l'arrivée du maître. Les gardes à cheval, l'épée à la main, ont le pot en tête et la taille serrée dans le corselet, le mousqueton avec son bassinet plein de poudre, placé en travers de la selle, la mèche allumée entre les têtières (2). Les carrosses de la suite sont attelés ainsi que le fourgon où les serviteurs du cardinal ont chargé ses hardes et son argenterie. L'escadron des pages caracole sur le pavé, tandis que huit compagnies des gardes, parties trois jours auparavant (3), s'échelonnent au loin vers Fontainebleau. Richelieu veut y dire la messe le 1ᵉʳ janvier. On annonce un courrier d'Italie : c'est le sieur Bachelier, envoyé de Suse au cardinal par le maréchal de Créqui. Richelieu lit la dépêche et commande à Bachelier d'aller au Louvre : que le courrier du maréchal explique à Sa Majesté que l'abbé Scaglia et Mazarin sont venus pour la seconde fois à Turin proposer de la part du Saint-Siège une sus-

---

(1) *Mémoires du Cardinal de Richelieu*, éd. Petitot, t. V, p. 76.
(2) Maximin Deloche, *La Maison du Cardinal de Richelieu*, p. 452.
(3) Levassor, *Histoire de Louis XIII*, t. III, p. 409.

pension d'armes. Le cardinal décide de continuer sa route et, enfoncé dans son carrosse aux mantelets fermés, il médite, tout « joyeux de la bonne nouvelle (1) ».

Richelieu descendit le 18 janvier à Lyon, chez son frère aîné, l'ancien Chartreux dom Alphonse, qu'il avait arraché au cloître en 1626 pour le faire nommer archevêque d'Aix, puis de Lyon (1628). L'archevêque de Lyon, cardinal depuis la fin de l'année 1629, était allé au Louvre recevoir la barrette des mains de Louis XIII. Le cardinal ministre ne se trouva pas bien à l'archevêché. Le 27, il était installé aux jardins d'Ainay, dans une maison sise au confluent du Rhône et de la Saône. C'est là qu'il convoqua le duc de Montmorency, les maréchaux de La Force, de Schomberg et de Bassompierre et le marquis d'Alincourt, lieutenant général. Il avait reçu la veille le comte de Saint-Maurice, qui lui avait apporté un message du duc de Savoie : Charles-Emmanuel offrait à l'armée française le passage sur ses terres ; le prince de Piémont avait franchi le petit Saint-Bernard en plein hiver, pour venir à Turin ; il était prêt à s'aboucher avec le cardinal, en territoire neutre, au pont de Beauvoisin. Richelieu doit-il accepter cette entrevue ? Alincourt n'y voit pas d'inconvénient ; Schomberg et La Force sont d'avis qu'on refuse et qu'on marche. Bassompierre penche pour l'entrevue (2) : il sera toujours temps de refuser à Beauvoisin les propositions de M. de Piémont. Richelieu se prononce dans le sens de Schomberg et de La Force. Il sait par une dépêche du maréchal de Créqui, datée du 13, que M. de Savoie cherche à le « divertir de passer les monts avec l'armée du Roi ou au moins à faire les conditions avec lui, avant qu'il soit le plus fort dans ses États » ; il sait trop qu'on ne lui accordera le passage que par des chemins impraticables, de véritables « routes d'ours ». Il a reconnu « la façon accoutumée de Savoie à traiter, qui est de cacher le serpent sous les fleurs ». Et il se méfie d'autant plus, qu'étant resté enfermé trois heures durant avec Jules Mazarin, gentilhomme attaché à Panzirolo, nonce extraordinaire à Turin, il a reconnu en lui « le plus beau

(1) *Mémoires du Cardinal de Richelieu*, éd. Petitot, t. V, p. 355.
(2) *Mémoires du Maréchal de Bassompierre*, t. I, p. 73-74.

génie » qu'il ait jamais rencontré, l'esprit « qui entre le plus heureusement dans les négociations et dans les affaires ». Le cardinal refuse à l'insinuant Italien, qui sera quelque quinze ans plus tard son successeur, la suspension d'armes qu'il demande ; il déclare que la France veut « une paix prompte et assurée et par conséquent sans suspension (1) ». Dès le surlendemain 29 janvier, il quitte Lyon, tant il craint de « perdre le temps, qui est le plus précieux trésor non seulement de la guerre, mais de toutes les glorieuses entreprises (2) ».

Et comme il ne cesse point de songer aux mauvais offices que peut lui rendre la Reine mère, comme il espère toujours désarmer sa haine, il ne part pas sans lui écrire : « Madame, M. le Général d'Avignon m'ayant envoyé un morceau de la vraie croix, que je lui avais demandé il y a quelque temps pour Votre Majesté, je n'ai pas voulu manquer de le lui envoyer aussitôt. » L'été précédent, c'étaient des chapelets « qu'il avait la hardiesse de lui envoyer » de Pézenas, « comme s'ils étaient dignes d'elle ». Inutiles présents. En vain, il supplie Mme de Combalet d'obtenir que les lettres que lui écrira la Reine, soient « du génie » de Sa Majesté « aimant mieux, dit-il, trois lignes en ce genre que des feuilles entières du style 401619221027 (Denis Bouthillier, seigneur de Rancé, secrétaire de Marie de Médicis), qui est bon pour d'autres, mais non pour une ancienne créature (3) ». Peine perdue. Sa politique en Italie suffit à exaspérer la dangereuse ennemie qu'il a laissée à Paris : « J'ai bien peur, ajoute-t-il, qu'elle ne me canonisera point pour lui prédire la paix, ne voyant pas, à mon grand regret, que les affaires s'y disposent. »

Richelieu s'arrête à Grenoble, puis à Embrun, « la ville la plus haute de France ». Le 27 février, il se retrouve à cinq lieues de Suse, à Oulx, le vilain petit village qui lui a fait si mauvaise impression l'année précédente à pareille époque. Dans cette bourgade perdue des Alpes, Richelieu est attentif aux bruits qui lui arrivent de la Cour. Le Roi écrit que le duc d'Elbeuf est venu lui

---

(1) *Mémoires du Cardinal de Richelieu*, éd. Petitot, t. V, p. 386.
(2) *Ibidem*, p. 374.
(3) Avenel, *Lettres du Cardinal de Richelieu*, t. III, p. 526.

parler du cardinal avec une insolence qu'il ne supportera plus à l'avenir (1). Richelieu est souvent mieux informé que le Roi. Il écrit à Bouthillier en langage chiffré : « Je vous dirai de plus sur le sujet d'Amadeau (le cardinal), — mais je supplie 515239100 (le Roi, la Reine mère et Bouthillier) qu'aucun autre ne le sache, — je sais d'un homme de très grande qualité qui a ouï de ses oreilles 57 (le duc de Guise) proposer de faire une union entre certains grands pour mettre par terre 67 (le cardinal) et qu'il était nécessaire d'en chercher les moyens. Je sais bien que ce personnage n'est pas homme à faire tout ce qu'il dit, mais il est hardi à proposer tels desseins et puis il s'en retire, s'il peut : témoin l'union des grands qui fut faite contre le maréchal d'Ancre, dont il fut auteur. Il dit que j'abats les grands et que les grands doivent avoir même dessein de moi. » Richelieu estime que les grands n'ont point tort de le haïr, il est fier des haines qu'il soulève. C'est alors qu'il dicte cette phrase magnifique de fermeté et de concision, la plus simple et la plus belle justification de toute sa vie : « Ce m'est gloire d'être en butte à tout le monde pour le service du Roi; grâces à Dieu, ce qui me console est que je n'ai pas un seul ennemi pour mon particulier, que je n'ai jamais offensé personne que pour les services de l'Etat, en quoi je ne fléchirai jamais, quoi qui me puisse arriver (2). »

Il ne fléchit pas non plus dans ses négociations incessantes avec le Savoyard et, si parfois il semble plus accommodant, c'est pour gagner du temps. Le duc de Savoie lui fait demander par le maréchal de Créqui la restitution de la vallée de Cisery. Le cardinal ne la refuse pas, à condition que le prince rompe avec l'Espagne dans les affaires concernant l'État de Milan. Il n'ignore pas que cette vallée de Cisery est tellement ouverte du côté de la France, qu'elle est à sa merci (3). Le duc de Savoie désire que l'on juge son différend avec le duc de Mantoue : accordé. Il veut, s'il entre en campagne, que la France lui paye « les gens de guerre qu'il aura au-dessus de dix mille hommes et douze cents

---

(1) *Mémoires du Cardinal de Richelieu*, éd. Petitot, t. V, p. 397.
(2) Avenel. *Lettres du Cardinal de Richelieu*, t. III, p. 547.
(3) *Mémoires du Cardinal de Richelieu*, éd. Petitot, t. V, p. 419, 422.

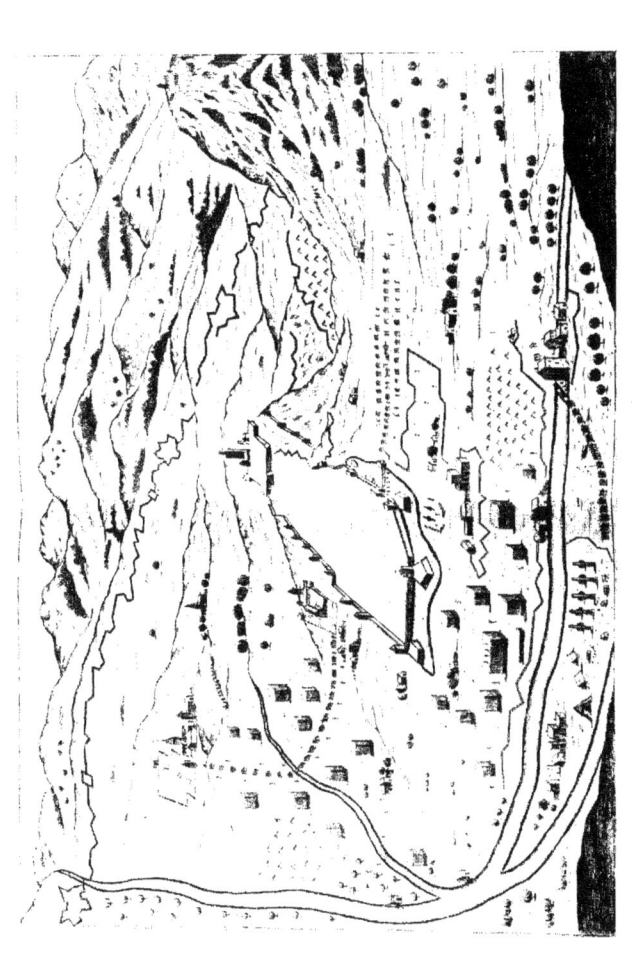

LA PLACE DE PIGNEROL.
d'après : *Les Triomphes de Louis le Juste*, par Charles de Beys.

chevaux jusque au nombre de vingt mille hommes et deux mille chevaux : accordé. Il désire qu'on lui permette d'attaquer Gênes : on examinera cette proposition avec le prince de Piémont. Mais le cardinal, si conciliant, est bien résolu de ne pas augmenter inutilement les ennemis du Roi en laissant le Savoyard offenser la République ligurienne.

A trompeur trompeur et demi. Pendant tous les voyages du maréchal de Créqui et ces pourparlers infinis, Casal, songe-t-il, se remplit de vivres, que le Roi paye très cher, alors que les princes de Savoie les réquisitionnent « pour rien » sur leurs sujets. Tout se ramène à la question d'argent et, sous prétexte de livrer passage à l'armée française, ces gardiens des Alpes prétendent devenir ses « munitionnaires, ses voituriers », bref faire tomber tout l'argent « dans leurs coffres (1) ».

Vers Pignerol.

Cependant les troupes royales avancent. L'armée du maréchal de La Force a passé le Mont-Cenis malgré le froid, « incroyable à qui ne l'a ressenti, mande à la marquise de La Force le 24 février 1630, au lendemain du passage, le marquis de La Force, fils aîné du maréchal : j'avais ma hongreline fourrée, un capuchon sous le chapeau doublé de pane, des gants fourrés et un manchon de loutre et une peau d'agneau, qui me fit grand bien, et trois bas de laine ; je n'eus incommodité qu'au visage, car le vent lève la neige en sorte qu'elle vous aveugle presque, et le vent est si tranchant, qu'il vous coupe le visage..... Mon cheval me tomba deux fois, mais sans mal, Dieu merci ; je pouvais encore moins me tenir à pied qu'à cheval, car la montagne est si droite et si glissante, que, quand on pensait avancer un pas, on en reculait deux, ce qui vous met incontinent hors d'haleine, et, si vous vous arrêtez, vous êtes incontinent gelé (2). »

Mais voici que, de nouveau,

La Savoie et son duc sont pleins de précipices.

(1) *Mémoires du Cardinal de Richelieu*, éd. Petitot, t. V, p. 423.
(2) *Mémoires du duc de La Force*, t. III, p. 315.

238 UN NOUVEAU JÉSUITE DANS L'AFFAIRE.

Entre en scène, en effet, un des plus curieux personnages du drame diplomatique : le Père Monod. Cet entreprenant supérieur des Jésuites de Turin, a prié le cardinal de lui accorder une audience. Il est reçu et que propose-t-il? de marier Mme de Combalet au cardinal de Savoie et il exhibe une lettre de ce prince de l'Eglise, cardinal laïque de trente-sept ans, pourvu du chapeau depuis l'âge de quatorze. Richelieu hausse les épaules et soudain, plus Jésuite que le Jésuite, il feint de « mordre à la pomme ». Un tel honneur ne pourrait s'obtenir que par « le consentement et le commandement du Roi et de la Reine sa mère ». Le Père Monod, au dire des *Mémoires* du cardinal, « se remit sur les échanges dont il avait été parlé l'année de devant. Sur quoi le cardinal fit autant le froid qu'il était besoin pour l'échauffer en ce point et commença à faire connaître par lui au duc que son Veillane(1) et l'armée qu'il y tenait commençaient à nous importuner l'esprit de telle sorte qu'il était impossible de le souffrir davantage et demeurer en bonne intelligence (2) ». Le 1er mars il écrivait au cardinal de Savoie : « Monsieur, j'ai reçu à beaucoup de faveur le témoignage que vous me rendez de votre souvenir, par la lettre que m'a rendue de votre part le Père Monod. Je fais tant d'état de toute votre maison que, témoignant son affection, comme je ne doute point qu'elle ne le fasse, au consentement du Roi et à ses affaires, qui seront toujours les siennes, je n'oublierai rien de ce qu'il me sera possible pour le servir en toutes occasions. Je ne m'éloignerai point de la paix, dont il vous plaît de me parler, pourvu qu'elle soit prompte et sûre, mais je doute que ceux qui troublent le repos de l'Italie la veulent ainsi (3). »

D'après cet amphigouri on pourrait croire que Richelieu « mordit à la pomme » avec un certain appétit. Dans ses *Mémoires*, il raille le Père Monod et sa proposition : « Tant les esprits sont merveilleux, qu'ils forgent tous les jours nouvelles chimères et

---

(1) Village situé dans la vallée de la Doire Ripaire à sept lieues de Suse, six de Turin.
(2) *Mémoires du Cardinal de Richelieu*, éd. Petitot, t. V, p. 452.
(3) Avenel, *Lettres du Cardinal de Richelieu*, t. III, p. 552-557.

croient que tous les hommes sont des sots excepté eux (1). » Mais le Jésuite était un homme de ressources et peut-être avait-il, plus que le cardinal ne l'avoue, pénétré l'impénétrable.

Voici de nouveau le prince de Piémont. On le trouve le 4 mars à Brezoles près de Turin, le 8 à Bussolin. « Les civilités sont grandes de part et d'autre (2) », plus grande encore l'habileté du ministre. Il fait miroiter aux yeux du prince de Piémont tout ce que le duc de Savoie a désiré toute sa vie : et la restitution de la vallée de Ciscry avec le Pont-de-Grésin, et le jugement du partage du Montferrat, et la possession des places qui seront prises au duché de Milan, et la conquête de Gênes. Mais il demande que le duc de Savoie joigne ses forces aux troupes du Roi, fournisse à l'armée royale tout le blé nécessaire, et cesse de faire travailler aux murailles de Veillane.

Le prince répond évasivement, assure « qu'il le voudrait pouvoir faire, mais qu'il ne le peut ». Le cardinal finit par se lasser. Ni les hommes ni les chevaux ne se nourrissent de belles paroles. Richelieu voit bien que Charles-Emmanuel voudrait embarquer l'armée du « Roi dans un pays étranger, sans vivres et la tenir à sa merci entre les forces d'Espagne, de l'Empereur et les siennes ». Le 13, il quitte Suse en compagnie des maréchaux de La Force et de Schomberg, ses lieutenants. Son carrosse avance, au milieu de l'armée, dans la plaine de Montolins. Il avait pris dans sa voiture un fort joli enfant qui parfois descendait, allait « folâtrer » dans toute l'armée et courait redire au cardinal tout ce qu'il avait entendu, « grand disciple », malgré son jeune âge, « d'un si grand maître (3) ». Le cardinal s'arrête à Caselette à trois lieues au nord de Turin. Eh quoi, va-t-il foncer sur la capitale du Piémont? M.M. de Savoie se le demandent. Conférences sur conférences, ambassades sur ambassades. Rien n'aboutit. Le cardinal s'apprête à passer la Doire, et l'armée du Savoyard à lui disputer le passage, mais lorsque, la nuit du 18 au 19 mars, le cardinal et ses gardes arrivent aux gués reconnus dès la veille, les troupes de Savoie

---

(1) *Mémoires du Cardinal de Richelieu*, éd. Petitot, t. V, p. 452.
(2) Avenel, *Lettres du Cardinal de Richelieu*, t. III, p. 564.
(3) *Mémoires du Sieur de Pontis*, t. II, p. 2 et 3.

ont déguerpi, elles sont allées s'enfermer dans Turin. La Doire et la campagne sont libres.

L'infanterie fait un détour à la recherche d'un pont, la cavalerie descend dans les gués. L'un des gentilshommes, M. de Pontis, regarde avec surprise, précédé de deux pages à cheval, qui portent l'un les gantelets, l'autre « l'habillement de tête » de leur maître, Richelieu, également à cheval, s'avançant dans son habit feuille morte, brodé d'or, la taille prise dans une cuirasse couleur d'eau, une belle plume à son feutre. Le cortège entre dans la rivière. A droite et à gauche du cardinal, deux autres pages montés tiennent par la bride le coureur de grand prix sur lequel chevauche le prélat. Derrière lui, son capitaine des gardes. Richelieu gagne l'autre rive, l'épée au côté, les pistolets à l'arçon de la selle. D'un geste impérieux, il écarte les pages et soudain fait voltiger son coureur (1), comme s'il goûtait un plaisir raffiné à montrer à tant de gentilshommes qui le contemplent, qu'il est un des leurs, que le cardinal-évêque, généralissime de l'armée du Roi, fut jadis l'un des meilleurs élèves de l'*Académie* et apprit comme eux « la perfection du cavalier ».

Un fort beau temps, moins beau cependant que celui de la veille, où il semblait à chacun que l'été fût venu (2), ajoutait encore à l'intérêt du spectacle. Mais vers trois heures de l'après-midi, le ciel se couvrit de lourds nuages noirs et la plus effroyable des averses de pluie, de grêle et de neige creva sur l'armée, qui se hâtait vers le bourg de Rivoli. Les soldats courbaient le dos sous ce déluge et « donnaient le cardinal et tous ses gens au diable ». Richelieu, qui était remonté en carrosse, ne perdait rien de ces aimables propos. Voyant passer M. de Puységur, qui remplaçait ce jour-là le major des gardes, il l'appela et lui dit : « Les soldats des gardes sont fort insolents, n'entendez-vous pas bien ce qu'ils disent de moi? — Oui, je l'entends bien, répondit Puységur, mais, pour l'ordinaire, quand les soldats souffrent ou ont du mal, ils ne manquent jamais de donner au diable tous ceux qu'ils en croient les causes. Quand ils sont à leur aise, ils disent toujours du bien

(1) *Mémoires du Sieur de Pontis*, t. II, p. 4.
(2) *Mémoires du Cardinal de Richelieu*, éd. Petitot, t. V, p. 485.

du général de l'armée et s'enivrent souvent en buvant à sa santé.
— Il faudrait pourtant, reprit le cardinal, leur défendre de dire tant de sottises. » M. de Puységur s'inclina et dit : « Je le ferai et ne manquerai pas de leur commander d'être plus sages, en leur donnant l'ordre. »

Le carrosse arrivait au bourg de Rivoli. Une partie de l'armée s'y trouvait déjà, bien au sec dans les maisons et faisant bombance. Tandis que la voiture roulait dans le village vers le château qui couronnait l'une des trois collines de Rivoli, le généralissime entendait les soldats se réjouir et boire « à la santé de ce grand cardinal de Richelieu ». « Le soir, nous confie Puységur, allant pour recevoir l'ordre de lui, parce que les gardes en ce temps-là ne le prenaient que du seul général de l'armée du Roi, quand il commandait en personne, et jamais des lieutenants généraux, quoiqu'ils fussent maréchaux de France, il me dit que nos soldats avaient bien changé de discours et me demanda si cela venait de ce que je les avais avertis. Je dis que non et que j'attendais à leur défendre de mal parler de lui dans le temps que je leur donnerais l'ordre. Il trouva bon que je n'en parlasse point, mais que je ne manquasse pas de faire avertir les gardes de se tenir prêts de grandissime matin (1). »

Nul ne connaissait le dessein pour lequel Richelieu allait devancer le soleil, le duc de Savoie moins que personne. La Doire à peine traversée, le cardinal lui avait envoyé Servien, secrétaire d'Etat, pour lui dire que « son intention n'était pas de tâcher à lui faire du mal, mais seulement d'empêcher qu'on n'en fît » à l'armée du Roi. Le duc n'avait voulu ni recevoir Servien, « ni permettre qu'il vît Madame, ni le nonce, ni l'ambassadeur de Venise (2) ». Rien n'avait pu le faire revenir sur sa résolution. Mais il avait consenti à demander un passeport pour un ambassadeur qui viendrait traiter en son nom avec le cardinal. Rien n'était venu. Cependant un millier d'hommes, détachés de l'armée de Son Altesse, étaient partis pour secourir Pignerol.

On était au 20 mars, le cardinal marchait sur Turin. Avant-

---

(1) *Mémoires de M. de Puységur*, t. I, p. 83-85.
(2) *Mémoires du Cardinal de Richelieu*, éd. Petitot, t. V, p. 485-486.

garde et canons s'approchaient à une lieue des remparts. Peu rassuré dans sa capitale, quoiqu'elle fût protégée par un circuit de murailles si étendu qu'il fallait une heure et demie pour le parcourir, le Savoyard fit revenir les mille hommes en route pour Pignerol. C'est la faute qu'attendait Richelieu. Il tourne subitement son arrière-garde vers Pignerol, s'y achemine avec le gros des troupes. Le 21, il paraît à l'improviste devant la ville et l'investit. Les tranchées se creusent rapidement sous une pluie torrentielle, l'eau monte aux assiégeants jusqu'à mi-jambe : le 22, attaquée par les maréchaux de La Force et de Créqui, la place capitule et le fort voisin de La Pérouse se rend sans résistance.

Le comte Urbain de Lescalangua, qui commandait Pignerol, s'était retiré dans la formidable citadelle dominant la ville. Huit jours plus tard, le samedi 28 mars, à six heures du matin, le cardinal, qui se préparait à gagner La Pérouse, adressait au maréchal de La Force un billet où frémissait toute sa passion de vaincre : « Monsieur, vous me donnez la vie, quand vous vous résolvez de pousser vertement l'attaque du bastion qui prendra la citadelle assurément. Je vous supplie d'y faire l'impossible, car de là dépend le tout... Je vous prie que je sache ce soir le travail que vous pensez faire cette nuit et quand vous serez attaché au bastion, car cela me console et je me promets qu'il vous réussira quelque chose de bon, si l'on y est bientôt (1). »
On y fut le lendemain. Ce dimanche 29 mars, jour de Pâques de l'année 1630, la citadelle ouvrait ses portes. Richelieu ne craignait plus que, du côté de Suse, Veillane lui coupât les communications avec la France. Pignerol et La Pérouse lui permettaient de recevoir aisément les vivres du Dauphiné. Adossé aux montagnes, à huit lieues de Turin, il était en situation d'inquiéter le duc de Savoie et de lancer des pointes à travers la vaste plaine du Pô. Il pouvait même se dispenser d'aller au secours de Casal : si le duc de Mantoue perdait cette ville, le cardinal avait d'assez bons gages entre les mains pour se la faire rendre.

(1) Avenel, *Lettres du Cardinal de Richelieu*, t. III. p. 597-598.

Le garde des Sceaux contre le cardinal.

« Je prends la plume pour vous conjurer de dire franchement au Roi quand vous estimerez qu'il le faille purger, et ne lui celer point ce que vous estimerez nécessaire pour sa santé. Il est prince si bon et si judicieux, que si votre procédé lui déplait d'abord, il en sera bien aise en effet. » C'est au médecin de Louis XIII, à M. Bouvard, que Richelieu écrit de Pignerol en cette fin de mars, ce fameux Bouvard qui, assure-t-on, ordonna quarante-sept saignées en une seule année à son infortuné client. Le cardinal est également pour les remèdes énergiques, il continue à dicter : « Mieux vaut en ce point lui déplaire un peu pour lui être utile que de se rendre complaisant à son préjudice. Si vous pensez qu'alléguer ma considération porte Sa Majesté à vous croire et à user des remèdes que vous lui ordonnerez, vous pouvez vous servir de mes lettres et les lui montrer, étant certain qu'elle me pardonnera volontiers le conseil que je vous donne de la presser pour sa santé, qui me sera toujours en plus singulière recommandation que ma propre vie. Cependant vous me ferez un plaisir indicible de me mander toujours l'état de sa disposition (1). »

Le cardinal a besoin d'un roi bien portant, car il désire par-dessus tout que Louis XIII vienne se mettre à la tête de son armée d'Italie. Monsieur, revenu à Paris, est rentré dans le devoir, d'assez mauvaise grâce d'ailleurs. Louis XIII a devancé le désir du cardinal et déjà il est en route. Il séjourne à Troyes, pour prendre en main l'armée que Monsieur commandait en Champagne; il veut, selon l'occurrence, contenir le duc de Lorraine, ou gagner la Savoie et le Piémont. Les conseils de Bouvard ont fait merveille. Le 6 avril, M. de Saint-Simon, le premier écuyer, écrit au ministre : « Le Roi doit prendre ce soir un lavement par précaution, il s'accoutume petit à petit à user de ces petits remèdes, qui lui font grand bien (2). » Et Bouvard en

---

(1) Avenel *Lettres du Cardinal de Richelieu*, t. III, p. 608-609.
(2) *Ibidem* p. 608, note.

personne prend sa plume, pour laisser espérer au cardinal un réconfort autrement précieux : l'espoir d'un héritier qui écarte à jamais du trône l'indésirable Gaston. Voilà un bulletin de santé que Richelieu lit sans déplaisir.

Et en voici un autre du même Bouvard, plus circonstancié, accueilli avec non moins de satisfaction : « Depuis la hardiesse que nous avons prise de toucher au Roi le fait que tant de fois vous m'avez recommandé, depuis sa purgation, il y a dix ou onze jours, et depuis la bonne nouvelle de votre part, jamais Sa Majesté ne fut si gaie, si joyeuse, si contente, jamais plus d'attraits de douceur et d'amour. J'espère qu'en ce temps qui y est bien propre, l'esprit étant éloigné de chasse, l'effet tant désiré de tout le monde et de vous particulièrement réussira. Une chose me peine, l'interruption de cette douce conversation par le voyage et surtout en ces montagnes où les Reines à peine pourront-elles aller (1). » L'excellent docteur a la médecine courtisane. Louis XIII est arrivé à Lyon et il y laisse les Reines. Richelieu de son côté, confiant Pignerol aux maréchaux de La Force et de Schomberg, va au devant du Roi et, le 10 mai, est près de lui à Grenoble.

Pignerol à peine conquise, les envoyés du Pape demandent que cette ville soit restituée au duc de Savoie. Richelieu, à Pignerol, avait repoussé les prières du nonce Panzirolo, Louis XIII, à Lyon, celles de Mazarin. A Grenoble, Roi et ministre refusent de plus belle. Le conseil s'assemble avec les maréchaux de Créqui, de Châtillon et de Bassompierre, les maréchaux de camp Contenant et du Hallier. Louis XIII écoute le rapport que lui fait le cardinal sur la « négociation pour la paix ».

Créqui et Bassompierre, favorables à la paix, jugent cependant qu'elle est impossible et concluent à la continuation de la guerre. Châtillon et les maréchaux de camp estiment que les conditions offertes sont irrecevables (3). Comment consentir que l'investiture soit donnée au duc de Mantoue trois semaines seulement après la signature d'un traité ; que la garnison française

---

(1) Avenel, *Lettres du Cardinal de Richelieu*, t. III, p. 609, note.
(2) *Mémoires du Cardinal de Richelieu*, éd. Petitot, t. VI, p. 77.
(3) *Ibidem*, p. 84-85.

soit chassée de Casal; que les prétentions du duc de Savoie sur le Montferrat soient satisfaites; que Suse, Pignerol, toutes les conquêtes du Roi soient restituées le jour où l'Empereur rendrait les passages des Grisons? Comment admettre que les infractions au traité de Monçon ne soient pas réparées? L'intérêt et l'honneur du Roi s'y opposent.

Richelieu va saluer Marie de Médicis à Lyon. Louis XIII lui commande de lire son rapport à la Reine mère et de prendre son avis. La Florentine semblait n'avoir conservé nul ressentiment contre le cardinal : « Elle vit fort doucement, écrivait un mois plus tôt à Richelieu le Père Suffren, je viens tout maintenant de l'entretenir selon l'ordinaire des samedis; ce n'a pas été sans parler de vous et la porter toujours à reconnaître les obligations que l'Église et la France vous ont et à oublier toutes les appréhensions du passé. Je n'ai pas eu en cela beaucoup de peine, son bon sens naturel ne pouvant choquer de si claires vérités (1). » Si la Reine mère eût alors parlé sous le sceau de la confession, sans doute, ainsi que l'observe M. Avenel, eût-elle donné un acquiescement moins complet aux paroles du bon confesseur. Richelieu sait à quoi s'en tenir et c'est l'âme inquiète qu'il fait sa révérence. Premier accueil convenable; lecture du rapport à la Reine en présence du garde des Sceaux Marillac et du duc de Montmorency. Le cardinal « ajouta que la question était s'il valait mieux laisser tomber Casal, dont la perte n'était pourtant pas assurée, et prendre en même temps la Savoie pour contre-échange et garder Pignerol et tout ce qu'on avait dans le Piémont, ou faire une paix à mauvaises conditions pour sauver Casal, dont la sûreté dépendrait plus que jamais de la volonté et de la foi des Espagnols, et ainsi perdre par un traité faible et honteux la réputation que le Roi avait acquise par tant d'actions, dont il s'ensuivrait bien d'autres maux (2) ». Lorsque Richelieu eut achevé sa lecture, le chancelier se mit à lire un mémoire qui certainement avait été rédigé de connivence avec la cabale de la Reine mère : La paix certainement est nécessaire. Le

---

(1) Avenel, *Lettres du Cardinal de Richelieu*, t. III, p. 679, note.
(2) *Mémoires du Cardinal de Richelieu*, t. VI, p. 85, éd. Petitot.

Roi, que son courage expose « aux fatigues, hasards et incommodités ordinaires de la guerre », la Reine et tous les fidèles sujets désirent de « faire cesser des occasions » si dangereuses. Les « misères et afflictions du peuple de France, qui languit sous de très grandes et incroyables pauvretés », font un devoir au Roi de se porter vers cette fin rapide de toutes les hostilités. Les villes sont en proie à des émeutes, les armées françaises ont été vaincues en Italie sous les prédécesseurs de Sa Majesté. Verra-t-on cette fois M. de Savoie « se revêtir des dépouilles » de M. de Mantoue; l'Empereur et les Espagnols garder à jamais les passages des Grisons, d'où s'écouleraient et s'étendraient par toute l'Italie « des inondations d'Allemands »? Pignerol et Suse aux mains de la France ne sauveraient pas M. de Mantoue. La passion rend ingénieux : Marillac ose rappeler que jadis « la prière des dames et le bon accueil fait (dans Turin) à l'un de nos rois (Henri III) ont fait rendre ces bonnes villes que nous tenions et possédions (alors) « paisiblement et justement ». Les Français ont si peu de persévérance en leurs desseins, que la même faute est toujours à craindre. La France court donc risque de demeurer « dépouillée des passages des Grisons et se dépouillerait elle-même » de Suse et de Pignerol (1).

Le cardinal regardait le vieux garde des Sceaux à la face congestionnée, déjà envahie par l'herpès. Il prenait en pitié cet homme de soixante-sept ans, qui se laissait entraîner par l'ambition et par les « vieux bouillons d'un autre âge », dans une intrigue sans issue et si dangereuse pour le bien public. Ce qui était en cause, c'était la grandeur de la France et la gloire du Roi. Comment ne pas secouer du pied toutes ces misères?

Le garde des Sceaux achève sa lecture : « La piété et la justice, qui sont deux colonnes qui soutiennent les États, sont encore en une grande débilité, travaillent beaucoup à se remettre et ne le peuvent faire qu'en paix. »

Sur ces déclarations à double sens, Marie de Médicis prend la parole; et que déclare-t-elle? « qu'on ne peut faire la paix en excluant les Français de Casal, ni en donnant le partage de

(1) *Mémoires du Cardinal de Richelieu*, éd. Petitot, t. VI, p. 86-89.

M. de Savoie comme il le demande », de même « sans vider les différends d'entre les Valtelins et les Grisons (1) ». La Reine désirait la paix avec passion, mais non au prix de l'honneur. Or Richelieu savait que le sentiment de la Reine était juste à l'opposé de ces déclarations; mais qu'elle n'osait manifester sa véritable opinion, de peur de se ruiner en l'esprit du Roi et celui de toute la France (2) ». Ces déclarations étaient donc un jeu pour entretenir la discussion, rien autre chose. Le duc de Montmorency pense comme la Reine. Le cardinal reprend les points par lesquels on a essayé d'ébranler son propre système et son procédé prudent : « Toutes les raisons mises en avant par M. le Garde des Sceaux, dit-il, font clairement paraître que la paix est à désirer; je l'ai toujours souhaitée pour ces considérations et n'ai rien omis de ce que j'ai pu imaginer pour la procurer. Votre Majesté et M. le Garde des Sceaux savent bien que, par une dépêche que je fis au Roi après la prise de Pignerol, je n'oubliai point à représenter les inconvénients qui arriveraient de la continuation de la guerre, et les raisons qui pouvaient porter à acheter la paix au prix de la restitution de Pignerol. Vous savez aussi qu'on ne me fit autre réponse à cette dépêche, sinon que le Roi avait pris le parti le plus généreux et venait attaquer la Savoie. »

Nonobstant, pour ne pas fermer la porte aux négociations de la paix, le cardinal a écrit en partant une nouvelle lettre à la princesse de Piémont. Tout ce qu'on peut faire pour obtenir la paix a été fait. A qui incombe maintenant la responsabilité de la guerre?

« Les raisons apportées par M. le Garde des Sceaux, continue Richelieu, font encore voir qu'on ne peut faire la guerre sans de grandes incommodités; ce qui n'est pas seulement en cette occasion particulière, mais en toutes autres, la guerre étant un des fléaux par lesquels il plaît à Dieu d'affliger les hommes. Mais il ne s'ensuit pas pour cela qu'il faille se porter à la paix à des conditions faibles, basses et honteuses. »

(1) *Mémoires du Cardinal de Richelieu,* éd. Petitot, t. VI, p. 90.
(2) *Ibidem,* p. 90.

Et le cardinal de formuler, en haussant la voix, cette maxime, juste en tous les temps : « L'aversion que les peuples ont de la guerre n'est pas un motif considérable pour porter à une telle paix, vu que souvent ils sentent et se plaignent aussi bien des maux nécessaires comme de ceux qu'on peut éviter, et qu'ils sont aussi ignorants à connaître ce qui est utile à un État comme sensibles et prompts à se douloir des maux qu'il faut souffrir pour en éviter de plus grands (1). »

Pour la seconde fois, mais non sans regret, Marie de Médicis accepte comme une nécessité la continuation de la guerre. Le cardinal sort donc victorieux de l'attaque ambiguë menée contre lui. Mais le dernier mot n'est pas dit : le garde des Sceaux va s'efforcer de regagner avec la Reine le terrain perdu.

Richelieu ne se fait aucune illusion sur ces agissements. Il rejoint le Roi. Mais, au bout de trois semaines de réflexions, il s'adresse de nouveau à Marie de Médicis : « Madame, se présentant plusieurs affaires de très grande importance, comme la résolution de la paix ou de la guerre, du secours de Casal et autres de grande conséquence, qui ne se peuvent écrire, Sa Majesté a cru que vous ne trouveriez point désagréable qu'il vous conjurât de venir jusques à Grenoble avec la Reine, les princesses et M. le Garde des Sceaux. Les affaires sont de tel poids, que j'ai cru que Votre Majesté ne trouverait pas mauvais de prendre cette peine. Je vous avoue, Madame, que j'ai une extrême joie d'espérer d'avoir par ce moyen bientôt l'honneur de recevoir les commandements de Votre Majesté, qui me seront toujours des lois inviolables. Je crois qu'il est à propos et nécessaire qu'elle se rende à Grenoble vers le 15 de ce mois. Je vois des choses que je ne lui puis écrire qui le requièrent ainsi à mon avis. Le Roi ne se porta jamais si bien et ne fut jamais mieux disposé pour Votre Majesté qu'il est. Pour moi, Madame, je suis et je serai jusqu'au tombeau, de Votre Majesté, le très humble, très obéissant, très fidèle et très obligé sujet et serviteur, le cardinal de Richelieu (2). »

(1) Avenel, *Lettres du Cardinal de Richelieu*, t. III, p. 664-665.
(2) *Ibidem*. p. 684-685.

Le Roi se trouvait avec son ministre à Conflans sur l'Isère. Il avait toute satisfaction d'avoir suivi les conseils du cardinal. Il était entré en vainqueur dans Chambéry le 17 mai. Le 23, il avait pris Romilly. Annecy, Charbonnières, Montmélian étaient en son pouvoir. A Chambéry, Mazarin était venu pour connaître les intentions du Roi au sujet de la paix, qui maintenant semblait probable, puisque Louis XIII condescendait à restituer Pignerol.

Marie de Médicis et le garde des Sceaux avaient écrit « qu'on ne fit point la paix, si elle n'était avantageuse au service du Roi et qu'elle ne tranchât les racines d'une guerre à l'avenir » (1). La Reine n'était pas plus sincère dans ses lettres que dans ses discours. « L'amour naturel et non assez considéré qu'elle avait vers sa fille la princesse de Piémont, nous dit Richelieu, sa haine à la maison de Mantoue et le désir de son propre repos et de pouvoir demeurer à son aise en son palais du Luxembourg », — son beau palais florentin tout neuf, — « délivrée de l'embarras de tels voyages, lui faisaient désirer impatiemment qu'on fit ce qu'elle n'osait exprimer ni dire qu'elle désirât, mais voulait être entendue sans parler et servie sans qu'on osât même lui faire paraître qu'on eût compris son dessein (2) ». Tels sont les dessous des affaires de cour, si difficiles à débrouiller pour l'histoire. Ce n'est pas tant pour avoir son avis que Richelieu appelle la Reine auprès du Roi : c'est pour avoir les deux complices près de lui, sous ses yeux auxquels rien n'échappe. Il tremble que Marie de Médicis ne refuse et il ajoute à sa lettre cet alléchant post-scriptum : « Si Votre Majesté n'a Grenoble agréable, Vizille (à quatre lieues de cette ville) est un fort beau lieu, où il y a belles eaux, bon air, beaux promenoirs, grands logements et tout ce bourg est fort grand et est plus proche de Montmélian que Grenoble. » Louis XIII écrit lui-même, Richelieu insiste : la Reine ne vient pas. Le cardinal explique de loin à l'opiniâtre Florentine que « si Casal se perd, il ne faut point espérer de paix, les Espagnols étant trop insolents pour y songer seulement », et que la ville se perdra si,

(1) *Mémoires du Cardinal de Richelieu*, éd Petitot, t. VI, p. 96.
(2) *Ibidem*, p. 96-97.

dès la fin de juin, elle n'est secourue puissamment en effet et encore davantage en apparence... Si le Roi va à Lyon, Spinola verra bien qu'il n'a point à craindre sa venue; si la Reine vient à Grenoble, tout le monde croira que le dessein du Roi est de s'avancer (1) » et Casal sera sauvée. Marie de Médicis se butte : elle ne veut pas venir.

Le garde des Sceaux poursuivait son double jeu. Il obsédait la Reine, nous disent les *Mémoires* de Richelieu, par les « fréquents et longs entretiens qu'il avait avec elle contre son Éminence (2) : il « condescendait à toutes ses inclinations et affections. Et plus il rendait de mauvais services au cardinal auprès de la Reine, plus il lui écrivait avec d'extraordinaires honnêtetés; tantôt il lui mandait que les calomnies et les traverses briseraient toujours contre le rocher de la protection du cardinal », tantôt qu'il ne se départirait jamais de « la fidélité que devait une âme généreuse et chrétienne à tant d'obligations qu'il lui avait. Tantôt enfin il ne se contentait pas de l'assurer de son service, il y ajoutait celui de son frère et de toute sa maison » (3).

Suivant la piquante remarque de Richelieu, « on a beau écrire, les dépêches ne parlent point » : il faut s'expliquer « de vive voix ». La Cour se transporte donc de Grenoble à Lyon. Marillac fait connaître son opinion à savoir que le Roi doit y rester. « Cet avis, observent avec indignation les *Mémoires*, provenant d'un homme qui n'était pas si grossier qu'il ne sût bien connaître qu'il apportait une ruine certaine aux affaires de France, montrait bien que l'intention de celui qui le donnait, n'était pas le bien public, mais sa passion particulière, ni le service du Roi, mais la ruine du cardinal, sur lequel, comme il avait déjà, dès le commencement, essayé de rejeter toute la cause de la guerre, il eût encore ensuite voulu rejeter celle de son mauvais événement. »

Louis XIII, toujours si fier de jouer un rôle militaire, se tient à

---

(1) *Mémoires du Cardinal de Richelieu*, éd. Petitot, p. 126-129.
(2) Le pape Urbain VIII venait de décider, le 10 juin 1630, que l'on dirait en parlant aux cardinaux, au lieu de *Votre Seigneurie Illustrissime*, *Votre Éminence*.
(3) *Mémoires du Cardinal de Richelieu*, éd. Petitot, t. VI, p. 129-130.

l'avis du cardinal. Il quitte Lyon le 21 juin 1630. Le 24, il était à Grenoble. Le cardinal, à peine arrivé, reçut une lettre de ce Bullion, alors conseiller de la Reine et que, dans ses *Mémoires*, il a traité « d'habile courtisan » : Marie de Médicis se montrait admirablement disposée pour le cardinal. « Étant hier déjà chez la Reine, expliquait Bullion, elle m'appela d'elle-même et me dit qu'elle me pouvait dire avec vérité qu'elle avait l'esprit très content et que maintenant elle m'assurait que jamais elle n'eut plus de bonne volonté et d'affection qu'elle avait pour vous et qu'en dépit de tous les brouillons, cette affaire était au point qu'elle avait toujours souhaité; qu'elle priait Dieu de bon cœur que la paix fût bientôt faite, afin qu'elle, le Roi et vous ne fussiez plus séparés. Elle m'avoua que la Cour était terrible et qu'il y avait des gens artificieux qui ne demandaient qu'à brouiller. Sa Majesté me dit encore : *Je me souviens que m'avez parlé d'un avis, c'est chose que je veux entreprendre et principalement pour M. le Cardinal*. Je lui dis que j'estimais que cette affaire se ferait très assurément à Paris, Dieu aidant. J'ai dit à Sa Majesté que d'un côté vous aviez eu de l'affliction, à votre départ, de vous éloigner maintenant de Sa Majesté, quoique ce fût pour affaire si importante au service de Leurs Majestés, mais que vous aviez l'esprit fort soulagé d'avoir reconnu l'affection de Sa Majesté en votre endroit. Je n'estime pas que la Reine puisse jamais être en meilleure humeur qu'elle est pour vous. *L'auréole* (M. de Marillac) fut hier près de deux heures dans son cabinet, seul avec elle. Pourvu qu'il vous rende compte de si longues conférences, il n'y a sur ce sujet rien à dire. Ledit *L'auréole* me parla, comme il sortait, de quelque sédition survenue à Angers et à Tours. Je n'estime pas qu'il ait pouvoir de changer l'esprit de la Reine et, à mon avis, son épée est trop courte. M. de Bellegarde fut aussi longtemps avec Sa Majesté et, à diverses reprises, lui parla avec grande affection. En écrivant la présente, j'ai su que la Reine avait été très contente des nouvelles que lui avez données de M. de Mazarin (2). »

---

(1) *Mémoires du Cardinal de Richelieu*, éd. Petitot, t. VI, p. 131.
(2) 23 juin 1630, Affaires étrangères, France, 794 *bis*, f⁰ˢ 186 et suivants.

Ce 24 juin 1630, tandis que Bullion composait pour Richelieu cette lettre « d'habile courtisan », le cardinal envoyait à la Reine d'autres extraits des dépêches de Mazarin, qui devaient lui être agréables. Le cardinal Bagni, arrivé depuis peu à Grenoble, avait communiqué ces dépêches à Richelieu. Mazarin disait qu'il se trouvait bien des difficultés relativement à la paix dans la négociation (1), il montrait Casal pressée par l'ennemi, Mantoue en peine, les Vénitiens en confusion. « Cela étant, mandait Richelieu à Marie de Médicis en un mémoire destiné à être communiqué au seul Marillac, je ne crois pas qu'il y ait personne assez hardi pour dire son avis tout seul; et partant, l'affaire étant de conséquence et n'y fallant pas perdre un moment, on estime à propos que M. le Garde des Sceaux parte mardi (25) expressément, pour venir à Grenoble, où le Roi séjournera deux jours et peut-être davantage. Tant y a que le plus loin qu'il y ait à aller, sera jusqu'à Charbonnières, qui est à huit lieues d'ici, ne voyant point d'apparence que le Roi passe plus loin. » Richelieu ajoutait avec complaisance et une humilité des plus louables : « On envoie la lettre que le Roi écrit à M. le Garde des Sceaux, à la Reine, afin qu'elle soit donnée si elle le trouve à propos, et non donnée en cas qu'elle jugeât qu'il dût demeurer là où il est. Cependant Sa Majesté considérera, s'il lui plaît, la peine en laquelle se trouve sa créature, qui estime avoir besoin de seconds en une occasion si importante (2). »

Le garde des Sceaux devint « extrêmement pensif », lorsque, le 26 juin, la Reine lui eut remis la lettre du Roi : il se rendit chez Bullion, voulut savoir pourquoi on le mandait à Grenoble, et s'empressa d'écrire au cardinal qu'il partirait dès que sa santé et ses équipages le lui permettraient. Les maladies semblent fondre tout à coup sur lui, pour le retenir à Lyon. Il prend enfin congé de la Reine le 27 en un entretien d'une heure et demie (3), où la politique du cardinal et même sa personne ne sont pas épargnées : « Et pour ne laisser le cardinal en aucun

---

(1) *Si trovano molte difficoltà nella pace con la negoziatione.*
(2) Avenel, *Lettres du Cardinal de Richelieu*, t. III, p. 707-708.
(3) Bullion à Richelieu, 23 juin 1630, Affaires étrangères, France, 794 *bis*, f. 186.

doute de refroidissement de son affection envers lui, nous disent les *Mémoires*, la Reine lui écrivait avec des paroles qui en étaient remplies, le conjurant soigneusement de se conserver le plus qu'il pourrait (1). »

Le Roi et le cardinal n'avaient pas attendu Marillac. Le 3 juillet 1630, Louis XIII s'était arrêté au petit village d'Argentine, Richelieu à La Chambre, le premier à huit lieues, le second à trois de Saint-Jean-de-Maurienne. Subitement indisposé, Louis XIII annonça qu'il n'irait point en Italie. Richelieu comprenait toute la portée de cette déclaration inattendue. Il écrivit à Bouthillier, conseiller du Roi et secrétaire de ses commandements : « C'est un grand malheur que l'indisposition du Roi ne lui ait permis de déclarer son dessein deux jours plus tard. Mazarin l'eût trouvé à la Maurienne et il eût eu la réputation d'aller secourir Casal en personne. Je dirai à Mazarin que nous avons contraint, par supplication, le Roi d'attendre un corps de troupes qui vient de France et que nous allons seulement comme avant-garde du Roi. Mais Dieu veuille que tout le monde parle ainsi. Il sera bon, tant qu'il sera près du Roi, de lui donner, sans faire semblant de rien, quelque personne affidée qui empêche que quelques malins ne lui parlent à l'oreille (2). »

L'émotion de Richelieu ne demeura pas sans effet, car Louis XIII écrivit le jour même à sa mère : « Je pensais me faire saigner ce soir, comme j'ai reçu une lettre de mon cousin le cardinal de Richelieu, qui m'a fait connaître qu'il était nécessaire que je m'avançasse à Saint-Jean-de-Maurienne, parce que Mazarin arrive demain, qui est la cause que j'ai remis la saignée à quand j'aurai le loisir, bien que j'en aie besoin, y ayant quatre ou cinq jours que j'ai douleur de tête et un peu d'émotion et une défluxion qui m'est tombée sur la joue droite avec douleur de dents. Je vous supplie de ne vous mettre point en peine de moi et croire que ce ne sera rien. Je vous ai voulu mander

---

(1) *Mémoires du Cardinal de Richelieu*, éd. Petitot, t. VI, p. 134-136.
(2) Avenel, *Lettres du Cardinal de Richelieu*, t. III, 723-725.

ceci, afin que l'on ne vous fît point le mal plus grand qu'il n'est (1). » La politique a toujours eu de grands rapports avec la santé des princes. Les ennemis du cardinal prenaient soudainement un soin extraordinaire des souffrances de cet infortuné Roi, succombant sous le poids des affaires et dont la « faiblesse » était exposée par les cruels desseins de son ministre aux risques d'une campagne dans un pays désolé par la peste. Le garde des Sceaux, qui était venu, à son corps défendant, jusqu'à Grenoble et qui tremblait de s'aventurer dans les montagnes, envoyait à Bouvard une lettre pleine des plus sinistres présages, demandant que le Roi quittât Saint-Jean-de-Maurienne au plus vite! « Je vous prie, gémissait Marillac, de faire tout ce que vous pourrez pour détourner Sa Majesté de demeurer davantage en ce lieu-là et en parler de ma part à Monsieur le Premier, qui y a plus d'intérêt qu'il ne pense pas; et le danger est plus grand que nous ne l'imaginons. Le Roi m'a grandement obligé de me commander de demeurer en ces limbes, et je vous confesse que s'il m'eût commandé de passer plus avant, je m'y fusse préparé comme pour mourir (1). » Dans sa joie de rester à Grenoble, Marillac avait lu lui-même au Père Suffren la lettre que lui avait écrite le cardinal, « et il avait manifesté une extraordinaire satisfaction (2) ».

Pressé par Marillac, consulté par Richelieu, Bouvard rédigea une réponse des plus embrouillées, s'efforçant de ne mécontenter ni l'un ni l'autre. Le cardinal, après avoir lu le rapport du médecin, écrivit aussitôt à la Reine mère. Il ne lui fit grâce (n'est-ce pas dû à une mère) d'aucun détail : « 3 juillet. Le Roi a pris hier un remède; ce soir il a promis de prendre de la casse. 14 juillet. Depuis huit jours le Roi s'est baigné et a pris trois lavements, à quoi il ne se rend pas difficile. Mais il n'y avait pas eu moyen de le résoudre à prendre une médecine jusqu'à hier que, lui représentant la peine en laquelle vous seriez, il s'y résolut par votre seul respect (3). 19 juillet. Je dépêche ce

---

(1) Avenel. *Lettres du Cardinal de Richelieu*, t. III, p. 746, note.
(2) Le Père Suffren à Richelieu, Affaires étrangères, 10 juillet 1630.
(3) Avenel, *Lettres du Cardinal de Richelieu*, t. III, p. 763.

courrier à Votre Majesté pour lui dire que le Roi eut hier quelque sentiment d'émotion. Il avait pris de la tisane deux jours auparavant, qui l'avait extrêmement purgé, particulièrement de quantité de colles et matières brûlées, dont M. Bouvard a eu grande joie (1). »

Richelieu lui-même est malade. Il l'annonçait au maréchal de La Force dès le 5 juillet : « L'incommodité à laquelle j'ai été sujet autrefois, m'ayant repris depuis deux jours, m'a contraint de demeurer ici pour quelque temps (2). »

La maladie n'empêchait point le Roi et Richelieu de s'entretenir avec le Mazarin, mais le cardinal n'eut pas de peine à s'apercevoir que l'Italien était « plutôt venu pour espionner que pour traiter (3) ».

Richelieu reçut un sérieux réconfort de la nouvelle du combat victorieux de Veillane (10 juillet). Le duc de Montmorency et le marquis d'Effiat, à la tête d'une armée, avaient voulu joindre le maréchal de La Force, qui se trouvait à Javenne (cinq lieues au nord-ouest de Turin). Ils avaient atteint le village de Saint-Ambroise, ils n'étaient séparés de Javenne que par une lieue à peine. Négligeant les sages conseils du maréchal, ils s'étaient laissé surprendre dans les défilés par les dix-huit mille hommes du prince de Piémont ; mais ils les avaient taillés en pièces. Ils avaient fait six cents prisonniers, ils s'étaient emparés de dix-sept drapeaux. Et Richelieu, oubliant ses douleurs et ses inquiétudes, quittant le style de Diafoirus pour celui de Henri IV, troussait deux billets cavaliers, à l'adresse de deux gentilshommes dont l'un s'était distingué par d'incroyables prouesses. Il disait à Adrien de Montluc, comte de Cramail : « Moins de lignes que vous n'avez reçu de coups vous témoigneront la joie que j'ai que les ennemis aient donné plus de besogne à votre tailleur que d'emploi à votre chirurgien (4). » Il disait à Louis de Béthune, comte de Charost, — et l'on croit entendre sa voix trembler d'émotion, — :

---

(1) Avenel, *Lettres du Cardinal de Richelieu*, t. III, p. 768.
(2) *Ibidem*, p. 728.
(3) *Ibidem*, p. 726, note.
(4) *Ibidem*, p. 757.

« *Brave Charost, l'honneur de ta race*, ces trois mots te feront connaître l'estime qu'on fait de deçà les monts du courage qu'en ces dernières occasions tu as témoigné au champ de Mars, et te donnera lieu de faire savoir de ma part à la valeur de Rambures qu'il n'y a personne qui en fasse plus de cas que moi, ni qui désire plus vous témoigner à tous deux que je suis véritablement esclave de votre vertu martiale (1). »

Victoires d'autant plus nécessaires que Marillac et les autres « défaitistes » qui conseillent Marie de Médicis, tablent sur le premier échec. Ils brûlent du désir de voir Louis XIII accepter les propositions de paix de Mazarin, qui comportent la restitution de Pignerol. Par respect pour la Reine et peut-être aussi, comme le croit M. Avenel, pour contraindre le garde des Sceaux à montrer qu'il n'est pas à la hauteur des difficultés qui se dressent devant lui, Richelieu prie Marillac de dire son opinion. Et le garde des Sceaux envoie de Grenoble, où il se tient loin du feu et de la peste, un amas de phrases naïves et creuses, auquel il donne le caractère d'un avis sur les affaires d'Italie. Cet avis est lu le 18 juillet à Saint-Jean-de-Maurienne, en présence du Roi, du cardinal, du maréchal de Schomberg et de Bouthillier. C'est un discours perfide où Marillac semble tisser les accusations qu'il ne manquera pas de développer en cas de revers. Voici le résumé, fait par M. Avenel, de ce réquisitoire hypocrite, que Richelieu ne manque pas de graver au plus profond de sa mémoire : « Si la guerre est devenue nécessaire, c'est qu'on s'y est étourdiment aventuré ; il faut bien la faire maintenant, mais il ne faut engager ni la dignité ni la personne du Roi; sans doute la présence de Sa Majesté double les forces de son armée, toutefois il faut se souvenir que c'est Spinola qui commande l'armée ennemie et Spinola a pris Bréda, nonobstant l'opposition de trois rois. Quels seraient les résultats d'un revers? A quoi bon compromettre un si grand prince dans une guerre si mesquine? Le Roi ne doit être nommé que pour de grandes conquêtes ; le non-succès ferait mourir Sa Majesté de déplaisir et serait grand reproche à ceux qui l'auront

---

(1) **Avenel**, *Lettres du Cardinal de Richelieu*, t. III, p. 759.

conseillé. C'est une double faute, c'est un double péril d'exposer le Roi en Italie et de l'éloigner de France, où sa présence est si nécessaire. Le principal est de conserver la personne et la réputation du Roi et qu'il revienne en France le plus tôt qu'il se pourra, pour ruiner les factions qui se réveillent, empêcher les émotions qui sont si fréquentes, qu'il n'y a si petite ville qui n'en prenne la hardiesse; établir en Languedoc et en Dauphiné la paix et l'assurance contre beaucoup de désordres qu'il y faut craindre, et surtout pourvoir à la nécessité des finances, qu'il faut appréhender avec grande raison et qui doit être un des plus grands motifs de ne négliger aucun moyen de sortir honorablement de cette affaire (1). » L'avis du garde des Sceaux est fort net : il faut se tirer le plus tôt possible d'une guerre entreprise à l'étourdie.

Comme pour envenimer la blessure, quelques jours plus tard, un nouveau conseil arrive de Grenoble, un conseil religieux que ce dévot Marillac ose donner à Son Éminence : « Cette heureuse guérison du Roi, écrit-il, semble vous obliger à le presser de sortir de là et rentrer dans son Royaume, prenant ces accidents fréquents,... comme avertissements que Dieu vous donne qu'il ne le veut pas en ce lieu-là et lesquels, à mon avis il ne faut pas négliger (2). » Sur quoi Richelieu fait réflexion : « Les dévots savent donner de belles paroles aussi bien que les autres; avec cette différence qu'il y a plus de déguisement et qu'on le connait moins, parce qu'on s'y fie davantage (3). »

Cependant Mantoue était surprise par les Impériaux le 18 juillet, occupée, pillée durant soixante-douze heures. Ce désastre, atténué bientôt par la mort subite du vieux duc de Savoie, fut vite connu à Saint-Jean-de-Maurienne. Richelieu n'y pouvait croire : « Chose prodigieuse à tous ceux qui connaissent la situation de Mantoue, observait-il, qu'une ville de sa grandeur, au milieu d'un lac dont nous sommes les maîtres, que l'on n'aborder que par de très longs ponts, ait été prise d'un seul coup de pétard, qui y a fait entrer toute la cavalerie et l'infanterie ennemie, et

---

(1) Avenel, *Lettres du Cardinal de Richelieu*, t. III, p. 775-776.
(2) *Ibidem*, p. 776.
(3) *Mémoires du Cardinal de Richelieu*, éd. Petitot, t. VI, p. 204.

que soixante-dix soldats, descendus par barques, l'aient appliqué sans empêchement. » Le cardinal cacha cet événement le plus longtemps qu'il put. Mais à Grenoble, Marillac triomphait : « Il ne laissa pas de dire tout haut, en présence de plusieurs, remarquent les *Mémoires*, que c'était un commencement de mauvaises nouvelles et que nous en devions attendre de jour en jour beaucoup d'autres ; qui était une parole bien éloignée de celles qui devaient sortir de la bouche d'un homme élevé en la dignité en laquelle il était, son devoir étant d'encourager un chacun au service de son maître ou de relever les esprits qu'il voyait abattus, non pas de les étonner davantage qu'ils étaient, mais il avait une intention particulière qui le faisait parler ainsi (1) », l'intention de jeter le blâme sur le ministre, de le compromettre et de prendre sa place. Richelieu écartait ces misères avec dédain : « S'il y a, disait-il, des sots qui pensent que les affaires du Roi aient reçu un échec en cette occasion, ils témoignent de leur peu de jugement. Ce n'est point le Roi qui perd Mantoue (2). »

Louis XIII, à cette heure, se croyait en danger de mort. Le 21 juillet, à l'évêché de Saint-Jean-de-Maurienne, où il logeait, il avait déclaré « qu'on le ferait mourir, si on l'obligeait à demeurer plus longtemps dans cette ville (3) ». Parti dès le 25, il prenait la route d'Argentine, de Barraux et de Grenoble, s'acheminant vers Lyon. Une sorte de dysenterie ravageait tout le pays. Le Roi dut coucher plus d'une fois en pleine campagne dans des maisons isolées. Un soir, on avertit son favori Saint-Simon que l'hôtesse venait d'être prise du terrible mal. La nouvelle courait de bouche en bouche, rembrunissait les visages des courtisans debout dans la chambre du Roi. Louis XIII remarquant les mines consternées de ces gentilshommes, voulut connaître la cause qui figeait tous les sourires : « Retirez-vous, dit avec sang-froid le fils de Henri IV, et priez Dieu que vos hôtesses ne soient pas attaquées de la peste comme la

---

(1) *Mémoires du Cardinal de Richelieu*, t. VI, p. 193-199.
(2) Avenel, *Lettres du Cardinal de Richelieu*, t. III, p. 773.
(3) P. Griffet, *Histoire du Règne de Louis XIII*, t. V, p. 11.

mienne; qu'on tire les rideaux de mon lit, je tâcherai de reposer et nous partirons demain tranquillement et de bon matin. »

A Saint-Jean-de-Maurienne, le cardinal l'avait vu avec désespoir s'éloigner. Il avait prié le Père Suffren, confesseur de Leurs Majestés, qui s'en allait avec son pénitent, de calmer Marie de Médicis très mécontente. Il tremblait que Louis XIII ne retombât sous l'influence de sa mère. Ce fut avec un soupir de soulagement qu'il ouvrit la lettre du Père Suffren écrite à Lyon, le 8 août. « Je vous écrivis de Barraux, mandait le religieux au cardinal; la satisfaction avec laquelle le Roi s'est séparé de vous à Saint-Jean-de-Maurienne, ayant reconnu le soin particulier que vous aviez de sa conservation et, quoique étant à Barraux, il eût parfois ses ordinaires ennuis et quelque désir de venir à Lyon, néanmoins il n'a jamais voulu en sortir qu'il n'eût appris par celle que vous avez écrite à M. Bouthillier que Sa Majesté pouvait librement aller à Lyon; je crois que, quand vous eussiez jugé nécessaire pour le bien de ses affaires qu'il n'en partît de quelques jours, il l'eût trouvé bon et gaiement exécuté (1). »

C'était donc toujours le Louis XIII qu'il fallait à Richelieu. Il ne manquait plus au Roi que la santé. Et bientôt le médecin Bouvard, annonçant l'entier rétablissement du jeune prince, attribuait la gloire de la guérison au cardinal, qui avait été « le principal auteur du changement d'air ». Il exaltait son royal client : « La gaieté l'accompagne à présent, disait-il, et lui a dissipé tout le chagrin de son esprit... Que jamais sa santé ne soit altérée par les affections de l'âme, qui lui sont ses plus fâcheux ennemis (2) ! »

Le Père Suffren, toujours un peu bénisseur, vantait non moins les bonnes dispositions de Marie de Médicis : « J'ai entretenu en particulier une couple d'heures la Reine et n'ai pas été sans employer une bonne partie de ce temps à parler de vous, selon ce que je vous avais promis à Saint-Jean-de-Maurienne. J'ai reconnu son cœur en la même disposition et résolution que

(1) Le Père Suffren, à Richelieu. Affaires étrangères, France, 796, f° 217.
(2) Bouvard à Richelieu, 13 août 1630. Affaires étrangères, *ibidem*, f° 25.

quand nous partîmes d'ici et crois que vous le reconnaîtrez non seulement par ses lettres ou par ses paroles quand nous aurons le bien de vous voir ici, mais aussi par les effets de la continuation des témoignages de bonne affection (1). » Richelieu avait quelque peine à se laisser convaincre et il faisait part de ses doutes au confesseur. « S'il y a, répondait le religieux, quelque chose en l'esprit de la Reine qui ne soit tout à fait à votre entendement, elle le cache, car parlant de vous à moi et aux autres, elle en parle en façon qu'on ne reconnaît rien et c'est une des raisons qui me font désirer votre présence pour dissiper tous ces nuages, si quelques-uns y restaient, que les plus clairvoyants, qui vous en ont donné avis, remarquent mieux que moi (2). » Tous les amis et serviteurs du cardinal entourent Marie de Médicis pour tâcher de tirer d'elle quelque chose. Bouthillier écrit du noviciat des Jésuites de Lyon. Il a donné lecture à la Reine de la plupart des lettres que Richelieu écrit au Roi et particulièrement des passages qui parlent d'elle. Sa Majesté en est « fort aise, car les plaintes même qu'elle fait sont obligeantes ».

Mais que pense le Roi? Tandis que, la veille de l'Assomption, la Reine se confesse au Père Suffren, le Roi, ayant « donné le bonsoir » et « prié Dieu », fait approcher Bouthillier « et, le remettant au lendemain pour lire, lui commande néanmoins de lui dire la substance des dépêches » du cardinal : « Je croirais ces circonstances inutiles, continue Bouthillier, mais elles vous marquent la raison pour quoi vous n'aurez point pour ce coup de lettres de Leurs Majestés, qui, ayant su l'accident arrivé au laquais du sieur Dumont (atteint de la peste), m'ont commandé très expressément de vous faire leurs recommandations de leur part et de vous conjurer de fuir le mal et revenir près d'elles le plus tôt qu'il vous sera possible. La férie les a empêchés de vous écrire aujourd'hui et j'ai cru que, nonobstant cela, je ne devais pas laisser de vous renvoyer votre

---

(1) Le Père Suffren à Richelieu, Affaires étrangères; France, 796, f° 296.
(2) Le Père Suffren à Richelieu, 18 août 1630. *ibidem*, f° 238.

dernier valet de pied, de peur que vous ne fussiez en peine ne recevant pas assez souvent de nouvelles (1). »

Le cardinal dut être « en peine » en effet, lorsque, à la fin de ce même mois d'août, il fut averti d'une conversation que Louis XIII venait d'avoir avec sa mère. La princesse de Conti l'avait communiquée à son frère le duc de Guise, qui haïssait le cardinal, et le duc de Guise, à Paris, l'avait racontée à M. de Bullion, qui s'était empressé de la redire à Richelieu. Le Roi à Lyon, ayant instruit la Reine de l'état des affaires, Marie de Médicis s'était écriée : « Voilà les bons conseils qu'on vous donne! » Louis XIII avait répliqué : « Le cardinal n'est pas Dieu et n'y a que lui seul qui ait pu empêcher ce qui s'est passé; mais, quand ce serait un ange, il n'a pu avec plus de prévoyance et prudence pourvoir à toutes choses comme il a fait, et faut que je reconnaisse que c'est le plus grand serviteur que jamais la France ait eu (2). » Belles paroles, mais qui ne rassuraient pas trop Richelieu, car Bullion ajoutait dans sa lettre : « A ce discours, la sœur de Guise n'osa ouvrir la bouche, qui était près de la Reine, et, si le maître eût lâché en façon du monde le pied, elle était préparée avec d'autres pour calomnier (3). »

De moins fermes que Richelieu, — et que le Père Joseph, conseiller de Richelieu (4), — n'auraient pas continué la lutte. Le Père Suffren s'imaginait que l'incertitude, la lassitude, le dégoût allaient avoir raison du cardinal. Il le poussait doucement à la chute en faisant mine de le retenir : « Votre absence me confirme en mon opinion de ne consentir jamais à l'exécution de la résolution qu'avez prise et qu'avez daigné me communiquer. Dieu s'est servi, se sert et se servira de vous pour le bien de l'Église et de cet État; il faut coopérer à ce dessein de Dieu et non l'empêcher (5). »

---

(1) Bouthillier, Richelieu, 15 août 1630, Affaires étrangères, France 295, f° 273.
(2) Bullion à Richelieu, 26 août 1630, *ibidem*, 295bis, f° 288.
(3) Bullion à Richelieu, *ibidem*.
(4) Voir Lepré-Balain.
(5) Le Père Suffren à Richelieu, 18 août 1630, Affaires étrangères, France, 796, f°^{s} 238 et suivants.

Le cardinal était résolu à coopérer « à ce dessein de Dieu » plus que ne croyait le bon Père. Jouant à son tour au plus fin, il prenait pour confident le confesseur dans l'espoir que celui-ci, ne saurait pas cacher à son royal pénitent la nouvelle de la retraite possible de Son Éminence et donnerait ainsi au Roi, involontairement, l'inquiétude de se voir abandonné par un ministre dont la présence lui était nécessaire. Les ambassadeurs étrangers commençaient à prévenir leurs gouvernements que « le cardinal ne se voulait plus mêler que de la direction du Conseil » et que « le maréchal de Créqui aurait le commandement absolu en Italie ». Au fond, le Roi tout en écoutant les uns et les autres, ne pouvait se passer de Richelieu et supportait très mal son absence. Dès le 15 août, il mandait son ministre à Lyon et Marie de Médicis adressait au cardinal le billet le plus gracieux : « Mon Cousin, le Roi Monsieur mon fils écrivant par ce courrier qu'il est à propos que vous retourniez ici, la contagion étant à Saint-Jean-de-Maurienne, je vous fais ce mot pour vous dire que vous ne devez pas différer à quitter ce lieu-ci, où il fait très dangereux. Je vous prie de croire que je serais très aise de vous voir de retour et de vous témoigner de vive voix que je suis, mon Cousin, votre bien bonne et affectionnée cousine Marie (1). »

Le 23, Richelieu arrivait à Lyon et le 25 il écrivait au marquis d'Effiat : « Je fusse volontiers demeuré à Saint-Jean-de-Maurienne, mais inutilement, la peste étant partout et n'ayant plus de gens de guerre, joint qu'entre vous et moi, il était bien à propos que je vinsse ici... Tout y va fort bien grâces à Dieu (2). »

Casal et Ratisbonne.

Il n'en allait pas de même dans Casal. Transportons-nous dans la charmante cité italienne, dont l'historien du maréchal de Toiras écrit d'une plume enthousiaste : « Toutes ses grâces et ses puissants attraits ont donné de l'amour aux Espagnols et

---

(1) Archives des Affaires étrangères, France, 250, f° 39.
(2) Avenel, *Lettres du Cardinal de Richelieu*, t. III, p. 885.

ceux-ci ont sué en vain à la conquête de ses beautés (1). » Voici « les collines délicieuses et fertiles en fruits » qui, d'un côté, entourent la ville aux trois portes. Voici le Pô qui, en plus d'un endroit, baigne ses murailles, — de méchantes murailles armées d'une vingtaine de canons et munies de mauvais fossés qui n'ont point d'eau. Voici le château : quatre grosses tours qui, vers l'occident, flanquent les remparts. Trente pièces de canon défendent ces tours, que protègent des fossés profonds revêtus de maçonnerie. La ville est couverte au midi par la citadelle, une des meilleures de l'Europe, dont les six bastions, pourvus d'une nombreuse artillerie, menacent la campagne couverte de vignes. Mais la citadelle n'a ni fossés ni « dehors ». Toiras a remédié à ce défaut, tant qu'il a pu. Au début du siège, le marquis de Los Balbazès n'avait que mépris pour cette forteresse : « C'est un corps sans membres », avait-il remarqué dédaigneusement. Dans la plaine il pousse ses dix-huit mille hommes contre Casal, dont il aperçoit au loin, émergeant de l'amas confus des toits de tuiles roses, les cloches et le dôme. En dépit du canon des assiégés, le sûr et lent cheminement des tranchées est près d'atteindre le pied de la citadelle.

Il y a longtemps que le trésor de M. de Toiras, qui commande la place, est vide; il y a longtemps que pour le remplir, M. de Toiras a reçu du cardinal une lettre de change de trente mille écus, tirée par Lumagne et Mascarany, banquiers à Lyon, sur Georges Rossi, marchand à Casal. Georges Rossi ne pouvant la payer, on a fait fondre une pièce de canon hors de service, converti le bronze en cent dix mille livres de monnaie de cuivre. Cette monnaie, les habitants de Casal ne veulent l'accepter que pour sa véritable valeur, bien que Georges se soit engagé à la rembourser en or et argent. Mais que valent les monnaies obsidionales?

Voici maintenant que la fièvre chaude et la peste déciment les soldats. Toiras, dans des lettres que des femmes dissimulent sur elles avec une adresse et une audace incroyables, fait

(1) Baudier, *Histoire du Maréchal de Toiras*, t. II, p. 106-109.

savoir à Richelieu qu'il manque de vivres. On peut espérer que l'homme de l'île de Ré tiendra jusqu'à la limite de ses forces. Dieu veuille aussi qu'il ne se laisse pas leurrer par de fausses lettres de Richelieu. La cour de Savoie est fort capable d'user de cet ingénieux stratagème et la nouvelle duchesse, Christine de France, sœur de Louis XIII, met le cardinal en garde contre ce danger. Le duc vient en effet d'ouvrir une lettre que son Éminence écrivait à la duchesse : « Il a ôté le cachet, explique Christine à Richelieu, et ne croyait pas que je m'en apercevrais, et ne m'en a mandé rien, ce qui me fait croire qu'il s'en veuille servir à quelque chose contre le service du Roi ; mêmement qu'ils ont pris un paquet de M. de Toiras, qui sollicitait le secours, disant qu'il ne peut plus tenir que quinze jours. J'ai peur qu'il ne se veuille servir de ce cachet qu'ils ont pris à votre lettre, pour serrer quelques lettres pour envoyer audit M. de Toiras pour le tromper, car ils ont un secrétaire qui contrefait si parfaitement bien toute sorte de lettres, qu'il n'y a personne qui n'y fût attrapé, ou vraiment pour ouvrir les vôtres (1). »

Par bonheur, le nouveau duc de Savoie désirait la fin des hostilités. Le cardinal, toujours en correspondance avec Mazarin, travaillait à obtenir une suspension d'armes. Il comptait sur l'extrême désir que le Savoyard avait de la paix, sur son avidité, que l'on pourrait contenter aux dépens des Espagnols. Il écrivait à d'Effiat : « Si le prince a des yeux, il est plus que temps qu'il pense à lui. Je désire la paix comme ma vie ; pour cet effet, on offre des conditions fort raisonnables. Mon appréhension est que la ville de Casal soit prise et qu'en ce cas les Espagnols soient plus difficiles... Mais il y aurait un expédient, qui serait de consigner le petit château, M. de Toiras gardant seulement la citadelle (2). » Et le cardinal avait envoyé à M. de Schomberg, qui venait de quitter Saint-Jean-de-Maurienne avec deux mille hommes, un pouvoir en blanc « pour la paix ». « On estime, ajoutait Richelieu dans sa lettre à d'Effiat, que la négociation doit être tenue secrète entre vous et M. de Schomberg,

(1) Avenel, *Lettres du Cardinal de Richelieu*, t. III, p. 857, note.
(2) Avenel, *ibidem*, t. III, p. 874.

qui êtes du conseil de Sa Majesté ; mais, s'il est besoin de venir à une signature, le traité doit être signé de MM. de Montmorency, de La Force, Schomberg et de vous, celui signant le premier qui sera en semaine. » Il n'était point aisé de garder le secret sans blesser les autres généraux. Le cardinal s'en remettait à M. d'Effiat et, plaisantant sur le caractère conciliant du Père Suffren, dont le nom se prononçait comme un participe présent, il adjurait ainsi d'Effiat : « Au nom de Dieu ménagez tous ces esprits avec adresse et rendez-vous Père Souffrant (1). »

Le 8 septembre 1630, un bruit se répandait dans Casal, grandissait de minute en minute, soulevait l'enthousiasme des habitants, qui n'avaient d'yeux que pour leurs vignes : une suspension d'armes venait d'être signée. L'armée française occupait alors Rivoli et Rivalta ; elle était à trente lieues de Casal. A vingt lieues de la ville assiégée, elle tenait par son avant-garde le pont de Carignan sur le Pô, qui avait été enlevé de vive force, mais elle se trouvait trop faible pour continuer sa marche. C'est alors que Mazarin était venu proposer une suspension d'armes, et lorsque Schomberg, à la tête de ses renforts, avait joint l'armée à Rivoli et constaté que la maladie avait terrassé douze cents hommes en un seul jour, tous les généraux avaient été d'avis d'accepter les propositions de l'adroit Italien. La trêve devait durer jusqu'au 15 octobre. La ville était remise à Spinola. Toiras conservait la citadelle, où Spinola devait le nourrir aux frais du Roi. Si la citadelle était secourue avant la fin du mois, Spinola rendait la ville à Toiras ; dans le cas contraire, Toiras rendrait la citadelle à Spinola. La nouvelle de la trêve n'avait pas atteint à Lyon le cardinal. Richelieu espérait encore que cette trêve serait inutile : « Si Dieu permet que Casal soit secourue de force, écrivait-il à Schomberg, il veut combler la France de gloire. Si la trêve se fait, il faut buter à conclure promptement la paix et, s'il se peut, l'avoir faite devant le 15 octobre (2). »

Cependant les généraux, qui regrettaient d'avoir signé la suspension d'armes, avaient envoyé M. de Brézé à Casal, pour

(1) *Lettres du Cardinal de Richelieu*, t. III, p. 885.
(2) Avenel, *ibidem*, p. 904.

engager Toiras à ne pas l'accepter; mais Toiras, à bout de ressources, avait repoussé les conseils des généraux. Richelieu, qui connaissait les nouvelles, s'indignait contre d'Effiat, et bien davantage contre Toiras : « Je suis très fâché à présent, mandait-il à Schomberg le 23 septembre, de ce que l'occasion s'est perdue de faire la plus glorieuse action qui eût jamais été faite au monde, en secourant Casal (1). » Spinola n'était pas moins fâché que Richelieu; il ne pouvait se consoler d'avoir échoué devant la ville qu'il assiégeait. Gravement malade, il mourut le 25 et fut remplacé par le marquis de Santa-Cruz. Toiras était venu le voir sur son lit de mort et l'illustre Génois lui avait dit ces nobles paroles : « Je ne doute point que tout le monde ne me blâme de n'avoir pas pris Casal, mais j'ai eu moi-même la satisfaction d'en avoir été empêché par votre brave résistance (2). »

Richelieu avait compté qu'après la rupture de la trêve le Savoyard, à qui il offrait de restituer tout ce qu'il avait conquis en Piémont et en Savoie, joindrait ses troupes à celles du Roi pour saisir Casal, si les Espagnols refusaient de la rendre. Mais le duc ne se prononçait point. Les généraux ne s'inquiétaient guère de cette hésitation; si l'on délivrait la ville au moyen d'une bonne paix conclue avec l'Espagne et l'Empereur, le duc, ayant une armée presque complètement composée de sujets de l'Empereur et de l'Espagne, ne ramènerait que sa personne « et quelques villes ruinées », toutes choses qu'on lui paierait beaucoup trop cher en lui rendant le reste de ses États. On pouvait penser, en effet, qu'une négociation plus générale, engagée au même moment sur un autre terrain, assurerait un règlement plus favorable aux intérêts français. Tandis que les généraux, arrêtés pour quelques semaines par la trêve, prenaient leurs dispositions pour reprendre la lutte, des pourparlers visant l'ensemble du problème se développaient à la diète de Ratisbonne en Allemagne.

(1) Avenel, *Lettres du Cardinal de Richelieu*, t. III, p. 907.
(2) Baudier, *Histoire du Maréchal de Toiras*, t. II, p. 208. — Sur l'arrivée de Spinola aux Champs-Elysées et sur sa déception de n'avoir pu prendre Casal, voir *l'Entretien des Champs-Elysées*, dans le *Recueil* de Hay du Châtelet, édit. 1637.

La négociation de Ratisbonne.

La campagne d'Italie, née à l'improviste de la succession de Mantoue, avait été, pour Richelieu, comme une porte se rouvrant vers la grande affaire qu'il n'avait jamais perdue de vue malgré tant de contrariétés intérieures : libérer l'Europe et la France de la prépondérance de la maison d'Espagne-Autriche.

La succession de Mantoue avait mis face à face inopinément le roi de France, se portant à la défense de l'héritier, le duc de Nevers qui était son sujet, et le roi d'Espagne, vigilant gardien de sa situation éminente en Italie. D'autre part, l'empereur Ferdinand, obéissant à la solidarité qui réunissait les deux branches de sa maison, s'était introduit dans le débat en revendiquant ses droits de suzeraineté sur le duché de Mantoue et tenant en suspens la reconnaissance du duc de Nevers.

Les trois puissances s'étaient trouvées ainsi en état d'hostilité et l'Italie était retombée dans une situation qui n'était pas sans analogie avec celle d'où Richelieu l'avait tirée tant bien que mal (plutôt mal que bien) lors de l'affaire de la Valteline et des passages. Mais, cette fois, il n'avait plus à craindre une diversion protestante à l'intérieur du Royaume. Et, puisque la partie se trouvait de nouveau engagée, il était prêt à la jouer à fond.

A Casal donc, les généraux cherchaient la solution de l'incident local les armes à la main ; à Ratisbonne, la Diète impériale étant réunie, le problème européen se posait dans son ensemble : la guerre ou la paix. Et c'est pourquoi le Roi avait envoyé auprès de la Diète et de l'Empereur ses représentants, l'ambassadeur en Suisse, Brûlart de Genlis, prieur de Léon, avec un homme que le cardinal considérait comme de beaucoup le plus habile et le plus sûr, son confident intime, le Père Joseph.

Nous avons dit l'union étroite des deux personnages et des deux carrières à partir de leurs premières rencontres dans le Poitou, à Coussay, à Fontevrault, autour de la conférence de Loudun et dans les affaires du temps de Luynes et de La Vieuville. Le Père Joseph ne quittait plus le cardinal qu'il avait tant contribué à élever à la pourpre et au ministère. Personne assurément n'avait sondé plus à fond dans tous leurs replis, la nature, les desseins et les ambitions du cardinal-ministre que ce Capucin, baptisé par son grand ami lui-même : *tenebroso cavernoso*. Toute gonflée, en effet, de ténébreux mystères, cette robe de bure poursuivait son propre dessein d'union catholique contre le Turc en prenant les chemins tortueux de la politique du cardinal : selon une maxime chère à son maître, le Capucin « allait au but, comme les rameurs, en lui tournant le dos ». Son intelligente fidélité mettait au-dessus de tout, le maintien au pouvoir du grand homme d'État. Dans cette détermination, faite d'héroïsme et d'enthousiasme, d'humilité et d'esprit de sacrifice, il appliquait toute sa perspicacité à surveiller la dangereuse intrigue des cours et des sacristies, où il était passé maître, où tout était piège et chute au moindre faux pas, à la moindre négligence. De Marie de Médicis et de Richelieu, il savait tout; la cour et l'opinion n'avaient pas de secrets pour lui; cavalier et moine, professeur et missionnaire, diplomate et publiciste, âme loyale, esprit compliqué, idéaliste et subtil, n'ayant son pareil ni pour inspirer confiance ni pour se tenir en méfiance, ni pour parler ni pour se taire; il pénétrait les affaires et les esprits par son ardeur, sa piété et son désintéressement. Grand politique et grand chrétien, se plongeant dans les misères du monde pour les élever à Dieu.

Après avoir lu les renseignements recueillis par Lepré-Balain dans la *Vie du Père Joseph* et dans le *Supplément à l'Histoire*, on ne peut douter ni de l'influence que *l'Éminence grise* avait eue sur la décision prise d'assiéger La Rochelle, ni de l'intérêt et du zèle avec lesquels il avait collaboré au succès de cette entreprise, qui n'était qu'un des points de son programme politique. Plus d'une fois, avant le siège et au cours du siège, il avait soutenu le cardinal de son ferme courage. Une des lettres qu'il adressait à ses vraies confidentes, les femmes pieuses dont il était le directeur, nous découvre le singulier mélange de foi, d'onction et de ténacité avec lequel il tient son rôle près de son ami : « Compatissez, écrivait-il à ces dames de toute sûreté, aux travaux publics que cause la longueur de l'affaire qui me tient occupé; priez Dieu qu'il la finisse pour sa gloire. Le prélat qui a en ce lieu la conduite principale des affaires, sert avec courage et fidélité. L'oraison humble et persévérante avec obéissance et amour du Fils de Dieu peut beaucoup envers lui. Louez-le de ce qu'il vous donne ce moyen avec facilité, tandis que nous voyons sans cesse l'image de l'enfer. »

« L'image de l'enfer », c'était tout ce monde où il vivait ; « pire que l'enfer », disait-il encore quand il pensait à la Cour, à la Reine, aux obstacles où se heurtaient sa grande idée et la politique de l'homme d'État seul capable de la conduire à bonne fin. L'opposition de plus en plus ardente que celui-ci rencontrait de la part de la famille royale, du parti catholique, de la Cour, se superposait à tant d'autres soucis, lorsque, sortant d'une maladie, qui l'avait tenu à l'écart pendant quelque temps, le Père s'apercevait que la prise de La Rochelle n'avait pas aplani les voies et que, tout au contraire, elle avait mis au comble la fureur des adversaires, qui ne songeaient qu'à ruiner le trop heureux ministre dans l'excès de son triomphe.

Le péril d'une politique qui s'était retournée brusquement contre les entreprises risquées du Pas de Suse et de Casal, les sentiments désormais déclarés de la Reine mère, la lourde bouderie de Monsieur, l'opposition insolente des Marillac et de la cabale, tout cela avait décuplé encore son anxiété et son zèle, lorsque, soudainement, ces difficultés s'étaient aggravées par l'intervention de l'empereur Ferdinand dans les affaires d'Italie.

Là le Père était sur son terrain propre : car, dans la politique extérieure, il était chargé en particulier des affaires d'Allemagne, et précisément il avait toujours rêvé de réaliser l'union de l'Empire et de la France pour l'exécution de son fameux dessein d'une croisade contre le Turc.

Et voilà que les deux puissances étaient en guerre ! Il fallait prendre un parti, tenir tête ou céder, se déclarer soit pour l'Autriche, soit contre l'Autriche, se rapprocher des catholiques ou des protestants d'Allemagne ! Tels étaient les problèmes qui se posaient à Ratisbonne en même temps que les autres débats qui se rattachaient à la grande difficulté européenne : la liberté des passages. Succession de Mantoue, offensive du roi de Danemark et du roi de Suède dans l'Allemagne du Nord, affaire du Palatin, alliances hollandaise, vénitienne, savoyarde, helvétique, influence espagnole en Italie, Ligue catholique en Allemagne, rôle de Waldstein, politique bavaroise, succession à l'Empire... tout était à la fois sur le tapis.

Ratisbonne déciderait de l'avenir de l'Italie en décidant de l'avenir de l'Allemagne et du sort de l'Europe. Et ces mêmes négociations, en orientant pour longtemps la politique de la France, décideraient aussi de la carrière ministérielle du cardinal ; car ses adversaires fonçaient, comptant bien en finir avec lui dans ces terribles conjonctures, tandis que l'étendue et la grandeur du problème, provoquant l'émotion universelle, ameuteraient le monde pour le perdre.

Richelieu envoie donc le Père Joseph à Ratisbonne. Mais le plus singulier, c'est que dans cette importante, *importantissime* mission, le Père était sans pouvoirs définis, sans mandat déterminé, sans instructions précises, et qu'on lui adjoignait, avec pleins pouvoirs officiels, un agent quelconque, le prieur de Léon, homme de peu d'autorité réelle, cousin des Sillery, ambassadeur en Suisse, diplomate de carrière (comme nous dirions aujourd'hui), ayant toutes les capacités du métier, mais en ayant aussi les susceptibilités, les pusillanimités, avec, tout au plus, un certain savoir-faire : bon pour signer, propre à être désavoué, d'autant moins disposé à douter de son mérite qu'on recourait à lui pour l'envelopper dans une manœuvre à double fond, dont il ne connaîtrait jamais que les apparences.

Avec une patience et une érudition admirables, M. Gustave Fagniez a éclairci le détail de cette affaire si complexe. En voici les lignes principales : au fond, que voulait Richelieu à l'heure où il se portait vers cette nouvelle et grande négociation, dont il confiait le soin à deux hommes qu'on pourrait qualifier : la finesse et la routine ? En gros, il voulait, par l'Allemagne, s'ouvrir une porte d'entrée en Italie. Aussitôt après son succès de La Rochelle, il se retournait vers les affaires européennes, où il se trouvait simultanément en face de l'Empire et de l'Espagne. Ne se sentant pas tout à fait prêt pour pousser les choses à fond, il ne désirait nullement en venir à une guerre déclarée, du moins avec l'Empire; il tâchait plutôt à désunir ses adversaires, n'étant pas dans sa manière de s'engager dans deux grandes exécutions à la fois. La paix était, d'ailleurs, réclamée en France, la violence ordinaire des pacifistes s'appuyant sur un inconstestable mouvement de l'opinion : en quel temps les peuples n'ont-ils pas réclamé la paix?

Le Roi était malade, incertain, le cardinal mal assuré. Il avait un intérêt capital à enlever aux adversaires l'argument de la paix. Mais la paix, il fallait l'obtenir avantageuse, honorable, bien orientée pour l'avenir; sinon, l'arme se retournerait entre les mains de l'opposition. Or, pour que la paix apportât le succès indispensable, indiscutable, il fallait qu'on la tînt en suspens jusqu'à la dernière seconde et qu'on en améliorât les conditions jusqu'au moment précis où l'on sentirait qu'elle allait échapper, de façon à profiter des dernières circonstances favorables : c'est l'art de la diplomatie.

Et c'est pourquoi Richelieu pensait que la négociation de Ratisbonne devait être large et compréhensive; il était bon qu'elle soulevât les diverses questions pendantes pour permettre de tâter l'adversaire et de lui arracher les ultimes avantages; il était désirable que, touchant à tant de problèmes, elle laissât partout des ouvertures en vue des complications ultérieures; il fallait qu'elle pesât sur la puissance autrichienne de manière à montrer au monde la force nouvelle de la France, et finalement qu'elle réussît à détacher l'Empire de certains intérêts plus spécialement espagnols par appréhension de la guerre et de complications intérieures en Allemagne; il fallait que la paix générale fût subordonnée, en fait, à l'expédition qui s'achevait en Italie, où les armes du Roi devaient avoir leur récompense. Casal pèserait sur Ratisbonne en même temps que Ratisbonne pèserait sur Casal.

Le Père Joseph se sépara du cardinal le 2 juillet à Grenoble. Il emportait avec lui le grand secret. Il joignit Léon le 9 à Soleure, et lui remit les pouvoirs officiels. En Allemagne, les deux envoyés furent reçus d'abord par le fameux Waldstein dans son camp auprès de Memmingen, le 23 juillet. Entraînés par un commun attachement à la cause catholique et dans le même idéal de la croisade contre les Turcs, le général et le Capucin se parlèrent avec une ouverture telle, qu'il semble bien que Waldstein ait laissé percer quelque chose de son désir de se créer une situation indépendante en Allemagne : confidence que le Père enfouit dans un coin de sa mémoire.

La mission arrivait à Ratisbonne le 19 juillet. Elle fut reçue par l'empereur Ferdinand le 2 août, et la négociation fut ouverte avec les commissaires impériaux. Elle devait s'achever le 13 octobre par un traité qui fut expédié aussitôt au Roi. Il ne fut connu en France, — par un résumé de Léon adressé au Roi, — que le 20 octobre à Lyon, et le cardinal n'eut le texte entre les mains que le 22 octobre à Roanne. Les articles à peine lus, le ministre, au milieu d'une Cour qui acclamait la paix, leva les bras au ciel et déclara très haut son intention de désavouer les négociateurs, et de se refuser à la ratification. Le Père Joseph était en route pour Paris ; il eut ordre de s'arrêter à Meaux ; il ne devait être reçu par le cardinal à Paris que le 19 décembre. Quant à Léon, il était envoyé à Vienne pour les discussions protocolaires qui devaient suivre le refus de ratification.

Ainsi s'accomplit brutalement ce fameux « désaveu de la paix de Ratisbonne » qui, sans rompre en aucune manière l'intimité entre le Père Joseph et le cardinal, permit de reprendre l'affaire, d'en finir plus avantageusement avec la succession de Mantoue et d'orienter plus fermement la politique que les deux amis devaient suivre désormais en commun, dans les grandes questions qui se soulevaient en Europe.

Revenons sur les articles du traité et sur les raisons qui déterminaient cette audacieuse manœuvre exécutée sous les yeux de l'ennemi. Les principaux points débattus avec les commissaires impériaux et les solutions apportées à ces points par les articles de Ratisbonne étaient les suivants :

D'abord, sur le fait urgent, Casal, il était convenu par le texte du traité, qu'en attendant un règlement de l'affaire par la chambre impériale, on laisserait s'écouler une période intérimaire de deux mois pour permettre à l'Empereur de faire connaître sa décision : cependant les Espagnols se retireraient immédiatement de la ville; les troupes de l'Empereur se retireraient du Mantouan et ne garderaient que Mantoue ; les troupes françaises se retireraient de Casal, puis de la Savoie, du Piémont, de l'Italie en général à l'exception de Pignerol, de Veillane, de Suse et de Briqueras. Le duc de Mantoue, reconnu comme prince légitime, prendrait possession de Casal sans la fortifier ni l'occuper dangereusement pour ses voisins. L'Empereur jugerait le règlement de la succession ainsi que les compensations et indemnités, qu'il arbitrerait en faveur des cohéritiers et coprétendants, assurant l'investiture au duc, qui la solliciterait par une lettre de respect; le duc de Savoie recevrait Trino dans le Montferrat et une rente de 18.000 écus sur le duché.

Quant aux affaires d'Allemagne et au règlement général de la question de paix et d'équilibre entre les puissances, certains accords étaient libellés, d'autres laissés dans le vague ou passés sous silence. Il était dit, en substance, que le roi de France n'attaquerait pas l'Empire, l'Empereur, les États héréditaires ni par soi-même, ni par autrui, directement ou indirectement, et qu'il n'assisterait ni de conseil, d'argent, d'armes, de vivres, de munitions, ni en quelque autre manière que ce fût, les ennemis de l'Empereur et de l'Empire, soit déclarés, soit qui viendraient à se déclarer; il était entendu, d'autre part, que Sa Majesté Impériale tiendrait la même conduite à l'égard de la France. L'article 15 du traité visait, sans modifier la situation, cette affaire des Trois Évêchés, placés, depuis le traité de Cateau-Cambrésis, sous la protection de la France, affaire toujours traînante dans les dossiers impériaux et qui n'eût mérité que le silence et le mépris. L'article 16 comprenait le duc de Lorraine dans la pacification générale où il n'avait que faire, lui attribuant ainsi une sorte de protection impériale; sur d'autres points, le texte, examiné à la loupe, fournissait d'autres arguments pour motiver soit la suspension soit le refus de ratification. Mais le point de difficulté le plus délicat était la possibilité laissée à l'Empereur de se dérober sur le sort de Casal, en vertu du délai reportant à une date ultérieure et à un examen juridique la décision dernière du litige. Cela dit, il convient de reconnaître que, dans l'ensemble de la négociation, la politique de la France avait obtenu de réels avantages.

Pour expliquer l'imbroglio de la rupture suspensive, il est nécessaire d'avoir présent à l'esprit, non seulement les textes qui sont connus et écrits, mais tout ce qui reste à l'état flottant, exprimé par gestes et par silence, comme il se fait dans ces délicates communications de gouvernement à gouvernement et de diplomates à diplomates. Rendons-nous bien compte que les représentants de la France avaient reçu pour mission secrète, et comme nous dirions, verbale, de toucher avec la plus grande prudence à la question générale des rapports de la France et de l'Allemagne autrichienne, de laquelle dépendaient le sort de l'Europe et, par sa liaison avec la maison l'Espagne, le sort du monde. Ni Richelieu ni le Père Joseph n'avaient effacé de leur mémoire la haute vue historique développée en 1627 par Fancan, véritable testament politique du malheureux pamphlétaire :

« Quand les Indes seraient épuisées ou que ces deux maisons alliées les auraient perdues, l'Allemagne est encore battante pour leur dessein, comme le plus ample, riche et puissant royaume de la chrétienté, auquel sont de puissants princes, villes impériales, la plupart marchandes, opulentes et sises sur de grandes rivières; le tout au milieu de l'Europe, qui leur sera un grand avantage pour y établir le siège de la monarchie... Ils auront moyen d'y dresser et équiper flottes et navires pour tenir en bride le septentrion, incommoder le midi, non seulement pour empêcher le commerce des Danois, Anglais et Français, mais aussi pour conquérir ce qu'ils n'ont pas et recouvrer ce qu'ils ont perdu. C'est pourquoi on les voit si âpres et si animés à attaquer de toutes leurs forces le roi de Danemark et les villes et pays de la basse Saxe, de laquelle ils ont occupé une bonne partie; et peu s'en faut qu'ils ne soient les maîtres du total, si on les laisse faire et que ledit roi (de Danemark) vienne à succomber. Ainsi toute l'Allemagne subjuguée leur servira de marchepied pour monter, ou plutôt de fondement ferme et assuré pour y élever leur bâtiment monarchique et triompher de toute la chrétienté. »

De cela nul ne parle dans les entretiens solennels, mais tout le monde y pense. Or il y a une difficulté dans l'Empire : la crise religieuse, cette division entre nord et sud, inhérente à la constitution même de l'Allemagne. Cette difficulté, comment l'a-t-on résolue à Ratisbonne?

Bien des questions épineuses étaient posées : relations de la France avec l'empereur Ferdinand et les siens; relations avec la Diète et les Électeurs réunis pour régler certaines affaires intérieures et pour se prononcer sur l'élection du fils de l'empereur Ferdinand comme roi des Romains; relations avec les puissances, soit catholiques, soit protestantes qui, en Allemagne et hors d'Allemagne, agissaient en faveur de la cause impériale ou contre elle; en particulier, relations avec la « ligue catholique » ayant à sa tête le duc de Bavière, relations avec le duc de Friedland, Waldstein, étant donné son projet de dissidence; relations avec les puissances du nord, Gustave-Adolphe marchant dans le moment même au secours du Danemark et engageant une campagne destinée à refouler l'autorité de la maison d'Autriche dans les provinces méridionales de l'Empire.

De tels problèmes ne sont pas de ceux qui se règlent en quelques semaines. Voici comment ils avaient été abordés et quels champs d'action ils avaient ouverts à la diplomatie du Père Joseph et, ultérieurement, à celle du cardinal de Richelieu. L'accueil fait par l'Empereur lui-même au Père Joseph avait été confiant et, pour ainsi dire, intime. Un sentiment chrétien partagé les avait rapprochés : dans l'espoir d'une croisade qui réunirait un jour les puissances catholiques contre les Turcs. C'était donc, entre la France et l'Empire, une sorte de détente, du moins personnelle, tandis qu'une manœuvre souterraine, conduite par les amis de la France, avait fait échouer la candidature du fils de Ferdinand au titre de roi des Romains. L'Empereur n'avait pas senti le coup; du moins il avait cru préférable de ne pas le marquer.

Avec les Électeurs, qui, pour la plupart, en raison de certains sentiments ou calculs particuliers, s'étaient opposés à cette élection, le Père Joseph avait négocié secrètement, et les Électeurs n'avaient pas écarté l'idée d'une entente avec la France en vue de la défense des intérêts communs ; ils avaient en général manifesté des dispositions contraires, sinon hostiles, aux ambitions de la maison d'Autriche, qui tendaient à rendre la couronne impériale héréditaire. Pour la première fois, on avait prononcé cette grave parole « la défense des libertés germaniques », parole destinée à un si grand avenir dans les relations de l'Europe avec l'Allemagne. Et, résultat non moins appréciable, on avait pu discuter pied à pied (sans aboutir, il est vrai, mais pourtant la plume à la main), avec le duc de Bavière ; on avait pu lui parler de l'indépendance de la « ligue catholique » et des armées de la Diète vis-à-vis de l'Empereur, étudier les moyens de séparer, le cas échéant, les deux causes, celle du prince et celle de la confédération. A tout cela le duc de Bavière avait prêté l'oreille ; il s'était montré sensible aux avances des plénipotentiaires français encourageant la création d'un tiers-parti en Allemagne. Là aussi, certaines idées semées par Fancan avaient porté fruit. Enfin, en ce qui concernait les relations du Roi Très Chrétien avec les puissances protestantes, soit extérieures à l'Allemagne (Hollande, Angleterre, Suède, Danemark), soit intérieures, la France avait bien souscrit certaines promesses de non-coopération avec eux, qui, jusqu'à un certain point, pouvaient porter ombrage aux alliés du Roi et inquiéter leur confiance. Mais les termes inclus dans le traité étaient de rédaction si imprécise, qu'on saurait bien, si les circonstances le rendaient nécessaire, trouver le moyen de s'en dégager par quelqu'une de ces arguties qui sont le pain quotidien de la diplomatie.

En somme, si les plénipotentiaires français n'avaient pas, tant s'en faut, obtenu une entière satisfaction, l'Empereur, par crainte sans doute de complications plus grandes, s'était montré coulant. Sur le fait immédiat et le plus sensible, la succession de Mantoue, le traité consacrait le résultat de l'intervention française en faveur du duc de Nevers sous la seule réserve du délai réclamé par la chambre impériale pour prononcer son verdict.

Cet avantage incontestable, joint à celui de la paix accueillie avec enthousiasme par l'opinion, paraîtrait-il suffisant à Richelieu? Avait-il même paru suffisant à son confident, le Père Joseph, au moment où il signait? N'y avait-il pas quelque dessous, précisément dans cette signature apposée si rapidement au bas d'une rédaction un peu hâtive, sans qu'on eût attendu les dernières instructions?... On pourrait le penser, si on réfléchissait à l'insistance avec laquelle les deux négociateurs français avaient déclaré que leur adhésion n'engageait pas leur gouvernement : ils avaient dit et répété que le ministre français les blâmerait de leur promptitude; ils avaient ajouté qu'ils ne comptaient pas sur la ratification pleine, entière, immédiate, des articles tels qu'ils les soumettaient au cardinal.

Le cardinal venait de recevoir ces articles à Roanne : tandis que la Cour et les entourages entonnaient le cantique de la paix, il se recueillait, réfléchissait et finalement se prononçait pour le refus de ratifier. Désavouer son confident le Père Joseph, brutalement se dérober à ce grand bienfait de la paix, à ce succès acclamé! Mais que prétendait-il? Où allait-il? Quelles seraient les suites?...

Les raisons de Richelieu? Tout d'abord, les circonstances étaient changées. Revenons en Italie et rapprochons-nous des généraux qui traitaient l'affaire non par des paroles, mais par des actes.

Un exemplaire du traité avait été envoyé à Schomberg et lui avait été remis dès le 15; le maréchal était alors à Canelli (1). Selon les ordres que Richelieu lui avait envoyés sept jours avant la signature du traité, il avait rompu la trêve et ses troupes marchaient sur Casal. Il jette un coup d'œil sur l'article qui concerne l'Italie et il comprend aussitôt que cet article ne sera pas accepté et que lui-même n'a rien à changer aux dispositions prises. Le traité portait, en effet, que l'investiture serait donnée par l'Empereur au duc de Mantoue dans six semaines, et que dans deux mois seulement les duchés seraient évacués par les Impériaux, Casal et les autres villes du Montferrat par

(1) *Mercure françois*, t. XVI, p. 703.

les Espagnols. Le maréchal sait que ses troupes, impatientes de combattre, menacées par la peste, n'attendront pas si longtemps. Décimées par la maladie et la désertion, elles fondront à vue d'œil. Et, comme les Espagnols n'ont pas signé le traité, comme l'Empereur s'est engagé seulement à le leur faire ratifier, lui Schomberg se trouvera dans deux mois joué par l'Espagne, qui aura gagné Casal sans coup férir.

Le 17 octobre, les trois maréchaux, La Force, Schomberg, Marillac, — ce dernier est venu remplacer le marquis d'Effiat, que la maladie a contraint de rentrer en France, — rassemblent toute l'armée dans une vaste plaine, près de Raconigi, à vingt-trois lieues de la citadelle où Toiras les attend. Mazarin les presse sans relâche d'arrêter leur marche; entre le quartier général français et celui des généraux ennemis, l'agent pontifical fait la navette en un effort désespéré. Plus il insiste, plus les maréchaux refusent de l'entendre : ils assurent qu'ils feront entrer des vivres dans la citadelle par-dessus les moustaches des Espagnols. Le duc de Savoie écrit : il propose de rester neutre, mais les maréchaux se méfient de cette neutralité enfarinée. Et si le Savoyard, ligué avec l'Espagne, vient « donner sur la queue » de l'armée du Roi? Ils avancent en dépit de Mazarin. Près de Canale (quinze lieues environ de Casal), ils prennent toutes mesures pour ne pas être surpris : « On disposa notre armée en trois colonnes, écrit Pontis : l'avant-garde faisait la colonne droite, le corps de bataille faisait la colonne du milieu et l'arrière-garde faisait la colonne gauche. Entre la colonne droite et la colonne du milieu marchaient tout le canon et l'attirail. Entre la colonne du milieu et la colonne de gauche marchait l'équipage de MM. les Généraux et de toute l'armée; de sorte que tout était enfermé. La cavalerie était sur les ailes, à la tête et à la queue, en forme de bataille. En cet ordre, on continua les marches durant toutes les plaines, nos troupes étant toujours en état de combattre soit l'armée de Savoie, qu'ils avaient en queue, soit celle d'Espagne qui était en tête (1). »
Deux cents mousquetaires, sous les ordres de MM. du Plessis

(1) *Mémoires du Sieur de Pontis*, t. II, p. 16.

Besançon et de Vignoles, « soutenaient les travailleurs », qui ouvraient « dans les champs des chemins nouveaux aux gens de guerre », pour leur permettre d'avancer (au moins dix hommes de front), « afin que les chemins ordinaires ne servissent qu'aux vivres, à l'artillerie et aux bagages (1) ».

Le 23 octobre, l'armée n'est plus qu'à quatre milles de Casal et bientôt, le 26, à un mille. Les maréchaux découvrent au loin les fortifications et les murailles. Devant eux se dresse la place de guerre, qui est au pouvoir de l'Espagne, et, dominant la ville, la citadelle défendue par Toiras. *Nec vi nec fraude,* selon la fière devise qu'il a gravée sur sa monnaie de bronze, Toiras ne se laissera bouter dehors ni par la force ni par la ruse. Les maréchaux n'attendent que le signal qui doit paraître au-dessus de la citadelle, une fumée épaisse s'échappant de l'une des tours... Et voilà de nouveau le Mazarin : pour la dernière fois il représente avec une éloquence et une mimique supérieures, la puissance de l'armée d'Espagne, la résolution qui l'anime, les dispositions de ses chefs, la force des retranchements. L'agent du Pape n'a point exagéré la difficulté de secourir Casal. Comme l'a écrit le maréchal de La Force dans ses *Mémoires*, « c'était une haute entreprise ».

« Jamais, constate le maréchal de Schomberg, il ne fit un si beau jour et semblait que le soleil eût redoublé sa lumière, pour faire voir plus distinctement les particularités d'une si grande et si importante action. Déjà le peu de chemin qui restait à faire pour joindre les ennemis, permettait à tout le monde de voir leur ordre ; qui paraissait fort beau (2). » Derrière leur grande circonvallation, les troupes espagnoles comptent huit mille hommes de plus que celles du Roi. Il faut, en cas d'échec, faire onze journées de marche en pays ennemi « sans aucune retraite ni faveur » et porter avec soi ses vivres. Mazarin attend. Congédié, il part, non sans jeter, avant de regagner les retranchements espagnols, un regard inquiet sur les troupes françaises qui se préparent à attaquer.

Sortant de la citadelle, Toiras aligne deux cent cinquante mai-

---

(1) *Mémoires du Cardinal de Richelieu*, édition Petitot, t. VI, p. 325.
(2) Père Griffet, *Histoire du Règne de Louis XIII*, t. III, p. 718.

tres et cinq ou six cents hommes, n'attendant, pour donner, que le commencement du combat. Le nuage de fumée vient enfin de s'élever sur les tours de la citadelle de Casal. Les troupes du Roi marchent rapidement aux tranchées espagnoles. Le maréchal de La Force conduit l'aile droite, le maréchal de Marillac l'aile gauche et le maréchal de Schomberg le centre, parce que c'est son tour de commander (1).

A demi-portée de canon (deux ou trois cents toises), on fait halte pour la prière. Un coup de canon retentit dans le profond silence, c'est le signal. Les troupes s'élancent à l'attaque. Une ardeur indicible les jette en avant. Et cependant elles semblent, selon l'énergique expression de Pontis, « se mirer dans l'embouchure » des pièces qui, pointées le long des retranchements ennemis, ne peuvent manquer de produire un terrible carnage. Les hommes marchent, résolus et « serrés, avec un silence, observe Schomberg, que la liberté française n'a point accoutumé de pratiquer en pareilles occasions (2) ». Déjà plus avancée, l'aile gauche va atteindre l'ennemi. Soudain un cavalier sort du camp espagnol. Il vient au galop, brandissant une feuille de papier, que le soleil éclaire. Il l'agite ; il s'approche. On entend sa voix : « Halte, Halte! crie-t-il, arrêtez, arrêtez! » Les maréchaux arrêtent à grand'peine les troupes ; quelques hommes exaspérés déchargent leurs mousquets dans la direction du trouble-fête. C'est Mazarin !

Mazarin est « heureux ». Il passe à travers les balles ; il est admis à parler aux maréchaux. Les généraux d'Espagne lui ont remis cette feuille en blanc pour que les généraux de France y dressent eux-mêmes les articles de paix. Une conférence s'ouvre bientôt entre les chefs des deux armées et se déroule sur le terrain qui sépare Espagnols et Français : « Il faisait fort beau voir, nous dit le maréchal de Schomberg, cette entrevue de tant de gens de qualité, armés de toutes pièces, à la vue de deux grandes armées, pour décider un différend le plus important de la chrétienté ». Embrassades, compliments, échange de paroles et de signatures :

(1) *Mémoires de M. de Puységur.*
(2) Père Griffet, *Histoire du Règne de Louis XIII*, t. III, p. 720.

LE MARÉCHAL DE LA FORCE
d'après une gravure de Moncornet

ESPAGNOLS ET FRANÇAIS FRATERNISENT.

Casal sera remise au duc de Mantoue ; la garnison française de la citadelle sera remplacée par une garnison montferrine commandée par un gouverneur montferrin. L'armée du Roi quittera le Montferrat, lorsque tout le canon et tout l'équipage des Espagnols auront été embarqués sur le Pô.

On raconte, qu'au plus beau moment de cette conférence en pleine campagne, une perdrix s'envola « du milieu de l'armée et, ne sachant où se mettre, se posa sur le chapeau de M. le Maréchal de Schomberg (1) ». Cela parut un augure. Les troupes françaises se retirèrent à un quart de lieue et les Espagnols rentrèrent dans leurs retranchements. La nuit tombait. Une pluie diluvienne noyait les belligérants réconciliés, éteignait les mèches des mousquets, gâtait les armes, transperçait les habits. Les soldats français, qui avaient bravé la décharge des canons, se réfugièrent par crainte de la pluie dans les bourgs du voisinage.

Vers onze heures du matin, les maréchaux dînaient avec M. de Toiras, qui était venu saluer ses libérateurs. On annonce : « Messieurs les Généraux d'Espagne ». Ce sont Piccolomini et Collalto. Ils ont traversé le camp avec leur suite sans la moindre difficulté. Sans plus de cérémonie, ils entrent dans la salle : « Messieurs, je suis bien fâché de n'en avoir pas été averti, leur dit Schomberg en se levant de table, puisque j'aurais monté à cheval pour aller au-devant de vous. — Monsieur, répond Piccolomini en souriant, nous avons voulu vous surprendre au moins dans la paix, ne l'ayant pu faire comme ennemis ; mais il faut que je vous avoue que j'ai été moi-même un peu surpris en passant dans votre camp. » Et Piccolomini s'étonne d'avoir trouvé un camp désert, « les armes des soldats en confusion et en désordre de tous côtés », car les « libertés françaises » contrastaient alors, comme aujourd'hui, avec la rigidité germanique. Tout en faisant signe de l'œil à ses officiers, pour qu'ils aillent rassembler leurs hommes, Schomberg répond à Piccolomini : « Cela ne doit nullement vous surprendre, Monsieur ; car, moi, qui suis Allemand de nation, lorsque je vins m'établir en France et que j'entrai au service du Roi, je fus à la vérité d'abord aussi étonné que vous

(1) *Mémoires de M. de Puységur*, p. 93.

de cette humeur dans les Français, mais, lorsque j'eus commandé quelque temps et que je me fus accoutumé à l'air du pays, je reconnus que les soldats français étaient les plus courageux et les plus ardents lorsqu'il s'agit de combattre et les plus portés à se donner du bon temps lorsqu'ils n'ont plus d'ennemis. Ce qu'il y a de commode en eux, c'est que, s'ils mettent promptement les armes bas, ils les reprennent aussi promptement ; et, afin que vous soyez vous-même témoin de la vérité de ce que je dis, je veux tout présentement vous faire voir quelle est l'humeur de nos Français. Je ferai battre le tambour par tous les quartiers et je vous donne ma parole qu'avant que nous ayons traversé le camp, vous verrez toute l'armée en ordre. »

Cependant les officiers sortent en foule et montent à cheval, les roulements du tambour résonnent et se prolongent au loin. Le maréchal de Schomberg retient le plus possible les généraux d'Espagne. Accompagné de La Force et de Marillac, il finit par les reconduire à travers le camp. Stupeur de Piccolomini et de Collalto : comme le flot à l'heure de la marée, les troupes sont revenues ; « les officiers, la pique à la main, et les soldats, avec leurs armes, font tous bonne mine ». Piccolomini, plus étonné encore au départ qu'à l'arrivée, ne cache pas son admiration et dit, en prenant congé des trois maréchaux, « qu'il ne peut y avoir que de l'honneur à être vaincu par tant de braves soldats conduits par tant de grands capitaines (1) ».

Ces « grands capitaines » mesuraient la grandeur du succès qu'ils venaient de remporter : « Je ne doute point, écrivait au cardinal le maréchal de La Force, que ne jugiez très bien sur l'état auquel étaient les affaires, que ni la paix de Ratisbonne ni l'exécution qui s'en devait faire n'eussent rencontré de bien plus grandes difficultés sans votre prudente résolution à faire valoir les armes du Roi. Les artifices et longueurs qu'ils y ont apportés de tous côtés, pouvaient laisser les choses en grand doute. Mais, ayant suivi les commandements du Roi, nous sommes venus jusque devant Casal, sans que les allées et venues

(1) *Mémoires du Sieur de Pontis*, t. II, p. 26.

du Mazarin nous aient retardés d'une heure. Ce qui nous avait toujours été désiré, nous a été accordé à la tête de l'armée de Sa Majesté, toute en bataille, à la portée du mousquet de la leur, prêts à faire sonner la charge : action véritablement fort avantageuse à la réputation des armes du Roi, car outre qu'elle donne un grand avancement et suite aux affaires, c'est avec tant d'honneur et de gloire, qu'il n'y a guère d'exemple de pareille chose (1). »

Le refus de ratifier.

L'accord des généraux avait eu lieu le 26 octobre 1630. Il y avait alors déjà près d'une semaine que Richelieu avait lu les articles du traité de Ratisbonne. Or Richelieu avait pris son parti : il ne ratifierait pas le traité. Quelle raison plus forte pour s'en tenir à l'accord des généraux, que la magnifique exécution accomplie à Casal? Déjà, le 22 octobre, il avait fait écrire, au nom du Roi, par le secrétaire d'État Bouthillier, une lettre à Brûlart de Léon, qui affirmait catégoriquement sa volonté : « Je ne vous remarquerais pas tous les défauts de ce traité par cette lettre, elle serait trop longue... Je vous dirai seulement ce qui m'a été le plus sensible, puisqu'il semble blesser ma foi, que j'ai gardée et que je garderai toujours inviolable. C'est le premier article, par lequel vous me feriez perdre tous mes alliés (me les faisant en effet abandonner) et leur ôteriez la confiance qu'ils peuvent avoir en moi. Au quinzième article, vous remuez une pierre et remettez en jeu les questions de Metz, Toul et Verdun, assoupies depuis près d'une centaine d'années. Au seizième, vous parlez du duc de Lorraine, comme compris en cette paix, bien que l'on n'ait eu aucune guerre avec lui. Et, en tout le reste du traité, il n'y a que désavantage et incertitude, soit pour moi soit pour mes alliés. Le duc de Savoie aurait plus de la moitié du Montferrat, si l'article qui le concerne était exécuté selon les termes auxquels il est conçu. Vous m'obligez à une dépense indicible pour la subsistance de mon armée pendant un long temps qu'elle me demeurerait inutile. Vous me faites retenir tous les passages pour

(1) Archives de La Force, 27 octobre 1630.

y tenir ; ceux au contraire qui en doivent restituer de leur côté, les ont en leur puissance, quand bon leur semblerait.... Bref il n'y a presque ligne au traité, où il n'y ait à redire (1). »

Le cardinal, il est vrai, avait laissé les négociateurs sans instructions du 5 septembre au 8 octobre : sans doute il attendait de connaître la délivrance de Casal, qu'il avait tout fait pour préparer et hâter. Ils auraient dû ne rien signer avant d'avoir connu la dernière pensée du cardinal (2), qui leur avait été apportée par un courrier quatre jours après la signature.

Et puis, d'autres événements non moins graves s'étaient produits. Ce même 22 octobre, à deux heures après-midi, le cardinal avait reçu une lettre de Bouthillier : « La Reine m'a commandé de vous dire, lui écrivait-il (jouant sur le mot de Rancé, qui était le nom d'une seigneurie des Bouthillier), qu'elle vous envoyait une *Rancée*, ne pouvant elle-même vous écrire de sa main, parce qu'elle était encore dans le lit, et, qu'à vous dire vrai, Sa Majesté s'est encore un peu ressentie de son mal, qui n'a pas été petit.. La Reine eut d'abord un éblouissement, ne voyant goutte, suivi à l'instant d'un sifflement d'oreille et d'un frisson si grand, qu'elle demeura froide comme marbre, ne pouvant se remuer. Il la fallut porter dans une chaise en son lit. Et le mal prit fin lors par des larmes, Sa Majesté ayant pleuré abondamment, sans pouvoir dire pourquoi. Elle s'est résolue de ne partir que demain (23 octobre) » (3).

Marie de Médicis n'en était pas moins partie le jour même (4). Elle était arrivée à Roanne le 24 et Richelieu avait délibéré avec elle sur les mesures à prendre : entretien orageux, où le débat s'était engagé sur la ratification du traité et le retard apporté à la paix. Richelieu n'avait pas cédé un point dans la discussion, et la victoire lui était restée. Mais dans quelle mesure et pour combien de temps ?

Le 26 octobre, il recevait une lettre de Schomberg. Le maréchal assurait que si M. de Léon lui notifiait le traité de

(1) Avenel, *Lettres du Cardinal de Richelieu*, t. III, p. 962.
(2) Fagniez, *Le Père Joseph et Richelieu*, t. I, p. 517-519.
(3) Bouthillier à Richelieu, Affaires étrangères, France 795 *bis*, f° 515 et suivants.
(4) Avenel, *Lettre du Cardinal de Richelieu*, t. III, p. 943, note.

Ratisbonne, il ne s'y conformerait qu'après avoir vu les Espagnols en retraite, Casal sauvée et ravitaillée : « Votre lettre du 18 de ce mois me donne la vie », répondait le cardinal. En effet, Richelieu, depuis la fin de septembre ne vivait plus : le traité l'avait consterné, tandis qu'il renaissait à peine de l'anéantissement où l'avait plongé la maladie qui avait failli emporter Louis XIII et, avec lui, l'œuvre de son ministre, encore si loin d'être achevée.

Comme il l'avait écrit au marquis d'Effiat, lorsqu'il était venu à Lyon le 25 août, « il était bien à propos qu'il y vînt ». Le cardinal avait trouvé la Reine changée à son égard, assurément pas en bien. De quels « détours infinis » ses ennemis s'étaient servis pour le perdre! « Il en soupçonne quelques-uns, disent les *Mémoires;* il en découvre quelques autres ; il essaie de remédier à tout par bonnes et solides raisons. » Il persuade Marie de Médicis ; il est maître de son intelligence ; il ne l'est ni de son cœur, ni de sa volonté. La Reine « feint de le regarder de bon œil, reçoit ses devoirs et ses respects à l'ordinaire et lui témoigne autant de bienveillance qu'elle fit jamais (1) » ; au fond, elle le hait et voici que les circonstances vont peut-être servir sa haine.

Le samedi 21 septembre, le Conseil vient de finir à l'abbaye d'Ainay, dans la chambre de la Reine. Le Roi sort avec le cardinal, il semble fort mal à son aise. Tous deux montent rapidement en carrosse ; ils passent bientôt la Saône dans une barque (2) et le Roi se fait conduire à l'archevêché, où il va droit à sa chambre. Accablé il se met au lit. Un grand frisson le secoue la nuit même, la fièvre le saisit et la dysenterie se déclare. Le mardi 30, le Père Suffren prépare Louis XIII à la mort. Le mourant communie des mains du cardinal de Lyon, qui célèbre la messe dans sa chambre ; puis, d'une voix languissante, il commande qu'on ouvre la porte. Il y a dans la pièce et dans celle qui la précède une centaine de personnes : « Je suis marri, murmure Louis XIII, de n'avoir la force de pouvoir parler. Le Père Suffren parlera pour moi et vous dira ce que je voudrais vous dire, me trouvant ici au lit de la mort. Je vous demande

---

(1) *Mémoires du Cardinal de Richelieu*, ed. Petitot T. VI p. 426-427.
(2) P. de Vaissières, *l'Affaire Marillac*, p. 44.

pardon à tous de ce en quoi je vous ai offensés, et ne mourrai pas content si je ne sais que vous me pardonnez et vous prie d'en dire autant à tous mes sujets de ma part. — Pardonnez-nous, Sire, c'est à nous à vous demander pardon ; jamais vous ne nous avez offensés (1) », répond la voix des assistants. A genoux près de son frère le cardinal de Lyon ; près d'Anne d'Autriche, près des officiers de la maison du Roi, près du duc de Montmorency, Richelieu en larmes.

« Je ne sais si je suis plus mort que vif, écrivait-il quelques heures plus tard au maréchal de Schomberg, pour avoir vu ce matin le plus grand et le plus vertueux des Rois et le meilleur maître du monde en tel état, que je n'espérais pas le voir vivant le soir. Il a plu à Dieu par sa bonté de nous délivrer maintenant de cette appréhension par un abcès qui s'est ouvert, lequel il avait dans le corps, ce qui a tellement changé l'état auquel il était, que les médecins répondent maintenant de sa guérison. Je vous avoue que, quelque parole que donnent les médecins, mon esprit n'est point encore revenu des appréhensions incroyables que j'ai eues. Je prie Dieu que ceux que j'aime comme vous ne se trouvent jamais en des accidents semblables, dont par la grâce de Dieu nous sommes maintenant garantis (2). »

Or, en cette fin de septembre, on était, à Ratisbonne, sur le point de conclure.

Ce n'était pas seulement pour le Roi que Richelieu avait eu des appréhensions incroyables, mais pour lui-même. Il savait que la mort de son maître entraînait sa chute et peut-être pis. Ses ennemis ne se contenteraient pas sans doute de sa disgrâce. Résolu de leur refuser une satisfaction aussi complète, il songeait à se retirer en Avignon, sous la protection du Saint-Père. Le duc de Montmorency, que Louis XIII avait fait prier de veiller sur le cardinal, avait offert de donner pour refuge à Richelieu son gouvernement de Languedoc ou de conduire Son Éminence, sous bonne escorte, dans le port qu'elle possédait à Brouage. Montmorency ne soupçonnait pas que, deux ans plus tard, le ministre,

---

(1) *Mercure françois*, t. XVI, p. 794.
(2) Avenel, *Lettres du Cardinal de Richelieu*, t. III, p. 912.

de nouveau tout puissant, toujours impitoyable, ferait dresser pour lui un échafaud à Toulouse.

Lorsque le Roi avait paru si près de la tombe et son frère si près du trône, d'autres lettres et d'une autre portée avaient franchi, dans les sacoches des courriers, les cent seize lieues qui séparent Lyon de Paris. La comtesse du Fargis, dame d'atour d'Anne d'Autriche, avait écrit à Gaston, pour lui proposer, le cas échéant, d'épouser la veuve de Louis XIII. M. de La Ville-aux-Clercs, secrétaire d'Etat, avait écrit aux « bons serviteurs du Roi » pour les rassurer. Des deux parts, tout était en suspens. Car l'amélioration constatée le 30 septembre n'éloignait pas absolument le danger. Louis XIII, transporté dans le quartier Bellecourt, sur la rive gauche de la Saône, dans l'hôtel de Mme de Chaponay (1), connut encore des heures de souffrance et les ennemis du cardinal des heures d'espérance. C'est alors que se tint le mystérieux conseil où le maréchal de Marillac, à la veille de partir pour l'Italie, le duc de Guise et le maréchal de Bassompierre, qui venaient d'arriver à Lyon, délibérèrent sur le sort que l'on devait réserver au cardinal, si Gaston ceignait la couronne. Marillac opina pour la mort, offrant de tuer le cardinal de sa propre main; Guise opina pour l'exil et Bassompierre pour la prison perpétuelle. Richelieu apprit par sa police secrète le sort qui l'attendait et vit aussi ce qu'il aurait à faire, le cas échéant, de ces adversaires sans merci : il ne devait pas tarder à appliquer à ces Messieurs les peines qu'ils avaient choisies eux-mêmes. Il ignorait cependant que les deux Reines avaient tenté un suprême assaut contre lui auprès du Roi. La chambre où Louis XIII se croyait sur son lit de mort, où veillait Anne d'Autriche, avait été le théâtre d'une grande scène d'attendrissement entre les deux époux : Louis XIII « faisant de grandes excuses » à la Reine « de n'avoir pas bien vécu avec elle », promettant de suivre ses conseils à l'avenir; Anne d'Autriche énumérant tous les dégoûts qu'elle avait éprouvés au sujet du cardinal, suppliant le Roi de le congédier. Le malade aurait promis de la satisfaire, dès que

(1) Eléonor de Villars, femme d'Humbert de Chaponay, seigneur de l'Islemèan, lieutenant général de la sénéchaussée de Lyon.

la paix serait signée avec l'Espagne (1). A la Reine mère qui, à ses heures, n'était pas moins pressante, il avait dit qu'il n'était ni en lieu ni en état où l'on pût prendre résolution sur une chose si importante et qu'il fallait attendre d'être à Paris.

Cependant Richelieu descendait le cours paresseux de la Loire; il emportait en lui-même le secret des paroles que Louis XIII lui avait dites avant qu'il quittât Roanne. Le Roi l'avait averti que la « Reine sa mère était mal satisfaite de sa conduite », il lui avait « conseillé de se réconcilier sincèrement avec elle (2) ». Aussi le cardinal, qui voyageait sur le même bateau que la Reine, se multipliait-il auprès d'elle. Nul mieux que lui ne savait organiser un voyage, fixer les meilleures étapes, obtenir en chemin le minimum de fatigue, et, le soir, à la couchée, lorsque les coffres étaient ouverts, les meubles installés, les lits dressés, les tapisseries tendues, le maximum de confort (3). Il a raconté lui-même ses empressements auprès de la Reine : « Il n'y a honneur, disent les *Mémoires*, qu'il ne rende à sa personne, ni soin qu'il ne contribue à ce que tous les siens, chacun selon sa condition, soient logés et traités selon qu'ils le peuvent désirer (4). » M. de La Ville-aux-Clercs a bien mérité de la postérité, lorsqu'il nous a dépeint les deux irréconciliables ennemis aux petits soins l'un pour l'autre sur le bateau qui les emportait. Le cardinal, « y mit en usage tout son jeu, écrit-il, et examina la contenance de toutes les dames qui y étaient : ce qui lui fut très inutile, car la Reine, qui était née Florentine, lui fit voir que, quoiqu'elle eût passé trente années en France, elle n'avait pas encore oublié l'art de dissimuler, qui s'apprend dans tous les pays du monde, mais qui est naturel à l'Italie (5) ».

Maintenant le Roi, l'abcès une fois percé, se croyait proche de la guérison ou du moins le paraissait. Le 28 octobre 1630, tandis que les navigateurs arrivaient à Digoin, Louis XIII, qui la veille avait eu à Montargis une entrevue avec Monsieur, écri-

---

(1) *Mémoires du Comte de Brienne*, p. 52.
(2) *Ibidem*.
(3) Maximin Deloche, *La maison du Cardinal de Richelieu*, p. 447-460.
(4) *Mémoires du Cardinal de Richelieu*, ed. Petitot, t. VI, p. 427.
(5) *Mémoires du Comte de Brienne*, p. 52.

vait au cardinal : « Nous nous sommes séparés fort bons amis, mais j'ai peur que cela ne dure guère. Il s'en est retourné à Paris et moi je suis venu coucher en ce lieu (Linas près Montlhéry) et ai fait quatre lieues à cheval, de quoi je me porte fort bien, Dieu merci. Vous vous pouvez assurer que, quand mon frère me parlera de vous, je vous soutiendrai toujours comme il faut (1). »

Vers le même temps, Richelieu vit Louis XIII à quelque vingt lieues au nord-est de la Loire et nota dans son *Journal* : « Le Roi découvrit au cardinal à Auxerre tout ce que la Reine mère lui avait dit contre lui de plus diabolique et les inventions dont elle s'était voulu servir pour lui persuader (2). »

Le traité non ratifié, la paix en suspens, Casal occupée, le Roi guéri : les circonstances étaient changées. Tout s'explique : le cardinal avait eu à la fois le coup d'œil, la résolution et la chance de savoir attendre. Si, à Ratisbonne, les négociateurs avaient attendu quatre jours !.. Et cependant, qui sait? n'avaient-ils pas été sages de ne pas attendre et de fournir au cardinal la possibilité de faire la paix, solution qui eût, en cas de péril, répondu à tout. Leur hâte rendait maintenant son triomphe personnel plus éclatant.

(1) Comte de Beauchamp, *Louis XIII d'après sa correspondance avec le Cardinal de Richelieu*, p. 83.
(2) *Journal du Cardinal-Duc de Richelieu*, p. 5.

CHAPITRE TROISIÈME

LA DÉCISION DU ROI

Toute la Cour se trouvait à Paris. Le Roi, qui ne s'y était pas arrêté en revenant de Lyon le 29 octobre et qui était allé à Versailles puis à Saint-Germain, où le cardinal n'avait pas tardé à le rejoindre, venait de rentrer dans sa grand ville. Louis XIII ne pouvait loger au Louvre, parce qu'il faisait voûter la salle des Suisses(1) (actuellement salle des Cariatides), dont les vieilles solives du xvɪ^e siècle ployaient sous le poids de la salle des gardes située au-dessus. Il était descendu à l'hôtel des Ambassadeurs extraordinaires, l'ancien hôtel du maréchal d'Ancre (2), que l'on trouvait à droite quand on montait la rue de Tournon. Il avait l'avantage d'y être plus près du Luxembourg, où demeurait sa mère, chez qui se tenait le Conseil. C'est du moins la raison qu'il donnait à ceux qui n'étaient pas dans ses secrets et notamment à son frère, fort désireux de loger à ce même hôtel des Ambassadeurs : « Je connus, avait expliqué Louis XIII au cardinal le 2 novembre, que son dessein était, quand il serait dedans, de me le demander en don. Je lui dis que je voulais aller voir la Reine ma mère et que je faisais état d'y loger pour un soir. Il me proposa l'Arsenal pour un mois, je crus que je ne lui pouvais refuser (3). » En cette journée du 9 novembre 1630, Gaston était installé près de la Bastille, Louis XIII à mi-côte de la rue de Tournon et

---

(1) Père Griffet, *Histoire du Règne de Louis XIII*, t. II, p. 58.
(2) Aujourd'hui caserne de la garde municipale.
(3) Comte de Beauchamp, *Louis XIII d'après sa correspondance avec le Cardinal de Richelieu*, p. 84.

Marie de Médicis tout en haut, — dans son cher Luxembourg. A quelques pas, dans le petit hôtel du même nom, le ministre se tenait à la disposition de la mère et du fils.

C'est alors qu'une lettre (1) fort importante, fut écrite par le cardinal à Marie de Médicis. L'authenticité de cette lettre a été discutée, mais Richelieu ne fit aucune protestation lorsqu'il la vit paraître cinq mois plus tard dans le *Mercure* : « Madame, disait-il, j'ai su comme mes ennemis ou plutôt ceux de l'État (une formule qu'il devait avoir à la bouche jusque sur son lit de mort), non contents de m'avoir décrié auprès de Votre Majesté, veulent encore rendre suspecte ma demeure auprès du Roi. Comme si je ne l'approchais que pour l'éloigner de vous et pour diviser ce que Dieu et la nature ont joint. J'espère en la divine bonté que leur malice sera reconnue, que mes déportements seront bientôt justifiés et que mon innocence triomphera de la calomnie. » Lorsqu'il était allé rendre ses devoirs à Marie de Médicis, il avait remarqué, non sans inquiétude, « les contenances extraordinaires de ses domestiques ». Cette froideur n'annonçait que trop sa disgrâce. Signe avant-coureur confirmé le jour même par une parole du Roi, qui l'avait assuré que, malgré les caresses et les sourires prodigués durant le voyage, « il n'y avait rien de changé ». La Reine, au Luxembourg, où Louis XIII était allé la voir, lui avait rappelé sa promesse de Lyon et, sans l'entrée subite d'un importun, elle eût continué ses plaintes et déroulé impétueusement la longue suite de ses griefs. Le cardinal, résolu de tout tenter pour

(1) M. Avenel place cette lettre au début d'avril 1631, parce qu'elle fut publiée à cette date dans le *Mercure*. Il la croit apocryphe. Le style, un peu plus contourné que celui de la correspondance ordinaire du cardinal, ne l'est pas plus que celui des *Mémoires*; c'est le langage très complimenteur et alambiqué dont usait Richelieu à cette époque de ses relations avec la Reine mère. Il n'aurait pas laissé paraître cette lettre dans le *Mercure*, si elle n'était pas de lui. Elle provoqua une fausse réponse de Marie de Médicis et un pamphlet, dont le lieutenant civil Moreau fit rechercher l'auteur. Moreau, qui ne croit point à l'authenticité de la réponse, admet bien celle de la lettre : « Une lettre, dit-il au cardinal, que l'on a fait courir, il y a quelque temps de vous à la Reine mère du Roi ». Sans doute Richelieu savait-il d'autant mieux à quoi s'en tenir, que le Père Joseph exerçait une surveillance étroite sur le *Mercure françois*. L'*Éminence grise* transforma peu à peu cette « compilation de nouvelles » en journal de polémique officieuse.

fléchir la rancunière Florentine, se prosternait, si l'on peut dire, dans sa lettre : « Ce n'est pas, Madame, confessait-il, que je ne m'estime malheureux et coupable de ce que j'ai cessé de plaire à Votre Majesté et que la vie ne me soit odieuse en l'état où je suis, privé de l'honneur de vos bonnes grâces et de cette estime que je prisais bien plus que les grandeurs de la terre ; comme je les tiens de votre main libérale, aussi je les porte et les abaisse à vos pieds. Écrasez, Madame, votre ouvrage et votre créature ; tout ce qui proviendra de votre humeur royale, sera reçu de moi sans murmure et suivi de mille bénédictions. Mais, Madame, épargnez-moi de grâce, par cette pitié qui vous est naturelle ; car la pourpre que je porte, dont vous m'avez revêtu, perdra son éclat et son lustre, si le rebut de Votre Majesté y imprime de si noires taches. Quelle apparence y a-t-il que le plus obligé des hommes fût le plus ingrat et que, ma conscience, mes intérêts et ma première inclination m'attachant à votre service, je m'en sois séparé pour le seul avantage d'acquérir le nom de traître à la meilleure et à la plus grande reine de l'univers ? (1) »

Richelieu savait-il que, deux ou trois jours plus tôt, chez les Carmélites de la rue Saint-Jacques, le garde des Sceaux Marillac s'était longuement concerté avec la Reine et Mme du Fargis? Savait-il que Marillac l'accusait d'avoir commis de graves dilapidations dans le maniement des fonds d'État, où il puisait pour les affaires publiques, selon les méthodes administratives du temps ?

Quoi qu'il en soit, le cardinal brûlait du désir de se justifier. « Cela seul bien considéré, Madame, continuait-il, me devrait absoudre de crime et de soupçon devant le tribunal de Votre Majesté, qui m'a presque condamné sans m'ouïr. Je souscris à mes malheurs, et ne veux point disputer contre ma souveraine maîtresse ni lui demander raison de ce qu'elle a fait. Je ne pense non plus à me fortifier de l'appui du maître ni de ses officiers ni de la mémoire de mes services passés,

---

(1) **Manuscrit de l'Arsenal, 5417, Recueil Conrart**, publié, avec des variantes, par Avenel, *Lettres du Cardinal de Richelieu*, t. IV, p. 137-139.

contre le cours de votre indignation : la pensée en serait criminelle et bien contraire à l'humeur que j'ai fait toujours paraître de chercher la gloire dans la fidélité et la sûreté dans la seule innocence. Je désire encore moins de traîner ma misérable fortune par le reste de la France ou la porter jusque dedans Rome pour y voir des ruines encore plus lamentables que la mienne. Je m'ennuierais partout où Votre Majesté ne serait point et sans la permission de la voir, je ne veux plus que celle de mourir. Mais je consentirais, pour ma réputation et en faveur du rang que je tiens en la maison de Dieu, que ce fût au moins après mon innocence connue et, si ce n'est trop d'audace, après l'honneur de vos bonnes grâces recouvrées. Madame, cela m'arrivant, je n'aurai plus de regret de sortir de la Cour ni du monde, où je meurs mille fois le jour depuis que Votre Majesté a fait semblant que je ne sois plus moi-même, c'est-à-dire, Madame, de Votre Majesté le très humble, très fidèle et très obligé sujet et serviteur, Armand, Cardinal de Richelieu (1). »

Tandis qu'il signait cette longue lettre, où l'on remarque une fois de plus cette soumission volontaire et sans doute calculée, Richelieu était décidé à ne pas laisser la Reine arracher au Roi sa disgrâce en une de ces conférences secrètes qui avaient lieu au Luxembourg. Il avait remarqué que Louis XIII y allait le matin : « Il fit prendre garde quand il irait, écrit Fontenay-Mareuil, afin d'y aller voir. » La Reine, de son côté, prétextant qu'elle avait pris médecine, commanda qu'on ne laissât entrer personne le lendemain 10 novembre, dès que le Roi serait chez elle.

Ce dimanche matin 10 novembre 1630, le garde des Sceaux avait pris médecine lui aussi et ne pouvait se rendre auprès du cardinal, qui venait de le mander. Ils sont tous malades : c'est le vide qui commence à se faire. Le croit-on déjà mort, qu'on se retire de lui?

Vers onze heures, on vient le prévenir : le Roi est chez la

(1) Manuscrit de l'Arsenal 5417, Recueil Conrart.

Reine. « Laisser attaquer une place non fortifiée sans la secourir (ce sont ses propres paroles) vrai moyen de la perdre. » A la hâte il a mis de l'ordre dans ses idées, il a jeté sur le papier quelques phrases inspirées par les circonstances du moment et qui serviront à le défendre devant le Roi. Voici le texte de ce précieux autographe inédit :

Mémoire pour parler au Roy (1).

Le Roy a trouvé bon dans Ruel que M. de Bordeaux hantast céans comme auparavant jusques à ce qu'il s'en allast. Il avait trois ou quatre contes à faire clorre, sans la closture desquels j'eusse perdu beaucoup.

Je ne sçais ce que c'est que du courrier de Rome, n'y en ayant aucun à attendre sur l'affaire de M. Despernon; bien ai-je dit au Roy que celuy qui étoit allé à Rome pour avoir des commissaires du Pape pour le mariage de Monsieur devoit estre attendu pour procéder au Parlement.

Cependant M. de Bordeaux s'en ira présentement sans attendre le règlement de son affaire, qu'il laisse à la justice du Roy.

Sçavoir de Sa Majesté, s'il ira prendre congé ou non.

Le Roy doit prendre garde aux faux rapports qu'on luy fait; tesmoin celuy des pouvoirs de Brou et de Brouage.

M. de Bordeaux, passant, donneroit ordre aux bastiments de Richelieu et fortifications de Brouage, parce qu'il est actif, s'il plaist au Roy. Il n'y entrera pas, aymant beaucoup mieux perdre mon argent que les bonnes grâces du Roy.

En un mot, le Roy taillera et rongnera non seulement en cette affaire, mais en tout autre qui me concerne; seulement le supplierai-je de considérer qu'il m'est impossible de soustenir les affaires, si j'ay l'esprit inquiété de [*mot illisible*] redouter de la chose que j'ayme le plus.

L'Esp. a dit à Rome qu'il espéroit qu'une pierre tomberoit bientost qui desferoit tout le bastiment.

---

(1) Ce titre écrit dans la marge paraît être de la main de Charpentier, secrétaire du cardinal.

Le Cordelier d'Esp. *idem* et le [*mots illisibles*] qui le dit, etc., horreur de ces gens-là.

Courrier, intercepté *idem*.

Bernardière, *idem*.

Card. Je voudrois qu'il me fust arrivé... En la grâce de Dieu. Ce que vos ennemis n'ont pu faire, vous le feriez vous-mesme. Walstein, Hollande, Brandebourg n'ont pas voulu consentir.

Aurait-on lettre Monsieur avec Reyne, l'Esp.? Et vous avez les doubtes sur les bons pour n'avoir voulu adhérer.

Je crois qu'il vaudrait mieux que je me retirasse; regardant mes incommodités; je ne puis plus estre auprès du Roi. On me chargera (1) ».

Ce qui semble si obscur dans ces notes jetées en hâte avec plusieurs mots illisibles « pour parler au Roi » est clair et net dans l'esprit de Richelieu. Le cardinal évoque les grandes et les petites choses dont on lui fait grief. La Reine lui reproche d'appuyer M. de Sourdis, archevêque de Bordeaux, dans sa querelle contre le duc d'Épernon, gouverneur de Guyenne; la Reine n'oublie pas que le duc d'Épernon l'a aidée jadis à s'évader du château de Blois; mais Richelieu ne peut abandonner le prélat, fidèle et énergique serviteur. On accuse aussi le ministre de fortifier Brouage et de hâter la construction de la maison de Richelieu pour s'y réfugier en cas de disgrâce, et d'envoyer Sourdis pour veiller à ces travaux. Soupçon qu'on essaye de semer dans l'esprit du Roi, toujours ombrageux et méfiant. Or Richelieu n'a reçu M. de Sourdis qu'avec l'assentiment du Roi. Sa Majesté le lui a permis, au château de Rueil, il s'en souvient fort bien. Sourdis est venu clore certains comptes relatifs au château de Richelieu; il va rembourser au cardinal les sommes que celui-ci a tirées de ses coffres et consacrées aux travaux du port de Brouage; mais, si le cardinal commande, c'est sous le gouvernement de la Reine mère. Ce n'est pas l'affaire de M. d'Épernon qui attire à Paris M. de Sourdis; on n'attend nul courrier de Rome pour cette affaire; celui qui doit en arriver bientôt, n'y est allé que pour obtenir du Pape les dispenses nécessaires au

(1) Archives de M. Gabriel Hanotaux.

mariage de Monsieur. Puisque la présence de M. de Sourdis importune la Reine, l'archevêque va partir immédiatement et le Roi réglera selon son bon plaisir les comptes que devait régler M. de Bordeaux. Richelieu voudrait savoir seulement si M. de Sourdis doit aller prendre congé du Roi. M. de Bordeaux, en retournant à son diocèse, devait visiter «les bâtiments de Richelieu » et les fortifications de Brouage. Un mot du Roi, et M. de Bordeaux n'y entrera pas : la dépense, les comptes, tout cela n'est rien. Ce qui est tout pour le cardinal, ce sont les bonnes grâces du Roi. Cette querelle de Brouage — est-il nécessaire d'insister — est le grief le plus dangereux insinué contre le cardinal : comme le maréchal d'Ancre, comme Luynes, comme plus tard Fouquet, il se préparerait en prévision de sa disgrâce une place de sûreté dans l'ouest avec l'archevêque de Bordeaux, son ami, son familier, pour instrument et pour complice! Voilà le fond de la campagne. D'Épernon lui-même n'a-t-il pas fait savoir à Rome que le bâtiment se déferait bientôt, que la fortune du cardinal était près de s'écrouler. Le Cordelier, agent du duc d'Épernon, n'a-t-il pas dit la même chose et ajouté qu'il avait « horreur de ces gens-là »? Ces gens-là, c'est lui, Richelieu, c'est Mme d'Aiguillon, ce sont les serviteurs du Roi. Mêmes discours dans une lettre interceptée; mêmes discours dans la bouche d'autres ennemis du Roi. Le cardinal aimerait mieux que ce fût fini. « En la grâce de Dieu! » Et ce cri monte aux lèvres de Richelieu : « Ce que vos ennemis n'ont pu faire, vous le feriez vous-même! » Sire, vous sacrifieriez votre ministre au moment où il va vous procurer les alliances nécessaires : celle de Waldstein, le général disgracié par l'Empereur, celle de la Hollande et du Brandebourg, au moment où Monsieur, dans les lettres qu'il n'a pas manqué d'écrire à la Reine, ose reprocher au cardinal, comme un crime, d'avoir voulu s'allier aux princes protestants d'Allemagne! Le cardinal est las à la fin de cette hostilité grandissante de la Reine et de la famille royale; le peu de force que Dieu lui a donné pour servir son maître s'épuise et il redit, renouvelle la prière qu'il a si souvent adressée au Roi : « Je crois qu'il vaudrait mieux que je me retirasse, regardant mes incommodités; je ne

puis plus être auprès du Roi… » On me chargerait encore
Richelieu s'était donc préparé en vue d'un assaut, qui, d'après
ses renseignements, devait porter principalement sur les précautions prises par lui en cas de disgrâce : car la disgrâce était dans l'air. Mais les événements allaient se dérouler soudainement d'une manière qui le surprit lui-même.

Le cardinal, décidé à avoir une explication avec la Reine, se rend au Luxembourg. Qui rencontre-t-il? Marillac. « Hé, Monsieur, s'écrie-t-il, vous voilà! et vous disiez que vous étiez malade! (1) » Le garde des Sceaux marmonne quelque vague explication; le cardinal passe outre. Il monte l'escalier de l'aile droite, celle de l'ouest, — un escalier qui n'existe plus aujourd'hui et qui menait alors à l'antichambre de l'appartement de la Reine, situé au premier étage du principal corps de logis. Surintendant de la maison, il ne doute pas que toutes les portes ne s'ouvrent devant lui.

La Reine, dans son cabinet n'en doute pas non plus; elle sait qu'il peut apparaître à l'improviste, le geste impérieux, l'œil étincelant;

Il peut entrer, sortir, dans l'ombre s'approcher
Et marcher sur mon cœur comme sur ce plancher.

Aussi la Reine fit-elle dire, dès la veille, qu'elle ne recevrait personne ce matin-là, voulant prendre médecine, — comme le garde des Sceaux. Elle a commandé tout à l'heure que les huissiers fussent éloignés et les verrous tirés en dedans. Les portes résistent à l'effort de Richelieu. Barrée la porte qui donne dans la chambre; barrée celle de la galerie, qui donne dans le cabinet. Le cardinal frappe, frappe. On ne répond pas… Tout à coup, il se souvient que, par la chapelle, qui se trouve au bout de l'appartement de la Reine, on peut prendre un couloir obscur et tortueux aboutissant à une porte dérobée qui conduit au cabinet de Marie de Médicis. Il s'élance de ce côté.

Cependant, la Reine, bien tranquille derrière ses portes verrouillées, se répand en confidences et en plaintes, endoctrinant peu

(1) Batiffol, *La Journée des Dupes*, p. 55.
(2) Avenel, *Lettres du Cardinal de Richelieu*, t. IV, p. 13.

à peu le Roi et cherchant à le gagner par ses effusions. Elle entend faire maison nette : plus de Richelieu à la tête de son conseil, plus de parents de Richelieu dans sa maison. Non seulement elle retire au cardinal l'emploi de son surintendant, mais elle met dehors cette Combalet qui lui a été imposée comme dame d'atour, et cette Pontcourlay, comme dame d'honneur, et cette Meilleraye, comme demoiselle d'honneur, et M. de La Meilleraye, capitaine de ses gardes, et toute cette séquelle encombrante et détestée. Libre au Roi de maintenir le cardinal dans son Conseil : elle n'en veut plus dans le sien. La Reine pense bien, qu'après un tel affront, l'orgueilleux cardinal se dégoûtera de la Cour et du ministère et qu'on sera à jamais débarrassé du personnage.

Louis XIII écoutait sa mère, l'œil morne. Faut-il croire, comme l'observe Voltaire, que « sa faiblesse était appuyée en secret dans son cœur par le dépit que lui inspirait la supériorité du cardinal »?... « Ah! le voici, s'écrie soudain le Roi bouleversé, car, débouchant du couloir obscur, Richelieu vient de paraître : — Je suis sûr que vous parliez de moi! — Point du tout, dit Marie de Médicis. — Avouez-le, Madame, réplique le cardinal. — Eh! bien, oui! s'écrie-t-elle, la poitrine gonflée, la voix haletante, oui! nous parlions de vous comme du plus ingrat et du plus méchant de tous les hommes! (1) » L'ingrat, qui lui doit tout, qui a reçu d'elle plus d'un million d'or; un « fourbe », un « traître », un « scélérat », qui voudrait marier sa scandaleuse nièce, la Combalet, à Monsieur ou du moins au comte de Soissons! Louis XIII et Gaston seraient déclarés bâtards, le comte de Soissons monterait sur le trône et la Combalet deviendrait reine de France (2)! Voilà le but suprême de toutes ces menées! Mais cela ne sera pas! Elle, Marie de Médicis, dès aujourd'hui, chasse cette Combalet et ses parents et son Richelieu; elle ne mettra les pieds au conseil du Roi que si le traître n'y paraît plus.

Richelieu, en larmes, est tombé à genoux, tandis que les pires injures lui sont jetées à la face par l'Italienne en furie et que,

---

(1) Père Griffet, *Histoire du Règne de Louis XIII*, t. II, p. 61.
(2) Voir P. de Vaissières, *l'Affaire du Maréchal de Marillac*, p. 50.

devant le flot qui semble ne devoir jamais s'arrêter, Louis XIII lève les bras et répète : « Mais, Madame, mais, Madame ! que dites-vous ? que faites-vous ? Vous me désobligez, vous me torturez ! »

Le Roi se tourne vers Richelieu. Celui-ci parvient à placer quelques mots. Il s'humilie. Jamais il n'a prétendu offenser la Reine ; s'il l'a fait hélas ! c'est sans le vouloir. Il implore son pardon, il confessera tout, même ce qu'il n'a pas commis, pourvu que l'honneur de la Reine soit sauf. Et sans doute il se souvient alors des dernières lignes de sa note volante, qui lui permettent d'entrer dans les détails et de donner les précisions nécessaires ; un esprit à la fois aussi souple et aussi net que le sien ne peut s'en tenir à des paroles vagues. Il ne désire rien tant que de recouvrer les bonnes grâces de la Reine. S'il les a perdues à jamais, il ne veut, sous le bon plaisir du Roi, qu'une retraite éternelle, où il pleurera, jusqu'à sa mort, le malheur qu'il a de déplaire à sa bienfaitrice. Marie de Médicis ne répond que par un geste de mépris et, lorsque le Roi intervient en faveur de son ministre, elle lui demande, à travers ses pleurs, s'il aura la cruauté de « préférer un valet à sa mère ».

Louis XIII commande au cardinal de sortir. Richelieu se lève et s'éloigne. Demeuré seul un instant avec Marie de Médicis, le Roi dit qu'il est tard et qu'il s'en va coucher à Versailles. Il quitte la chambre à son tour. Le voici dans l'escalier ; le voici sur le marchepied de son carrosse. Debout sur le pavé de la cour, Richelieu, qui espérait une parole ou un regard de son maître, suit des yeux le Roi, qui passe à grand fracas dans la pesante voiture et qui, sans même tourner la tête, disparaît par la porte du Luxembourg (1).

Louis XIII et Richelieu avaient à peine quitté le cabinet de la Reine, que M. de Marillac montrait dans l'antichambre sa tête rougeaude et ses yeux inquisiteurs. Tout prêt à recueillir la succession du cardinal, il venait flairer le vent. M. de Bullion était dans l'antichambre. Le garde des Sceaux interroge le secrétaire d'État : « Qu'est ceci ? demande-t-il vivement. Il y a quelque

---

(1) Voir P. Griffet, *Histoire du Règne de Louis XIII*, t. II, p. 62, et *Mémoires de Fontenay-Mareuil*, p. 230.

chose; dites-moi ce que c'est. » On s'assoit. La conversation s'engage. Mais une porte s'ouvre : le garde des Sceaux est prié de se rendre chez la Reine. Il est introduit. La Reine cause avec Mme du Fargis. Un long entretien s'engage en grand mystère; après quoi Marie de Médicis reçoit sa petite cour. Elle ne cache pas sa joie d'avoir renvoyé le cardinal et tous les siens; les affaires de l'État seront bientôt aux mains de M. de Marillac. La nouvelle vole sur toutes les lèvres. Elle se répand instantanément à travers Paris. Joie universelle. L'édifice que l'on croyait si solide s'est écroulé.

Un incessant défilé de cavaliers et de dames monte et descend l'escalier du vaste palais. La Reine triomphe et le vieux garde des Sceaux, ne pouvant croire à sa fortune, mais songeant aux terribles rancunes d'un Richelieu, accepte les compliments, les caresses, les sourires, tout en jurant qu'il ne sait rien.

Le carrosse du Roi, après quelques tours de roue, est entré dans la cour de l'hôtel des Ambassadeurs. Le Roi descend, « brosse droit dans son cabinet », commande à Saint-Simon, qui l'avait accompagné au Luxembourg, de « fermer la porte en dedans » et déboutonne son pourpoint si furieusement que les boutons en sautent (1). Il s'étend sur un lit de repos; las et altéré, il demande à boire. Peu à peu détendu, il revient à la réalité. A quels emportements sa mère n'a-t-elle pas osé se livrer en sa présence! et ces cris, ces larmes! Elle prétend donc lui imposer sa volonté? Elle prétend le contraindre à chasser un ministre nécessaire au bien du Royaume? Après une pareille insulte, le cardinal consentira-t-il seulement à reprendre les rênes? « Où est-il maintenant? » dit Louis XIII. — Mais, Sire, il est ici » (2), répondit respectueusement le jeune favori. Quelques instants plus tard, un gentilhomme de M. de Saint-Simon, M. de Tourville, se hâte vers le Petit Luxembourg : il a ordre de dire au cardinal que Sa Majesté part pour Versailles et veut l'y voir le soir même.

(1) Saint-Simon, *Parallèle des trois premiers Rois Bourbons*, p. 171.
(2) Père Griffet, *Histoire du Règne de Louis XIII*; t. II, p. 64.

RICHELIEU EN PARTANCE POUR LE HAVRE.

Richelieu se préparait à gagner Pontoise en attendant de pousser jusqu'au Havre ; il prenait ses dispositions pour acheminer vers cette place, dont il avait le gouvernement, des mulets chargés de ses papiers, de ses trésors, en évitant autant que possible les centres habités, crainte du pillage. Il pensait au maréchal d'Ancre et, pour sauver son pouvoir, se résolvait à sauver d'abord sa vie. Il avait fait avertir sa nièce de leur commune disgrâce et elle était accourue. Bouthillier était là, regardant et écoutant. Richelieu commande son dîner et son carrosse ; le départ « aussitôt qu'il aura mangé ». On annonce le cardinal de La Valette, second fils du duc d'Épernon, le prélat guerrier, si dévoué au ministre, que son père l'a surnommé le *Cardinal-valet*. Il sait que Richelieu était tout à l'heure dans le cabinet de la Reine et, inquiet, il est accouru aux nouvelles. Le ministre lui conte la scène du Luxembourg et le départ précipité du Roi. Quant à lui, il part pour Pontoise et de là pour Le Havre, le conseil en est pris. La Valette interrompt : Et quoi ? Va-t-on faire le jeu de la Reine et quitter la partie ? Qui quitte la partie la perd. Rien n'est perdu. Le Roi est sorti brusquement du Luxembourg, mais ce n'est pas le cardinal qu'il fuyait : c'était la Reine, « pour n'être pas davantage pressé des choses qu'il ne voulait pas faire »... Pontoise ! Le Havre ! Mais non, Versailles ! A Versailles auprès du Roi ! Si le cardinal y « trouve Sa Majesté en l'humeur qu'il s'imagine, au moins ne s'en ira-t-il pas sans s'être mis en son devoir et en état de rendre compte de ses actions ». Si, au contraire, le Roi « est en autre disposition, comme La Valette n'en doute point, il l'y fortifiera et pourra lui faire prendre toutes les résolutions qui seront nécessaires pour sa conservation et la ruine de ses ennemis (1) ».

Richelieu se défend mollement ; il se laisse glisser vers les raisons de La Valette, qu'approuvent les survenants, Bouthillier, le marquis de Châteauneuf, le président Le Jay, entrés depuis quelques instants dans la chambre. Et voici Tourville ! Il demande à être reçu. On lui oppose la consigne ; il insiste ; on avertit le

(1) *Mémoires de Fontenay-Mareuil*, p. 230.

cardinal. Introduit, il parle. Le visage de Richelieu s'illumine et, tandis que La Valette accompagne le porteur de la bonne nouvelle à l'hôtel des Ambassadeurs, le ministre n'attend que le retour du *Cardinal-valet*. Les chevaux sont attelés. A Versailles!

En carrosse, La Valette dit et redit à Richelieu la conversation qu'il vient d'avoir avec le Roi : « Eh ! bien, s'est écrié le Roi, je crois que vous êtes surpris de tout ce qui se passe. — Plus que Votre Majesté ne peut se l'imaginer ! — M. de Richelieu a un bon maître, a repris le Roi. Allez lui dire qu'il vienne incessamment me rejoindre à Versailles, où je vais (1). »

On arrive au rendez-vous de chasse que devait remplacer bientôt (en 1632) le château de briques et de pierres enserré aujourd'hui dans l'immense palais du Roi-Soleil. Louis XIII attend le cardinal au premier étage, dans le cabinet aux tapisseries de haute lice. En cette courte journée de novembre, il fait froid. Sur la cheminée les quatre petits chandeliers d'argent éclairent mal ; dans le foyer un grand feu de bois (2).

Richelieu entre : M. de Saint-Simon, premier écuyer, le marquis de Mortemart, premier gentilhomme de la Chambre, M. de Beringhen, premier valet de chambre, sont là. Le cardinal tombe sur le tapis de Turquie aux pieds du Roi, dont il embrasse les genoux. Prosterné, il dit à Louis XIII qu' « il est le meilleur de tous les maîtres ». — « Et moi, répond le prince en le relevant, j'ai en vous le plus fidèle et le plus affectionné serviteur qui soit au monde ; j'ai été témoin du respect et de la reconnaissance que vous avez toujours eus pour la Reine ma mère. Si vous aviez manqué à ce que vous lui devez, je vous aurais abandonné ; mais je sais qu'elle n'a aucun sujet de se plaindre de vous ; elle s'est laissé prévenir par une cabale que je saurai bien dissiper. Continuez à me servir comme vous avez fait jusqu'ici et je vous maintiendrai contre toutes les intrigues de vos ennemis (3). »

De nouveau Richelieu, éperdu de reconnaissance, tombe aux

(1) Levassor, *Histoire de Louis XIII*, t. III, p. 556.
(2) E. Couard, *L'Intérieur et le mobilier du Château de Versailles à la date de la Journée des Dupes*, p. 18-20.
(3) Père Griffet, *Histoire du Règne de Louis XIII*, t. II, p. 68.

pieds de Louis XIII, qui le relève encore. Le Roi lui annonce qu'il le logera ce soir dans l'appartement du comte de Soissons, qui est au-dessus du sien, et, congédiant du geste tous les assistants, il le prie de rester dans son cabinet.

Seul avec ce prince de vingt-neuf ans, Richelieu reprend sa tactique habituelle : son amour pour le Roi égale sa gratitude; mais il ne croit pas pouvoir demeurer auprès de Sa Majesté la main au timon des affaires, s'il doit être plus longtemps en butte à la haine implacable de la Reine. L'assaut d'aujourd'hui se renouvellera demain. A la moindre indisposition du Roi, la perte du cardinal est certaine ; le torrent de ses ennemis finira par l'emporter. Comment le Roi le défendra-t-il contre sa mère? Le cardinal ne veut point passer pour le persécuteur d'une princesse qui l'a comblé de ses bienfaits ; il ne veut pas être l'occasion du plus léger dissentiment entre la mère et le fils.

Louis XIII ne se laisse pas convaincre. Il prend la parole à son tour, allègue son intérêt, celui de l'État, l'impossibilité où il est d'abandonner un bon serviteur à des haines iniques ; le cardinal va-t-il préférer à la protection qu'il lui offre une retraite honteuse ? Le Roi regardait les yeux du cardinal qui s'emplissaient de larmes. Richelieu déclare, avec une gravité feinte, qu'il assistera de loin aux bons succès du ministre que Sa Majesté mettra à sa place. Louis XIII ordonne : le ministre restera au gouvernement parce que telle est la volonté royale ; le Roi saura le défendre ; le Roi est « plus obligé à son État qu'à sa mère (1) ».

A lui aussi les larmes montent aux yeux. Il embrasse le cardinal. Richelieu sent alors, — ce sont ses propres expressions, — que « les singuliers témoignages de bienveillance qu'il plaît au Roi de lui rendre, lui percent le cœur (2) ». Il sait maintenant ce que sera pour lui ce maître loyal et convaincu. Le Roi est désormais son appui, son indestructible appui ; il se chargera de ceux qui voulaient le perdre.

Louis XIII veut en finir, et d'un seul coup. Bullion, Bouthillier, La Ville-aux-Clercs, Marillac sont mandés près de lui. Les trois

---

(1) Mme Thiroux d'Arconville, *Vie de Marie de Médicis*, t. III, p. 232.
(2) Avenel, *Lettres du Cardinal de Richelieu*, t. IV, p. 12.

premiers seulement se présentent au château. En arrivant à Versailles, le garde des Sceaux, parti du Luxembourg triomphant, a reçu l'ordre de se rendre dans une maison de campagne toute proche, à Glatigny. Le Conseil va se réunir sans lui, sous l'œil du cardinal. En proie « à l'un des plus violents exercices intérieurs qu'il pense avoir jamais eus », Marillac retrouve bientôt la sérénité de son âme, adore la volonté divine, demande son aumônier, qui l'avait accompagné. Il veut se confesser, entendre la messe. Avant toute chose, il fait porter au Roi sa lettre de démission.

Le malheureux ! Au printemps de cette même année, dans un reconnaissant *post-scriptum*, il se prosternait devant Richelieu, son bienfaiteur : « Il y a aujourd'hui quatre ans accomplis, avait-il écrit au cardinal le 1er juin 1630, que le Roi m'a mis sur les bras la charge que je porte, et que je vous ai l'obligation de l'honneur que j'en ai reçu, dont je vous remercie très humblement (1). »

Le Conseil commence dans le cabinet du Roi. Louis XIII rappelle sa maladie de Lyon, les intrigues et les complots ; il nomme les coupables : le duc de Bellegarde, « la Fargis », Marillac. Celui-ci est le plus coupable de tous ; il perdra les Sceaux, il finira ses jours en exil. Son âge et la dignité de sa vie lui épargnent un sort plus cruel. Les Sceaux lui seront demandés par M. de La Ville-aux-Clercs, qui partira tout à l'heure pour Glatigny ; son successeur sera M. de Châteauneuf, (Charles de l'Aubespine, marquis de Châteauneuf), un ami de Richelieu.

Mais, le frère du garde des Sceaux destitué, le maréchal de Marillac ? Il faut penser à tout. La citadelle de Verdun est entre les mains de son neveu Biscarras. En Piémont, les sept mille hommes qu'il a amenés de Champagne lui sont dévoués ; il est populaire dans l'armée et il exerce le commandement en chef sur les troupes du Roi, car ce commandement lui fut donné le matin même par Richelieu (2), qui, ne voulant pas avoir à Paris un ennemi de plus, lui a refusé le congé qu'il sollicitait. L'arres-

---

(1) Affaires étrangères, France, 795 *bis*, f° 59, *in fine*.
(2) Avenel, *Lettres du Cardinal de Richelieu*, t. IV, p. 6.

tation du maréchal est nécessaire. Le Roi et le cardinal l'ordonnent; Bouthillier prend la plume, il enjoint à Schomberg de se saisir de son collègue : « Mon Cousin, dit le document signé Louis, contresigné Bouthillier, le maréchal de Marillac a écrit ici des lettres très insolentes contre vous. Mais il y a bien pis. Je désire m'en assurer ; j'écris au sieur du Hallier qu'il l'arrête dans la Savoie, s'il y passe, et que je me suis confié en vous comme en lui de cette affaire. Si vous jugez qu'il prit un autre chemin, je vous prie de le faire arrêter vous-même. Je m'assure qu'il n'y a personne en mon armée qui ne vous obéisse, quand ils verront la présente. Prenez garde qu'en venant il ne s'accompagne de ses gardes et compagnies, qui sont sous son nom, lesquelles il faut laisser en Italie. Car, sachant en sa conscience sa déloyauté, il pourra peut-être prendre garde à lui ou son frère pourra l'avertir. En un mot, je vous prie de faire en sorte que vous ou le sieur du Hallier ne manquiez pas d'exécuter ma volonté. Priant, sur ce, Dieu qu'il vous ait, mon Cousin, en sa sainte et digne garde.

Écrit à Versailles le 12 novembre 1630.

P. S. — Le porteur ne sait aucune chose de ce qu'il vous porte, mon Cousin, je vous prie, sur tous les plaisirs que vous me sauriez faire, ne manquez pas à exécuter ce que dessus (1). »

Cependant un message contraire traversait la Manche, portant la nouvelle de la disgrâce du cardinal. Le roi Charles crut donc d'abord au triomphe de Marie de Médicis ; mais il fut aussi sévère pour sa belle-mère que Louis XIII et que la postérité : « La Reine votre mère a tort, dit-il à Henriette de France ; le cardinal a rendu des services trop signalés au Roi son maitre. Cette aventure me remet dans l'esprit l'accusation intentée contre Scipion devant le peuple de Rome. Il l'écouta patiemment et, au lieu d'y répondre : *Je me souviens, dit-il, qu'à tel jour je défis l'armée carthaginoise; Romains, allons au Capitole en rendre grâce aux dieux.* Si j'avais été à la place du cardinal, j'aurais

(1) Avenel, *Lettres du Cardinal de Richelieu,* t. IV, p. 9-14.

écouté les plaintes de la Reine avec la même tranquillité et me serais contenté de dire au Roi votre frère : *Depuis deux ans La Rochelle est prise, trente-cinq villes huguenotes sont réduites et rasées ; Casal a été secourue deux fois ; la Savoie et une grande partie du Piémont sont entre vos mains ; ces avantages, Sire, que vos armées ont remportés par mes soins, vous répondent de mon application et de ma fidélité* (1). Charles Ier allait apprendre bientôt que le bon sens de Louis XIII maintenait sa pleine et entière confiance au cardinal.

Richelieu n'oubliera pas cette porte qui le mit sur le chemin de la victoire : « Dieu, écrira-t-il au mois de mai de l'année 1642, s'est servi de l'occasion d'une porte non barrée, qui me donna lieu de me défendre, lorsqu'on tâchait de faire conclure l'exécution de ma ruine (2). »

(1) Voir Levassor, *Histoire de Louis XIII*, t. III, p. 555.
(2) Avenel, *Lettres du Cardinal de Richelieu*, t. VI, p. 921.

CHAPITRE QUATRIÈME

LES ACTES SUIVENT

« Si je n'avais pas négligé de fermer un verrou, le cardinal était perdu (1). » Marie de Médicis répéta bien souvent cette parole. Pour le moment, elle était comme écrasée sous le poids des nouvelles que La Ville-aux-Clercs venait de lui apporter au Luxembourg, en cet après-dîner du 11 novembre : le triomphe de Richelieu, l'éloignement de Marillac. La Ville-aux-Clercs assurait que « le Roi ne remplirait point cette charge (de garde des Sceaux) ni celle de premier président, sans dire auparavant à sa mère sur quels sujets il jetterait les yeux (2) ». La Reine, entourée de ses dames et d'une foule de seigneurs, où se pavanaient les ennemis de Richelieu et notamment le duc d'Épernon, ne savait quel parti prendre. Elle veut d'abord monter en carrosse et courir à Versailles. Adrien de Montluc, comte de Cramail, la presse « d'y aller, pour y faire un vacarme et, armée de l'autorité de mère, tâcher d'en tirer son fils par violence (3) ». Trop tard ; elle le sent ; trop tard ! Avec le même accablement sans ressort qui la fit s'aliter lorsqu'elle apprit la mort du maréchal d'Ancre, elle mène sa vie comme à l'ordinaire. Elle ne reçoit de nouveau La Ville-aux-Clercs qu'à la fin de la journée pour lui dire le parti auquel elle s'est arrêtée, d'envoyer le Père Suffren à Versailles. La Ville-aux-Clercs n'ignore pas que le

---

(1) Avenel, *Lettres du Cardinal de Richelieu*, t. VI, p. 921, note. — *Mémoires de Gaston, Duc d'Orléans*, p. 580.
(2) *Mémoires du Comte de Brienne*, p. 53.
(3) Avenel, *Lettres du Cardinal de Richelieu*, t. V, p. 331 (23 octobre 1634).

voyage du bon Père est inutile. Mais, avant de quitter ces salons, où, parmi la foule stupéfaite et amusée, circule de bouche en bouche le mot que vient de lancer Bautru : « C'est la journée des dupes », La Ville-aux-Clercs ne peut se tenir de demander au duc d'Épernon ce qu'il entend faire : « Pousser à bout le cardinal », répond rudement le vieux survivant des âges révolus. — L'occasion en est passée, répond La Ville-aux-Clercs. M. de Marillac est congédié et je ne vois point d'autre parti à prendre pour vous que de vous retirer et laisser débrouiller les cartes à ceux qui les ont mêlées, mais qui ne pourront peut-être pas en venir à bout. »

La nuit tombe sur le jardin. Six heures sonnent. Un signe de la Reine : princesses, dames et seigneurs se retirent. Marie de Médicis se dirige vers son cabinet, où La Ville-aux-Clercs la suit. Elle le prie alors de lui répéter ce qu'il lui a dit de la part du Roi. Il voit tout de suite qu'elle veut lui laisser croire qu'elle n'en a soufflé mot « aux princesses qui l'ont accompagnée à la promenade » ; Il feint de n'avoir pas lu dans sa pensée et répète docilement. Elle répond avec calme. L'aigreur cependant perce bientôt sous ses paroles résignées : elle est obligée d'approuver ce que fait le Roi, mais il en use bien mal avec elle ; n'est-elle pas sa mère ? Il manque à sa promesse, mais il connaîtra un jour « les finesses du cardinal », qu'elle connaît depuis longtemps. Elle ajoute : « J'aurai encore plus à souffrir que je n'ai eu du temps de Luynes ». La Ville-aux-Clercs a beau se récrier, parler des obligations que le cardinal a envers elle : « Vous ne le connaissez pas ; comme il n'y a pas d'homme plus abattu que lui, quand la fortune lui est contraire, aussi est-il pire qu'un dragon, quand il a le vent en poupe. » Et les plaintes reprennent, entrecoupées de larmes. Les heures passaient. La Reine, toute à sa douleur, « véritablement touchée et outrée », ne s'apercevait pas de la fuite du temps. Il était dix heures du soir, lorsqu'elle congédia enfin l'envoyé du Roi (1).

A ce moment, dans une hôtellerie de la route de Lisieux, l'ex-garde des Sceaux s'était arrêté. Cruel voyage ! La Ville-aux-Clercs

(1) *Mémoires du Comte de Brienne*, p. 54.

s'était rendu, la nuit précédente, de Versailles à Glatigny. Marillac, qui se trouvait alors à la chapelle, avait demandé la permission « d'achever d'ouïr la messe » ; il avait communié, rendu ensuite la boîte qui contenait les Sceaux de France, qu'il portait toujours sur lui et que venait lui réclamer La Ville-aux-Clercs. Puis on l'avait mis dans son propre carrosse ; près de lui son aumônier et un exempt, M. Desprez ; autour de la voiture, huit archers à cheval. Le soir, pour la couchée, on avait fait halte dans cette méchante hôtellerie. Le triste cortège se remit en route au matin. Marillac ne savait où on le conduisait. L'exempt avait ordre de ne laisser qui que ce fût approcher du prisonnier. Il écarta les secrétaires de Marillac, qui avaient rejoint leur maître ; il écarta, dans Évreux, les magistrats de la ville venus rendre leurs devoirs au chancelier de France. Le lendemain, toute la ville put voir l'ex-chancelier allant à la messe de la cathédrale, à pied, gardé comme un criminel. Lisieux n'était pas le terme du voyage. Le cortège se dirigea vers Caen. Un contre-ordre du Roi atteignit Marillac et lui fit rebrousser chemin jusqu'à Lisieux (1). Allées et venues qu'il dut payer de sa bourse et pour lesquelles l'infortuné emprunta seize cents livres, car il avait quitté le Luxembourg sans hardes et sans argent. Jour et nuit sous l'œil d'un archer, il passait la plus grande partie de son temps à prier. Huit mois plus tôt, le 2 mars 1630, il avait terminé ainsi une lettre qu'il écrivait à Richelieu : « J'achève en vous suppliant très humblement de recevoir le livre de l'*Imitation de Notre-Seigneur Jésus-Christ*, que j'avais autrefois traduit et l'ai depuis revu pour rendre la traduction toujours plus approchante du sens et de l'esprit de son auteur (2). » Il remuait maintenant en son esprit les conseils du livre admirable : « Le vrai patient ne regarde point celui qui lui donne quelque exercice, si c'est son prélat, si c'est quelque égal ou inférieur, si c'est un homme saint ou vertueux ou un méchant et indigne(3). » Le « méchant et indigne » le mettait à l'épreuve maintenant !

(1) Batiffol, *La Journée des Dupes*, p. 77-79.
(2) Marillac à Richelieu, 2 mars 1630 (Affaires étrangères, France) 795 bis, f° 92.
(3) Traduction publiée en 1621, souvent réimprimée (livre III, ch. xix).

Au château de Foglizzo, quatre lieues au nord-est de Turin, étaient logés, dans trois pavillons distincts (1), les trois maréchaux de La Force, de Schomberg et de Marillac. Là se trouvait le quartier général des armées du Roi. Le 20 novembre 1630, Lépine, huissier du cabinet, qui portait la lettre de Louis XIII, n'en était plus qu'à une journée. Les maréchaux n'avaient pas exécuté beaucoup mieux que les généraux d'Espagne la convention du 26 octobre. Au lieu de mettre dans Casal un gouverneur et des soldats montferrins, ils y avaient introduit un gouverneur et des soldats français. Audace qui avait failli leur coûter cher, car les troupes d'Espagne avaient poursuivi les troupes royales et les auraient surprises, si Mazarin, « jouant un tour d'Italien aux Espagnols », n'avait averti en toute hâte les maréchaux de France, qui, après une simple escarmouche, mirent leurs troupes en sûreté à Foglizzo. Ce 20 novembre 1630, la lettre du Roi qui donnait à Marillac la direction suprême des affaires d'Italie, venait d'arriver ; le courrier avait apporté aussi une lettre du garde des Sceaux, qui annonçait à son frère la disgrâce de Richelieu. Marillac était tout à la joie et Schomberg tout à la peine, sous l'œil paternel du vieux La Force : « M. le Maréchal de Schomberg, raconte Pontis, ne pensant qu'à sa disgrâce, qu'il regardait comme inséparable de celle du cardinal de Richelieu, ne voulut point souper ce jour-là. Et M. le Maréchal de Marillac, de son côté, ne pensant à rien moins qu'à devenir tout puissant dans l'État avec son frère, se remplissait l'esprit des grandeurs qu'il se promettait, qu'il goûtait déjà par avance (2). »

Le lendemain matin, 21 novembre, Lépine arrivait à Foglizzo. Marillac était dans la chambre de Schomberg avec La Force. L'huissier du cabinet du Roi se présente. Il est onze heures. Les maréchaux sont sur le point d'aller dîner dans leurs appartements respectifs et, selon la formule du temps, on vient dire à La Force « que la viande est portée ». « Monsieur il faut dîner, dit La Force à Schomberg, et après dîner, nous nous trouverons chez M. de Marillac, qui est en jour, et là nous verrons la dépê-

---

(1) *Mémoires du Sieur de Pontis*, t. II, p. 41 et 48.
(2) *Ibidem*, p. 44.

che (1). » Mais Schomberg s'attend à être disgracié : il n'y peut tenir, il se retire dans l'embrasure d'une fenêtre, ouvre le paquet, qui contient plusieurs dépêches, et se met en devoir de lire. Avant qu'il ait rien lu, La Force, qui l'a rejoint, reconnaît en marge d'une lettre l'écriture du Roi, surprend d'un seul coup d'œil cette impérieuse apostille : « Mon Cousin, vous ne manquerez d'arrêter le maréchal de Marillac, il y va du bien de mon service et de votre justification. » La Force saisit la lettre et, suivi de Schomberg, disparaît dans un couloir qui conduit à son appartement. A l'abri des regards indiscrets, il s'arrête : « Monsieur, murmure-t-il à l'oreille de Schomberg, lisez votre lettre en particulier. » Schomberg revient. Dissimulant son angoisse, il dit à ses officiers : « Messieurs, s'il y a quelqu'un de vous qui veuille dîner, il n'y a qu'à passer dans ma salle, on va servir. Je ne dînerai pas. »

Schomberg demeura dans la chambre; Puységur, qui était de garde ce jour-là, se tenait debout près de la cheminée; il le vit lire et relire la lettre royale puis s'approcher de lui : « M. de Puységur, commence le maréchal, vous êtes un homme qui est au Roi et que je connais fort affectionné à son service. Voici un étrange ordre que je reçois et que je ne puis exécuter sans être appuyé de personnes qui soient au Roi et par l'emploi de ses troupes. Il me mande d'arrêter le maréchal de Marillac, qui est mon confrère, maréchal de France et général d'armée comme moi. Et, de plus, c'est lui qui commande aujourd'hui. Il a six ou sept mille hommes qu'il a amenés de Champagne, tous commandés par ses parents, qui sont quasi aussi forts que ce qui nous reste. Il faut, pour en venir à bout, que j'avertisse tous les capitaines aux gardes et, pour cet effet, envoyez leur dire de ma part qu'ils viennent ici au plus tôt. — Monsieur, répond Puységur, il me sera fort aisé de les faire avertir, une grande partie est allée dîner chez M. de Vennes et l'autre chez M. de Fourilles et deux chez M. de Marillac, qui sont MM. de Brissac et de Malissy. — Cependant, recommande Schomberg, prenez garde, à la porte

(1) *Mémoires de M. de Puységur*, t. I, p. 99.

qu'il ne sorte point, parce que c'est un homme qui a de l'esprit et, s'il découvrait l'affaire, il pourrait se sauver. » Puységur veillera.

Il regarde maintenant passer la viande, qui est portée à M. de Marillac dans de grandes mannes où un homme étendu serait à l'aise. Le premier service repasse, venant de chez le maréchal. Si, ayant éventé ce qui se préparait, Marillac se cachait dans le panier, pour sortir du château et « gagner pays »? Un sergent, sur l'ordre de Puységur, ouvre la manne : rien. Les porteurs, en retournant porter le second service, ne manquent pas d'avertir Marillac de la précaution insolite. Celui-ci mande l'officier de garde. Puységur arrive aussitôt, explique au maréchal étonné que « M. le Maréchal de La Force se plaint qu'on lui a pris quelque vaisselle d'argent et qu'il a prié qu'on fouillât ceux qui sortaient, pour voir s'ils n'emportaient rien ».

Cependant Schomberg a parlé à tous les capitaines aux gardes, il se dirige avec eux vers l'appartement de La Force. Ils quittent à présent La Force, ils descendent. Si Marillac se penchait à une fenêtre de son appartement, il les verrait traverser la cour afin de se rendre chez lui. Ils gagnent sa chambre, qui est vide. Marillac est encore à table. On les annonce : « Ces Messieurs ont dîné, répond Marillac, nous achèverons de dîner, et après je les irai trouver. » Pourquoi dépêcherait-il son repas? Pourquoi se gênerait-il? N'a-t-il point le commandement suprême? N'est-il pas à la veille d'être aussi puissant à la Cour qu'à la tête des armées? Ce jour qu'il a pensé voir luire à Lyon, qu'il voulait aller lui-même hâter à Paris, s'est levé enfin. Marillac a lu dans la dépêche d'hier la bienheureuse nouvelle. Le cardinal est abattu, son frère l'emporte et lui-même! Quelle fortune!

Dans la pièce voisine, La Force et Schomberg attendent, émus comme on pense. La porte s'ouvre... Voici Marillac. Avec beaucoup de courtoisie, il s'excuse d'avoir tardé si longtemps, puis il dit aux officiers : « Messieurs, nous allons tenir conseil, s'il vous plaît de vous retirer? » Il se tourne ensuite vers Schomberg et, apercevant dans la main du maréchal, la lettre du Roi, il demande à la lire. Les officiers n'ont pas bougé : « Messieurs, répète Marillac, nous allons tenir conseil, s'il vous plaît de vous retirer ? — Monsieur, répond Schomberg, ils ne doivent pas se retirer ; je les ai fait venir. — Monsieur, réplique Marillac, les capitaines aux gardes n'entrent pas au Conseil. — Non, convient Schomberg, mais il faut qu'ils soient présents et qu'ils m'aident à exécuter les volontés du Roi. » Le maréchal de La Force intervient : « Monsieur, je suis votre ami, dit-il, vous n'en devez pas douter ; je vous demande comme tel, que vous voyiez et receviez les ordres du Roi sans murmurer, sans vous emporter et même avec patience. Peut-être ne sera-ce rien. Mais vous verrez dans la lettre du Roi un apostil écrit et signé de sa main. » Schomberg montre alors à Marillac l'apostille royale. L'écriture est du Roi, certes ; mais l'inspiration, du cardinal ! « Par la morbleu ! s'écrie le maréchal, ce sont mes ennemis qui m'ont fait traiter de la sorte ! Qu'ils ne me pardonnent pas pendant qu'ils me tiennent ! Palsambleu ! je ne leur pardonnerai pas à mon tour (1) ! » Soudain, maître de sa colère, il ajoute : « — Monsieur, il n'est pas permis au sujet de murmurer contre son maître ni lui dire que les choses qu'il allègue sont fausses... La vérité est que mon frère le garde des Sceaux et moi avons toujours été serviteurs de la Reine mère ; qu'il faut qu'elle ait du dessous et que M. le Cardinal de Richelieu l'ait emporté contre elle et contre ses serviteurs... Il n'y a remède. Il faut souffrir. Je ne suis pas malaisé à arrêter ; sans qu'il soit besoin qu'on me garde, je me rendrai en telle place et en telle prison qu'il plaira au Roi m'ordonner (2). » De l'air le plus calme, il écoute la lecture de la terrible dépêche et, lorsque La Force et Schomberg sortent de la chambre, il les accompagne jusqu'au bas de l'escalier. Les capitaines le suivent et remontent avec lui. Ils ne le quitteront plus, ils lui prendront son épée le soir, lorsqu'il l'aura ôtée pour se mettre au lit. Quatre d'entre eux coucheront dans sa chambre, sur des paillasses, et se relaieront pour le veiller. Comment s'évaderait-il de ce château de Foglizzo ?

---

(1) *Journal du Cardinal-Duc de Richelieu*, p. 22.
(2) *Mémoires de M. de Puységur*, t. II, p. 102-104.

Il y a plus de deux heures que tous les ponts ont été levés. Cependant, s'il voulait... M. du Mesnil, son capitaine des gardes, demande à lui parler et lui propose de le faire évader. Marillac refuse : « Dieu merci, mande-t-il à son neveu le duc d'Atri, qui se trouve à Rome, je regarde avec des yeux arrêtés et sans ciller, les honneurs du monde s'éloigner de moi, j'attendrai avec indifférence leur exil pour jamais ou leur retour (1). » Et, le lendemain, après sa première nuit de prisonnier, il écrit au Roi : « Sire, me voilà prêt de porter ma tête à mon maître aussi volontiers que souvent je l'ai montrée à mes ennemis, si c'est son service ou son intérêt qui la demande. » Le malheureux ne croit pas si bien dire.

Trois jours auparavant, Louis XIII avait quitté Versailles pour Saint-Germain. Richelieu l'y avait accompagné. L'écrivain chargé par Mme d'Aiguillon d'écrire son histoire, Aubery, assure que le cardinal, inconsolable d'être au plus mal avec la Reine, « desséchait à vue d'œil et s'abandonna si fort au chagrin, qu'il n'était tantôt plus reconnaissable (2) ». Ce n'était point seulement la pensée d'avoir déplu à son ancienne bienfaitrice qui l'affligeait, mais la claire vue des précipices que Marie de Médicis creuserait sous ses pas. Certes il n'oubliait pas les longues années d'intimité où la Reine lui avait confié ses velléités politiques et les avait unies à sa propre carrière. Mais aussi, connaissant la femme bornée et vindicative qu'était cette reine écartée, cette mère exaspérée, comment n'eût-il pas appréhendé quelque vengeance longuement méditée, quelque piège tendu au besoin avec les anciens secrets communs? Il l'a écrit lui-même : « Puisque, par le passé, tout ce qu'il avait pu faire avait été de résister aux tempêtes qui s'étaient émues en ce qui concerne l'État, lorsque la Reine lui était favorable, ne lui deviendrait-il pas impossible de rien faire, lui étant contraire, comme elle était ouvertement (3). »

Il savait bien que la rusée Florentine ne se laissait pas prendre à ses airs contrits, à ses mines exténuées. Averti par le Roi, par

---

(1) P. de Vaissières, *L'Affaire du Maréchal de Marillac*, p. 83.
(2) Aubery, *Histoire du Cardinal-Duc de Richelieu*, t. I, p. 144.
(3) Avenel, *Lettres du Cardinal de Richelieu*, t. IV, p. 61.

ses espions, par ses yeux et par ses oreilles perpétuellement aux aguets, il notait dans son *Journal* : « M. le Premier Président ayant dit à la Reine qu'il avait vu pleurer cinq fois M. le Cardinal, tant son déplaisir était grand, elle lui répondit qu'il pleurait quand il voulait »; et aussi : « Bonneuil ayant dit à la Reine qu'il avait vu M. le Cardinal si abattu et si changé qu'on ne le reconnaissait plus, elle a répondu qu'il se changeait quand il voulait et qu'en un instant après qu'il avait paru gai, il paraissait tout aussitôt demi-mort (1) ».

Cependant on apporte au cardinal une lettre de Bullion : « Monseigneur, suivant le commandement que j'ai reçu, je me suis présenté à la Reine et lui ai baisé les mains de la part du Roi. La Reine était sur le point d'entrer au cercle. Aussitôt qu'elle m'a vu, elle m'a mené dans son cabinet et, avant que de savoir si j'allais lui faire telles recommandations de Sa Majesté, elle m'a dit : *Vous êtes bien hardi de me venir voir. Ne seriez-vous point criminel? Vous serez au moins excommunié.* » Cet impromptu n'a pas démonté le gros Bullion et il a répondu : « Il n'y a personne auprès du Roi qui ne soit très humble serviteur de la Reine et M. le Cardinal particulièrement. » Puis vient la nouvelle intéressante : la Reine espère arriver « demain, entre midi et une heure, à Saint-Germain; elle ne veut, dit-elle, parler d'affaires quelconques au Roi, auquel on a fait faire beaucoup de chemin depuis trois jours ». En attendant, elle pleure; « elle pleure extraordinairement : *C'est l'adresse de M. le Cardinal,* gémit-elle à travers ses larmes, *d'avoir mis les affaires à tel point, qu'il n'y a que lui seul qui en ait la connaissance entière...* — *Entre les biens que Votre Majesté a faits au Royaume,* observe Bullion, *c'est d'avoir donné au Roi M. le Cardinal. J'ai vu Votre Majesté haïr des personnes bien plus avant que Son Éminence et néanmoins, s'étant soumises à Votre Majesté, vous les avez admises en l'honneur de vos bonnes grâces.* — *Cela est bon quand on se soumet,* s'écrie Marie de Médicis au milieu d'un nouveau déluge de larmes, *on m'étranglerait plutôt que de*

(1) *Journal de M. le Cardinal-Duc de Richelieu*, p. 2.

me faire rien faire par force. Et que dites-vous quand celui qui est ma créature me veut perdre (1) ? »

La fin de la lettre est un peu plus rassurante ; Bullion pense que la Reine ne refusera pas de voir le cardinal au Conseil : « Cette aigreur, assure-t-il, s'apaisera. Il est vrai qu'on attise le feu tant qu'on peut. Mais, à mon pauvre jugement, je ne tiens pas l'affaire irréconciliable... » Richelieu agira comme si elle l'était.

Vingt-quatre heures plus tard, Marie de Médicis descendait de carrosse devant le château de Saint-Germain. L'accueil du Roi est parfait, mais on parle des derniers événements et le désaccord éclate. Les répliques se croisent. Louis XIII prie sa mère « de trouver bon de voir le cardinal dans ses conseils comme auparavant ». Elle refuse : « elle mourrait plutôt ! » Eh ! bien, lui, le Roi, « l'honorera et la servira toujours comme il doit, mais il est obligé de maintenir le cardinal jusques à la mort (2). »

C'est, maintenant, une lionne déchaînée. Le 22 novembre, reproches sanglants au Roi d'avoir pris position dans son discours à MM. du Parlement (3) et d'avoir toléré ces paroles du Président de Nicolay : « La Reine, par animosité, sans sujet, a déchargé de ses affaires M. le Cardinal, mais le Roi, comme son fidèle serviteur, le protègera envers et contre tous ». « Je suis réduite à néant, M. le Cardinal a tout pouvoir » ! s'écrie la Reine. Le 28 novembre, Bullion, qui attend que cette grande « colère soit évaporée », revient au Luxembourg en conciliateur et « trouve plus de feu que jamais ». Marie de Médicis, frémissante, ne veut plus « se mêler de rien... Il faut laisser conduire cet homme qui est si nécessaire à l'État (4) ».

Louis XIII souffrait de ce dissentiment ainsi étalé. Il avait la sagesse de ne pas tenir conseil à Paris, craignant de « donner avantage sur sa mère à M. le Cardinal (5) ». Mais comment

---

(1) Bullion à Richelieu, 18 novembre 1630, Affaires étrangères, France 792 *bis*, f°* 394 et suivants.
(2) Bullion à Richelieu, 22 novembre 1630, Affaires étrangères, f° 401.
(3)   —   23 novembre 1630,   —   f° 405.
(4)   —   23 novembre 1630.   —   f° 411.
(5) La Barde à Bouthillier (Saint-Germain, 6 décembre 1630), Affaires étrangères, France, 795 *bis*, f° 416.

apaiser la querelle quand l'impétueuse Florentine allait répétant : « Je prendrai mon temps ; je le retrouverai ; je me donnerai plutôt au diable que de ne me pas venger. » Naturellement le cardinal se donnait l'avantage du sang-froid et de la modération. « Le cardinal, — c'est le Père Griffet qui le remarque, — allait toujours à son but. Sa haine froide et tranquille ne sortait jamais des bornes de la plus exacte circonspection. Il ne parlait de la Reine mère qu'avec respect (1). » « La Reine persiste en une aigreur extraordinaire, que je ne me fusse jamais imaginée, contre moi, écrit-il à Schomberg le 7 décembre. Je continuerai toujours à souffrir avec patience les paroles que son indignation lui fait mettre en avant (2). »

Une des habiletés du ministre fut de se réconcilier avec Monsieur. Le Roi et le cardinal gagnèrent les favoris du jeune prince, Puylaurens et le président Le Coigneux. Le second eut la charge de président à mortier et la promesse du chapeau de cardinal ; le premier reçut cent cinquante mille livres pour acheter au duc de Montmorency le duché d'Amville, dont le Roi faisait revivre la dignité en sa faveur. Les articles de cet accord étaient précis : « Monsieur, y lisait-on, promettra et donnera parole de prince à Sa Majesté d'aimer, assister et protéger, selon les intentions du Roi, M. le Cardinal de Richelieu en tout temps ; promettra de fermer la bouche à tous ceux qui lui en voudront parler mal, leur témoignant ouvertement qu'ayant donné parole au Roi de l'aimer, il ne peut rien souffrir qui soit à son désavantage. Et, en effet, mondit seigneur aimera et affectionnera sincèrement ledit sieur cardinal et ne consentira ni n'adhèrera jamais en rien qui lui soit préjudiciable, mais l'assistera en toutes occasions, même auprès de la Reine sa mère (3). »

Tous les traités du monde ne pouvaient fixer l'inconstant Monsieur : le cardinal, qui avait dicté les articles, le savait mieux que personne. Lorsque Monsieur vint l'assurer de son amitié,

---

(1) Père Griffet, *Histoire du Règne de Louis XIII*, t. II, p. 84.
(2) Avenel, *Lettres du Cardinal de Richelieu*, t. IV, p. 43.
(3) *Ibidem*, p. 37-38.

Richelieu ne put se tenir de lui demander si c'était sans équivoque ; il reçut, sans y croire, mille serments de son ancien et futur ennemi, qu'il traitait avec une déférence quelque peu hautaine.

C'est vers ce temps-là que le cardinal, irrité de voir le prince courtiser Mme de Combalet, coupa court aux empressements de Gaston par cette lettre de haut style et qui met chaque personne et chaque chose à la place qui convient : « Monseigneur, je ne saurais vous témoigner le contentement extrême que j'ai de votre bonne disposition, que je souhaite et souhaiterai toujours beaucoup plus que vous-même, qui assez souvent en faites fort peu de cas. Au reste, je ne sais, Monseigneur, si je dois me réjouir et vous remercier de l'honneur qu'il a plu à Votre Altesse faire à ma nièce, étant en doute si c'est pour ce que vous croyez qu'elle puisse devenir telle que vous avez jusques ici témoigné désirer les dames, ou pour ce que vous commencez à faire cas des femmes de bien. Si la première considération a porté Votre Altesse à l'excès de sa courtoisie, au lieu de lui en rendre grâces, j'ai sujet de me plaindre. Si la seconde en est cause, m'en réjouissant pour sa conversion, je la supplie de croire que je me souviendrai à jamais de sa bonté et serai ravi, quand j'aurai occasion de la pouvoir reconnaître par toutes sortes d'effets de la servitude de celui qui sera à jamais, Monseigneur, de Votre Altesse le très humble et très obéissant serviteur. »

Et, au post-scriptum, le cardinal, abîmé dans les formules de cour, ferme la blessure qu'une si fière déclaration peut avoir faite dans les sentiments du prince toujours à court d'argent : « On a pourvu à ce que Votre Altesse a désiré pour son bâtiment, M. de Chavigny faisant partir vingt mille livres et, en outre, mille pistoles pour vos menus plaisirs, auxquels je prie Dieu que M. de Saint-Rémy ait part (1). »

La réconciliation du cardinal et de Monsieur paraissait insupportable à Marie de Médicis. La Reine disait que le marquis de Rambouillet, qui en avait été le négociateur, lui « coupait la

---

(1) Archives de M. Gabriel Hanotaux.

gorge ». Et puis comment supporter le dernier coup de poignard, l'emprisonnement du maréchal? Sans cesse, autour d'elle, certains donneurs de belles raisons, certains conseilleurs patentés viennent se porter garants des sentiments de Richelieu. Jusqu'au cardinal Bagni, nonce du Pape! La Reine consent à écouter, mais elle pose ses conditions : les Marillac seront mis en liberté; la princesse de Gonzague n'épousera pas Monsieur; la princesse de Conti ne quittera point la Cour et le duc de Bellegarde sera maintenu à la tête de son gouvernement de Bourgogne. Si tout est accordé, la Reine ne refusera pas de rencontrer le cardinal au Conseil, pourvu que ce ne soit point chez elle, mais chez sa belle-fille, Anne d'Autriche. Et elle ajoute ses raisons : « Le Conseil ne commence pas toujours au moment que le Roi arrive et je ne veux pas que le cardinal demeure si longtemps chez moi (1). » « Je désire l'accommodement de toutes choses, plus que je ne saurais vous dire, mandait Richelieu au nonce. J'en ai parlé amplement avec le bon Père Suffren ; vous le verrez par le papier qu'il vous fera voir, où ce que vous me dîtes dernièrement et ce qui se peut faire est clairement couché. Il n'y a difficulté qu'en un point qui concerne le maréchal de Marillac (2). » Difficulté dirimante, le cardinal le savait, parce qu'une autre Médicis, Catherine maréchale de Marillac, « aigrissait infiniment » sa royale cousine « sur le sujet de son mari ».

Le 26 décembre 1630, au Louvre, — le Roi et les Reines s'y étaient réinstallés le 23, — le marquis de Bautru demandait à parler à Louis XIII de la part de Richelieu. Le Père Suffren était en ce moment chez le cardinal, il était venu quérir Son Éminence, à qui la Reine mère voulait parler, et le cardinal faisait demander au Roi « s'il trouvait bon qu'il y allât ». Marie de Médicis accomplissait, ce jour-là, un bel acte de vertu. Elle avait déjà reçu, l'avant-veille de Noël, son ennemi en présence de son fils, de son confesseur et du nonce, mais elle s'était montrée si froide, que les trois témoins de cette scène en avaient été scandalisés. Elle

---

(1) *Journal du Cardinal-Duc de Richelieu*, t. VII. — Père Griffet, *Histoire du Règne de Louis XIII*, t. II, p. 67.
(2) Avenel, *Lettres du Cardinal de Richelieu*, t. IV, p 48-49 et note.

obéissait aux instances de son confesseur en consentant à une seconde entrevue (1).

Louis XIII répondit à Bautru que le cardinal pouvait aller chez la Reine. Marie de Médicis attendait à l'étage au-dessous, dans les appartements situés parallèlement à la rivière, entre la grande galerie et la rue d'Autriche, — le fameux entresol où elle recevait jadis le maréchal d'Ancre. Richelieu arrive, accompagné de l'officieux Jésuite. La Reine est assise. Dès l'abord, elle « fond en larmes ». Le cardinal et le Père, debout et silencieux, ne peuvent retenir les leurs. D'une voix entrecoupée de sanglots, la Reine commande à Richelieu de s'asseoir. Il s'en excuse. Elle réitère son commandement, mais le cardinal « s'en excuse toujours ». « Ce n'est plus à lui de s'asseoir devant elle », puisqu'il est disgracié « et qu'une telle faveur est une grâce très particulière qu'une personne qui est en disgrâce ne peut ni ne doit recevoir ». Elle insiste. Plus elle le presse, moins il obéit. Alors elle se décide à rappeler les événements de ces dernières semaines : « Elle n'a jamais eu l'intention de faire sortir le cardinal d'auprès du Roi ni l'ôter de ses affaires, mais seulement de sa maison. — Votre Majesté a dit publiquement qu'elle ou moi sortirions de la Cour, réplique le cardinal d'une voix coupante. — C'est la colère qui a fait tenir ce langage à la Reine », répond le Père Suffren (2).

Richelieu se confond en protestations d'innocence : « C'est chose inouïe de condamner qui que ce soit au monde sans conviction, à plus forte raison un homme qui peut dire sans présomption avoir servi l'État heureusement en des occasions fort importantes. » S'il est coupable envers la Reine, il ne veut point de pardon; s'il ne l'est pas, il veut qu'elle le reconnaisse. Il ne demande pas à reparaître dans sa maison, où il ne prétend pas venir troubler le contentement qu'elle goûte depuis qu'il en est sorti; c'est dans son esprit seulement qu'il veut être remis. De phrase de dévouement en phrase de dévouement, de circonlocution en circonlocution, il finit par insinuer à Marie de Médicis

(1) *Journal du Cardinal-Duc de Richelieu*, p. 7.
(2) *Ibidem*, p. 7-8.

qu'elle est fort incommode à vivre. Il lui dit que l'ayant « servie quatorze ans comme il l'a fait, il reconnaît trop bien son humeur, pour oser avec raison espérer ce qu'il doit toujours souhaiter par respect (1) ».

La Reine, malgré cette insinuation, malgré les instances du Père Suffren, ne disait mot. Elle consent enfin à parler. Elle dit « qu'il arriverait beaucoup de changement avec le temps » et que le cardinal lui avait « fait un déplaisir en voulant favoriser le mariage de Monsieur contre son gré ». Richelieu n'eut guère de peine à se justifier sur ce point. Il en eut davantage lorsque Marie de Médicis lui reprocha l'arrestation du maréchal de Marillac. Elle se plaignit « qu'on eût été bien vite »; si elle n'avait pas chassé le cardinal de sa maison, n'était-il pas vrai que jamais on n'eût arrêté le maréchal en Italie? Richelieu en convint : « Votre Majesté, pour cela, expliqua-t-il, ne doit pas prétendre qu'on l'ait offensée; ce n'est point pour lui faire déplaisir qu'on poursuivait M. de Marillac, mais parce qu'il l'avait extraordinairement mérité. » Avec une ingénieuse et terrible subtilité, il se mit à analyser le cas de Marillac. Il ne craignit pas de le comparer à celui « d'un homme qui dès longtemps a fait amas de mauvaises humeurs, pour avoir toujours persévéré en une mauvaise façon de vivre, et qui tombe malade pour quelque accident qui lui arrive inopinément; cet accident donne commencement à son mal, mais n'en est pas la cause, mais bien les mauvaises humeurs qu'il avait amassées (2) ».

La Reine, qui avait toujours approuvé la façon de vivre de Marillac, l'un des soutiens les plus fermes du parti dévot, goûtait peu cette comparaison médicale. Ne sachant que répondre elle commanda au cardinal « de dire au Roi qu'elle avait parlé à Mme de Marillac pour écrire à Verdun, pour faire rendre la citadelle » : « Mme de Marillac a répondu, ajouta la Reine, que, lorsque l'on lui avait saisi ses cassettes, elle avait envoyé les papiers hors d'ici, parmi lesquels était une lettre que son mari écrivait à Biscarras pour cet effet, qu'elle ne la pourrait

---

(1) *Journal du Cardinal-Duc de Richelieu*, p. 9.
(2) *Ibidem*, p. 24.

ravoir plus tôt que dimanche. » Dimanche 31 décembre, dans quatre jours !... Sans doute pour permettre aux lieutenants de Marillac, Attichy, Heudicourt, Le Mesnil, — qui d'ailleurs étaient déjà pris, on le sut quelques heures plus tard, — de se jeter dans la citadelle, d'en lever les ponts et d'en baisser les herses, en attendant le secours du duc de Lorraine, qui armait. Richelieu dit d'une voix glaciale : « Je rapporterai au Roi ce qu'il plaira à Votre Majesté de commander, mais je la supplie d'avertir Mme de Marillac qu'il peut lui arriver beaucoup de déplaisir du retardement qu'on apporte à la reddition de la citadelle. J'estime qu'il est bon qu'elle en soit avertie, afin que, par après, elle ne se plaigne que d'elle-même (1). »

L'entretien finit sur cette respectueuse menace. Congédié par la Reine, le cardinal sortit.

Marie de Médicis tint sa promesse, elle assista au Conseil le surlendemain de Noël. Bonne volonté bien mal récompensée : on ne prit que des mesures qui déplaisaient à la Reine et qu'elle feignit d'approuver, opinant comme le cardinal, au risque de décourager ses partisans. Passe pour la liberté rendue à M. de Vendôme, qui se morfondait à la Bastille depuis deux ans; mais l'éloignement de sa confidente la comtesse du Fargis, maîtresse, assurait-on de M. de Beringhen, premier écuyer, éloigné lui aussi; mais la décision de signifier au marquis de Mirabel, ambassadeur d'Espagne, qu'il ne vînt au Louvre que les jours où le Roi lui accorderait audience! Rien n'était plus juste que ces deux mesures, car Richelieu avait entre les mains des lettres qui compromettaient gravement l'intrigante dame d'atour. Mirabel, venu se plaindre au Roi de ce qu'il considérait comme un affront, ne sut que répondre à la question que lui posa Louis XIII : « Dites-moi, je vous prie, si l'on aurait souffert un seul jour en Espagne ce que j'ai souffert en France des années entières. » Marie de Médicis ne reparut pas au Conseil. Qu'y eût-elle fait quand Richelieu était le maître?

(1) *Journal du Cardinal-Duc de Richelieu*, p. 24.

Anne d'Autriche n'avait qu'à se tenir également sur une prudente réserve : le cardinal voulait chasser son apothicaire, Michel Danse, qu'il « soupçonnait d'entretenir sa maîtresse dans sa mauvaise humeur ». Lopez, un Morisque d'Espagne, arrivé en France sous Henri IV, devenu un des plus riches financiers du Royaume et qui servait d'espion au cardinal, se trouvait, le 3 janvier 1631, au Louvre dans l'appartement de la jeune Reine, qui l'avait fait appeler. L'apothicaire s'y trouvait aussi. Ils virent entrer Anne d'Autriche les yeux gros et rouges, venant de chez sa belle-mère. Elle se plaignit du « traitement qu'on lui faisait ». *On*, c'était Richelieu : « Votre Majesté connaît bien les desseins de M. le Cardinal, répondit Michel Danse ; il lui veut faire ôter son apothicaire, pour la faire mourir et faire épouser Mme de Combalet au Roi. — Vous êtes un méchant homme de tenir ce discours, interrompit Lopez ; à qui l'avez-vous ouï dire ? — A la Reine », répliqua Michel Danse. Anne d'Autriche était persuadée, en effet, que le nouvel apothicaire l'empoisonnerait ; elle ajouta d'un air de défi : « *No es mas tiempo de hablar con el cardinal pero bien de hacer.* Il n'est plus temps de parler avec le cardinal, mais bien d'agir (1). »

Une autre cause de trouble était le premier médecin de la Reine mère, ce Vautier, véritable maître en intrigue, « qui négociait la tête haute avec tout le monde (2) ». C'était lui qu'on voulait perdre et c'était lui que les Reines voulaient sauver à tout prix. Marie de Médicis demandait avec un air de victime pourquoi son fils voulait la priver du seul médecin qui connût son tempérament (3) ; Anne d'Autriche refusait d'accompagner son époux à la comédie, et toutes deux se disaient l'une à l'autre : « Nous avons bien à faire de lui donner du plaisir, tandis qu'il nous procure du déplaisir et de la peine (4). »

Si, du moins, on était assuré de Monsieur ! Marie de Médicis tâchait à se servir, elle aussi, des deux familiers de Gaston. Le

---

(1) *Journal du Cardinal-Duc de Richelieu*, p. 34-35.
(2) Avenel, *Lettres du Cardinal de Richelieu*, t. IV.
(3) *Journal du Cardinal-Duc de Richelieu* p. 15.
(4) *Ibidem*, p. 37.

Coigneux commençait à douter que Richelieu demandât sérieusement pour lui la pourpre, il disait que « l'on l'avait leurré de l'espérance d'un chapeau de cardinal et que, dans six semaines, on serait bien heureux de le lui envoyer (1) ». Quant à Puylaurens, il se demandait si l'on ne travaillait pas secrètement à l'empêcher d'acquérir la seigneurie d'Amville. Monsieur fut chauffé à blanc et il parvint à un tel degré d'exaspération, qu'il offrit à Marie de Médicis d'aller en poste trouver l'Empereur et le prier de « la retirer de l'état où elle était ». La Reine mère eut le bon sens de le retenir. Mais il était déchaîné.

« Lorsque le cardinal vient du Louvre, qu'il trouve toute la rue de Saint-Honoré embarrassée par les carrosses de ceux qui l'attendent chez lui, qu'il voit sa cour, son escalier, sa salle et son antichambre chargés de courtisans, d'officiers et députés, il ne considère pas que sa maison est remplie de ses ennemis : qu'il n'a ses gardes que contre ceux qui le visitent : qu'il craint les mains de ceux qui fléchissent le genou devant lui : et qu'il est dans la presse des hommes sans toucher jamais un ami (2). » Ce petit tableau brossé par le grand ennemi du cardinal, Mathieu de Morgues, est en somme exact; et il faut reconnaître que le ministre avait quelque courage à vivre au milieu de tels dangers. Le 30 janvier 1631, tandis qu'un grand fracas de carrosses et de chevaux s'élevait dans la cour de l'ancien hôtel de Rambouillet, où Richelieu s'était installé vers 1625, sur l'emplacement du futur Palais-Cardinal, le duc d'Orléans venait chez lui, accompagné de quinze gentilshommes et valets. La troupe fringante descend de carrosse, les cavaliers de l'escorte mettent pied à terre, toutes les portes s'ouvrent devant le frère du Roi et sa suite. Le cardinal fait sa révérence à Son Altesse ; il en reçoit ce compliment imprévu : « Vous trouverez bien étrange le sujet qui m'amène ici. Tandis que j'ai pensé que vous me serviriez, je vous ai bien voulu aimer. Maintenant que je sais que vous manquez à tout ce que vous m'avez promis, je vous retire la

---

(1) Père Griffet., *Histoire du Règne de Louis XIII*, t. II, p. 113.
(2) Mathieu de Morgues, *La Vérité défendue* p. 43.

parole que je vous ai donnée de vous affectionner (1). » En quoi le cardinal a-t-il manqué? Il prie Monsieur de le lui dire : En ne faisant rien pour M. de Lorraine, en laissant « croire au monde que Monsieur abandonne la Reine sa mère ». Richelieu répond avec beaucoup de calme que les réclamations du duc de Lorraine au sujet des terres réunies à la Couronne par jugement, il ne pourra les examiner que le jour où les députés lorrains seront arrivés. Ils « ne le sont point encore ». Monsieur n'a donc pas « lieu de se plaindre ». — « Il n'est pas besoin de plus grands éclaircissements », réplique le prince. Le cardinal s'incline. Le ton de Monsieur, la mine de ses gentilshommes ne lui disent rien qui vaille. S'agit-il d'un guet-apens? L'ordre est-il donné de l'assassiner sans autre forme de procès? Que présagent ces paroles lancées par le prince : « Si votre qualité de prêtre ne m'avait pas retenu, je vous aurais déjà traité comme vous le méritez; mais sachez que votre caractère ne vous garantira pas à l'avenir des châtiments qui sont dus à ceux qui offensent des personnes de notre rang? (2) » Nul doute que la vision du maréchal d'Ancre, massacré sur le pont du Louvre par les gentilshommes de M. de Vitry, ne se soit dressée devant les yeux du cardinal, qui protestait à Monsieur qu' « il serait toujours son très humble serviteur ». Déjà Monsieur avait gagné l'antichambre avec ses gentilshommes et si rapidement, que le cardinal, qui le reconduisait, avait quelque peine à le suivre (3). Tout en marchant, Monsieur déclarait qu'il s'en allait à son apanage, à Orléans ou Blois, et que, « si on le pressait, il se défendrait bien ». Le dernier carrosse avait à peine disparu dans la rue Saint-Honoré, que Richelieu faisait partir Bouthillier « au galop (4) » pour Versailles, où le Roi « prenait le divertissement de la chasse ».

Le Roi accourt de Versailles sans perdre un instant. Il se fait conduire rue Saint-Honoré chez le cardinal. Après un court

---

(1) *Journal du Cardinal-Duc de Richelieu*, p. 75-76.
(2) Père Griffet, *Histoire du Règne de Louis XIII*, t. II, p. 114.
(3) *Mémoires de Fontenay-Mareuil*, p. 231.
(4) *Mémoires du maréchal de Bassompierre*.

entretien avec son ministre, il sort et fait monter dans son carrosse Bassompierre, qui est venu se mettre à la disposition de Richelieu.

Louis XIII se montre violemment irrité de l'éclat que s'est permis Gaston. Il a dit au cardinal : « Ne craignez rien, je serai votre second contre tout le monde, sans excepter mon frère; mon honneur y est engagé; le mal que l'on vous fera, je le regarderai comme fait à moi-même et je saurai vous venger. » En vain Monsieur a envoyé à Versailles M. de Chaudebonne expliquer au Roi les raisons de son départ; en vain, en ce même Versailles, M. de Villiers, dépêché par la Reine, a assuré que sa maîtresse a failli s'évanouir en apprenant la retraite de Monsieur, dont elle ignorait les projets. A Paris, le cardinal vient de dire au Roi que la Reine mère savait tout la veille et qu'elle avait remis à Monsieur les pierreries qu'il avait héritées de la feue duchesse d'Orléans et qu'elle gardait pour lui, — une véritable fortune, nerf peut-être d'une prochaine guerre civile (1).

« Je vais, dit le Roi à Bassompierre, quereller la Reine ma mère d'avoir fait partir de la Cour Monsieur mon frère. » Le maréchal répond « qu'elle serait blâmable si elle l'avait fait et qu'il s'étonne fort qu'elle lui ait conseillé telle chose. — Si, assurément, réplique Louis XIII, pour la haine qu'elle porte à Monsieur le Cardinal (2) ».

Le Roi arrive chez sa mère. La Reine a pris médecine; mais cela n'a pas calmé ses nerfs. Aux premiers mots de son fils, qui ne lui cache pas « qu'il trouve bien étrange cette retraite » de Monsieur et qu'il « a beaucoup de peine à croire » qu'elle n'en ait rien su, « elle vomit feu et flammes contre le cardinal ». Ce sont les propres expressions dont Richelieu se sert dans son *Journal* et il ajoute avec indignation : « Elle fit un effort nouveau pour le ruiner dans l'esprit du Roi, quoique auparavant elle se fût obligée par serment à n'entreprendre plus aucune chose contre lui (3). »

Trois semaines après cette scène nouvelle, qui avait excédé

---

(1) *Journal du Cardinal-Duc de Richelieu*, p. 76-77.
(2) *Mémoires du Maréchal de Bassompierre*, t. IV, p. 129.
(3) *Journal du Cardinal-Duc de Richelieu*, p. 76.

le Roi, Marie de Médicis rejoignait la cour au château de Compiègne. Instruite par la journée des dupes, elle avait déclaré que, désormais, elle suivrait son fils partout. Elle allait ainsi au-devant de l'exécution que méditait contre elle le cardinal, non sans l'avoir mise une fois de plus dans son tort en faisant auprès d'elle une suprême tentative de réconciliation.

A Compiègne, le 23 février 1631, de grand matin, on frappe à la porte de la chambre où dormait Anne d'Autriche. Elle se réveille en sursaut... Vient-on lui annoncer qu'elle doit partir pour l'Espagne? Non : c'est le garde des Sceaux Châteauneuf, qui se fait annoncer par la première femme de chambre. Il a charge de faire connaître à la Reine que « le Roi, pour certaines raisons qui regardent le bien de son État, est obligé de laisser sa mère en ce lieu à la garde du maréchal d'Estrées; il prie la Reine de ne la point voir, de se lever et de le venir trouver aux Capucins, où il est allé avec intention de l'attendre » (1).

Châteauneuf parti, la Reine se lève le plus diligemment qu'elle peut... Mais comment ne pas avertir sa belle-mère? et comment aller la trouver sans imprudence? Sur le conseil de la marquise de Sénecé, sa dame d'honneur, elle fait dire à l'infortunée Marie de Médicis « le désir qu'elle a de l'aller voir, pour lui parler d'une affaire de conséquence et que, pour certaines raisons, elle n'ose entrer chez elle, que premièrement elle ne l'envoie prier d'y aller ». Quelques minutes plus tard, Mlle Catherine, première femme de chambre de la Reine mère, venait, au nom de sa maîtresse, mander la reine régnante.

Le temps de passer une robe de chambre de linon, Anne d'Autriche monte chez sa belle-mère. Marie de Médicis, au comble de l'angoisse, est assise dans son lit, tenant « ses genoux embrassés » : « Ah! ma fille, s'écrie-t-elle, je suis morte ou prisonnière. Le Roi me laisse-t-il ici? et que veut-il faire de moi? » Anne d'Autriche se jeta dans les bras de sa belle-mère et, tout en pleurant avec elle, attendrie par la haine commune du

(1) *Mémoires de Mme de Motteville*, tome 1, p. 47.

cardinal qui leur tenait lieu d'amitié, elle répéta ce qu'avait dit le garde des Sceaux. Et la jeune Reine s'enfuit pour rejoindre le Roi et gagner Senlis.

Le cardinal était arrivé à ses fins. La veille, au Conseil extraordinaire que Louis XIII avait réuni à Compiègne, lorsqu'on avait rappelé l'obstination de la Reine mère à ne plus paraître aux séances, à se refuser à toute réconciliation sincère avec le cardinal; lorsqu'on l'avait montrée en commerce intime et secret avec l'ambassadeur d'Espagne, avec Monsieur, qui annonçait la rébellion et la guerre civile, le cardinal avait gardé le silence. Il s'était même « excusé de dire son avis en cette affaire, en laquelle il pouvait sembler à quelques-uns être intéressé ». Puis, sur un ordre du Roi, il avait énuméré et développé les raisons d'éloigner la Reine pour un temps, — treize pages de considérations (1), où le cardinal ne manquait pas d'observer qu'on lui reprocherait d'avoir voulu se venger : chacun « dirait que la créature détruisait son créateur ». L'intérêt personnel le portait à éviter le torrent d'injures que déverseraient sur lui les amis de la Reine mère, s'il préconisait la mesure que commandait l'intérêt de l'Etat. « Cependant, comme il ne voudrait pas empêcher le salut public, s'il était jugé nécessaire par le Roi et son Conseil pour la conservation de son autorité, de sa personne et de son État, il passerait par-dessus son intérêt. Mais, en ce cas, il suppliait le Roi de lui permettre sa retraite, qui lors ne serait point préjudiciable à Sa Majesté, vu que, le grand corps des cabales étant séparé, MM. les ministres qui demeureraient, pourraient subsister et le servir comme il avait été jusqu'à présent. » Victime volontaire, le cardinal avait donné alors de suprêmes avis tendant à établir son désintéressement et la gravité de la situation : « Pour éviter, expliquait-il en plus, que, par quelque voyage que Monsieur ferait à Paris en l'absence de Sa Majesté, il arrivât quelque désordre qui fût tel, qu'on n'y pût remédier, il semblait qu'outre les deux compagnies de cavalerie, qui étaient auprès de Chartres, il en faudrait encore mettre trois

---

(1) *Mémoires du Cardinal de Richelieu*, éd. Petitot, t. VI, p. 451-464.

à Étampes ; encore loger huit compagnies de gardes à Louvres-en-Parisis, pour contenir la ville en son devoir. » Avant tout sauver le Roi et la paix du Royaume !

La fermeté et la dignité de Richelieu triomphent des dernières hésitations de Louis XIII : Il prend la résolution de « se séparer de sa mère pour quelque temps, afin que cependant son esprit ait loisir de se désabuser, et éloigner d'elle pour toujours ceux qui sont les auteurs de ses maux ». L'arrestation de l'abbé de Foix et du médecin Vautier est également décidée. On éloigne la princesse de Conti, les duchesses d'Elbeuf, d'Ognano, de Lesdiguières et de Roannez (1), et l'on n'oublie pas Bassompierre, en dépit de son zèle récent et quelque peu suspect. Le maréchal aura pour logis la Bastille, où il fut conduit le 25 février. Son Éminence ne tarda guère à le régaler d'un petit présent, qui pouvait lui être utile au cours d'un emprisonnement de douze années : « Monsieur, lui écrivit-il, pour m'acquitter de ma promesse, je vous envoie un chapelet, avec lequel je vous assure que vous pouvez gagner les indulgences. Mais d'autant qu'on ne peut obtenir rémission de la peine, que premièrement on n'ait celle de la coulpe, je vous conseille de la rechercher en faisant autant d'état de la grâce de votre Créateur que vous avez fait autrefois, ce dit-on, de celle des créatures. Par ce moyen, les armes que je vous mets en main, ne vous seront pas inutiles ni à moi aussi, si j'ai part au bien que vous en ferez. J'en demande le dixième, qui appartient à l'Église. Mais toutefois, si vous jugez que ce soit trop, je me contenterai du vingtième, à la charge que j'aurai les prémices, estimant avec vous que le premier *Ave Maria*, que vous direz sans doute avec dévotion, vaudra mieux que trente autres qui courent grand hasard d'être dits avec divertissements. Vous êtes si courtois, que vous ne me dénierez pas ce que je vous demande, et, en cette considération, je me promets une faveur particulière à moi seul, ne croyant pas que la vertu de vos prières ait été jusques ici si connue, qu'elle ait convié personne à les mendier ni vous-même à les

---

(1) Avenel, *Lettres du Cardinal de Richelieu*, t. IV, p. 100.

départir. Je fais l'un maintenant, vous ferez l'autre, s'il vous plaît, considérant que je mérite certainement cette part que je désire en votre souvenir et en vos oraisons, puisque je veux être non seulement en partie, mais entièrement à vous comme votre serviteur très humble (1) ». Humour un peu cruel, mais que le prisonnier pouvait considérer comme une espérance entr'ouverte. Il y avait une raison à cette mesure rigoureuse. Une lettre, écrite à Bassompierre par le maréchal de Marillac, était tombée entre les mains du cardinal. Richelieu note dans son *Journal* au début du mois de décembre 1630 : « La lettre qu'on a surprise, qu'il écrivait d'Italie à M. de Bassompierre, qui avait toujours été son ennemi, témoigne clairement qu'ils s'étaient réconciliés et étaient ensemble en extraordinaire confiance, ce qui ne s'était pas fait pour rien. » Mieux valait prévenir que châtier, et tenir que risquer : « Il ne faut pas croire, écrivait le cardinal vers le même temps, qu'on puisse avoir des preuves mathématiques des conspirations et des cabales ; elles ne se connaissent ainsi que par l'événement, lorsqu'elles ne sont plus capables de remède. »

Et le maréchal de Marillac lui-même, quelle peine lui réservait-on ? La mort. Richelieu n'hésitait pas : déjà les ordres étaient donnés pour le transfert du prisonnier. Le 27 décembre 1630, le maréchal, qui, le jour même de son arrestation, avait refusé de s'évader en sautant sur une charrette de foin arrêtée sous sa fenêtre, fut enfermé à quelques lieues de Foglizzo, dans le château d'Avigliana. On le conduit à Lyon. Richelieu veut qu'il s'embarque à Roanne sur la Loire et descende la rivière jusqu'à Briare. C'est le chemin qu'il choisit d'ordinaire pour se rendre à Paris. Mais, à Lyon, de nouvelles instructions modifient l'itinéraire. L'étroite litière dans laquelle Marillac, dévoré de fièvre, chemine, tout rompu de fatigue, prend la route de Bourgogne, gagne Mâcon, Chalon-sur-Saône, Dijon, Châtillon-sur-Seine. Ce n'est plus à Paris que le mène Gabriel des Réaux, sieur de Coclois, lieutenant des gardes, qui veille sur lui à la tête d'une nombreuse escorte.

(1) Avenel, *Lettres du Cardinal de Richelieu*, t. IV, p. 230-231.

A Châtillon-sur-Seine, le cortège oblique du côté de Vitry-le-François, arrive enfin le 9 février 1631 à Sainte-Menehould, gravit le rocher qui domine la ville, et s'engouffre dans la citadelle. Triste séjour si l'on en juge par la lettre que, le surlendemain, le prisonnier adresse à sa femme : « Mes fenêtres, dit-il, sont non seulement grillées mais cadenassées, en sorte que je n'ai point d'air; la cheminée même est grillée avec grande incommodité de fumée (1). »

Pourquoi Sainte-Menehould? C'est qu'on n'a pu trouver dans les faits et gestes du maréchal de quoi bâtir une accusation spéciale du crime de lèse-majesté. Ni les lettres trouvées dans ses papiers ne l'ont vraiment compromis, ni les allégations accumulées par Monsieur pendant la période si brève où il s'est efforcé « d'aimer » le cardinal, ni Verdun demeuré entre les mains de son lieutenant Biscarras et fermé au Roi : une lettre de Louis XIII a suffi pour que le maréchal écrivit à son lieutenant de rendre la place et fût obéi.

Il semble bien que Richelieu avait compté sur une sorte d'échange : la vie de Marillac contre une réconciliation avec la Reine mère. Malheureusement la Reine mère s'était obstinée dans son ressentiment et Richelieu gardait son gage. Il vaut mieux le laisser s'expliquer lui-même. On lit dans son *Journal* : « Si on fléchissait en cette occasion, si on manquait d'agir avec beaucoup de verdeur et de fermeté, il fallait faire état de quitter la partie de bonne heure, parce qu'en ce cas, non seulement ceux qui étaient du parti prendraient cœur, mais ceux qui n'en sont pas se déclareraient.... Le Roi est obligé de faire le procès de Marillac, parce qu'autrement on jugerait que des inimitiés particulières, non des raisons publiques, seraient cause de sa détention (2). » Et comme Richelieu avait découvert les malversations commises par le maréchal dans la construction du fort de Verdun et les oppressions exercées contre les habitants de plusieurs villages de la Champagne, c'est en Champagne que Marillac devait attendre la fin de l'instruction, confiée

(1) Pierre de Vaissières, *L'affaire du Maréchal de Marillac*, p. 85-8.
(2) *Journal du Cardinal-Duc de Richelieu*, p. 23.

à MM. Isaac de Laffemas et de Moricq, maîtres des requêtes. Le choix de ce Laffemas, qui mérita le surnom de bourreau du cardinal, ne laissait que trop prévoir le résultat de l'instruction.

Les griefs, d'ailleurs, ici étaient fondés et peu à peu l'on en découvrait d'autres : Monsieur préparait une guerre ouverte; par l'intermédiaire de son chancelier Le Coigneux, il s'était assuré le concours des plus riches banquiers de Paris; les fonds devaient abonder. Ni les hommes n'allaient manquer ni les vivres : « La Feuillade et quelques autres parents du sieur de Puylaurens, écrivait Richelieu, lèvent en Limousin aussi hardiment que s'ils avaient les commissions du Roi (1) », et force chariots acheminaient les grains à travers la Beauce vers Orléans.

Le cardinal eut l'adresse d'enlever à la rebellion ses chefs possibles. Il fit espionner de telle sorte M. de Toiras, qui se trouvait alors à Paris, que ce maréchal, ayant reçu une lettre du duc d'Orléans, n'osa point la décacheter et l'envoya sans tarder à son terrible surveillant; il fit sortir de la Bastille le duc de Vendôme, à condition qu'il quittât la France; il se hâta de rappeler à la Cour le prince de Condé et la duchesse de Chevreuse. Et qui appelle-t-il maintenant? Gaston! Le cardinal de La Valette se présenta devant ce prince de la part du Roi, lui donnant « des assurances de son affection cordiale et sincère et de son soin plus que paternel, ayant pour lui les sentiments qu'il avait eus de tout temps et désirant tous les jours le voir marié; à quoi il le conjurait de penser sérieusement, afin que, si le contentement de se voir des enfants continuait à lui manquer, il en pût voir à Monsieur, qu'il considérerait comme s'ils étaient siens propres (2) ».

On pense bien que La Valette ne réussit pas. Gaston n'a nulle envie de s'approcher de trop près de la Bastille. Il tremble que le Roi ne marche sur Étampes à la tête de son armée. Ce n'est pas le moment de s'attarder. Bien qu'il eût voulu, selon ce que rapporte Richelieu, « faire amas de noblesse », il n'en avait guère

(1) Avenel, *Lettre du Cardinal de Richelieu*, t. IV, p. 112.
(2) *Mémoires du Cardinal de Richelieu*, éd. Petitot. t. VI, p. 472.

autour de sa personne. Qui? un Moret, bâtard de Henri IV et de Mlle du Breuil, les ducs d'Elbeuf, de Roannez et de Bellegarde. Le vol s'enfuit à tire-d'aile vers la Bourgogne. Louis XIII les suit ; Monsieur ne s'arrête même pas devant les frontières de la Franche-Comté, qui appartient à l'Espagne ; il demande au duc de Lorraine Charles IV la permission d'entrer dans ses États.

Louis XIII arrive le 26 mars à Dijon, siège du gouvernement de Bellegarde, et là il s'arrête. Le 31 il fait enregistrer au Parlement de Bourgogne une déclaration contre ceux qui ont suivi Monsieur ; mais le Parlement de Paris refuse l'enregistrement. Plusieurs magistrats observent notamment qu'on ne peut déclarer criminels de lèse-majesté « pour avoir suivi leur maître » les propres officiers de Monsieur, obligés par leur charge à demeurer auprès du prince. Ce refus irrite grandement Louis XIII. Le Parlement sera mandé au Louvre le 13 mai, en corps ; il devra venir à pied au château, il s'agenouillera dans la grande galerie (1) et le Roi déchirera de sa propre main la feuille du registre sur laquelle est inscrite la délibération qui a déplu.

Le 2 avril, Louis XIII se rend à Fontainebleau, tandis que M. de Saint-Chaumont se hâte vers Compiègne afin de convier la Reine mère à se retirer quelque temps à Nevers (2). C'était Moulins que le Roi avait désigné tout d'abord comme lieu de séjour de la Reine. En indiquant Nevers, qui inspirait moins de répugnance à Marie de Médicis, il faisait à sa mère une grâce. Depuis plus d'un mois, elle refusait de se mettre en route. Tantôt elle demandait un délai pour prendre médecine, tantôt elle alléguait qu'une contagion avait infecté Moulins et que le château était à demi ruiné ; tantôt elle observait que Moulins était sur la route de Marseille ; sûrement son fils voulait la faire conduire à Marseille, où des galères l'attendraient pour la reconduire en Italie. Le 1er mars, le maréchal d'Estrées, reçu dans le cabinet de la Reine, avait trouvé Marie de

---

(1) Voir *Mercure françois*, t. XVII, p. 173.
(2) Voir Henrard, *Marie de Médicis dans les Pays-Bas*, p. 34 et suivantes.

Médicis « assise sur un coffre, tout éplorée »; il avait écouté respectueusement ses lamentations : « Voilà, disait-elle, les belles promesses que l'on me fait; il en sera tout de même de tout le reste et, lorsque je serai à Nevers, je serai pis que je ne suis; ce matin, on a amené mon médecin (Vautier) à Paris; ce n'est le chemin de me le renvoyer (1). » Et toujours revenait le même argument : l'impossibilité de s'embarquer pour un si grand voyage sans s'être purgée, l'impossibilité de se purger sans cet incomparable Vautier. Le Roi avait beau promettre de rendre le Purgon à la Reine dès qu'elle serait à Nevers, c'est à Compiègne que le voulait Marie de Médicis. Quand le Père Suffren s'approchait de sa pénitente et demandait : « Madame, nous voici au Carême; je ne sais ce que Votre Majesté voudra que je fasse pour les sermons, car, si Votre Majesté a peu à demeurer ici, il me semble qu'il serait bon de ne commencer pas à prêcher », elle répondait « qu'elle voulait en toute façon se purger ici avant que d'en partir (2) ». « La presse qu'on fait au sujet de Vautier, écrivait Louis XIII le 6 mars à d'Estrées, et le peu de nécessité qu'on témoigne avoir de son ministère, ne voulant appeler aucun médecin, accroît ma connaissance et fortifie ma résolution, qui ne sera pas altérée (3). » Et le Roi qualifiait ainsi l'entêtement de Marie de Médicis : « La fermeté, que je n'ose dire opiniâtreté, de la Reine, Madame ma mère (4). »

Et comme la princesse invoquait à présent une « défluxion », qui retardait encore la purgation, le maréchal soupçonnait le confesseur d'être de connivence avec sa pénitente. Il fallut que le bon Père protestât « qu'en foi de religieux et d'homme de bien, avant qu'elle eût mis un mouchoir au visage, il lui avait vu la joue enflée (5) ».

Cette mauvaise volonté n'était pas le moyen de sauver la tête du pauvre maréchal de Marillac et l'on comprend que le prisonnier ait écrit avec tristesse : « La Reine n'a rien fait pour elle

(1) B. N. Fr. 23.400, f° 371.
(2) *Ibidem*, f° 46.
(3) *Ibidem*, f° 58.
(4) *Ibidem*, f° 58.
(5) Le maréchal d'Estrées au Roi, 15 mars 1631 (*ibidem*, Fr. 23.310, f° 89).

ni pour ses serviteurs par sa boutade ; j'en ai pâti fort innocemment (1). »

Purgée enfin le 19 mars, Marie de Médicis fit espérer qu'elle partirait vers le 26, après « la fête de Notre-Dame ». N'empêche, qu'au début d'avril, lorsque M. de Saint-Chaumont se présenta au château de Compiègne, elle n'était pas encore prête. Le gentilhomme lui apportait une lettre du Roi. Louis XIII, après avoir rappelé les raisons des mesures qu'il avait prises à regret, assurait que le séjour de la Reine à Moulins n'était que pour un temps. Il conservait pour sa mère « l'amitié et le respect qu'elle pouvait attendre d'un fils » ; il « s'étonnait de ce qu'elle le jugeait capable de prendre des résolutions violentes contre elle », mais il lui enjoignait de partir : « J'apprends avec beaucoup de déplaisir, disait-il, que vous retardez de jour en jour votre partement quoique vous m'ayez ci-devant assuré y être disposée. Si votre indisposition en est la cause, j'en suis doublement fâché... Je prie Dieu de tout mon cœur que vous en soyez délivrée et vous prie de partir maintenant sans remise pour des considérations importantes à mon État et pour faire cesser des bruits qu'aucuns méchants esprits font courir que vous n'êtes pas dans Compiègne en pleine liberté, ce qui ne se pourra plus dire ni penser, lorsque, étant en votre maison de Moulins, il n'y aura plus personne auprès de vous qui vous puisse donner ombrage (2). » — « Monsieur mon fils..., répondait Marie de Médicis le 11 avril, je vous dirai, avec tout le respect que je vous dois, que je remets au jugement de ceux qui ont considéré sans passion et sans intérêts ce qui s'est passé en ce lieu, et votre séparation d'avec moi, si les causes que vous en avez vous-même déclarées, méritaient ce traitement et si vous avez dû prendre en mauvaise part, comme si ç'avait été un crime, de n'avoir pas fait l'accommodement... avec le cardinal de Richelieu, ce que lui-même n'a jamais voulu, bien qu'en apparence il ait témoigné le désirer et rechercher. » Marie de Médicis se disait dans l'impossibilité d'obéir aux commandements du Roi ; elle le conjurait de ne point

---

(1) P. de Vaissières, L'Affaire du Maréchal de Marillac, p. 98.
(2) Louis XIII à Marie de Médicis, 1ᵉʳ avril 1631 (B. N. Fr. 23.310, fº 128).

trouver mauvais qu'elle fût « blessée d'une appréhension » dont elle ne parvenait pas à guérir : « Ayant fait volontairement le chemin d'ici audit Moulins, expliquait-elle, on peut, en quatre jours me remettre sur le Rhône, pour me conduire dans les galères que vous me faites préparer pour me passer en Italie. Lieu à la vérité de ma naissance, mais, en ayant apporté avec moi, lorsque je suis venue en France, tout ce que j'y avais de vaillant, il ne me reste ni honneur, ni bien, ni retraite que par la grâce de ceux qui, éloignés maintenant de parenté et ne m'ayant jamais vue, auraient beaucoup de raisons de ne me pas recevoir dans leurs États, si mon propre fils ne m'a pas pu souffrir dans les siens (1). »

M. de Saint-Chaumont ne put lui persuader de condescendre aux volontés de ce fils; elle jura qu'on ne la « ferait partir que par les cheveux ». Retourné auprès du Roi et revenu à Compiègne, il ne réussit pas davantage. Le maréchal de Schomberg et M. de Roisy, doyen du Conseil d'État, ne furent pas plus heureux. En vain ils lui offrirent Angers et le gouvernement de l'Anjou. Elle déclara que, lui offriraient-ils Monceaux ou le Luxembourg, elle ne bougerait point : « Il en serait ce qu'il plairait à Dieu ». Craignant d'être enlevée pendant une des promenades qu'elle faisait en forêt, et embarquée pour l'Italie, elle ne quitta plus sa chambre que pour arpenter la terrasse qui communiquait avec son appartement. Elle écrivit au Roi le 25 mai. Celui qui a servi de secrétaire a su, comme l'observe M. Henrard, canaliser dans de belles phrases correctes les flots de la colère de sa maîtresse, mais c'est bien l'indignation de la Florentine qui fait l'éloquence de cette lettre : « Si je ne connaissais, disait-elle, l'esprit de celui qui conduit cet ouvrage et qui travaille à ma ruine, et le danger où je suis, étant du tout en sa puissance et exposée à sa passion, maintenant qu'il a entièrement réoccupé le vôtre, je ne pourrais m'imaginer les maux qui me sont préparés et croirais que votre bon naturel arrêterait sa passion; mais par qui serai-je défendue, puisque je ne serai présente quand ses commissaires vous feront

(1) Marie de Médicis à Louis XIII, 11 avril 1631 (B. N. Fr., f° 23.310, f° 130).

leurs rapports et qu'il y a longtemps que personne ne vous approche ni ne vous parle, qui ne soit à lui? » Avec la plus mordante ironie, Marie de Médicis cinglait à la fois Louis XIII et Richelieu : « Sans doute, ajoutait-elle, que ma demeure en ce lieu est très préjudiciable à votre État, trop proche de Paris; que tout le mal qui s'y fait vient de moi (comme si j'avais à répondre de tous les mouvements de la France); qu'il me faut éloigner si loin, que je sois hors du commerce de la mémoire des hommes; que vous devez cela à votre État; et c'est le prétexte dont il se sert pour couvrir sa vengeance envers moi. Il y aurait quelque raison, si je vous avais offensé ou votre État, mais vous savez que non et que je n'ai d'autre crime que de l'avoir ôté d'auprès de moi (1). »

Une dizaine de jours plus tard, la réponse de Louis XIII, partie du château de Courance (près de Fontainebleau), parvenait à Compiègne. Marie de Médicis put reconnaître dans la lettre de son fils la précision décourageante, la raison inflexible et jusqu'au ton impératif de Richelieu, qui l'avait dictée : « Et d'autant, déclarait le Roi, que, par vos lettres, il semble que vous m'accusiez d'avoir moins de connaissance de mes affaires que les bons succès qui me sont arrivés ne justifient à tout le monde, et que vous supposiez que j'aie les oreilles fermées à tout ce qu'on pourrait dire contre ceux qui servent dans mes conseils, je veux bien vous témoigner, qu'encore que vous sachiez que vous m'avez toujours dit ce qu'il vous a plu contre eux, vous pouvez m'écrire ce que vous estimerez à propos, sans crainte qu'aucun puisse ni voulût même empêcher que vos lettres ne viennent à ma connaissance. »

Quel dédain transparaît en ce *ni voulût même* ajouté sur la minute, de la propre main du cardinal ! Mais, pour ne pas trop encourager Louis XIII à écouter de dangereuses plaintes, Richelieu s'était empressé de dicter à son secrétaire le correctif suivant : « Il est vrai que, comme je reçois très volontiers ce qu'on peut justifier être important à mon service et qu'il n'y ait

(1) Henrard, *Marie de Médicis dans les Pays-Bas*, p. 45-46.

personne auprès de moi qui ne me conseille d'en user ainsi, mes propres intérêts ne me permettent pas de souffrir qu'on calomnie ceux dont la fidélité est si connue, que leurs propres ennemis n'en sauraient douter. Au contraire ils m'obligent à les protéger et à les garantir de ce qu'on pourrait leur mettre à sus sans fondement (1). »

Ce discours ne fut point du goût de la Reine. Les lignes dont il était précédé le furent moins encore. Le Roi écrivait à sa mère « qu'afin qu'on connût le respect dont il voulait user à son endroit, il donnait ordre à son cousin le maréchal d'Estrées de retirer les troupes qui étaient dans Compiègne », mais c'était, expliquait-il, « afin de lui permettre de se disposer plus librement à ce qu'il attendait d'elle ». Il la priait de choisir « pour retraite un des lieux qu'il avait proposés ».

Il y avait alors deux semaines que Richelieu avait noté dans son *Journal* : « Le 15 mai, on a eu avis de Compiègne que la Reine y était assez mal gardée ; qu'il vient toutes les nuits des gens lui donner des avis, qui prennent des chevaux frais pour s'en retourner ; qu'elle est assurée de gens qui seront prêts de monter à cheval quand elle voudra ; que le marquis de Soudiac a fait faire un carrosse de telle sorte qu'on y peut mettre des pierreries et de l'argent sans qu'on les voie et s'en aperçoive ; que les carrosses viennent jusques au pied de l'escalier sans qu'on voie ce qui est dedans (2). » Il est certain qu'habitant, au château de Compiègne, « le corps d'hôtel qui regardait les terrasses, murs et clôtures de la ville », à quelques pas des portes qui « aboutissaient (3) » à l'enceinte fortifiée, la Reine pouvait prendre, sans trop de difficulté,

Ce bijou radieux nommé la clef des champs.

Le 15 juillet 1631, vers trois heures du matin, six hommes, dans la cour du château, s'évertuaient autour d'un coffre de six

---

(1) Avenel, *Lettres du Cardinal de Richelieu*, t. IV, p. 152.
(2) *Journal du Cardinal-Duc de Richelieu*, p. 91.
(3) *Information faite par M. de Nesmond, maître des Requêtes sur la sortie du Royaume de la Reine, mère du Roi.*

pieds de long. Ils le hissèrent péniblement sur une charrette toute attelée, que l'on distinguait dans le petit jour. Les six hommes et un cuisinier, qui venait de paraître, montèrent sur la charrette, sortirent de la cour, puis de la ville et prirent la route de Choisy-au-Bac. Ils semblaient se diriger du côté de La Fère. C'était le bagage d'Anne de Vandétare, dame du palais de la Reine, épouse de M. de Fresnoy, capitaine-lieutenant des chevau-légers de Marie de Médicis. Trois jours plus tard, le vendredi 18 juillet, sur les dix heures du soir, le carrosse de Mme de Fresnoy elle-même, traîné par six chevaux bais, sortait de Compiègne à son tour par la porte de Pierrefonds et, suivi d'un cavalier qui se couvrait le visage du coin de son manteau brun, s'éloignait par le grand chemin de Soissons. Ce n'était pas le seul départ qui devait avoir lieu cette nuit-là.

Au début de ce mois de juillet, M. de La Mazure, lieutenant des gardes de la Reine, avait obtenu du concierge du château une grâce qui lui tenait à cœur bien plus qu'il ne voulait le dire : cet honnête Cerbère avait consenti à laisser sortir chaque soir quelques gentilshommes passionnés pour la chasse à l'affût. Ces Messieurs s'étaient montrés si raisonnables, que, la nuit du 18 au 19, comme ils étaient revenus de fort bonne heure demander que la porte restât grande ouverte à cause d'un énorme sanglier qu'ils venaient de tuer dans la forêt et voulaient rapporter au château, il ne fit nulle difficulté pour accéder à leur désir (1). La charge de cet accommodant concierge n'était certes pas une sinécure : les douze coups de minuit venaient à peine de sonner, qu'une petite troupe se présentait à la porte pour sortir. Le concierge reconnut M. de La Mazure, un autre gentilhomme, une dame d'honneur et l'aumônier de la Reine et vit au milieu d'eux une femme voilée qui, assurèrent-ils, était une fille d'honneur de Sa Majesté, résolue à se marier secrètement. Ils avaient l'autorisation de la Reine et se rendaient dans un ermitage voisin. Une demi-heure au plus et ils seraient de retour. Tout en parlant, ils donnaient au concierge

(1) Archives générales du Royaume de Belgique, Carton 2.052 du fonds des Papiers d'État et de l'Audience. Voir Henrard, *Marie de Médicis dans les Pays-Bas*, p. 62.

quelques demi-quarts d'écus, « la livrée de noce », et laissaient auprès de lui un homme de confiance, de peur que ses soupçons ne fussent insuffisamment endormis.

Marie de Médicis, — c'était la femme voilée, — fut bientôt hors de Compiègne. Onze ans auparavant, elle s'en souvenait, après s'être évadée du château de Blois au moyen d'une échelle de corde, elle avait marché ainsi nuitamment à travers la ville, et des jeunes hommes, qu'elle avait croisés, l'avaient prise pour une « bonne dame ». Ce n'était point pour une fille de joie qu'on prenait, cette nuit, la vieille reine, mais pour une mariée. Ce rapprochement la divertissait, tandis que, pour gagner la campagne, elle sortait du long couloir voûté de la porte Chapelle et, qu'à peine dehors, le portier ayant crié qu'il était temps de fermer, La Mazure avait répondu qu'il fermât si bon lui semblait, car ils ne rentreraient pas cette nuit. Juste à ce moment, l'homme au manteau brun qui avait suivi le carrosse de Mme de Fresnoy, venait à leur rencontre. Il les conduisit à la voiture qui attendait à l'entrée de la route menant au bac de Choisy. Un rapide piétinement, des claquements de portières... Escorté de cinq ou six cavaliers, le pesant véhicule démarrait. Il avait à peine parcouru une demi-lieue, qu'il s'arrêta sur le bord de l'Aisne, au bac de Choisy. Deux gardes de la Reine se tenaient à cheval près du bac. Le carrosse traversa la rivière, puis les gardes enchaînèrent le bateau, le cadenassèrent et, jusqu'à dix heures du matin, ne permirent à personne d'en approcher, répondant à toutes les questions qu'ils avaient des ordres du Roi (1).

Cependant le carrosse et son escorte passaient au mont des Singes, filaient le long du parc d'Offémont jusqu'à Tracy, s'engageaient sur la route de Chauny... Eh quoi? Marie de Médicis allait-elle en Flandre? Il n'y avait pas six semaines, elle déclarait qu'elle était bien résolue de n'y jamais aller. La Reine n'avait pas menti. En s'obstinant à ne point bouger de Compiègne, elle avait sans doute voulu se poser en victime aux yeux de ses gendres d'Angleterre, d'Espagne et de Savoie, qui parlaient de

(1) *Information faite par M. de Nesmond, maître des Requêtes*, publiée par Aubery, *Histoire du Cardinal-Duc de Richelieu*, t. II, p. 370-371.

former en sa faveur une ligue pacifique et au besoin offensive. Plus d'un astrologue avaient prédit la mort prochaine du Roi; en cas d'accident elle brûlait de se trouver à portée du Louvre, afin de saisir la régence en attendant l'arrivée de Monsieur; elle eût profité de ces heures de pouvoir si brèves, pour châtier elle-même le cardinal. Avant toute chose, elle avait entendu rester en correspondance avec Gaston, qui s'apprêtait à pénétrer en France à la tête d'une armée étrangère.

Monsieur, en effet, venait d'être reçu à Épinal par Charles IV. Le prince lorrain avait quelque temps hésité. Il craignait de se brouiller avec le Roi. Mais il savait que sa sœur Marguerite de Vaudemont était aimée de Gaston et, comme Louis XIII n'avait ni santé ni postérité, il voyait déjà Marguerite reine de France. La maison de Lorraine se retrouverait au Louvre, comme sous Catherine de Médicis, au cœur de la politique catholique. Charles IV, avant de se compromettre davantage avec Gaston, s'était assuré que l'infante Isabelle, gouvernante des Pays-Bas espagnols, lui fournissait des subsides; le marquis de Mirabel, ambassadeur d'Espagne en France, lui envoyait de grosses sommes d'argent à Nancy, ce qui indiquait assez clairement que Philippe IV ne l'abandonnerait pas. Aussi levait-il des troupes sous prétexte de secourir l'Empereur contre Gustave-Adolphe, en réalité pour fournir une armée d'invasion à Monsieur, lorsque les partisans de ce prince auraient suscité la rebellion de la Provence et du Languedoc. Monsieur espérait que la flotte espagnole de Dunkerque viendrait faire une diversion sur les côtes de France. Le commandeur de Valençay, aujourd'hui infidèle à Richelieu, était venu deux fois implorer cette diversion au nom du duc d'Orléans. Reçu par Rubens, secrétaire du Conseil privé de l'Infante — et dont l'atelier n'était pas un lieu compromettant, car nul étranger de marque ne venait à Anvers sans le visiter, — il avait proposé de lier la cause de Marie de Médicis à la cause de Monsieur. En même temps un envoyé du duc de Lorraine demandait que l'Infante recueillît la Reine dans ses États, et Monsieur avait dépêché à sa mère Du Plessis-Besançon, l'un de ses gentilshommes.

Marie de Médicis n'ignorait pas qu'elle se perdrait à jamais dans l'opinion française, si elle se jetait dans les bras de l'Espagne. Ce n'était pas en Flandre qu'elle allait, emportée par ce carrosse dont les chevaux dévoraient les trente lieues qui séparent Compiègne de La Capelle. S'enfermer dans cette place frontière, s'y maintenir, donner la main à Monsieur lorsqu'il envahirait le Royaume, voilà quel était son plan. La Capelle avait pour gouverneur le marquis de Vardes, mais ce gouverneur, absent pour quelques jours, avait laissé la ville aux mains de son fils aîné. Ce fils avait épousé en 1617 Jacqueline de Bueil, mère du comte de Moret, bâtard de Henri IV, et penchait en conséquence vers le parti de Monsieur. Il avait promis à Marie de Médicis d'ouvrir les portes de la ville. Les plus beaux espoirs dilataient le cœur de la Reine. Que de dégoûts il lui avait fallu essuyer! Dire qu'elle, la veuve de Henri le Grand, elle qui avait jadis traité le Parlement avec tant de hauteur, elle avait dû s'abaisser jusqu'à lui adresser une humble requête! « Supplie Marie, Reine de France et de Navarre, disant que, depuis le vingt-troisième de février, elle aurait été arrêtée prisonnière dans le château de Compiègne... » Maintenant, du moins, elle respirait.

Comme son voyage avait été minutieusement préparé! Au petit village de Roisy, entre Chauny et La Fère, six chevaux frais, arrivés la veille ou l'avant-veille de la petite ville de Sains (dix lieues au nord-est de Roüy), attendaient la Reine : rapidement attelés, ils devaient l'emporter aussitôt à toute bride. On avait eu la précaution d'emmener le conducteur du bac de Choisy. Monté sur un cheval qu'on lui avait fourni, le brave homme avait guidé l'attelage jusqu'à Blérancourt (huit lieues et demie de Compiègne). On avait passé à Blérancourt sans s'y arrêter, vers quatre heures après minuit. Ce n'est que sept lieues plus loin, à Roüy, sur les huit heures du matin, pendant le relais, que l'on avait renvoyé le conducteur à son bac. Le carrosse reparti traversa Pont-de-Serre. A midi, la Reine entrait dans Sains. Elle avait

---

(1) René du Bec, fils aîné de René du Bec, marquis de Vardes et d'Hélène d'O. Richelieu l'appelle toujours le jeune Vardes.

couru près de trente lieues sans boire ni manger. Six lieues encore et La Capelle lui ouvrirait ses portes.

Il y avait à Sains (aujourd'hui Sains-Richaumont) un gentilhomme arrivé de La Capelle le 16 juillet, avec un carrosse attelé de quatre juments grises et sept ou huit chevaux de selle. Ce gentilhomme s'approcha du carrosse de la Reine et lui annonça, de la part du mari de la comtesse de Moret, les plus fâcheuses nouvelles : [le vieux marquis était revenu subitement depuis plusieurs jours dans sa place de guerre ; il avait prié son fils d'en sortir. Ville close!

C'étaient les relais qui avaient donné l'éveil. A Sains, depuis une quinzaine, dans la cour de l'*Hostellerie de l'Estoile*, deux carrosses, prêts à partir, intriguaient les voyageurs ; l'un, attelé de six chevaux blancs, appartenait au comte de Crèvecœur, gouverneur d'Avesnes, l'autre à M. Du Plessis-Besançon, gentilhomme de Monsieur. La présence de ces carrosses avait été signalée au cardinal. Richelieu, qui connaissait bien le beau-père du comte de Moret, l'avait mandé à la Cour. Le jeune Vardes n'avait pas manqué d'obéir, mais apprenant soudain que la Reine était à la veille de quitter Compiègne, il était parti sans prendre congé. Ce brusque départ avait surpris le Roi, qui avait averti le vieux marquis de Vardes d'avoir à empêcher son fils de se saisir de la ville dont il était gouverneur. Vardes, malgré son grand âge et les quarante lieues qu'il lui fallait franchir pour rentrer à La Capelle, y avait devancé la Reine.

Marie de Médicis, découragée, mourant de faim, se fit apporter à dîner dans son carrosse. Ce ne fut pas son cuisinier, arrivé à l'hôtellerie le 16 avec le prétendu bagage de Mme de Fresnoy, qui lui prépara les viandes. Cet artiste de la broche, qui s'était vanté de faire bientôt le dîner de la Reine, avait reçu du gentilhomme du jeune Vardes le conseil de gagner Avesnes, première ville espagnole, située à dix lieues au nord-est. Il s'y trouvait avec le bagage. La Reine dut se résoudre à faire de même : tout lui semblait préférable à l'horreur de retomber entre les mains du cardinal avec la perspective d'être reléguée dans quelque prison lointaine.

Ce samedi 19 juillet 1631, les sentinelles qui veillaient sur les remparts de La Capelle (1) virent passer à une demi-lieue deux carrosses escortés de sept ou huit cavaliers, que rejoignirent, les jours suivants, huit autres carrosses, deux litières, une centaine de chevaux et vingt-deux mulets : le train de la Reine s'acheminait vers la frontière. La veuve de Henri IV quittait pour jamais cette France, où trente ans plus tôt, mariée par procuration, le roi Henri lui mandait qu'elle « serait la plus heureuse des femmes ». Elle approchait de la maison de M. de Bellevue, sise, comme on disait alors, « sur les bords du Royaume ». M. de Bellevue, qui rentrait chez lui, se mit à ses ordres et la conduisit au village d'Etroeungt, aux portes d'Avesnes. Arrivée entre sept et huit heures du soir, elle y dormit sa première nuit d'exilée. Le dimanche 20 juillet 1631, elle entrait dans la ville, d'où elle expédia le baron de Guesprez à Bruxelles vers l'Infante, M. de La Mazure en Lorraine au duc d'Orléans, M. de La Barre en France au Roi. Lasse de la rude randonnée, elle goûtait la volupté de se sentir hors d'atteinte et chacun admirait sa belle humeur. Marie de Médicis causait intarissablement avec les seigneurs et les dames qui tenaient à lui rendre leurs devoirs; elle s'indignait contre le jeune Vardes — et recommençait vingt fois, n'en doutons pas, le récit de son évasion. Les douze coups de minuit, — nous le savons par un témoin (2), — étaient sonnés depuis longtemps, qu'elle parlait encore.

Le jour même où Marie de Médicis entrait dans les Pays-Bas espagnols, Richelieu, au château de St-Germain, dictait une lettre pour le duc de Chaulnes, gouverneur d'Amiens. Il s'agissait de la Reine : « Nous venons présentement d'apprendre, disait-il, que la Reine mère est sortie de Compiègne et s'est retirée à La Capelle. » Le cardinal ne paraissait nullement bouleversé par cette fuite, dont il ignorait encore les détails, mais il prenait toutes les mesures qui lui semblaient nécessaires : « Je vous

---

(1) *Information faite par* M. de Nesmond, [maître des requêtes sur la sortie de la Reine, mère du Roi, de Compiègne et du Royaume, publiée par Aubery, *Histoire du Cardinal-Duc de Richelieu*, t. II, p. 374.
(2) **Archives générales du Royaume de Belgique** (carton n° 2052, Papiers d'Etat et de l'Audience).

fais ce mot, continuait Son Éminence, afin que vous ne manquiez pas, aussitôt que vous l'aurez reçu, de monter à cheval avec le plus de vos amis que vous pourrez, pour vous rendre le plus près de cette place qu'il vous sera possible, afin d'empêcher qu'on ne puisse entreprendre sur aucune autre au préjudice du service du Roi. Sa Majesté fera promptement avancer des troupes en votre frontière. Cependant avertissez toutes les villes de prendre garde à leur conservation et vous assurez que vous nous verrez bientôt (1). » « Ayant Dieu pour soi et la justice, le Roi n'a rien à craindre à mon avis, mandait le cardinal un peu plus tard au marquis de Brézé. Il n'y a chose au monde qu'on n'ait voulu faire pour détourner la Reine mère de l'union qu'elle a avec Monsieur et l'Espagne. On lui a voulu rendre le gouvernement d'Anjou et les places qu'elle y avait. Mais elle a refusé toutes les conditions honorables et sûres qu'on lui a proposées (2). »

Lorsqu'il sut que Marie de Médicis avait gagné les Pays-Bas, Richelieu se sentit fort soulagé. « La sortie de la Reine mère et de Monsieur, a-t-il écrit dans son *Testament politique*, furent comme une purgation salutaire qui garantit le Royaume des maux dont il était menacé, et ceux qui croyaient les porter à faire beaucoup de mal au Roi, ne les portèrent qu'à ce qui les rendait incapables d'en faire (3). »

Le Roi se montra plus irrité que le cardinal de la fuite de la Reine. Quelques jours plus tard, il se rendait du château de Monceaux à celui de Fresnes, lorsque les gardes qui escortaient son carrosse aperçurent un cavalier qui se dirigeait vers le cortège. Tandis que M. de La Barre, — car c'était lui, accouru d'Avesnes à franc étrier, — se rangeait le long de la route, un garde vint lui demander qui il était. Il répondit qu'il le dirait lui-même à Sa Majesté. Il sauta à bas de son cheval et remit au Roi la lettre que lui avait confiée la Reine mère. Puis le

---

(1) Avenel, *Lettres du Cardinal de Richelieu*, t. IV, p. 182.
(2) Richelieu au marquis de Brézé, 21 juillet 1631 (Archives de M. Gabriel Hanotaux). Richelieu envoya la même lettre à son oncle le commandeur de La Porte : c'était une circulaire de famille (Avenel, *Lettres du cardinal de Richelieu*, t. IV, p. 182-183).
(3) *Testament politique*.

carrosse se mit en marche. La Barre remonta en selle et se joignit au cortège. Le Roi, en effet, voulait s'entretenir avec lui, dès que l'on serait en lieu plus convenable.

La lettre fut ouverte. Toujours des plaintes et des protestations : « L'on m'a arrêtée en criminelle dès le commencement, pour n'avoir pas voulu obéir aux volontés du cardinal. Depuis l'on m'a traitée comme la plus grande ennemie de la France. On m'a envoyé divers ambassadeurs, qui faisaient courre le bruit qu'ils venaient raccommoder les affaires. Mais, ô Dieu, de quel raccommodement ils me parlaient, puisqu'il y en a eu de si insolents, violant le respect qui m'est dû, comme a fait le maréchal de Schomberg, de me gourmander jusqu'à la ruelle de mon lit! (1) » Et toujours ces mêmes allégations passionnées : le cardinal avait voulu la chasser hors du Royaume, afin de perdre l'État; il avait d'abord espéré de la faire mourir entre quatre murailles. C'était pour échapper à ses mains qu'elle avait tenté de se réfugier à La Capelle, qui avait fermé ses portes.

Le carrosse arrivait maintenant au château de Fresnes. A peine descendu de voiture, Louis XIII manda M. de La Barre : « Quel sujet, dit-il, la Reine a-t-elle eu de se retirer en Flandre? — Personne mieux que Votre Majesté, répondit le messager de Marie de Médicis, ne connaît le mauvais traitement que la Reine a reçu dans sa prison. — La prison de la Reine ma mère et le mauvais traitement étaient imaginaires, observa Louis XIII; je sais que la Reine n'avait aucun sujet de s'en plaindre. » Et comme M. de La Barre objectait les sentinelles postées à toutes les fenêtres du château de Compiègne et le corps de garde installé dans l'antichambre de Marie de Médicis : « Tout cela, répondit Louis XIII, lui avait été ôté depuis et on lui laissait toute espèce de liberté. » Le gentilhomme semblait résolu à excuser sa maîtresse coûte que coûte : « On avait bien éloigné les troupes de quelques lieues, reprit-il, mais non tout à fait ôté. Aussi l'intention de la Reine n'a point été de se retirer hors de France, mais la méchanceté du cardinal lui a supposé le gou-

(1) *Mercure françois*, t. XVII, p. 343-345.

verneur (1) de La Capelle, pour lui offrir la place afin de la tromper, pour l'obliger de s'en aller aux Pays-Bas. » Le Roi répondit brièvement : « Je m'aperçois assez que l'on s'en prend au cardinal et qu'on ne s'ose plaindre de ma personne et plus je verrai que l'on l'attaquera, cela sera cause que je l'aimerai davantage et porterai son parti (2). »

Le cardinal ne trahit donc pas la pensée de son maître, lorsqu'il composa la réponse de Louis XIII à la lettre de la Reine : « Je reconnais par beaucoup d'épreuve, l'affection et la sincérité de mon cousin le cardinal de Richelieu ; la religieuse obéissance qu'il me rend et le fidèle soin qu'il a de tout ce qui regarde ma personne et le bien de mes États parlent pour lui (3). » Ce panégyrique, imprimé à des centaines d'exemplaires, excita l'ironie du marquis de Mirabel : « M. le Cardinal y donne tant de preuves de sa vertu, mandait l'ambassadeur d'Espagne au duc d'Olivarès, qu'on le fera canoniser avant sa mort. »

Cependant les amis du maréchal de Marillac sentaient redoubler leurs craintes.

« Mon cœur, je suis bien marri de vous devoir avertir qu'il y a changement en ma fortune (4). » Trois semaines avant la fuite de la Reine, le maréchal traçait péniblement ces lignes mélancoliques à la faible lueur qui tombait « d'une triste fenêtre ». Il venait d'être confiné dans un réduit de l'abbaye de Saint-Vanne, qui faisait partie de la citadelle de Verdun ; il n'y avait « promenoir que de la table au lit » ; il était privé de tous ses gens, il se consolait en écrivant à la maréchale, exilée elle-même en Normandie au château de Tournebut : « Hier, gémissait-il, j'étais heureux prisonnier (si en la disgrâce d'un maître tel que le Roi et d'un ami tel que M. le Cardinal, personne le peut être) ; aujourd'hui je suis tout le contraire. Mon bonheur

(1) « Lui a fait dire mensongèrement que le gouverneur de La Capelle lui offrait la place, etc. »
(2) *Lettre du baron de Crèvecœur*, gouverneur d'Avesnes, à l'audiencier Verreyken, 24 juillet 1631. (Archives générales du Royaume de Belgique. Carton n° 2.052, Papiers d'État et de l'Audience.) Voir Henrard, *Marie de Médicis dans les Pays*-p. 67.
(3) Henrard, *Marie de Médicis dans les Pays-Bas*, p. 70-71.
(4) P. de Vaissières, *L'Affaire du Maréchal de Marillac*, p 117-118.

consistait à me savoir sans coulpe envers tous les deux ; maintenant mon malheur est d'en avoir commis une qui fait que je ne peux plus me vanter d'être envers les personnes à qui je dois tout, ce chevalier sans reproche que j'étais, puisque je ne puis plus disputer à mes ennemis que je n'aie failli et puisqu'en cela 'e ne perds pas moins qu'une vierge vouée en la perte de sa chasteté la veille de sa mort. » Ici le maréchal disait, à l'intention de Richelieu, qui lirait sa lettre : « Je vous confesse que cette faute m'a couvert de honte, d'angoisses et d'amère douleur... Cette faute, mon cœur, expliquait-il, est d'avoir essayé de tromper mes gardes et cherché, par une autre voie que la grâce du Roi, ma liberté. »

Regrettant de ne pas s'être évadé du château de Foglizzo en sautant sur cette charrette de foin, arrêtée sous sa fenêtre par quelque main amie, l'infortuné avait tenté de s'enfuir de Sainte-Menehould. Évasion manquée, peu faite pour lui concilier l'indulgence du cardinal. Richelieu voyait déjà le maréchal dehors grâce à la complicité de la Reine et de Monsieur, se joignant à eux, prenant le commandement, ralliant tous les rebelles, commençant la guerre civile.

Il tenait plus que jamais à le faire juger avec la dernière rigueur. Ce n'était pas chose aisée. Marillac, dirigé par de secrets avis, avait préparé sa défense. Déjà il avait récusé les deux maîtres des Requêtes de l'Hôtel, MM. de Laffemas et de Moricq : le premier, ce tortionnaire, cet homme de fer,

> Qui fait dire en un jour plus qu'un autre en un mois
> Et qui ferait parler une pièce de bois (1),

n'est pas encore reconnu en sa charge par la Cour ; le second « va déjà comme sonnant de la trompette par toute une province, pour appeler et chercher des témoins qui déposent quelque chose de sinistre contre le suppliant ». Marillac n'a pas manqué de faire appel aux juges des maréchaux qui sont MM. de la Grand'chambre. Le 4 février 1631, un arrêt de la Grand'chambre le reconnaissait « bien fondé en son appellation ». Mais le 6, un arrêt du Conseil du Roi cassait celui du Parlement. Le 11, le Parlement, toutes

---

(1) Hay du Chastelet, *Apologie pour Malefas.*—Voir G. Mongrédien, *Isaac de Laffemas.*

chambres réunies, décidait qu'il serait fait des remontrances au Roi et, le 22, il défendait auxdits Laffemas et Moricq de passer outre à leur « instruction ». Le Roi aussitôt défendait à tous les huissiers de signifier à qui de droit l'arrêt du Parlement. Une commission, choisie parmi MM. du Parlement de Dijon, plus docile que celui de Paris, était nommée le 13 mai par le Roi et se transportait à Verdun (1). Interrogé le 8 juillet par M. de Moricq et M. de Bretagne, conseiller au Parlement de Bourgogne, car Laffemas a demandé d'être remplacé, le maréchal a pu prendre connaissance des sept chefs d'accusation qui pèsent sur lui : « malversation en la fortification de Verdun...; mauvais gouvernement des armées...; abus et profits illicites sur le pain de munition...; faussetés de quittances avec les comptables...; divertissement de quatre cent mille livres fournies par le Roi au paiement des maisons prises et démolies à Verdun pour la citadelle...; application à son profit des nouveaux offices des fortifications aux Trois Évêchés...; vexation du peuple verdunois et voisins (2). » Avant de répondre à ce dangereux grimoire, qui couvre trente rames de papier, le maréchal récuse pour la seconde fois les commissaires qui ont instruit sa cause, il récuse ses juges, dont plusieurs sont de ses ennemis. Il n'en écrit pas moins son plaidoyer, âpre cri d'indignation et de douleur, dont une lettre adressée à Richelieu, le 3 octobre 1631, par Hay du Châtelet, semble prouver la sincérité. Cet homme, quoique hostile au maréchal, et comptant parmi les plus dévoués au cardinal, écartait l'idée de la peine de mort : « trois faits capitaux, d'après lui, demeuraient sans preuve »; il « n'en restait pas la moindre présomption ». Quant à l'information faite par M. de Laffemas, elle ne paraissait pas avoir « grande subsistance ».

Le cardinal goûta fort peu ce *nullam invenio in eo causam*. Eh quoi! ce n'était pas assez des incidents qui retardaient sans cesse l'affaire; ce n'était point assez des requêtes et des récusations du prisonnier; ce n'était point assez du nouvel arrêt du Parlement de Paris (4 sept. 1631) défendant à tous commissionnaires de passer outre à l'instruction de l'accusé et suivi

(1) P. de Vaissières, *L'Affaire du Maréchal de Marillac*, p. 139.
(2) *Journal de M. le Cardinal-Duc de Richelieu*, p. 215.

le 16 de deux arrêts du Conseil qui lui ordonnaient le contraire ; ce n'était point assez que la Commission permît à l'accusé de choisir des conseils, un procureur et un avocat et de recourir à deux de ses parents pour solliciter son procès. Voilà maintenant que l'un des juges venait dire qu'une partie de l'accusation tombait d'elle-même. Et, grâce à tous ces retards, toutes ces hésitations, la Reine et Monsieur glissaient leurs agents secrets dans les villes frontières, à Montreuil, à Boulogne! Un complot se tramait à Verdun, pour délivrer le maréchal en livrant la citadelle. Marie de Médicis et Gaston écrivaient, l'une au Roi, l'autre à la Commission pour exiger l'acquittement de Marillac. Quel défenseur que ce prince qui levait des troupes en pays étranger au moyen de patentes dans ce goût : « Gaston, fils de France, frère unique du Roi, duc d'Orléans, lieutenant général de Sa Majesté dans son Royaume et sous son autorité contre le cardinal de Richelieu et ses adhérents, etc...! L'ambition prodigieuse et l'audace effroyable du cardinal de Richelieu étaient arrivées à tel excès, qu'il n'y a personne qui méconnaisse le dessein qu'il a d'envahir la France, qui ne voie clairement l'état où il est établi et celui auquel il a réduit la personne du Roi, notre très honoré seigneur et frère, etc... » Après un tel factum, qu'attendait-on pour faire un exemple, pour parer d'un coup de maîtrise à la menace de guerre civile, au danger que couraient le Roi et le Royaume?

Le 11 novembre 1631, la commission qui siégeait à Verdun, prit connaissance d'un arrêt du Conseil par lequel le Roi évoquait à sa personne les récusations présentées par Marillac. Défense aux commissaires de s'assembler jusqu'à nouvel ordre.

L'arrêt du Conseil était daté de Château-Thierry. Louis XIII et Richelieu, que n'avaient pas laissés sans inquiétude les troupes réunies par Monsieur sur la frontière de Lorraine, avaient résolu de se rapprocher de l'armée de Champagne, que commandait le maréchal de La Force. Si le duc de Bouillon, alors en Hollande, avait refusé les offres des rebelles, qui le priaient de leur ouvrir sa principauté, c'est que La Force avait chargé, défait et poursuivi en Luxembourg un régiment au service de Monsieur, et qu'il avait aussitôt, sur l'ordre du Roi, occupé Sedan. Mesure énergique, à la suite de laquelle la duchesse douairière de Bouillon s'était empressée de renouveler, après avoir obtenu l'autorisation écrite de son fils, le serment de fidélité que son époux avait jadis prêté à Henri IV. Le 16 décembre, la Cour était à Sainte-Menehould ; le 17, elle s'arrêtait quelques heures à Verdun.

Louis XIII et Richelieu visitèrent la citadelle et jetèrent un regard furtif sur la fenêtre de leur victime, qui ne put les voir. Cependant, averti de leur présence, Marillac essaya de saisir l'occasion et pria Rouyer, son avocat, de solliciter de Richelieu quelques instants d'entretien. Rouyer fut reçu à Metz par le cardinal, dans la matinée du 24 décembre. Mais, aux premières paroles du défenseur invoquant la pitié, ces paroles tombèrent des lèvres du ministre : « Je ne m'attache pas à mes intérêts et ceux du Roi seuls me sont en considération. Ce sera à M. de Marillac de les vider. On mettra bientôt fin à son procès. Cela ne me regarde pas. » En vain, l'avocat protestait que Marillac n'avait jamais desservi le Roi ni le cardinal, il s'attira une réponse aussi inquiétante que la première : « Mes intérêts ne me seront rien hors ceux du Roi, je suis toujours pour lui. » Et à l'avocat qui insiste, cette fin de non-recevoir, tombant comme un couperet : « Je ne peux que vous dire cela : on verra s'il est coupable ou non. » L'avocat, découragé, demanda si le cardinal lui permettrait de l'entretenir une autre fois encore. Richelieu répondit : « Vous le pouve faire quand vous voudrez, c'est ce que je vous en peux dire (1). »

En ce début du printemps de l'année 1632, les routes des entours de Verdun n'étaient pas sûres. On dévalisait les voyageurs et surtout les courriers. Richelieu savait à quoi s'en tenir et il donnait les ordres nécessaires pour que, si les courriers étaient soumis à tels accidents, « on ne s'aperçût pas que leurs lettres étaient perdues (2) ». Voilà de ces bons tours du cardinal qu'admirait tant Louis XIII.

(1) P. de Vaissières, *L'Affaire du Maréchal de Marillac*, p. 158-159.
(2) Avenel, *Lettres du Cardinal de Richelieu*, t. IV, p. 267-268.

Par ce moyen ou d'autres, on s'était saisi de plusieurs pièces importantes, que l'on avait montrées au Roi. Sa Majesté avait appris ainsi que des coups de main étaient projetés sur Toul, sur Langres, l'Empereur ayant été sollicité. Une note trouvée au mois d'avril sur le chevalier de Valençay, que la Reine mère envoyait en Espagne, ouvrait d'autres perspectives non moins inquiétantes : Marie de Médicis implorait la protection du Roi Catholique, son gendre ; elle lui promettait son appui contre l'ennemi commun, l'odieux cardinal, et parlait des places fortes dont les gouverneurs lui étaient acquis.

« Les affaires changent de face », déclarait le cardinal dans le conseil tenu en présence du Roi dès la fin de mars. Il ne faut plus douter ni hésiter, mais prévenir ce qu'il n'est plus besoin de prévoir. L'Espagne, l'Empereur et Lorraine sont joints contre la France ; les desseins sont formés, prêts à éclore, si leurs projets peuvent réussir... Les lettres prises de Bruxelles et de Nancy montrent divers adhérents en France que l'on ne connaît pas. Si on laisse mûrir tous ces desseins-là en sorte qu'ils puissent éclore tous à la fois, on n'y saurait résister et on s'en trouvera accablé. Si on les prévient et qu'on mette ordre de bonne heure à tout ce qui peut remuer au dedans et se mette-t-on en état que le dehors ne puisse nuire, on viendra à bout de tout et on conservera la sûreté quoique avec quelque travail. Pour ce faire, il faut penser à tout ce qu'on a à faire et l'exécuter sans perdre temps (1). »

Après cet exposé du mal, les remèdes : « Il faut dépêcher le procès de Marillac et donner ordre à ceux des autres poursuivis en Bourgogne, étant certain que les longueurs et négligences de telles affaires témoignent faiblesse et donnent de grandes espérances (2). »

Un arrêt du Conseil a déclaré nulles et non avenues toutes les récusations de Marillac. La commission a été convoquée à Metz, ensuite à Pontoise, dans un château qui appartient à Son Émi-

---

(1) Avenel, *Lettres du Cardinal de Richelieu*, t. IV, p. 269-270.
(2) *Ibidem*, p. 271.

nence: elle siège maintenant à Rueil, dans la « maison de Mandosse », où réside le cardinal.

Mars 1632 : les juges étant à Mandosse, le maréchal est gardé à quelques pas, dans le château fortifié du Val de Rueil. Vingt-quatre juges sont présents; plusieurs des juges précédemment nommés ont été remplacés. Le marquis de Châteauneuf, le propre successeur du chancelier de Marillac, a assumé la présidence. Tout ce monde travaille, au rez-de-chaussée de la maison, dans une grande salle à deux cheminées. Quatre fenêtres, disposées les unes en face des autres, ouvrent sur les jardins. Un ample rideau de tapisserie divise la salle en deux pièces, dont l'une est celle où délibèrent les juges. Les séances commencent à huit heures du matin et finissent à onze. La commission a pu lire les écrits composés pour la défense du maréchal : *Factum, Pour ajouter au Factum, Inventaires de production*, etc., etc. Paperasses de procédure (1).

Marillac s'excuse d'avoir tiré des profits illicites de la « subsistance » de l'armée de Champagne, en disant qu'il s'est couvert ainsi des avances qu'il avait faites au Roi ; mais il oublie les ordonnances qui condamnent pareille incorrection. Il se plaint d'avoir eu à sa disposition des sommes insuffisantes pour payer les travaux de la citadelle de Verdun ; mais il assure que les travaux ont coûté huit cent mille livres et on lui prouve qu'il en a reçu huit cent quatre-vingt-neuf mille.

Le maréchal avoue que les sommes, versées par les villes et villages qui voulaient être déchargés du logement des gens de guerre, sont supérieures à celles qui se trouvent indiquées sur les quittances et il déclare, qu'absent de Verdun, il n'a pu donner attention à ces marchés, mais on lui prouve que, plus d'une fois, il en a connu tout le détail.

Il allègue que le Roi lui a permis de disposer des matériaux provenant de plusieurs bâtisses, démolies pour faire place à la citadelle de Verdun ; mais on lui prouve que, lors de la démolition de l'église des Capucins, les bois vendus par lui à l'entrepreneur trois mille livres, ont été payés douze mille par le

---

(1) P. de Vaissières, *L'Affaire du Maréchal de Marillac*, p. 171-204.

Roi. On lit certain passage d'une lettre que le maréchal avait adressée à sa femme en 1628, du temps où il assiégeait La Rochelle : « Nous sommes bien obligés à la Providence de Dieu, puisque, sans savoir d'où nous vient le bien, nous dépensons tous les ans cent mille livres (environ deux millions d'aujourd'hui); il est vrai que j'en dépense la plus grande partie (1). » Et le maréchal qui prétendait s'être ruiné au service de l'État ! Il n'était point surprenant que le goût du luxe eût conduit un maréchal de France si pauvre à « des saletés indignes d'un homme d'honneur ».

Le dimanche 9 mai 1632, la famille du maréchal vient au château de Saint-Germain pour tenter de sauver le malheureux, condamné à mort le jour précédent. Tous les expédients dilatoires avaient échoué. Le marquis de Châteauneuf, étant sous-diacre, avait dû demander au Pape un bref pour avoir le droit d'instruire un procès criminel. Marillac en avait appelé au Grand Conseil comme d'abus : appel rejeté. En vain il avait soutenu que « la confiscation de corps », châtiment du péculat selon une ordonnance de François Ier, signifiait non la peine capitale, mais celle de l'emprisonnement; en vain il avait récusé Hay du Châtelet à raison d'un poème infâme qu'il avait publié contre lui; en vain sa récusation avait fini par être acceptée; en vain M. de Montgey, l'un des juges, avait démontré la légèreté de M. de Bretagne, l'un des rapporteurs. Le 8 mai, les vingt-quatre magistrats avaient opiné de cinq heures et demie du matin à cinq heures du soir et treize voix contre dix avaient déclaré que le maréchal méritait la mort.

Quel espoir pouvait rester aux parents groupés pour un dernier effort? Ne se souvenaient-ils pas que, le 22 avril, étant allés à Saint-Germain supplier le cardinal, Richelieu, qui sortait pour suivre Louis XIII à Versailles, leur avait répondu précipitamment : « M. de Marillac est entre les mains des juges. Ce sera bientôt fait », et, là-dessus, était monté en car-

---

(1) P. de Vaissières, *L'Affaire du Maréchal de Marillac*, p. 195-196.

rosse. Hier encore, à peine avertis de la condamnation, ils s'étaient présentés au cardinal, qui se promenait dans les jardins; ils n'en avaient tiré que de vaines condoléances : « Vous m'apprenez, Messieurs, ce que je ne savais pas, avait dit Richelieu. Je suis bien fâché que le maréchal de Marillac se soit mis en cet état et par sa faute. Voyez le Roi. Il est bon. » Et, comme M. de Vendy avait insisté auprès du cardinal, il s'était attiré cette réplique : « Je vous ai dit que vous vissiez le Roi. » Ils avaient vu le Roi le soir même, avant son souper... Le cardinal arrive; il s'arrête, écoute leurs prières et leur demande ce qu'a dit le Roi. La petite troupe rapporte la décourageante réponse de Louis XIII: « J'aviserai à ce que j'aurai à faire. Cependant retirez-vous. — Eh bien! reprend le cardinal, vous devez obéir au Roi. — Mais, Monseigneur, hasarde M. de Jucauville, ne nous ferez-vous donc pas la faveur d'intercéder pour lui? — Je vous ai conseillé de vous retirer, puisque le Roi vous l'a dit: mais maintenant je vous le commande de la part du Roi (1). »

Quelques heures après cet impérieux congé, le cardinal se mettait à table. On lui annonce le garde des Sceaux et tous les autres juges. La commission vient d'arriver en plusieurs carrosses, à la suite de M. de Châteauneuf; elle attend dans la chambre de Son Éminence.

Les vingt-quatre magistrats voient bientôt paraître le cardinal : ils s'approchent de la robe rouge : « Messieurs, dit le cardinal, le Roi vous est obligé de la justice que vous lui avez rendue. Vous avez tous jugé selon vos consciences. Pour moi je vous en remercie et vous servirai à l'occasion. Allons voir le Roi (2). »

Les juges suivent le cardinal et M. de Châteauneuf jusqu'à la porte du cabinet du Roi, qui s'ouvre puis se referme sur Son Éminence et le garde des Sceaux. Un huissier ne tarde pas

---

(1) Voir *Relation véritable de ce qui s'est passé au procès du Maréchal de Marillac*, p. 12 et la lettre de Jacob à Holden, citée par P. de Vaissières, *L'Affaire du Maréchal de Marillac*, p. 215-216.
(2) *Relation de M. de Mongey*, publiée par P. de Vaissières, *ibidem*, p. 216-217.

à les faire entrer à leur tour. En les voyant, le Roi, qui se promenait entre Richelieu et Châteauneuf, va prendre le long de la muraille une petite chaise. Châteauneuf se précipite pour lui épargner cette peine et, par mégarde, il accroche avec l'agrafe de sa manche un immense panache de verre en forme de feuillage posé dans un vase de cristal, sur le tapis vert d'une table, le renverse et le met en mille morceaux. Accident qui consterne les plus superstitieux parmi tous ces gens de robe, mais qui fait rire Louis XIII : « Ce n'est rien, M. le Garde des Sceaux, dit-il, ce n'est qu'un verre cassé. » Le Roi est de belle humeur, il se sent fort bien disposé pour les magistrats qui l'ont si bien compris : « Vous m'avez rendu bonne justice, explique-t-il, je vous protégerai envers et contre tous. Retournez en vos maisons et continuez à faire rendre la justice à nos sujets. »

Il ne restait plus qu'à exécuter la sentence.

Le lundi 10 mai vers six heures du matin, Marillac était mis dans le carrosse du chevalier du guet (chef des sergents à cheval et à pied chargés de surveiller Paris). Précédé et suivi de chevau-légers et de gardes du corps, il s'achemina vers la ville. M. des Réaux, mestre de camp et maître d'hôtel du Roi, M. de Gargan son exempt, chevauchaient derrière le carrosse du condamné, qui, ne connaissant pas encore sa condamnation, se flattait qu'on le menait à la Bastille. Lorsque, le dimanche soir 9 mai, M. des Réaux lui avait annoncé qu'il quitterait Rueil le lendemain : « Vous m'aviez assuré, avait observé Marillac, que mon procès ne se jugerait que demain; mais, puisqu'il faut partir, que deviendront mes juges? où s'assembleront-ils? Est-ce à Vincennes ou à la Bastille que vous devez me conduire (1)? » Des Réaux avait répondu qu'il croyait que c'était à l'une de ces deux forteresses; mais en montant dans le carrosse du chevalier du guet : « Voilà qui va mal pour moi », s'était écrié Marillac. Jusqu'alors en effet, il avait toujours voyagé dans un carrosse du Roi.

(1) *Relation de M. de Mongey.*

La sinistre voiture n'était plus éloignée du terme de son voyage. On avait passé le village du Roule. Trois gardes, assis aux côtés de Marillac, le regardaient s'absorber dans ses prières ; il récitait les versets du psaume 50, *Miserere mei Deus... Cor mundum crea in me, Deus*. Bien que les mantelets de cuir fussent abattus et agrafés, comme les portières avaient été entr'ouvertes pour donner de l'air, Marillac pouvait remarquer l'approche de Paris. Il sentait que le « carrosse allait plus rudement qu'à la campagne ».

Une relation contemporaine nous permet de nous joindre au cortège, qui s'est engagé sous la voûte de la porte Saint-Honoré. Entendant le roulement sourd des roues : « Voici beaucoup de pavé, dit Marillac, pour le chemin de la Bastille ; si l'on m'y menait, on aurait pris le long des murs, hors la ville » (pour gagner la ligne de nos modernes boulevards). Maintenant le carrosse est cahoté sous les fenêtres du logis de M. le Cardinal : « Voilà, soupire le condamné en se tournant, une maison où l'on m'a bien promis des choses que l'on ne tient pas aujourd'hui (2). » La Croix-du-Trahoir est passée... Le carrosse roule dans la rue de la Ferronnerie. Marillac, la mort dans l'âme, observe que l'on tourne les têtes des chevaux à droite : « Si nous allions à la Bastille, remarque-t-il, on tournerait à gauche, mais je vois bien que nous allons à la Conciergerie. » Il n'en doute plus, le malheureux, lorsque au bout de la rue des Lombards, on tourne dans la rue des Arcis (notre rue Saint-Martin prolongée) : « Je vois bien, s'écrie-t-il, que nous quittons le chemin de la Bastille, pour prendre celui de Paradis, puisque nous allons à l'hôtel de ville et à la Grève (3). »

Malgré le piétinement des chevaux et le rude fracas des roues, à mesure qu'on approche de l'immense place, on perçoit le halètement confus de l'océan humain qui la remplit tout entière. Il est dix heures ; il y a quatre heures que le maréchal

---

(1) *Relation véritable*, p. 13 et Père Griffet. *Histoire du Règne de Louis XIII*, t. II, p. 78-79.
(2) *Relation véritable*, p. 14-15.
(3) *Ibid.*, p. 15.

est en route et voici que, par la rue de la Vannerie (transformée aujourd'hui en avenue Victoria), il débouche sur la place de Grève. L'espérance n'a pas encore complètement abandonné Marillac; tout de suite il demande à un garde : « Je vous prie de voir s'il y a un échafaud dressé. — Non, Monsieur, répond le garde, il n'y en a point. »

Au-dessus de la marée mouvante des têtes, mille visages se penchaient aux fenêtres des maisons qui regardaient l'hôtel de ville. Quelques-uns des spectateurs avaient payé leur place jusqu'à huit pistoles. Les troupes s'étaient rangées : le carrosse arrivait devant la grande porte de l'édifice. Un valet de pied ouvre la portière... Le maréchal se courbe pour descendre, puis, le manteau de deuil retroussé sur le coude, — il est veuf depuis le 14 septembre — il se redresse. Il parle à M. des Réaux, qui vient de mettre pied à terre... Que lui dit-il? On sut plus tard qu'il lui avait fait ce bref reproche : « Est-ce donc ici le lieu où vous m'aviez dit qu'on me menait (1)? » Quelle résolution dans sa démarche! Le maréchal semble vraiment passer la revue des gardes, immobiles devant lui. Il s'arrête; il contemple un instant les compagnies des gardes française et suisse, massées depuis le début de la matinée sur la place. Puis il monte les degrés du perron. Le chapeau dans la main droite, ses heures dans la main gauche, il salue et regarde courtoisement tous ceux qui l'entourent et disparaît derrière la porte de l'hôtel de ville.

Cependant l'échafaud s'élevait. C'était une plate-forme haute de six pieds, où l'on accédait au moyen d'une échelle dont le premier échelon touchait au dernier degré du perron que venait de quitter le maréchal.

Le condamné était resté dans l'hôtel de ville jusque vers quatre heures. Après avoir entendu son arrêt dans une petite chambre, à genoux contre une table sur laquelle était posée une croix de cristal, devant une tapisserie sur laquelle était suspendu un tableau représentant le crucifiement; après avoir protesté que, dans toute cette affaire, il n'y avait pas de quoi fouetter un laquais; après

(1) *Relation véritable*, p. 17.

s'être entretenu fort dévotement avec deux Feuillants envoyés par sa famille et deux docteurs de Sorbonne mandés par le chevalier du guet; après s'être confessé à l'un des religieux, le Père Eustache de Saint-Paul; après s'être attendri au souvenir de la maréchale et avoir dit, le visage mouillé de larmes : « Je sens de très grandes douceurs et une consolation indicible dans l'espérance que j'ai de la voir aujourd'hui (1) »; après avoir répondu, avec une douceur toute chrétienne à Anguin, prévôt des marchands, qui se montrait peu pitoyable : « Le monde m'immole au monde et moi je m'immole à Dieu », il reparut sur le degré de l'hôtel de ville. Mais dans quel état! tête nue, les cheveux coupés, la chemisette échancrée par le couteau de l'exécuteur, les mains liées. Tout à l'heure, il proposait aux Feuillants un scrupule : « il avait composé son port et sa contenance en sortant du carrosse, pour ne pas paraître intimidé », et il ajoutait « qu'il avait eu dans la pensée d'en faire de même en marchant au supplice ». Il a vaincu cette tentation de vaine gloire; à présent il marche les yeux baissés. Il s'arrête pour entendre une seconde fois la lecture de son arrêt de mort, dont le bourreau crie chaque phrase au peuple, à mesure qu'elle est prononcée par le greffier. Entendant énumérer les chefs d'accusation, Marillac rompt le silence : « Voilà bien des cas », dit-il. Mais les prêtres qui l'accompagnent lui conseillent de ne pas reparler de son innocence, pour éviter le ressentiment : il se tait. La lecture est achevée. Marillac gravit l'échelle, suivi du Père Eustache de Saint-Paul, du sieur du Puy, docteur de Sorbonne, derrière lesquels montent l'exécuteur et ses aides. Sur la plate-forme, le voici qui se confesse au religieux une troisième fois.

Il s'agenouille à l'endroit que lui indique le bourreau. Tout en lui bandant les yeux, l'homme demande s'il lui pardonne sa mort : « Mon ami, répond Marillac, ce n'est pas vous qui me faites mourir, mais je vous pardonne le coup, et ma mort à mes ennemis (2). »

Les spectateurs chantent à la suite des prêtres le *Salve Regina*.

(1) *Relation véritable*, p. 31.
(2) *Ibidem*, p. 50.

Et tandis que le silence se rétablit sur la place de Grève, leurs yeux ne quittent pas le bourreau, qui enfonce le crucifix fort avant dans les mains de Marillac. Le voici qui saisit la tête du patient, la redresse, relève le menton, passe trois ou quatre fois la paume sur le col, pour en ôter les derniers cheveux, et frappe : « On entendit en même temps, raconte un témoin, le coup de l'épée, le bruit que la tête et le tronc firent en tombant sur l'échafaud, d'où la tête, faisant un bond, chut à terre et y fut rejetée par des soldats (1). »

Le matin de ce même jour, trompettes sonnantes, escorté de deux cents gentilshommes à cheval, Richelieu, assis dans son carrosse, était revenu à Paris. Il franchit la porte Saint-Honoré, qui élevait encore du côté de la campagne, — elle fut remplacée et reculée en 1634, — son toit aigu et ses tours gothiques, puis il tourne à gauche et, à quelques pas du rempart de Charles V, il rentre en son logis. A peine descendu de carrosse, il donne l'ordre de fermer la porte Saint-Honoré sous prétexte de travaux urgents de voirie. Il ne veut point que le corps du maréchal, qu'on va porter pour être enseveli dans le tombeau de l'église des Feuillants (au coin de notre rue de Castiglione), passe sous ses fenêtres.

Quels étaient les sentiments de Richelieu, confortablement installé dans son cabinet, tandis qu'une demi-lieue plus loin le bourreau et ses aides étaient aux prises avec Marillac sur la place de Grève? On peut le deviner en lisant ce que le cardinal a fait écrire dans ses *Mémoires*. Nulle pitié dans les pages consacrées à sa victime, nul regret de son inhumaine sévérité : « Depuis qu'il fut maréchal de France, songeait Richelieu, comme il crût en vanité et en audace, aussi fit-il en ses voleries.... Un méchant, qui n'a point de principe de vertu, mais se gouverne par sa seule vanité, ne peut être gagné par quelques bienfaits qu'il reçoive de son supérieur, non plus qu'un corps mort qui n'a plus de principe de vie, ne peut être échauffé par aucun

---

(1) *Relation véritable*, p. 50.

vêtement. Il n'y a point de grâces capables de rectifier un homme qui n'a point en son âme de semence de rectitude : non seulement les biens qu'on lui fait sont perdus, mais ils se tournent en poisons et en poignards, pour faire perdre la vie à son bienfaiteur. » Le cardinal se souvenait des précédents fameux : et Marigny décapité sous Philippe le Bel, et Jean de Montaigu sous Charles VI, et le maréchal du Biez condamné à mort sous Henri II. Il est vrai que le maréchal du Biez avait été gracié. « La multitude des coupables, pensait Richelieu, fait qu'il n'est pas convenable de les punir tous. Il y en a qui sont bons pour l'exemple et pour retenir à l'avenir, par crainte, les autres dans le respect des lois(1). »

Marillac était « bon pour l'exemple », puisqu'il faisait obstacle aux desseins de Richelieu. S'il n'eût pas été lié avec la Reine, s'il n'eût pas été du parti des dévots, si la Reine et Monsieur n'eussent pas menacé les juges, si l'Espagne, l'Empereur et le duc de Lorraine ne s'étaient pas joints contre la France, les concussions du maréchal eussent paru peu de chose.

Ainsi Richelieu ne doutait pas d'avoir sauvé le Royaume, que menaçaient toujours l'Espagne, l'Empire, M. de Lorraine, Monsieur et maints gouverneurs de villes frontières, prêts à ouvrir aux ennemis les portes de leurs forteresses.

« Vous savez comme j'affectionne les intérêts de M. de Lorraine et le déplaisir que j'aurais de le voir perdre. La cervelle des femmes n'étant pas trop bonne, je ne m'ingère pas de lui donner des conseils, mais je vous avoue que je crains bien qu'en voulant se procurer quelque contentement imaginaire, il ne se perde en effet. »

Quelle est la femme qui fait cette lettre le 17 juin 1632, trois semaines après l'exécution de Marillac?... C'est le cardinal en personne, qui prête son style à Mme de Chevreuse rentrée en grâce. Il dicte la lettre à l'un de ses secrétaires et la fera signer par Mme de Chevreuse. La duchesse va l'envoyer à M. de Ville-

---

(1) *Mémoires du Cardinal de Richelieu.* éd. Petitot, t. VII, p. 76-79.

premier gentilhomme de la chambre de son ancien amant, le duc de Lorraine, comme si ce fût elle qui l'eût composée. Le ton en est-il assez féminin? Que pourrait mander une dame de la cour en semblable rencontre? Le cardinal croit avoir trouvé. Il continue à dicter : « J'ai fait des dévotions particulières à Notre-Dame-de-Lorette (1) ». Mais non, c'est trop, et d'un long trait de plume, sur l'ordre de Son Éminence, le secrétaire biffe la phrase de dévotion.

Richelieu écrit de Laon. Il n'a pas tardé à rejoindre Louis XIII, parti de Saint-Germain pour Calais le matin même de l'exécution de Marillac, afin d'en ôter Jacques d'Estampes, marquis de Valençay, commandant les gardes de la Reine mère, qui en est gouverneur et qui songe à livrer la ville à Marie de Médicis. Le Roi s'est contenté de renvoyer M. de Valençay dans l'une de ses terres, le président Le Coigneux, son dénonciateur (brouillé avec Gaston) n'ayant révélé le complot au cardinal qu'à cette condition. Sur le conseil de son ministre, il a remplacé Valençay par le marquis de Saint-Chaumont : « Je rognerai les ongles si courts à ceux dont on a lieu de se garder, lui avait dit Richelieu deux mois plus tôt, que leur mauvaise volonté serait inutile, et établirai tant de gens nouveaux, ce qu'on peut faire avec raison, que l'intérêt qu'ils auraient au temps présent serait une bonne caution de leur fidélité (2). »

De Laon, le Roi et le cardinal, l'œil à toutes choses, veillent à la fois sur la frontière du nord et sur celle de l'est. Charles IV, beau-frère secret de Gaston, est prince du Saint-Empire. Il répète sans cesse à l'Empereur que les causes de l'Empire et de la Lorraine sont pareilles. Les évêques de Toul, Metz et Verdun, villes impériales, occupées, sans être régulièrement cédées, depuis Henri II, ont pour suzerain légitime l'Empereur, qui a le devoir de les soutenir. Le duc de Lorraine entend mettre la main sur le duché de Bar, qu'il tient de sa femme Nicole de Lorraine et qui relève de la couronne de France; le duché de Bar deviendrait ainsi, par un détour, fief impérial. Que l'Empereur le soutienne

(1) Avenel, *Lettres du Cardinal de Richelieu*, t. IV, p. 308-309 et les notes.
(2) *Ibidem*, p. 271.

seulement contre le Roi. Charles IV vient de signer, au début de l'année, à Vic, un traité qui remet Marsal et d'autres villes au Roi. Richelieu essaye de lui prouver, par l'intermédiaire de Mme de Chevreuse, qu'il n'y a « ni profit ni honneur à passer des traités pour ne les tenir pas ». L'armée que le maréchal de La Force commandait « aux frontières d'Allemagne » et qu'il a ramenée, sur l'ordre du Roi, vers les trois Évêchés, appuie les arguments diplomatiques avec une éloquence irrésistible. Le 21 juin, Richelieu, avec autant de force que de courtoisie, mande à M. de Lorraine : « Je suis extrêmement fâché que le Roi ait été contraint de s'avancer dans vos États, pour tirer raison de ce dont il vous l'a demandée plusieurs fois. Si vous la lui faites, comme M. de Ville en assure en termes généraux, j'en serai infiniment aise, puisque cela me donnera lieu de vous témoigner que je suis, etc... (1) ». Cependant il avance vers le duché aux côtés du Roi. Cette marche plonge dans la stupeur et dans l'angoisse le duc de Lorraine. Le petit prince ne conçoit pas que le cardinal et son maître s'inquiètent si peu de la marche du duc d'Orléans, entré dans le Royaume par Andelot en Bassigny, avec deux ou trois mille cavaliers allemands. Le Roi et le cardinal n'ont d'yeux que pour Nancy, à la veille d'être investie par La Force. Déjà le maréchal, qui a traversé la Meuse à la tête de ses troupes, « ayant l'infanterie l'eau jusqu'aux fesses (2) », a logé son armée à une petite lieue de la capitale lorraine. Le duc, aux abois, s'empresse de capituler et signe le traité de Liverdun (26 juin 1632), qui confirme celui de Vic. Louis XIII rend toutes les villes qu'il a conquises, mais il reçoit « en dépôt » pour quatre ans Jametz et Stenay et pour toujours le comté de Clermont en Argonne, moyennant une « récompense » de cinquante mille livres. Cette acquisition lui permettra de ne plus passer à travers les États de M. de Lorraine, quand il voudra se rendre à Verdun.

Pour faire cette rafle, il ne lui a fallu que six jours. Le cardinal se glorifie de cette belle manœuvre. Le traité signé, il déclare

(1) Avenel, *Lettres du Cardinal de Richelieu*, t. IV, p. 311-312.
(2) *Mémoires du Duc de La Force*, t. III, p. 33.

fort cavalièrement aux commissaires du duc de Lorraine, « qu'il les prie de dire à leur maître que si, en donnant ces places au Roi, il lui donne son cœur, il fait un bon marché, parce que l'un retirera les autres assurément; mais que, s'il ne le fait pas, il fait la plus grande folie qu'il saurait faire, parce que probablement, faute de l'un, il perdra les autres, en tant que, si le cœur ne marche pas, apparemment il fera des contraventions au traité, qui déchargeront le Roi de restituer le dépôt (1) ».

Le duc vient en personne, le 8 juillet 1632, rendre ses devoirs au Roi. Louis XIII, rentrant à Paris, se trouvait à Seicheprey, à quelques lieues de Pont-à-Mousson. Le duc pria Sa Majesté « de lui pardonner ». Le Roi répondit qu'il ne devait plus « parler du passé ni s'en souvenir que pour l'amender par sa bonne conduite (2) ». Il commanda au maréchal d'Effiat de chasser de l'électorat de Trèves les Espagnols qui avaient attaqué l'Électeur, son allié; à La Force et à Schomberg de se lancer à la poursuite de Monsieur, qui, après avoir traversé l'Auvergne terrorisée, marchait sur le Languedoc.

Le Roi et le cardinal regagnèrent Monceaux, beaucoup plus préoccupés qu'ils ne l'avaient paru jusqu'alors de l'équipée de Gaston : « Mon cousin, mandait Louis XIII le 19 juillet au maréchal de La Force, j'ai écrit à mon cousin le duc de Montmorency d'amasser la noblesse et s'opposer au passage de mon frère, afin que vous ayez plus moyen de joindre ses troupes. Je vous confirme de ne rien oublier de tout ce que vous pourrez pour les détruire en tout ou en partie, vous assurant que vous ne me sauriez rendre un plus notable service ni faire chose qui me soit plus agréable et dont j'aie plus de ressentiment (3). »

Henri, duc de Montmorency, pair et maréchal de France, fils et petit-fils de deux connétables et beau-frère du prince de Condé, tenait en Languedoc une cour presque royale : « Cette cour était si belle, nous dit son historien, Simon du Cros, et si agré-

---

(1) *Mémoires du Cardinal de Richelieu*, éd. Petitot, t. VII, p. 117.
(2) *Ibidem*, p. 124.
(3) Avenel, *Lettres du Cardinal de Richelieu*, t. IV, p. 323.

able, que, si elle différait en quelque chose de celle des souverains, c'était seulement en ce qu'il y avait moins d'embarras et par conséquent plus de plaisir (1). » Qu'il fût dans sa forteresse de Pézenas, « le château des sept tours », dominant de riantes et vertes campagnes, — « parterre de la France », disaient les étrangers, — où l'Hérault serpente avant d'aller se perdre dans les flots bleus de la Méditerranée ; qu'il se reposât des fatigues du gouvernement, avec sa jeune épouse, dans sa délicieuse maison de la Grange-des-Prés, dont on distinguait, du haut des remparts, les jardins tapis au pied des coteaux ; qu'il passât l'hiver à Montpellier, où tout le monde, « pour l'amour de lui, augmentait les plaisirs », où les bals, les ballets et les assemblées se multipliaient en son honneur, où ses « grandes et belles actions » étaient l'entretien de toutes les compagnies, comme plus tard son neveu le Grand Condé, « sa gloire le suivait partout ».

Louis XIII avait écrit deux ans plus tôt, après le combat de Veillane, à ce vainqueur de trente-cinq ans : « Je me sens obligé envers vous autant qu'un roi peut être. » En Languedoc, la bravoure, la bonté, l'affabilité de Montmorency gagnaient tous les cœurs. Les grâces de la duchesse, la belle Felice Orsini (Félicité des Ursins), n'avaient pas peu contribué à le faire adorer de ses peuples. Lui-même, malgré de retentissantes conquêtes amoureuses, y demeurait infiniment sensible. Charmé par la douceur de son épouse, il avait gravé ce quatrain sur la porte de la Grange-des-Prés :

> Elle est si bonne, mon Ursine,
> Son caractère est si bénin,
> Que ses roses sont sans épines
> Et son serpent est sans venin.

Tendre allusion aux armoiries des Orsini : un serpent parmi les roses.

Un soir de l'été 1632, assez peu de temps avant le voyage du

(1) *Histoire de Henry, dernier duc de Montmorency* (par Simon du Cros, poète et historien, qui servit sous le Duc à la bataille de Castelnaudary).
(2) Paul-Albert Aliès, *Une Ville d'États, Pézenas*. Mme Belleau, *La Grange-des-Prés*

Roi et du cardinal en Lorraine, Montmorency causait avec la duchesse, qui, souffrante à son ordinaire, s'était alitée. Une demoiselle d'honneur couchait à quelques pas, dans la chambre. Le duc et la duchesse discutaient depuis longtemps et les échos de leur démêlé parvenaient aux oreilles de la jeune fille : « Hé bien ! Madame, vous le voulez, dit enfin le duc, je le ferai pour contenter votre ambition, mais souvenez-vous qu'il ne m'en coûtera que la vie. » Et comme la duchesse, petite-fille d'une Médicis et proche parente de la Reine mère, allait répondre, le duc reprit : « N'en parlons plus, Madame, la chose est résolue; ce ne sera pas moi qui m'en repentirai le dernier. » Puis les voix se turent, la demoiselle d'honneur n'entendit plus que les soupirs de sa maîtresse, tremblante de sa propre victoire (1).

Si cette conversation avait été transmise à Richelieu, elle ne lui eût pas appris grand'chose. Il connaissait les hésitations suspectes de Montmorency: il n'ignorait pas que le gouverneur du Languedoc songeait à se joindre à Monsieur et non à lui barrer le chemin. Particelli d'Hémery, conseiller d'État et contrôleur général des finances, que le cardinal avait envoyé en Languedoc, mandait depuis plusieurs mois des nouvelles peu rassurantes; en novembre 1631, il y avait dans la ville d'Avignon un certain Pélegrin, qui servait d'agent de liaison entre Monsieur et le duc; en février 1632, le duc avouait que l'évêque de Montpellier le poussait à la révolte; en juillet il arrêtait un courrier qu'Hémery envoyait au cardinal. Ayant pris connaissance des dépêches dont le courrier était porteur et parmi lesquelles plusieurs étaient écrites par l'archevêque de Narbonne, il eut la hardiesse de les faire parvenir à Son Éminence avec ce commentaire hautain : « Je ne veux pas entrer en justification de ce que ce bon M. de Narbonne et M. d'Hémery m'imposent, parce que la vérité de ma conduite et l'état auquel est la province par mon soin comme par mon devoir, me mettent assez à couvert de leur malice et de leur calomnie; j'offre

(1) *Histoire de Henry, dernier Duc de Montmorency*, p. 372.

pourtant de vous faire voir, clair comme le jour, que les beaux avis qu'ils vous donnent sont autant d'impostures. Je vous envoie toutes leurs lettres, afin que, les supprimant, vous ne croyiez pas que je craigne leurs faussetés et pense que vous m'en ferez plutôt justice que vous n'accuserez ma curiosité (1). »

A ce moment même, on pouvait voir le gouverneur parcourant le Vivarais, cherchant à gagner les commandants des places échelonnées sur le Rhône. Dès le 20 juin, Richelieu avait commandé au marquis des Fossés, gouverneur de Montpellier, d'arrêter Montmorency et de le remettre entre les mains de M. d'Hémery. Justement, Montmorency était venu à Montpellier avec une faible escorte. Les deux compères croyaient pouvoir s'emparer de sa personne : les Jésuites s'apprêtaient à faire représenter par leurs élèves une tragédie dont le sujet était le combat victorieux de Veillane ; Montmorency ne pouvait manquer d'assister à une pièce composée en son honneur. Le marquis des Fossés avait eu soin de mettre sous les armes la garnison de la citadelle, située contre le collège, qu'elle écrasait de sa lourde masse. Des soldats étaient dissimulés dans le voisinage des portes. Mais le duc « avait des cœurs à lui en tous les endroits les plus cachés ». On l'avait averti du danger et, la nouvelle s'étant répandue par la ville, une multitude de personnes de condition s'étaient dirigées vers son logis, s'offrant pour le défendre. Montmorency avait paru aux Jésuites en triomphateur, — dans la salle comme sur la scène. Il en était sorti sans accident : et, plein du même mépris, aussi bien pour la vengeance que pour le danger, il était demeuré deux jours encore à Montpellier. De retour à Pézenas, lorsqu'il avait instruit la duchesse et quelques familiers de ce qui venait de se passer, il avait entendu l'un de ses domestiques lui dire : « Il faut se résoudre, Monsieur, à suivre l'exemple du feu connétable votre père, qui ne se conserva dans son gouvernement de Languedoc qu'en se rendant redoutable (2). »

Richelieu avait jusqu'alors ménagé Montmorency. Il se souve-

(1) Dom Vaissette, *Histoire du Languedoc, preuves*, livre XII.
(2) *Histoire de Henry, dernier duc de Montmorency*, p. 364-366.

nait qu'à Lyon le gouverneur du Languedoc lui avait offert, en 1630, un asile dans son gouvernement, lorsque la mort du Roi paraissait imminente et la disgrâce du cardinal certaine. Pour le duc de Montmorency, la porte du cardinal était toujours ouverte, sa table toujours servie. La Cour enviait ce grand seigneur qui soupait plus d'une fois la semaine en tête-à-tête avec le ministre tout puissant. On ne savait pas qu'un grave malentendu régnait entre les deux convives.

Richelieu croyait accorder une faveur insigne à celui dont il avait été quelques heures l'obligé (1). Il ne le cache pas dans son *Testament politique :* « Les divers commandements, explique-t-il à Louis XIII, que le duc de Montmorency a eus en vos armées, bien qu'il fût jeune encore pour les mériter, la charge de maréchal de France, le libre accès que Votre Majesté lui donnait auprès de sa personne et la familiarité qu'il avait avec vos créatures, étaient des grâces et des privilèges assez grands pour l'empêcher de courir imprudemment à sa ruine. » Montmorency, au contraire, estimait que tous ces honneurs lui étaient dus ; il les tenait d'ailleurs pour peu de chose. Ce qu'il voulait, ce n'était point l'apparence, mais la réalité du crédit, une part effective du pouvoir. Afin de complaire au cardinal, le duc s'était démis de la charge d'amiral et Richelieu, après l'avoir transformée en celle de général de la mer, s'en était revêtu. Qu'avait obtenu Montmorency en échange? Rien, malgré les promesses de Richelieu : ni le gouvernement de Montpellier, qu'il convoitait, ni celui de la ville de Sommières (à sept lieues de Montpellier), qu'il demandait pour le baron de Castries, ni la charge de maréchal de camp général dans l'armée d'Italie. Loin d'augmenter la puissance de Montmorency, Richelieu semblait saisir toutes les occasions de la diminuer. Un édit de 1629 avait décidé que les impositions en Languedoc ne seraient plus levées par les États de concert avec le gouverneur. Le Roi créait, dans chacun des vingt-deux diocèses de la province, un bureau et les officiers de ce bureau, qu'on désignait sous le nom d'Élus parce qu'à l'origine leur charge avait été élective, devaient répartir les tailles entre les communautés et les

(1) Voir Père Griffet, *Histoire du Règne de Louis XIII*, t. II, p. 265.

villes. Cette mesure, qui attentait aux libertés de la province, retirait au gouverneur environ cent mille livres de revenu. Montmorency dédaignait l'argent; il avait pressé les États de ne point s'opposer à la mesure qui allait le priver chaque année de deux millions cinq cent mille francs de notre monnaie d'aujourd'hui.

Les États avaient refusé d'enregistrer l'édit; le Roi les avait contraints de se séparer; il leur avait défendu de se réunir en 1630 et, comme le Parlement de Toulouse n'avait pas enregistré non plus l'édit royal, les commissaires avaient eu la surprise de voir leur autorité contestée dans la plupart des diocèses. Alors, sollicité par la province, le duc de Montmorency avait intercédé auprès du cardinal en faveur du Languedoc. Richelieu, par égard pour Montmorency, avait prié M. d'Hémery de trouver un compromis entre l'autorité du Roi et les libertés provinciales : six commissaires, dans chaque diocèse, devaient remplacer les Élus et, pour lever les tailles, être munis de lettres patentes que reconnaîtraient les États. En 1631, les députés de la province s'étaient engagés à recevoir les commissaires à la place des Élus; ils avaient consenti à payer « trois millions huit cent quatre-vingt mille livres pour le remboursement de celui qui avait traité de la finance des nouveaux offices et deux cent mille francs pour l'indemnité des frais ». On assure qu'il était bien entendu que le gouverneur continuerait à tirer des impositions le revenu accoutumé de cent mille livres (1).

Mais la convention serait-elle ratifiée par les États? L'affaire était d'autant plus douteuse, que ni Richelieu ni le maréchal d'Effiat, surintendant des finances, brouillé d'ailleurs avec Montmorency, n'entendaient renoncer à cette grave mesure de l'établissement des Élus, qui intéressait tout le Royaume.

C'est vers ce temps-là qu'un Florentin, créature de la Reine mère, Alphonse d'Elbène, évêque d'Albi, avait fait au gouverneur du Languedoc un brillant tableau de la fortune qui s'ouvrait devant lui, si l'on mettait à bas le cardinal.

(1) P. Gachon, *Les États de Languedoc et l'Edit de Béziers*, p. 223-249.

L'évêque conseillait à Montmorency de prendre la défense d'une province opprimée et de profiter de la puissance qu'il avait pour devenir le libérateur de la mère du Roi. De même que le duc d'Épernon jadis, en faisant sortir la Reine du château de Blois, s'était acquis un renom immortel, de même le duc de Montmorency, en la tirant aujourd'hui de l'exil, aurait un droit incontestable à la reconnaissance royale. Le Roi, par un acte authentique, avait reconnu que le duc d'Épernon « s'était conduit en bon et fidèle sujet ». Nul doute qu'il ne décernât d'aussi beaux éloges au duc de Montmorency pour lui avoir rendu sa mère : il le ferait connétable comme son père et son aïeul.

Le gouverneur du Languedoc avait-il la clairvoyance et l'énergie nécessaires pour résister à ces diverses pressions? En juillet 1630, il prit son parti, et c'était le pire. L'évêque avait aussitôt mandé de Bruxelles son frère l'abbé d'Elbène. L'abbé était venu sous « un habit déguisé », apportant les offres de Gaston et grossissant l'importance du concours que les troupes de Lorraine et d'Espagne apporteraient à Monsieur. Montmorency pensait bien que, par crainte de la puissance du cardinal, la plus grande partie de la noblesse du Languedoc hésiterait à monter à cheval avec lui. Il n'en avait pas moins promis de soulever la province ; il demandait seulement que Monsieur voulût bien lui en laisser le temps. Monsieur, par malheur, était déjà en campagne. Le duc de Montmorency avait donné sa parole et sa signature. On dit que la duchesse le supplia alors de renoncer au dangereux projet qu'elle avait caressé d'abord : mais rien ne pouvait ébranler désormais la fatale résolution.

Richelieu eût voulu peut-être le retenir sur le bord de l'abîme. Montmorency ayant envoyé M. de Soudeilles, capitaine de ses gardes, entretenir le cardinal de l'affaire des Élus, le cardinal l'avait prié de regagner promptement le Languedoc pour détourner son maître de la rébellion. Soudeilles avait rejoint le duc à cinq lieues d'Uzès, dans la petite ville de Bagnols. Montmorency était à table. Surpris de cette arrivée, il s'était levé pour aller au-devant de son capitaine des gardes. Soudeilles rend compte de sa mission. Rappelant les lâchetés de Gaston, il ajoute : « Qui voudrait se déclarer pour un jeune prince qui se laisse trahir par ses favoris et qui a déjà plusieurs fois abandonné ceux qui avaient tout sacrifié pour lui! — Nous serons bientôt à Pézenas, répond froidement le gouverneur du Languedoc, et là nous résoudrons toute chose (1). »

Le 22 août 1632, par la route de Nemours, le Roi, qui venait de Fontainebleau, arrivait à Cosne avec les gardes française et suisse, les régiments de Vervins et de Navarre, huit cents chevaux et quatre canons. Ces quatre canons soulevaient d'admiration le rédacteur du *Mercure :* « C'était, nous dit-il, une merveille de voir l'équipage de l'artillerie leste et en bel ordre, lequel ne faisait pas de moindres journées que la Cour (2). » Anne d'Autriche, suivie de tout le Conseil, allait rejoindre son époux, le jour même, en cette ville de Cosne. Le cardinal accompagnait le Roi.

Louis XIII et Richelieu connaissaient, depuis la fin du mois de juillet, la révolte de Montmorency. Ils s'acheminaient à la hâte vers le Languedoc : dès le 28, à Pézenas, le duc et son complice l'évêque d'Albi fomentant l'irritation des États, l'assemblée n'avait accepté ni Élus, ni commissaires, avait chargé Montmorency de lever les impositions de la province selon l'usage et déclaré qu'elle unissait inséparablement ses intérêts à ceux du gouverneur. Montmorency avait fait arrêter l'archevêque de Narbonne, qui lui reprochait de commettre un crime de lèse-majesté; il avait incarcéré pendant quelques jours les commissaires Miron, Verderonne, et d'Hémery. Il armait, se saisissait des villes, fortifiait Béziers, mais ne réussissait pas à surprendre Narbonne, où il voulait introduire une garnison espagnole. Le 30 juillet, Monsieur le joignait à Lunel.

Les deux maréchaux, lancés à la poursuite de Monsieur, étaient navrés de la tournure que prenaient les choses. De Montélimar, La Force écrivait au cardinal : « J'ai été merveilleusement ébahi... Je ne faisais aucun état des troupes de Monsieur, aucun

(1) Père Griffet, *Histoire du Règne de Louis XIII*, t. II, p. 272.
(2) *Mercure françois*, t. XVIII, p. 553.

ne s'en mêlant ; mais, ayant un gouverneur de province à sa dévotion, je ne puis m'avancer qu'à la faveur des places dont je suis assuré. » Et de Moulins, Schomberg écrivait avant de marcher, par Riom, sur le haut Languedoc : « Je suis dans les plus grandes inquiétudes du monde sur cette infidélité de M. de Montmorency(1). » La Force avait reçu l'ordre de s'emparer du château de Beaucaire, qui tenait pour Monsieur, alors que la ville tenait pour le Roi. Le 17, M. de Candiac était venu vers lui de la part de Montmorency, avec des propositions de paix. La Force avait refusé de le recevoir, sentant bien qu'il s'agissait de retarder la marche des armées royales et du Roi lui-même.

Richelieu était inquiet, sombre, irrité. Lorsqu'il avait pris congé d'Anne d'Autriche au Louvre, avant de la précéder avec le Roi sur le chemin de Fontainebleau, il avait rencontré dans l'appartement de la Reine la princesse de Guéménée. Cette ancienne maîtresse du gouverneur du Languedoc, craignant pour celui qu'elle avait tendrement aimé le sort de Chalais et de Marillac, avait abordé Son Éminence en disant : « Monsieur, vous allez en Languedoc, souvenez-vous des grandes marques d'affection que vous avez reçues, il n'y a pas longtemps, du duc de Montmorency : vous ne sauriez les oublier sans ingratitude. — Madame, avait répondu Richelieu, ce n'est pas moi qui ai rompu le premier (2). »

A Paris, les scellés avaient été mis, rue Sainte-Avoie, sur l'hôtel de Montmorency et, le 23 août, le Roi, arrivant à Cosne, déclarait le gouverneur du Languedoc criminel de lèse-majesté. Le duché de Montmorency était éteint et réuni à la Couronne et le duc perdait tous ses biens ; procès devait lui être fait devant le Parlement de Toulouse, nonobstant le privilège de pairie, dont on le déclarait indigne. Les prélats, barons, consuls et députés des villes qui avaient assisté aux délibérations des États, qui avaient signé ou consenti, étaient traités moins sévèrement. Ils étaient tenus, quinze jours après la publication des lettres patentes royales, « de se rendre à la cour du Parlement de Tou-

(1) Avenel, *Lettres du Cardinal de Richelieu*, t. IV, p. 335, note.
(2) Père Griffet, *Histoire du Règne de Louis XIII*, t. II, p. 294.

louse ou au plus prochain présidial de leur demeure et de présenter requête... pour être reçus à désavouer tout ce qui avait été fait, consenti ou signé par eux en ladite assemblée, et déclarer qu'ils la révoquaient et s'en départaient, et promettre de n'y consentir ni adhérer et de vivre et mourir dans l'obéissance et fidélité qu'ils devaient ». S'ils refusaient de détester leur crime, ils seraient déclarés criminels de lèse-majesté.

Le cardinal, dès cette fin d'août 1632, aiguise la hache du bourreau. Le 19 août, un seigneur rebelle, Claude de Hautefort, vicomte de Lestrange, qui tenait dans Tournon avec huit cents hommes, est battu et pris par le maréchal de La Force et fort étonné de n'être pas traité en prisonnier de guerre. Comprenant que sa tête est promise au billot, il écrit au maréchal « qu'il ne s'est rendu que sous la condition d'avoir la vie sauve ». La Force envoie aussitôt à Richelieu la lettre de l'infortuné gentilhomme avec cette remarque : « Le sieur de Lestrange a une si grande appréhension, qu'il n'a point de patience. » Le 26, le cardinal répond : « J'ai vu par vos lettres l'impatience qu'a le vicomte de Lestrange (1). » Le 6 septembre, l'impatient, sur l'ordre de Son Éminence, est décapité.

C'est à Cosne probablement que Richelieu dicta certain mémoire calculé pour exaspérer la colère de Louis XIII, véritable réquisitoire dirigé contre le duc et sa maison. Il rappelait que la faveur de Montmorency n'avait jamais été si grande « que depuis que M. le Cardinal tenait la première place dans les conseils ». Richelieu n'admettait aucune circonstance atténuante à la révolte du favori, ni la fidélité passée, ni l'éclat des services rendus : on eût dit que, depuis trois générations, la maison de Montmorency, illustrée par six connétables, onze maréchaux, quatre amiraux, n'était plus connue que par ses fautes et ses crimes. L'aïeul Anne de Montmorency, le Fabius français, avait été fatal au Royaume : « Durant le long cours de ses faveurs et de sa vie, il lui avait porté plus de préjudice que, cent ans auparavant et cent ans après, ses ennemis les plus déclarés. » En perdant, « par sa faute », la bataille de Saint-

---

(1) Avenel, *Lettres du Cardinal de Richelieu*, t. IV, p. 353.

Quentin (1557), il avait coûté plus de trois cents places à Henri II et sa rançon avait été plus chère que celles des rois Jean et François. Le père avait « fait rebeller » le Languedoc sous Henri III. Le petit-fils « marchait sur leurs vestiges pour la destruction de cette monarchie », mais « il enchérissait par-dessus, ajoutant l'argent et les intelligences d'Espagne au crime de ses devanciers (1) ».

Un an auparavant, le même cardinal écrivait à ce nouveau criminel de la maison de Montmorency : « Je vous conjure de croire que l'affection que je vous porte est et sera toujours telle, qu'il est impossible que le temps y puisse apporter aucune altération de ma part, étant fondée sur les bonnes qualités que j'ai reconnues en vous, qui me font espérer qu'elles vous rendront toujours semblable à vous-même (1). » Ainsi les sentiments se transforment suivant les situations!

Vers le 4 septembre 1632, à Lyon, où il venait d'arriver avec la Cour, le cardinal recevait la visite de M. de La Ville-aux-Clercs. Le ministre et le secrétaire d'État causaient des derniers événements : « Je plains M. de Montmorency, disait Richelieu, mais il ne peut éviter une prison perpétuelle. » — « Il a l'honneur d'appartenir à ceux qui ont celui d'être vos parents, répondait La Ville-aux-Clercs. Ils vous seront tous infiniment obligés, Monseigneur, d'obtenir cela du Roi. — Pourquoi parlez-vous ainsi? demanda l'Éminence. — Parce que, lui expliqua La Ville-aux-Clercs, si c'est un grand honneur à M. de Montmorency d'avoir pour sœurs Madame la Princesse et Madame d'Angoulême, il n'y a point aussi de gentilhomme en France qui ne tienne à très grande gloire, s'il veut bien le reconnaître pour son parent (3). »

C'est que les événements s'étaient précipités. Montmorency venait d'être fait prisonnier le 1er septembre par les troupes royales, que commandait le maréchal de Schomberg, dans un

(1) Avenel, *Lettres du Cardinal de Richelieu*, t. IV, p. 357-359.
(2) *Ibidem*, p. 231.
(3) *Mémoires du Comte de Brienne*, p. 60-61.

combat livré à un quart de lieue de Castelnaudary. Louis XIII et Richelieu avaient appris cette nouvelle à leur descente de carrosse. Le maréchal ne l'avait pas encore confirmée, mais elle était tellement dans l'ordre des choses, que personne ne l'avait mise en doute. La dépêche de Schomberg arrive enfin avec tout le détail du combat, des morts et des prisonniers. Montmorency s'était jeté dans une escarmouche d'avant-garde, peut-être parce qu'il se sentait perdu et pour en finir. Six jours plus tôt la duchesse l'avait longuement embrassé et lui avait dit, le visage baigné de larmes : « J'attends tout de la miséricorde divine, mais je crains tout de votre courage. Craignez-le vous-même, je vous en conjure. Gardez bien votre pauvre cœur, puisque je n'ai pas pu retenir ma chère âme (1). »

Trop clairvoyante tendresse! L'armée de Monsieur, qui ne comptait que deux mille hommes de pied, était forte de trois mille chevaux. Le pot en tête, le buste serré dans une cuirasse, monté sur un cheval gris pommelé, couvert de plumes incarnates, bleues et isabelles, le duc s'était avancé avec cent mestres, jusqu'à trente pas de l'infanterie royale. Une furieuse décharge de mousqueterie avait jeté la mort et la panique parmi ses troupes et l'avait blessé lui-même à la gorge. Fou de colère, il enlève son cheval, franchit un fossé large de sept ou huit toises, se fraie un passage jusqu'au sixième rang, tuant des ennemis dans le septième. Deux capitaines de chevau-légers, Claude de Gadagne, sieur de Beauregard, et le baron de Laurière veulent barrer le chemin à Montmorency. Le duc, d'un coup de pistolet, casse le bras gauche de Beauregard, qui, de son bras droit, lui lâchant deux balles dans la bouche, lui brise les dents, lui troue la joue près de l'oreille. Le baron de Laurière est jeté à terre par Montmorency; mais le cheval du duc bronche : Laurière, qui s'est remis debout, vient d'enfoncer son épée dans le flanc de la bête. L'animal se relève et, trente pas plus loin, s'écroule roide mort aux pieds du baron.

« A moi Montmorency! A moi! » crie le duc, écrasé sous

(1) M. Reynès-Monlaur, *La Duchesse de Montmorency*, p. 181.

le cadavre de son cheval et perdant son sang par dix-sept blessures. Les gens de Monsieur ne le secourent point. Les gentilshommes de l'armée royale, qui l'aiment et l'admirent, affectent de ne pas l'apercevoir, pour lui permettre de s'échapper. Enfin, comme il prie MM. de Sainte-Marie et de Boutillon de ne pas l'abandonner, de lui amener un prêtre et de remettre à la duchesse sa bague en souvenir de lui, Sainte-Marie le débarrasse de la cuirasse, du bourrelet et du buffle qui l'étouffent. Chargé sur les épaules de Sainte-Marie, déposé dans une métairie toute proche, où l'aumônier du maréchal l'a confessé, où son chirurgien l'a pansé, il est emmené à Castelnaudary. Le peuple le suit des yeux, accablé de douleur, tandis qu'on le porte à travers les rues de la petite ville, sur un brancard improvisé, qu'escortent six gardes de la compagnie du Roi.

Montmorency une fois pris, les deux armées opposées s'étaient séparées, Schomberg était entré dans Castelnaudary avec ses troupes. L'engagement n'avait pas duré plus d'une demi-heure : « Je crois, mandait le vainqueur à Louis XIII, qu'il ne s'est jamais vu en un combat de si peu de durée, tant de gens de qualité tués, pris ou blessés. Ceux qui sont venus à ma connaissance sont du côté de Monsieur (1). »

Richelieu ne doutait pas que cette affaire ne marquât la fin de cette bourrade, qui ne méritait même pas le nom de révolte. Sauf quelques incidents sans importance, le Languedoc n'avait pas bougé. Il en eût été autrement peut-être au moindre succès du gouverneur, qui était adoré. Mais ce qui n'avait été qu'un caprice finissait par une simple opération de police. Richelieu écrivait, le 7 septembre, au maréchal de La Force : « M. de Montmorency étant pris, les affaires de ceux qui ne peuvent souffrir les prospérités de la France, sont en mauvais état (2) »; et, le 10, il mandait au maréchal de Schomberg, avec une prudence qui ne laissait rien au hasard : « Le bruit court ici que M. de Montmorency est mort et, parce que la nouvelle de sa prise, qui s'est trouvée vraie, a couru trois jours,

(1) Dom Vaissette, *Histoire du Languedoc*.
(2) Avenel, *Lettres du Cardinal de Richelieu*, t. IV. p. 360.

devant que de l'assurer par votre moyen, on y ajoute foi, vu le nombre de ses blessures et le lieu de quelques-unes. Aussitôt que le Roi verra la mort ou la guérison de M. de Montmorency, il se résoudra à ce qu'il devra faire. »

Voilà pourquoi le cardinal ne parlait encore que de prison perpétuelle. Mais il recevait bientôt un autre courrier de Schomberg, où il pouvait lire cette phrase imprévue : « M. de Montmorency ne mourra pas de ses blessures. »

Il n'eût tenu qu'à Monsieur de mettre le siège devant Castelnaudary, mais le Conseil de Monsieur trouva de bonnes raisons pour ne pas s'entêter dans une entreprise risquée. Le marquis de Brézé, beau-frère du cardinal, — il devait être créé maréchal de France à la fin de la campagne, — regrettait que l'infériorité numérique de l'armée royale ne permit pas de tailler en pièces les troupes des rebelles : « Si nous n'étions pas si faibles que nous sommes, écrivait-il à M. d'Hémery, le 4 septembre, il y aurait de bien belles choses à faire pour le service du Roi, mais je vous laisse à penser que peuvent faire les gens qui n'ont, en gendarmes, chevau-légers et carabins, que onze cents hommes et quatre cents mousquetaires à cheval, contre des gens qui ont plus de trois mille cinq cents hommes de pied, deux mille cinq cents chevaux et trois canons : aussi ne faisaient-ils point de doute de la victoire (1). » Monsieur avait envoyé un trompette à Schomberg, pour lui offrir de recommencer la bataille. Schomberg avait répondu qu'il souhaitait de ne pas être forcé de se battre avec Son Altesse, mais que, s'il était attaqué, il se défendrait.

Monsieur ne tarda pas à en venir à son grand moyen : abandonner les siens et négocier. Il eût voulu sauver la vie de Montmorency, tout en comptant sur l'arrivée prochaine des forces promises par l'Espagne, pour marchander sa soumission. Mais Schomberg avait pris les devants et avait occupé les passages du Roussillon. L'armée royale, commandée par le maréchal

---

(1) Dom Vaissette, *Histoire du Languedoc*.

de La Force, suivi bientôt du Roi et du cardinal, s'avançait, prenait ville sur ville dans la vallée du Rhône et marchait sur. Montpellier.

La Force rencontra, vers le 10 septembre, entre Remoulins et Nîmes, Puits-Saint-Martin, sieur de Chaudebonne, qui s'en allait porter au Roi les propositions de Monsieur. Le Roi, dès le 9, avait envoyé au duc d'Orléans M. d'Aiguebonne, frère aîné de M. de Chaudebonne, pour dire à Monsieur qu'il le recevrait à la Cour et lui rendrait tous ses biens, « à condition qu'il reconnût sa faute et renonçât à toutes sortes d'intelligences et de factions tant en dedans qu'en dehors du Royaume ».

Ce fut le 14 ou le 15, au Pont-Saint-Esprit, que Chaudebonne vit le Roi. Dès le 13, à Montélimart, d'où il ne partit que deux jours après Louis XIII, Richelieu avait lu le document envoyé par Monsieur. Il invita Chaudebonne à dîner et lui dit nettement ce qu'il pensait de l'outrecuidance de Gaston. Monsieur exigeait que Montmorency fût remis en liberté et rétabli dans ses biens et charges, que MM. d'Elbeuf et de Lorraine et généralement tous ceux qui avaient pris le parti de la Reine mère et le sien, rentrassent pareillement dans leurs biens, charges et gouvernements ; il réclamait une place de sûreté comme Béziers, Laon, La Fère ou Verdun ; il priait le Roi de rendre au duc de Lorraine les places que ce prince avait remises en dépôt. Il lui fallait encore Marie de Médicis rétablie dans ses biens, autorisée à résider dans celle de ses maisons qu'elle choisirait ou dans la place de sûreté de son second fils. Ce n'était pas tout : il lui fallait à lui-même un million pour rembourser le duc de Lorraine et le roi d'Espagne ; il tenait beaucoup à la révocation du jugement rendu contre la comtesse du Fargis, à une absolution générale qui empêchât le cardinal de punir les partisans du duc d'Orléans sous prétexte de duel ou de quelque autre crime. Il demandait enfin que le Roi suspendît la marche de ses armées. Qu'eût-il réclamé, s'il avait gagné la bataille de Castelnaudary ? « Le sieur de Chaudebonne n'a apporté au Roi que des propositions ridicules », écrivait Richelieu au maréchal de La Force. Louis XIII répondit à Monsieur :

« Mon Frère, les propositions que le sieur de Chaudebonne m'a faites de votre part sont si peu convenables à ma dignité, au bien de mon État et au vôtre propre, que je ne puis y faire réponse que ce que je vous ai fait savoir par le sieur d'Aiguebonne, pour témoigner de mon affection en votre endroit (1). »

Abandonné par ses troupes, isolé dans Béziers, où il venait de se réfugier, Monsieur n'était plus rien. Le gouverneur de Béziers s'était rallié au Roi. La Force s'avançait sur la ville. La position était intenable. Monsieur, accompagné de la duchessse de Montmorency, sortit de la ville le 20 septembre à quatre heures du matin, et gagna Olonzac, dont la grosse tour féodale s'élevait à mi-chemin de Béziers et de Carcassonne. C'est là que Chaudebonne lui apporta la réponse du Roi. Louis XIII voulut bien permettre à Monsieur de rentrer à Béziers avec son équipage et de « disposer trois cents hommes de ses troupes » à l'extérieur des portes. Trop heureux de rentrer à Béziers, Gaston laissa loin des murs une garde qu'il jugeait désormais inutile. Il était à la merci du Roi et n'avait plus d'autre issue qu'une soumission honteuse, laissant à son sort le malheureux Montmorency. Bullion était chargé de « lui déclarer les intentions de Sa Majesté (2) ».

Gaston avait enfin réfléchi : il renonçait à toute exigence, pourvu que Montmorency eût la vie sauve. M. de Brion vint, en son nom, implorer la clémence du Roi. Admis après une longue attente, il présenta la supplique à genoux et, sans réponse, fut reconduit entre deux gardes l'espace de sept lieues. Au prince et à la princesse de Condé, intercédant pour leur beau-frère et frère, on remit les lettres toutes prêtes et signées du Roi : « Mon Cousin, vous savez que je dois plus au bien de mon Royaume qu'à quelque autre chose que ce puisse être ; c'est ce qui fait que je ne puis m'engager à rien en cette occasion. — Ma Cousine, j'ai plus de déplaisir que je ne vous puis dire de celui que vous devez ressentir de la faute du duc de Montmorency, votre frère ; elle est si grande et d'une si importante conséquence au bien de mon

(1) Avenel, *Lettres du Cardinal de Richelieu*, t. IV, p.368.
(2) *Ibidem*, t. IV, p. 380.

État, que je ne doute point que vous ne jugiez vous-même qu'il m'est impossible de vous rien promettre en cette occasion sans me causer un trop notable préjudice (1). » Quelle promesse eût-il pu faire? Cette lettre est du 16 septembre 1632. Il y avait alors trois jours que le garde des Sceaux, — avant même de quitter Lyon, — confiait à Mme de Chevreuse que, si le vaincu de Castelnaudary survivait à ses blessures, le Roi avait résolu de lui faire trancher la tête (2).

Le maréchal de Schomberg était déjà parti avec son prisonnier pour la ville de Lectoure : il avait craint que, dans Castelnaudary ou Toulouse, la population, qui adorait Montmorency, ne tentât de le délivrer. On ne s'arrêta dans cette dernière ville, malgré la fatigue du blessé, que le temps de lui faire « prendre un bouillon ». Montrabé, premier président et créature de Richelieu, avait appris que les capitouls étaient décidés à sauver le duc et il s'était empressé d'avertir Schomberg.

Montmorency franchit les vingt lieues qui séparent Toulouse de Lectoure, dans un état de faiblesse qui donnait des craintes pour sa vie et rendait toute évasion impossible. A l'une des étapes, dans la chambre du rez-de-chaussée où on l'enferme, il y a une tapisserie. Son chirurgien Lucante, instruit sans doute par le maître de maison, lui révèle que, derrière cette tapisserie, une porte secrète ouvre sur la campagne, en un lieu qui n'est pas gardé. Ses dix-sept blessures l'empêchent de profiter de cette circonstance singulière (3). On arrive à Lectoure. Flanquée de plates-formes et boulevards, « fossoyée, retranchée », défendue d'une triple muraille, « la place de guerre est assise sur une

---

(1) Avenel, *Lettres du Cardinal de Richelieu*, t. IV, pp. 370-371. — Quinze jours ne s'étaient pas écoulés, que M. de Nesmond, envoyé de Monsieur le Prince, venait entretenir Richelieu de la succession de Montmorency : « M. le Cardinal, écrivait-il de Montpellier le 30 septembre 1632, m'a dit que, si M. de Montmorency mourait, le Roi vous remettrait votre tiers de ce qui lui appartient par confiscation et les autres à MM. d'Angoulême et de Ventadour (beaux-frères, eux aussi, du rebelle). Je lui ai répondu sur tout cela tout ce que j'ai cru être de vos intentions et avons eu force discours sur ce sujet, le tout pourtant dans les termes des intentions de Votre Altesse de ma part » (Voir Duc d'Aumale, *Histoire des Princes de Condé*, t. III, p. 541).

(2) Avenel, *Lettres du Cardinal de Richelieu*, t. IV, p. 432.

(3) *Histoire de Henry, dernier Duc de Montmorency*, p. 440.

croupe de montagne de fort difficile accès (1) ». Le château, bâti sur le roc, se dresse imprenable, « hors de sape et de batterie » : Schomberg y loge son prisonnier.

Au bout de quelques jours, les forces du prisonnier sont revenues. Un garde, acheté par la marquise de Castelnau, s'offre pour aider à l'évasion : il apportera des cordes de soie, au moyen desquelles on pourra descendre dans les communs; là, Montmorency trouvera une ouverture qui lui permettra de courir au rendez-vous où la marquise l'attend à cheval à la tête de vingt cavaliers. Le complot est découvert, les cordes saisies, le garde tué, le prisonnier plus étroitement surveillé que jamais (2).

Le 23 septembre 1632, le cardinal, entré la veille dans Montpellier aux flambeaux, quelques heures après le Roi, examinait le projet d'accommodement que ses secrétaires avaient préparé et que M. de Bullion devait aller présenter au duc d'Orléans. C'était une assez longue pièce, où Monsieur était invité à ne plus retomber dans la faute que le Roi lui avait déjà deux fois pardonnée. Il devait s'engager à ne plus entretenir aucune intelligence avec la Lorraine, l'Espagne et la Reine mère, promettre de vivre en bon frère et sujet; les troupes qu'il avait conduites en France, ne pouvaient obtenir aucune grâce; le Roi avait la bonté cependant de leur accorder un délai de six jours pour se retirer en Roussillon. Monsieur devait préposer aux diverses charges de sa maison les gens que choisirait le Roi, chasser tous ceux qui n'agréeraient point à Sa Majesté. Puylaurens, principal conseiller de Monsieur, était tenu « d'avertir de tout ce qui s'était traité par le passé qui pourrait être préjudiciable à l'Etat, aux intérêts du Roi et de ceux qui avaient l'honneur de le servir ».

Quant à Montmorency, nul doute sur le sort qui l'attend : « Que Monsieur, disait l'article, ne prenne aucun intérêt en celui de ceux qui sont liés à lui en ces occasions pour faire leurs affaires à ses dépens et à ceux de la France, et ne prétende

(1) André Duchesne, *Les Antiquités et recherches des Villes, Châteaux et Places*. p. 732.
(2) *Histoire de Henry, dernier Duc de Montmorency*, p. 441.

pas avoir à se plaindre, quand le Roi leur fera subir ce qu'ils méritent. » Pour augmenter la clarté sinistre de cette phrase, le cardinal écrit en marge de sa propre main : « On les traitera comme ils le méritent (1). »

Trois jours plus tard, Bullion rejoignait Monsieur à Béziers : il était autorisé à lui dire que « s'il voulait lui remettre Puylaurens entre les mains pour lui faire subir la peine qu'il méritait (toujours la même formule voilant le même châtiment), il pardonnerait à tous les autres ». Richelieu ne doutait pas qu'en présence d'un tel dilemme Puylaurens ne conseillât, — sans hésiter, — à Monsieur de sacrifier Montmorency.

La Cour quitta Montpellier le 4 octobre et, par Maze et Pézenas, atteignit Béziers deux jours plus tard. Depuis le 29 septembre, les articles de l'accommodement préparé par Son Éminence étaient acceptés et signés par Monsieur. D'abord Gaston s'était emporté : « Une fois, parlant du duc de Montmorency », il avait osé dire que si l'infortuné seigneur « était condamné à mort, il y avait plus de quarante gentilshommes résolus de poignarder le cardinal (2) ». Des mots ! Des mots ! Trois jours de discussion avaient suffi pour amener le prince, — entouré dans la ville de Béziers par les troupes royales, — à signer tout, même l'abandon de Montmorency.

Le duc d'Orléans parlait à tort et à travers, comme un grand enfant balourd qu'il était resté. Le voilà sur la question de son mariage. Le Roi lui avait « donné pleine liberté de le contracter avec qui bon lui semblerait, voire avec une bergère ». Bullion avait observé cependant qu'il ne fallait pas que son choix pût porter préjudice à l'État ». Monsieur nomme la princesse qu'il a choisie : la sœur du duc de Lorraine, la princesse Marguerite, fille de M. de Vaudemont : « Le Roi a défendu à Son Altesse d'y penser et au duc de Lorraine aussi, répliqua Bullion. — Et, s'il était fait, réplique Monsieur, que ferait le Roi ? — Il le ferait casser, repartit Bullion. Le Pape déclarerait

(1) Avenel, *Lettres du Cardinal de Richelieu*, t. IV, p. 375.
(2) *Mémoires du Cardinal de Richelieu*, éd. Petitot, t. VII, p. 198.

toujours nul votre mariage, s'il est fait sans que le consentement du Roi y soit intervenu. » Quelle ne fut pas la mine de Bullion, quand le duc d'Elbeuf, tirant à part les deux interlocuteurs, prétendit « qu'il y avait contrat passé », qu'il avait vu Monsieur et la princesse Marguerite en conversation fort intime et « que M. de Vaudemont avait déclaré qu'au pis aller un frère unique d'un roi de France sans enfants valait bien la peine que sa fille courût fortune de se voir reléguée abbesse de Remiremont (1) ». Et, en effet, le mariage avait été célébré à Nancy, le 3 janvier 1632, dans une chapelle de prieuré, avec la dispense du cardinal de Lorraine (2).

Bullion partait avec la signature du traité qui acceptait toutes les conditions du Roi et, par conséquent, perdait Montmorency. Monsieur, réconcilié, s'en allait à Tours avec la permission du Roi, et, pour libérer sa conscience, il écrivait à son frère une lettre qui le suppliait d'avoir pitié du vaincu de Castelnaudary (3).

Richelieu, ayant lu cette lettre, se rend chez le Roi : « Monsieur, dit-il, demande la vie » du duc de Montmorency; « vaut-il mieux pardonner ce crime ou ne le faire pas? » Il y a des raisons d'être miséricordieux. Pour abandonner avec honneur la Lorraine et l'Espagne, il faut à Monsieur un prétexte : la grâce du rebelle. « Sans cette grâce, Monsieur ne peut honorablement se remettre en son devoir. » Quelque promesse qu'il se soit laissé arracher, il sera forcé de fuir en Espagne; il y sèmera les germes d'une guerre, car les Espagnols lui fourniront « le moyen de brouiller la France ». « Si Monsieur est réduit en cet état de désespoir, ceux qui, ayant l'honneur de servir le Roi » sont chargés de tout l'odieux des mesures, qui seront prises, n'auront plus de sécurité, parce que les serviteurs de Monsieur ne verront plus de salut que dans la perte des serviteurs du Roi. Et, tandis que Richelieu parlait, le Roi, n'en doutons pas, imaginait le cardinal assassiné, tout le poids terrible des affaires retombant sur ses propres épaules.

---

(1) *Mémoires du Cardinal de Richelieu*, éd. Petitot, t. VII, p. 202.
(2) Père Griffet, *Histoire du Règne de Louis XIII*, t. II, p. 242.
(3) *Mémoires du Cardinal de Richelieu*, t. VII, p. 206.

Au contraire, « si Monsieur se remet dans la vraie obéissance du Roi et dans une sincère volonté de correspondre aux grands desseins de Sa Majesté, il n'y a rien qu'on ne puisse entreprendre contre les Espagnols... cette nation naturellement ennemie de ce Royaume et engagée contre la personne du Roi et le gouvernement présent ».

Ainsi Richelieu plaide la cause de Montmorency. Il ne veut pas cependant que le Roi s'attarde sur ces brillantes perspectives. Après un silence, il se retourne et, avec la même conviction, la même autorité, il prononce le réquisitoire. Pour paraître modéré (sans plus), pour laisser au Roi toute la responsabilité de la décision, il feint de développer les arguments d'autrui : « Ceux, dit-il, qui estiment qu'il vaut mieux châtier le duc de Montmorency », assurent « que l'état présent des affaires a besoin d'un grand exemple ». Le Roi n'a point d'enfant ; il passe pour être malsain. Opinion peu fondée. Par malheur, Monsieur est l'héritier du Royaume : « Si l'on ne retient par une grande sévérité, poursuit-il, ceux qui pourraient se porter à le servir, il peut arriver telle occasion, comme une maladie du Roi, quoique légère, où tant de gens se déclareraient pour lui, qu'on n'en saurait soutenir l'effort ; au lieu que, si le duc de Montmorency est puni comme il le mérite, quelque maladie dangereuse qui arrive au Roi, personne ne la tiendra assez mortelle pour se déclarer, tant ils auront peur de la punition, qu'ils tiendront assurée s'il en réchappe. »

Les bons esprits dont Richelieu expose les arguments avec une si visible complaisance, « appuient cette raison des exemples de l'histoire ». Si les crimes qu'on commet pour Monsieur restent impunis, nul doute que « les grands, les communautés et les peuples », sûrs d'avoir la vie sauve, « ne hasardent leur fortune volontiers, pour tâcher de la faire meilleure aux dépens du Roi et de l'État. La privation des charges, sans la vie, n'est rien en ces occasions », puisque Monsieur pourra les rendre dès qu'il sera monté sur le trône. Et Son Éminence profite de l'occasion pour raviver toute l'inquiétude de Louis XIII par cette formule saisissante : « Ils estimeront que hasarder leur fortune pour Monsieur sera la mettre à usure avec assurance du fonds (1). »

Le cardinal étale ensuite sous les yeux du Roi les circonstances aggravantes de la trahison : « L'affaire a été méditée de longtemps, il y a plus de huit mois »; M. de Montmorency a fait, — chose inouïe, — « révolter une province par résolution du corps des États », lui « un homme obligé par plusieurs bienfaits, lié de parole et de serments non exigés au Roi et aux siens, ce qui rendait non seulement son crime plus horrible, mais montre qu'on ne s'y saura jamais fier ». Et de nouveau le cardinal touche la fibre de l'intérêt; si le prisonnier s'évade, ne le voit-on pas ardent à la vengeance, réparant bientôt, « par quelque grande action, l'imprudence qu'il a faite en se perdant à Castelnaudary par sa folle vanité (2) ». D'autre part, quel avantage y aurait-il à pardonner? Les Espagnols en seraient-ils changés, la Reine mère moins irritée, Puylaurens moins impérieux, moins ambitieux, moins attaché à la Lorraine, Monsieur plus fidèle, plus sensé, moins dépendant de ses détestables conseillers? Toute la politique de la France, cette politique royale et dynastique héritée de Henri IV, se met alors à tourner autour de ce pivot. Pour guérir « la rage des Espagnols », il faudra abandonner la Hollande et le roi de Suède; pour apaiser la Reine mère, le Roi devra lui sacrifier tous ceux qu'elle hait, « se mettre absolument en sa dépendance »; pour se concilier le duc de Lorraine, il devra « lui rendre toutes ses places ». Tant de sacrifices ne serviront probablement de rien. D'ailleurs il est impossible de les faire sans ruiner le Royaume et, si on les fait, « plus le parti de Monsieur subsiste, en ses racines », tentation permanente pour ses anciens alliés, plus il est excité, fortifié, secouru. Tandis que, Montmorency châtié, « son parti, par sa seule perte, périt en Languedoc et celui de Monsieur par conséquent en toute la France »; « si on le garde prisonnier, quelques autres têtes qu'on puisse couper, il lui demeurera toujours des amis secrets, qui lui seront d'autant plus attachés, qu'ils vivront en

(1) *Mémoires du Cardinal de Richelieu,* éd. Petitot, t. VII, p. 206-209.
(2) *Ibidem,* p. 210.

espérance de se relever avec lui et en rechercheront sourdement tous moyens ». Il ne faut pas « conserver le feu sous les cendres », mais l'éteindre (1).

Certes il est important de ne pas irriter Monsieur et de lui inspirer le désir de tenir ses promesses. Mais les a-t-il jamais tenues? « Si les paroles de Monsieur étaient accompagnées de sûretés mathématiques, ce serait faute que de n'y ajouter pas foi »; mais, des sûretés mathématiques, il n'y en a aucune. Il faut de plus considérer, — d'après les bons esprits dont le cardinal invoque l'autorité, — « que, si Monsieur ne sauve pas M. de Montmorency, il trouvera moins de serviteurs : aussi est-ce la seule raison pour laquelle le Roi doit vouloir le châtier. Et Monsieur ne le doit pas trouver étrange, vu qu'ainsi que les chirurgiens ne peuvent souvent sauver la vie d'un homme sans lui couper le bras, c'est le seul moyen de sauver Monsieur ».

Richelieu va même jusqu'à dire que Monsieur peut, sans se déshonorer, sacrifier son complice, « puisque la nécessité l'y contraint, au lieu que Sa Majesté ne saurait faire ce qu'il lui demande, sans commettre une faiblesse blâmable et se mettre au hasard de pis (2) ».

L'impunité du criminel est plus dangereuse que la fuite de Monsieur en Espagne. Monsieur, à la cour de Madrid, sera peu à craindre, quand il lui sera impossible, Montmorency étant châtié, de remettre en France « un grand parti sur pied ». L'argument de sa propre sûreté compromise, si justice est faite du criminel, Richelieu ne veut pas en tenir compte : « Il ne se considère point, lorsqu'il est question des intérêts de son maître, si ce n'est en tant que sa perte lui pourrait porter préjudice ».

Poussant à fond la hardiesse de son système et sa foi dans la majesté royale, Richelieu va jusqu'à tenter Louis XIII par une sorte de concession. Il insinue que la bonté du Roi peut, au cas où M. de Montmorency serait condamné à mort, « surseoir l'exécution de l'arrêt » jusqu'à « la première mauvaise conduite » de Monsieur. Pour user de cette mesure il n'est besoin que d'une

---

(1) *Mémoires du Cardinal de Richelieu*, éd. Petitot, t. VII. p. 213-214.
(2) *Ibidem*, p. 216.

garde assurée du criminel « qui, quoique difficile, n'est pas impossible (1) ».

« Tel prince ou tel magistrat, dit le cardinal dans son *Testament politique*, craint de pécher par trop de rigueur, qui tiendra compte à Dieu et sera blâmé de toutes les personnes sages, s'il n'exerce pas celle que les lois lui prescrivent. Je l'ai souvent représenté à Sa Majesté et je la prie de s'en souvenir avec soin : certains monarques doivent être détournés de la sévérité, à laquelle leur inclination les porte ; vous avez besoin au contraire qu'on vous dissuade d'une fausse clémence plus dangereuse que la cruauté, parce que l'impunité cause une infinité de maux qui ne se peuvent arrêter que par les châtiments. »

Louis XIII, obstiné, passionné à froid et s'attachant à un ministre dont il sentait bien qu'il ne pouvait pas se passer, indiqua incisivement dans son demi-mutisme habituel, qu'il ferait de Montmorency « une justice exemplaire à tous les grands de son Royaume, comme le feu Roi l'avait faite utilement en la personne du maréchal de Biron ».

L'intérieur de l'église des Augustins de Béziers présentait, dans la matinée du 11 octobre 1632, un spectacle que la Reine tenait à ne pas manquer. Installée derrière le maître-autel, dans une tribune, avec les duchesses d'Uzès, de Montbazon et de Chevreuse, Anne d'Autriche voyait sans être vue. Ses regards se portaient sur une estrade recouverte de tapis somptueux, longue de huit toises et qui, devant l'autel, occupait toute la largeur de la nef. Au milieu de l'estrade, assis sous un dais, sur un trône de velours cramoisi à galons d'or, Louis XIII attirait tous les yeux : il parlait aux États de Languedoc, qu'il venait d'ouvrir. Le marquis de Gordes et le comte de Charlus, capitaines des gardes, sont debout tête nue, de chaque côté du fauteuil royal, qu'entourent des officiers et des gardes du corps et devant lequel deux huissiers de la chambre tiennent leurs masses à genoux, le visage tourné vers le Roi. Formes, pliants, carreau, chaises à bras,

(1) *Mémoires du Cardinal de Richelieu*, éd. Petitot, t. VII, p 216.

tout un mobilier de velours cramoisi porte les plus hauts personnages de la Cour. A la droite et aux pieds du Roi, sur une forme, le cardinal. Richelieu est en rochet et camail violet. Près de lui, en deuil comme lui de l'infant don Carlos, le cardinal de La Valette. Puis, en retour, sur des pliants, les maréchaux de Vitry, de La Force et de Schomberg. Le duc de Chevreuse, grand chambellan, est assis sur un carreau de velours qui recouvre la première marche du trône. A trois pas de cette marche, le successeur de l'infortuné Michel de Marillac, Châteauneuf, garde des Sceaux de France, siège sur une chaise à bras sans dossier; autour de lui, trois huissiers du Conseil, leurs chaînes d'or en écharpe, sont à genoux. Voici, à gauche du Roi, en face des maréchaux, auxquels ils ont cédé leurs places, les ducs d'Uzès, de Retz et de Ventadour; derrière eux, les quatre premiers gentilshommes de la chambre, Liancourt, Brézé, Saint-Simon et Mortemart.

Le clergé de la province (l'archevêque de Narbonne, les évêques de Lavaur, de Montpellier, du Puy, de Carcassonne, de Saint-Papoul, de Viviers, de Béziers, de Castres, de Rieux, d'Agde et le grand vicaire de Mende) est assis quatre degrés plus bas que l'estrade, à droite du trône, contre les chapelles de l'église; de l'autre côté, est le banc de la noblesse de Languedoc, au milieu de laquelle on reconnaît le vicomte de Polignac et le marquis de Mirepoix. Derrière cette noblesse, les députés du Parlement de Toulouse et de la Cour des comptes, aides et finances de Montpellier. Tous les yeux sont tournés vers le trône; entre eux et l'estrade et leur faisant face, les secrétaires d'État, La Ville-aux-Clercs, La Vrillière et Bouthillier, se coudoient sur un banc de drap bleu, devant une table recouverte d'un tapis. Derrière eux, le surintendant des finances et les conseillers d'État; vis-à-vis d'eux, le dos tourné au bas de l'église, sur un banc qui traverse la nef, les trésoriers de France, les syndics généraux, les secrétaires ou greffiers des États, les députés de Toulouse et de Montpellier; puis, pêle-mêle sur cinq ou six bancs, les députés du Tiers État « et plusieurs personnes de toutes qualités », entrées « par la faveur de ceux qui gardaient les portes » et contemplant ce splendide

raccourci, ce magnifique « tableau vivant » de la cour de France.
Louis XIII a terminé sa brève harangue : « Après avoir donné la paix à la province, il a trouvé bon d'en convoquer les États, pour leur faire savoir ses intentions, qui leur seront expliquées par le garde des Sceaux. » Châteauneuf se lève de sa chaise à bras et parle à son tour. « Il rappelle que c'est la troisième fois que le Roi est venu « des extrémités de son Royaume », pour « soulager la province et remédier à ses maux »; trois années auparavant, Sa Majesté a laissé M. le Cardinal dans le pays, « afin d'y établir l'ordre usité dans le Royaume et de faire en sorte qu'à l'avenir il ne s'y fasse aucune levée de deniers sans sa permission ». « On s'est révolté. Le Roi a de grandes raisons d'en témoigner son ressentiment, mais il veut croire qu'une moitié a failli par faiblesse et timidité, l'autre par malice et de dessein formé. Le Roi, usant de sa bonté, veut oublier leurs fautes, se réservant seulement la punition de quelques particuliers des plus coupables. »

Châteauneuf se rassoit. L'archevêque de Narbonne se lève. S'adressant au Roi, il montre la province « entraînée » à son insu et comme malgré elle dans la rébellion. Il ne prétend pas « excuser les trois ordres qui la composent et surtout quelques particuliers, mais il demande grâce pour tous ». Long discours éloquent mais assez vain car Louis XIII a pris sa résolution. Enfin La Vrillière, debout devant la table des secrétaires d'État, — il avait le Languedoc dans son département, — lut une ordonnance du Roi qui supprimait les Élus, à condition que la province remboursât au traitant qui avait été chargé de les établir, les « trois millions huit cent quatre-vingt-cinq mille livres à quoi montait la finance » des nouveaux « offices et des droits héréditaires qui leur étaient attribués ». La province devait payer les frais, qui atteignaient la somme de deux cent mille livres. Elle voyait tripler ses impositions car l'ordonnance, tout en spécifiant que le Languedoc garderait ses privilèges, le privait de ses franchises (1).

(1) *Mercure françois*, t. XVIII, p. 800-803. — Dom Vaissette. *Histoire du Languedoc*.

Aux États de Pézenas, trois ans plus tôt, l'intendant Miron avait salué le cardinal comme « un prodige et chef-d'œuvre de nature, un foudre de guerre, un torrent d'éloquence, un abîme de doctrine ».

Le Clusel était une maison de campagne sise à une demi-lieue de Toulouse. Vers le 25 octobre, le cardinal, arrivé le 22 avec le Roi et la Cour dans la capitale du Languedoc, s'y rendait en carrosse, accompagné de M. de Bullion. Il venait, nous dit avec gravité, le *Mercure,* visiter et consoler « Madame la Princesse ». La sœur du duc de Montmorency était accourue de Bourges, capitale du gouvernement de son mari. Une lettre du Roi avait essayé de l'arrêter : « Ma Cousine, disait cette lettre, composée pour Louis XIII par Richelieu et datée de Castelnaudary le 20 octobre, ayant su que vous vous étiez acheminée jusqu'à Cahors, pour me venir trouver sur le sujet de la prison de M. de Montmorency, je vous envoie le sieur Sanguin pour vous prier de ma part de ne point passer outre, pour des considérations qui vous touchent autant que moi, lesquelles il vous fera entendre. Cependant vous pouvez vous assurer qu'ayant autant de sujet de me louer de votre conduite que j'en ai de me plaindre de celle du duc de Montmorency, vous recevrez de moi tous les témoignages de celui qui prie Dieu qu'il vous ait, ma Cousine, en sa sainte garde (1). »

Sanguin avait été autrefois attaché à la maison de Madame la Princesse. Il avait rejoint Charlotte de Montmorency aux portes de Toulouse. Elle lui avait répondu par ses larmes ; elle avait fini cependant par lui dire qu'elle allait s'installer dans le plus prochain logis, afin d'y attendre les ordres de Sa Majesté. Deux heures plus tard, elle l'avait vu revenir. Il lui apportait un ordre du garde des Sceaux lui enjoignant de s'en retourner immédiatement. Madame la Princesse, frémissante d'indignation, lui avait déclaré « que les personnes de sa condition ne recevaient point de commandement que de la part du Roi, qu'il ne

---

(1) Avenel, *Lettres du Cardinal de Richelieu*, t. IV, p. 392-393.

pouvait avoir vu depuis qu'il l'avait quittée et qu'il apprît mieux son métier à l'avenir(1) ». Et elle était restée au Clusel, où Richelieu allait arriver tout à l'heure.

Les voix de la Cour tout entière, qui désirait passionnément la grâce de Montmorency, tintaient encore aux oreilles du cardinal. Richelieu était tout spécialement irrité de l'intervention du duc d'Épernon. Cet ancien favori de Henri III, malgré ses soixante-dix-huit ans, avait quitté en toute hâte son gouvernement de Guyenne pour venir implorer l'indulgence du Roi. Mais il avait négligé de se présenter devant Son Éminence avant de paraître devant Sa Majesté. Faute plus grave : pour obtenir la grâce du prisonnier de Lectoure, il avait évoqué des souvenirs particulièrement désagréables à Richelieu, l'évasion de Blois et la bataille des Ponts-de-Cé, où le jeune évêque de Luçon avait jadis fait figure de rebelle.

Si Richelieu avait écouté sans plaisir le maladroit plaidoyer du vieillard, il éprouvait une réelle inquiétude à se rendre au Clusel. De quoi n'était pas capable, cette princesse folle de douleur, pour sauver son frère ? Aussi avait-il dépêché, dans le plus grand secret, un gentilhomme, qui, sous prétexte de chercher un de ses amis, avait inspecté les moindres recoins de la maison. Richelieu ne s'était mis en route qu'après avoir été complètement rassuré : ni complot, ni embuscade au Clusel.

Dans son carrosse le cardinal jette quelques notes hâtives. Le portail franchit, il met pied à terre. Bullion marche derrière lui. Tous deux sont introduits auprès de la princesse. L'étiquette renonce à ses droits en si tragique rencontre : l'altesse se lève, s'avance vers le visiteur; elle tombe à genoux aux pieds du cardinal(2), qui s'agenouille à son tour. Richelieu a le don des larmes, il pleure avec Charlotte de Montmorency, il exprime le désespoir où il est de se sentir impuissant à fléchir la rigoureuse justice du Roi. La princesse offre ses fils, le duc d'Enghien et le prince de Conti, comme otages de la fidélité de son frère. Après une telle scène d'attendrissement, Richelieu, sans accep-

(1) *Histoire de Henry, dernier Duc de Montmorency*, p. 447.
(2) Désormeaux, *Histoire de la Maison de Montmorency*, t. III, p. 424-425.

ter, ne peut refuser une dernière tentative. Il promet de parler à son maître. Tout à coup : « Afin que je puisse mieux réussir, ajoute-t-il, trouvez bon, Madame, que je vous conseille de vous éloigner encore plus de la ville. » Le ministre prévoyant peut sortir : la suppliante en larmes n'approchera pas du Roi.

La princesse n'était point dupe. Mais comment braver la colère de celui qui tenait la vie de son frère entre ses mains? Elle partit, elle se retira deux lieues et demie plus loin, chez le baron de Saint-Jory.

Elle n'y était pas depuis trois jours, qu'une lettre du Roi, — à qui le cardinal avait parlé, — lui enjoignait (le 27 octobre) de se retirer plus loin encore et laissait prévoir le cruel dénouement de la tragédie : « Ma Cousine, disait le Roi, je suis bien fâché de n'avoir pu vous voir, ce dont je ne me suis abstenu que pour ne pouvoir vous donner le contentement que vous désirez. Ayant rendu, comme vous avez fait en cette occasion, tous les témoignages que vous pouviez de votre bon naturel, je vous prie de vous en retourner à Paris. Cependant j'ai bien voulu vous assurer de la satisfaction que j'ai de votre conduite et que je serai toujours très aise de vous faire paraître mon affection où j'en aurai le moyen (1). »

L'avant-veille, à Lectoure, le duc de Montmorency regardait par une fenêtre du château qui donnait sur la campagne. Il contemplait une troupe de paysans affairés au milieu des vignes. Toute la gaieté des vendanges gasconnes montait vers le prisonnier, qui ne se lassait point du spectacle. A côté de lui, Lucante, son chirurgien, s'émerveillait d'une telle insouciance : « Est-il possible, Monsieur, lui disait-il, qu'étant si près et si assuré de votre malheur, vous y pensiez si peu sérieusement? — Cette pensée, répondit le duc, ne trouble pas la tranquillité de mon esprit. — Et que savez-vous, Monsieur, reprit le chirurgien si l'on ne vous fera pas mourir en ce lieu même? — Tant mieux, dit Montmorency, je n'aurai pas la peine d'aller à Toulouse (2). »

(1) Avenel, *Lettres du Cardinal de Richelieu*, t. IV, p. 394-395.
(2) *Mémoires de Henry, dernier Duc de Montmorency*, p. 257.

L'après-midi de ce jour, le marquis de Brézé entre dans la chambre du prisonnier : il avertit Montmorency qu'il a reçu l'ordre de le conduire à Toulouse. Montmorency accueille le beau-frère de son ennemi avec sa bonne grâce accoutumée; il ne demande que le temps de faire panser ses plaies, puis il monte en carrosse et Brézé s'assoit auprès de lui. Huit compagnies de cavalerie escortent l'attelage. Montmorency n'ignore plus que le Roi vient de donner commission au Parlement de Toulouse de le juger et que le garde des Sceaux présidera au jugement avec six maîtres des requêtes. A l une des étapes, une main amie lui fait passer un mémoire de la part de la princesse de Condé. Cette pièce lui fournira le moyen juridique de retarder le jugement; la fête de la Toussaint ne peut manquer de porter à la clémence l'âme dévote du Roi, qui fera grâce. Montmorency ne se leurre pas d'espérances vaines; il a commandé depuis quelque temps un habit de toile blanche, son habit d'exécution; il froisse le papier et le déchire en disant : « Je ne sais pas chicaner ma vie (1). »

C'est le 27 octobre, à midi qu'on arrive à la porte de Toulouse. Brézé descend de voiture, donne l'ordre de fermer portières et mantelets. Puis il monte à cheval et suit immédiatement le carrosse qui s'ébranle. Les uns à pied avec leurs hallebardes, les autres à cheval avec leurs mousquets, mèche allumée, les mousquetaires encadrent le carrosse. Le cortège pénètre dans la ville. Partout, dans les rues, sur les places, des soldats, des gardes et des Suisses forment la haie, écartant la foule de ce lugubre cheminement, qui aboutit au Capitole. Le prisonnier est remis par M. de Brézé entre les mains de M. de Launay, lieutenant des gardes.

Le Roi et le cardinal sont fort pressés : « Je ne ferai pas ici un long séjour (2) », a dit Louis XIII au duc d'Épernon, qui prenait congé de lui pour retourner en Guyenne. La tâche des commissaires sera facile : Montmorency ne veut pas se défendre. A peine arrivé, il est interrogé par deux conseillers au Parlement de

(1) Désormeaux, *Histoire de la Maison de Montmorency*, t. III, p. 417.
(2) Levassor, *Histoire de Louis XIII*, t. IV, p. 193.

Toulouse. Il ne les récuse pas; et cependant, duc et pair, il n'est justiciable que du Parlement de Paris (1). S'il consent à leur répondre, c'est qu'il veut obéir au Roi, dût cette soumission lui être préjudiciable. Confronté le lendemain 28 avec M. de Saint-Preuil, qui l'a fait prisonnier, et M. de Guitaut, il ne se montre pas moins soumis : « Il les reçut, raconte Levassor, non comme des gens sur la déposition desquels il devait mourir, mais comme des amis qui seraient venus le consoler dans sa disgrâce. » Le sourire aux lèvres, il regarde Guitaut, qui ne peut contenir ses larmes. Il l'entend répondre aux questions du rapporteur : « Le feu et la fumée dont il était couvert m'empêchèrent d'abord de le distinguer. Mais, voyant un homme qui, après avoir rompu six de nos rangs, tuait encore des soldats dans le septième, je jugeai certainement que ce ne pouvait être que M. de Montmorency. Je ne le sus certainement que lorsque je le vis à terre sous son cheval mort (2). »

Dans l'une des questions posées à Montmorency, on croit deviner l'inspiration du cardinal : « Lui avons remontré, constatent les pièces du procès, si, par toutes ces actions qui ne sont que trop notoires, il ne reconnaît pas avoir obscurci le lustre de sa naissance et de son sang, flétri les belles et généreuses actions par lesquelles ses aïeux avaient si bien mérité de l'État des Rois de France, qu'ils en furent élus aux plus grandes et honorables charges du Royaume, conservées en sa personne tant par défunt le roi Henri le Grand d'heureuse mémoire, que par notre Louis, heureusement régnant, de qui lui qui répond a reçu autant de bons traitements, récompenses et libéralités qu'autre seigneur de la Cour (3). » Si l'accusé répond affirmativement, le cardinal aura obtenu la justification qu'il désire. Montmorency ne la lui refuse pas : il déclare, sans la moindre difficulté « être au désespoir d'avoir offensé le Roi son maître »; il rappelle qu'il « a ci-devant dit les sujets qui l'ont précipité à ce malheur et reconnaît avoir reçu de Sa Majesté plus de grâces qu'il ne mérite. (4) ».

(1) *Procès criminel de Messire Henry, Duc de Montmorency*, p. 100.
(2) Levassor, *Histoire de Louis XIII*, t. IV, p. 196.
(3) *Procès criminel*, p. 112.
(4) *Ibidem*.

CONFESSION SUPRÊME DU DUC.

Anne d'Autriche, suppliée par ses entourages, finit par se demander si elle peut intervenir en faveur du duc de Montmorency. Mais elle parle d'abord à Richelieu. « La Reine, lui dit le cardinal, ne doit point douter que Sa Majesté ne lui accorde tout ce qu'elle lui demandera, mais elle doit appréhender le déplaisir que cette affaire peut donner au Roi, capable d'altérer sa santé, qui n'est pas encore trop bien rétablie depuis cette grande maladie qu'il a eue à Lyon (1). » La Reine renonce à parler au Roi. Ni le duc de Savoie, ni la République de Venise, ni le Saint-Père ne parviennent à ébranler la ferme volonté du Roi et de son ministre.

Montmorency n'est pas encore jugé et il doute si peu de sa condamnation qu'il supplie le Roi de le faire mourir le samedi 30 octobre au lieu du vendredi 29, afin d'avoir un jour de plus pour se préparer à la mort. Le 29, à cinq heures du matin, le Père Arnoux, son confesseur, qu'il a prié la veille « de le mettre dans le chemin du ciel », le trouve fort inquiet de savoir s'il peut compter sur le délai qu'il désire. Le duc n'y tient plus, il conjure M. de Launay de renouveler ses instances auprès du Roi. Le bon M. de Launay lui demande s'il l'autorise à tâcher d'obtenir la grâce entière et, comme le Père Arnoux approuve cette hasardeuse tentative, Montmorency se range à l'avis du religieux : « Dites à Monsieur le Cardinal, explique-t-il à M. de Launay, que je suis son serviteur et que, s'il veut bien fléchir le cœur du Roi à la miséricorde et l'engager à me laisser la vie, je vivrai de façon à ne lui donner jamais aucun sujet de s'en repentir. Assurez-le, en même temps, que, si le Roi et son Conseil jugent que ma mort soit plus utile à l'État que ma vie, je ne demande point que l'on fasse rien qui soit contraire au service du Roi pour prolonger mes jours (2). »

Resté seul dans sa chambre avec le Jésuite, Montmorency commence une confession générale. Six heures, sept heures... la confession s'achève enfin et le pénitent s'agenouille dans la chapelle, pour entendre la messe. L'aube de ce 29 octobre 1632,

(1) *Histoire de Henry, dernier Duc de Montmorency*, p. 472.
(2) Désormeaux, *Histoire de la Maison de Montmorency*, t. III, p. 427.

qui sera peut-être son dernier matin, blanchit les fenêtres. Il communie avec la piété la plus vive, puis remonte dans sa chambre en causant avec le Père Arnoux : « Mon Père, lui dit-il, qui a dans soi la Vie, ne doit plus craindre la mort; j'espère de voir bientôt face à face ce bon Dieu que je viens de recevoir présentement (1). » Mais voici M. de Launay. Il n'apporte pas la grâce, seulement le délai : le Roi consent à retarder le supplice jusqu'au 30 et son départ jusqu'au 31. Montmorency se renferme en lui-même et, durant toute la matinée, se prépare à la mort.

Dans l'après-midi, il traça pour la duchesse, qui, à demi-morte, se confinait dans la solitude au château de la Grange-des-Prés, ces lignes déchirantes qui furent portées par deux Capucins et que la pauvre femme ne put lire que beaucoup plus tard : « Mon cher cœur, je vous dis le dernier adieu avec une affection toute pareille à celle qui a toujours été entre nous; je vous conjure, pour le repos de mon âme et par Celui que j'espère voir bientôt par sa miséricorde dans le ciel, de modérer votre ressentiment. J'ai reçu tant de grâces de mon doux Sauveur, que vous avez tout sujet d'en recevoir une grande consolation. Adieu encore une fois (2). »

Sachant que « son bien était confisqué » (3), lisons-nous dans une lettre adressée à Servien, ambassadeur extraordinaire en Savoie, M. de Montmorency « fit demander permission au Roi de pouvoir disposer de trois choses, de deux salons et d'un petit cabinet, ce que Sa Majesté lui accorda ». Il donna l'un des salons « à Mgr le Cardinal en lui envoyant des excuses de l'incivilité qu'il avait commise, lorsqu'il le lui avait refusé, une fois « que Son Éminence » avait témoigné le souhaiter; « l'autre, il le donna à Madame la Princesse et le cabinet à Mademoiselle de

---

(1) *Histoire de Henry, dernier Duc de Montmorency*, p. 469-470.
(2) *Relation véritable de ce qui s'est passé au procès de Messire Henry, Duc de Montmorency*, p. 139.
(3) Louis XIII le fit remettre à la sœur et aux demi-sœurs du condamné, la princesse de Condé, les duchesses d'Angoulême et de Ventadour; mais il garda Chantilly, le joyau de la succession. Pendant la minorité de Louis XIV, en octobre 1643, la Régente Anne d'Autriche donna Chantilly au duc d'Enghien, alors dans tout l'éclat de ses premières victoires. (Voir Boislisle, *Trois Princes de Condé à Chantilly*).

Bourbon (1). » Le don fait au cardinal comportait un tableau de Carrache, *Saint Sébastien mourant*, que l'infortuné donateur avait dans son hôtel de Paris et qui est aujourd'hui au Louvre.

Malgré sa résignation, Montmorency se prend parfois à soupirer. Mais son âme forte n'en reste pas moins « maîtresse du corps qu'elle anime ». « Mon Père, dit-il au Père Arnoux, cette chair voudrait bien murmurer, mais nous l'en empêcherons avec l'aide du Bon Dieu (2). » La nuit était venue depuis longtemps; la soirée de Montmorency finissait tard sur « quelques chapitres de Gerson (3) ». Il se mit au lit, la tête pleine de pieuses pensées, et dormit six heures de suite, veillé par le fidèle Lucante.

Le lendemain 30 octobre, après l'avoir interrogé au Palais dans la matinée et fait reconduire à l'hôtel de ville, ses juges le condamnèrent les larmes aux yeux : la sentence portait qu'il aurait la tête tranchée sur la place du Salin.

De retour dans sa chambre, il enlève son bel habit de drap d'Espagne couleur de musc et le donne à l'exempt qui est debout auprès de lui; il ne conserve que son caleçon et sa chemise. Ainsi dévêtu, il écrit à son ami le cardinal de La Valette et à la princesse de Condé, sa sœur; il remercie M. de Launay ainsi que tous les gardes, puis il demande un bouillon et se gargarise, car la fluxion, déterminée par les plaies de son gosier, l'étouffe. Charles de Lévis, comte de Charlus, capitaine des gardes, vient d'entrer; il a de la peine à retenir ses pleurs, lorsque, de la part du Roi, il demande à Montmorency de rendre le bâton de maréchal de France et le collier de l'ordre du Saint-Esprit : « Monsieur et cher Cousin, répond le duc, je les rends volontiers à mon Roi, puisque après tant de services une seule action me rend indigne de sa grâce (4). »

Il est midi : on annonce que deux commissaires du Parlement et le greffier criminel attendent le duc dans la chapelle, pour lui donner lecture de son arrêt. Juste à ce moment le Roi

---

(1) Servien à son frère l'ambassadeur, le 9 novembre 1632. (Archives de la Guerre, vol. 20, pièce 77.)
(2) Vicomte de **Noailles**, *Le Père du Grand Condé*, p. 215 et 478.
(3) *Histoire de Henry, dernier Duc de Montmorency*, p. 488.
(4) *Ibidem*.

mande M. de Launay. Est-ce enfin la grâce? Conduit par M. de Charlus, Montmorency descend à la chapelle. Les magistrats le virent entrer le crucifix à la main, les épaules couvertes d'une méchante casaque de soldat. Il se mit à genoux devant l'autel et, tout le temps que dura la lecture de la cruelle sentence, les yeux du condamné restèrent fixés sur le crucifix. Il se relève, et, s'adressant aux commissaires, il leur parle avec assurance : « Messieurs, je vous remercie et toute votre compagnie, à qui je vous prie de dire de ma part que je tiens cet arrêt de la justice du Roi pour un arrêt de la miséricorde de Dieu ; priez Dieu qu'il me fasse la grâce de souffrir chrétiennement l'exécution de ce que l'on vient de lire (1). »

Les commissaires se retirent ; le duc s'agenouille de nouveau et recommence à prier. De nouveau, voici M. de Launay : la seule grâce qu'il apporte au condamné est d'être exécuté à l'intérieur de l'hôtel de ville. Faveur dont Montmorency exprime tout haut sa reconnaissance, bien qu'il eût préféré mourir en public, pour que sa mort ressemblât davantage à celle de Jésus-Christ. M. de Charlus sort de la chapelle à son tour, tenant le bâton de maréchal et l'ordre du Saint-Esprit ; il est résolu de se jeter aux pieds de son maître et d'implorer à son tour la grâce du condamné.

A l'archevêché de Toulouse, où il était descendu, le Roi jouait aux échecs avec M. de Liancourt (2). Il voyait des larmes dans tous les yeux ; il entendait les cris du peuple, qui montaient de la rue : « Grâce, grâce, miséricorde, miséricorde! » Le maréchal de Châtillon venait de lui dire que « la douleur peinte sur les visages de toute la Cour l'avertissait qu'il ferait plaisir à beaucoup de personnes en pardonnant au duc de Montmorency ». Le cardinal était aux écoutes. Le Roi répondit au maréchal : « Je ne serais pas Roi, si j'avais les sentiments des particuliers. » Et il se retourna vers son échiquier. Entre Charlus, qui tombe à genoux devant le Roi : « Sire, dit-il, je viens de la part de

---

(1) Père Griffet, *Histoire du Règne de Louis XIII*, t. II, p. 357.
(2) Roger du Plessis-Liancourt, gendre du maréchal de Schomberg.

M. de Montmorency vous apporter son collier de l'ordre et son bâton de maréchal de France, dont vous l'avez ci-devant honoré, et vous dire en même temps qu'il meurt avec un sensible déplaisir de vous avoir offensé et que, bien loin de se plaindre de la mort à laquelle il est condamné, il la trouve trop douce par rapport au crime qu'il a commis. » M. de Charlus embrassait les pieds de Louis XIII : « Ah! Sire, implorait-il, que Votre Majesté fasse grâce à M. de Montmorency; ses ancêtres ont si bien servi les Rois vos prédécesseurs; faites-lui grâce, Sire! » Louis XIII regarda tous les assistants, qui s'étaient eux aussi jetés à genoux et joignaient leurs prières à celles de M. de Charlus. L'air chagrin, il dit : « Non, il n'y a point de grâce, il faut qu'il meure. On ne doit pas être fâché de voir mourir un homme qui l'a si bien mérité. On doit seulement le plaindre de ce qu'il est tombé par sa faute dans un si grand malheur. Allez lui dire que toute la grâce que je puis lui faire, c'est que le bourreau ne le touchera point, qu'il ne lui mettra point la corde sur les épaules et qu'il ne fera que lui couper le cou (1). »

Montmorency attendait dans la chapelle, assis sur un banc, près du balustre du chœur (2); il s'entretenait avec le Père Arnoux. A quelques pas de lui, tous les archers du grand prévôt et l'exécuteur, à qui le grand prévôt venait de le livrer. Il était environ deux heures de l'après-midi et l'on n'avait pas encore procédé aux derniers apprêts du supplice : M. de Launay était retourné à l'archevêché demander au Roi « quelques ordres particuliers ». Les amis du condamné avaient encore une lueur d'espérance. M. de Launay ne tarda pas à reparaître et cette dernière lueur s'éteignit. Lucante s'avance pour couper les cheveux et les moustaches de son maître : ses forces l'abandonnent, il semble près de s'évanouir. Montmorency, d'ailleurs, afin de souffrir une ignominie de plus, veut que cet office lui soit rendu par le bourreau. Bien que dispensé d'avoir les mains liées, il les tend aux cordes de l'exécuteur et se laisse découvrir le col et le haut des épaules. Puis, ayant à sa droite le Père Arnoux, entre

---

(1) Père Griffet, *Histoire du Règne de Louis XIII*, t. II, p 359.
(2) *Histoire de Henry, dernier Duc de Montmorency*, p. 496.

deux haies de gardes du corps, il marche par les basses-cours, vers le lieu du supplice.

Le grand prévôt et ses archers viennent de pénétrer dans la cour de l'hôtel de ville, — une étroite cour rectangulaire, où l'échafaud se dresse atteignant la hauteur du premier étage. On y monte par un escalier qui communique avec une fenêtre du rez-de-chaussée. Aux autres fenêtres, le greffier du Parlement, les capitouls en robes rouges, les officiers du corps de ville en habits de cérémonie. Bientôt apparaît, dans l'embrasure de la fenêtre sinistre, le condamné, un crucifix entre ses mains liées. Montmorency aperçoit la statue de Henri IV en ronde bosse qui décore la porte intérieure de l'hôtel de ville. Il s'arrête et, comme le Père Arnoux lui demande s'il désire quelque chose : « Non, mon Père, répond-il, je regardais l'effigie de ce grand monarque, qui était un très bon et très généreux prince, de qui j'avais l'honneur d'être filleul. Allons, mon Père, voici le seul et le plus assuré chemin du paradis (1). » Mais avant de monter à l'échafaud, il se tourne vers un des Jésuites qui accompagnent le Père Arnoux et dit : « Je vous supplie d'avoir soin que ma tête, après avoir reçu le coup, ne tombe point de l'échafaud à terre. Recueillez-la, s'il se peut (2). »

Il monte les degrés qui conduisent à la plate-forme ; il salue les assistants, déclare qu'il meurt fidèle serviteur du Roi et baise le crucifix, que le Père Arnoux retire de ses mains. Il ne conserve qu'une médaille qu'il avait reçue du religieux et à laquelle était attachée l'indulgence de la bonne mort. Le Père Arnoux avait voulu l'attacher à son bras, de peur qu'elle ne tombât durant l'exécution ; Montmorency avait protesté : « Donnez-la moi, s'était-il écrié, et soyez assuré qu'avec l'aide de Dieu je la tiendrai autant de temps qu'il faut pour mon salut (2). »

Le condamné s'est mis à genoux et reçoit une absolution suprême. Il met la tête sur le billot. Au-dessus de lui, brille la *manaja*, sorte de hache suspendue. Car « en ce pays-là, nous explique M. de Puységur, on se sert d'une doloire qui est entre

---

(1) *Histoire de Henry, dernier duc de Montmorency*, p. 500.
(2) *Ibidem*, p. 492.

deux morceaux de bois et, quand on a la tête posée sur le bloc, on lâche la corde et cela descend et sépare la tête du corps ». Montmorency ne parvient pas à ajuster son cou, « navré de plaies, » sur le billot, qui est trop bas : « Je ne remue pas par appréhension, dit-il, mais ma blessure me fait mal. » Il a enfin trouvé une position moins pénible; « Frappez hardiment, commande-t-il ». On entend : « *Seigneur Jésus, recevez mon âme* »; la doloire s'abat. La tête tombe d'un côté, le corps de l'autre; le sang éclabousse la statue de Henri IV, inonde les planches, ruisselle sur le pavé... Puységur observe que le décapité tenait en main la médaille du Père Arnoux, « laquelle il ne lâcha que quand il n'eut plus de sang et que pour lors sa main s'ouvrit(1) ».

Sur l'ordre du grand prévôt, on a laissé la foule envahir la cour de l'hôtel de ville, regarder le bourreau, qui montre la tête de l'ancien gouverneur du Languedoc. Des gens du peuple, des soldats se ruent sous l'échafaud, d'autres en escaladent les marches, pour tremper leurs mouchoirs ou leurs épées dans le sang du héros qu'ils adorent. Ce qui restait de Montmorency, fut enveloppé dans un drap de velours noir, emporté dans un carrosse de l'évêque de Mirepoix à l'abbaye de Saint-Sernin (2). La tête et le corps furent ensevelis dans l'église, le cœur fut donné, selon la volonté du défunt, à la maison professe des Jésuites de Toulouse.

Le Père Arnoux rendit compte au Roi des derniers moments du supplicié : « Je suis marri, soupira Louis XIII, qu'il m'ait fallu en venir là et bien consolé de ce que vous me dites de sa vertu à bien mourir; je préjugeais bien, qu'ayant un grand courage comme il avait, il le ferait paraître en la conclusion, mourant en bon chrétien comme il a fait. » Onze années plus tard, sur son lit de mort, le Roi, si l'on s'en rapporte à Le Laboureur, instruit par le père du Grand Condé, protestera que sa volonté a été surprise « dans ce malheureux voyage de Toulouse, où il

---

(1) *Mémoires de M. de Puységur*, t. I, p. 137-138.
(2) La duchesse de Montmorency fit plus tard (après la mort de Richelieu) transférer le corps de son époux dans l'église des Visitandines de Moulins, où elle lui avait élevé un mausolée.

est allé contre son gré. Il avait eu dessein de sauver la vie au duc de Montmorency, mais il s'était laissé entraîner par une foule de prétextes qu'on lui représentait comme des raisons d'État; il lui en était toujours resté un déplaisir cuisant, qu'il avait tenu caché. Les rois étaient bien malheureux de n'entendre parler que de sinistres rapports, de se défier de leurs plus proches parents, de leurs principaux officiers et de ceux même qu'ils affectionnent le plus et d'être obligés de régler leur conduite sur des fantômes de politique, qui ne sont bien souvent que l'intérêt d'autrui (1) ».

Richelieu avait démontré que le châtiment du duc de Montmorency était conforme à l'intérêt de l'État; mais il savait aussi qu'il accumulait sur sa tête de terribles haines. Les politiques et le public en jugeaient diversement. Le comte d'Olivarès disait en apprenant l'exécution du vaincu de Castelnaudary : « C'est le plus hardi coup que ministre ait jamais fait et, si le cardinal n'a point eu de passion particulière contre lui, le Roi ne le peut jamais assez récompenser d'une telle action (2). »

Maintenant, comment sortir de la crise poussée à son point extrême, comment dominer la colère des Reines, la haine fourbe de Monsieur, l'indignation ou la peur de tous les compromis? Richelieu se le demandait, tandis que, par Grenade et Beaumont, il s'acheminait vers Bordeaux ainsi qu'Anne d'Autriche et une partie de la Cour. Louis XIII avait pris, le 31 octobre, la route de Paris et le cardinal avait demandé au Roi la permission de gagner avec la Reine régnante, les côtes de l'océan. Il voulait lui montrer Brouage, traverser La Rochelle, revenir par Richelieu, — le château splendide qu'il aménageait alors avec le concours de son fidèle archevêque de Bordeaux et auquel ni les affaires ni les complots ne l'empêchaient de penser. N'avait-il pas écrit à ce cher archevêque, le 10 juin 1632, deux semaines après l'exécution du maréchal de Marillac : « Les peintures que je vois en tous les lieux où je vas, me font désirer que les

(1) **Père Griffet**. *Histoire du Règne de Louis XIII*, t. II, p. 362.
(2) *Mémoires du Cardinal de Richelieu*, éd. Petitot, t. VII, p. 223.

miennes soient fort bien. Partant je vous prie de prendre garde que la chambre de dessus le portail soit peinte d'un beau dessin et assez richement? (1) » « Vous n'avez dans votre esprit, écrivait en ce même temps Mathieu de Morgues, dans un des plus sanglants pamphlets qu'il ait aiguisés contre le cardinal, que Richelieu, ce « bâtiment fait sur le modèle de celui de la Reine mère ; pour le rendre riche vous mettez la pauvreté partout (2). »

Le cardinal était parti de Toulouse le 2 novembre. On était aux environs du 10 et les voyageurs se reposaient à Lectoure. Richelieu s'y trouvait dans la chambre de la Reine, quand Mme de Chevreuse lui posa une question à laquelle Son Éminence assurément ne s'attendait pas : « Dites-nous un peu ce que M. de Montmorency a mandé au Roi par Launay. — Il a mandé plusieurs choses, répondit le cardinal; je ne sais pas ce que vous voulez savoir. — Il lui a mandé, reprit Mme de Chevreuse, prompte à son ordinaire, que le mariage de Lorraine est fait (3). Je le dis, afin que vous ne pensiez pas que nous ignorions ce dont vous faites secret (4). » Bien qu'elle se gardât de nommer celui qui lui avait donné cet avis, Richelieu ne douta point que ce ne fût Châteauneuf. Cette scène prouve que les fers restaient croisés. Partout, malgré les victoires et le sang répandu, l'intrigue avec, à sa tête, ce dangereux lourdaud, Monsieur !

La Cour s'était remise en route. On avait dépassé Casteljaloux et Bazas, l'on approchait de Langon. Il y avait quelque temps déjà que Son Éminence ressentait des douleurs aiguës : depuis Lectoure (trente lieues), un rhumatisme lui était tombé sur les reins. Tout à l'heure il allait être à Cadillac, la royale demeure du duc d'Épernon, sur la rive droite de la Garonne.

Déjà une galiote pointe, venue de Bordeaux, a transporté la Reine; une autre galiote vogue avec sa suite. Richelieu passe sans encombre, mais, au débarqué, nul carrosse sur le rivage.

(1) Avenel, *Lettres du Cardinal de Richelieu*, t. IV, p. 304.
(2) Mathieu de Morgues, *Remontrance de Caton chrétien*, p. 4.
(3) Rappelons que Monsieur avait épousé secrètement Marguerite de Lorraine, le **3 janvier 1632**.
(4) Mémoire écrit de la main de Richelieu. — Avenel, *Lettres du Cardinal de Richelieu*, t. IV, p. 431.

La suite de la Reine étant trop nombreuse, les dames, qui ne trouvaient point de places dans les pesants véhicules, sont montées dans celui qui était réservé au cardinal et Richelieu gravit à pied la côte (1) qui mène au château, courte pour un homme valide, bien longue pour un rhumatisant. Le duc d'Épernon vient au-devant de lui en carrosse; il a conduit la Reine dans la belle chambre qui lui est destinée, d'où l'on aperçoit la Garonne fuyant au loin vers Bordeaux. Et, maintenant, il accourt chercher le cardinal; il met pied à terre. Vainement il offre à Son Éminence de s'asseoir dans la voiture. Richelieu refuse de fort méchante humeur et le gouverneur de Guyenne en est réduit à marcher à ses côtés, faisant ainsi une entrée assez peu triomphale dans l'immense cour de son beau Cadillac.

Richelieu, à peine installé, brûle de repartir; il craint que M. d'Épernon, qui n'est pas son ami, ne lui joue quelque mauvais tour. Il a, pour sa défense, douze cents chevaux de l'armée du Roi et ses propres gendarmes, chevau-légers et gardes du corps, mais le duc a logé le gros de l'escorte de l'autre côté de la rivière. Le cardinal ne peut compter que sur les gardes qui l'ont suivi à Cadillac et sur ses domestiques. Ceux-ci le suivent même de trop près, car M. d'Épernon a donné de si bons ordres, que les gens de M. le Cardinal ne sont point logés : M. de Cahusac est l'hôte du maréchal ferrant et Son Éminence est obligée de souffrir ses domestiques dans son antichambre et jusque dans sa chambre. Dans cet embarras, Richelieu se méfie des cuisiniers du survivant de la cour des Valois. Aussi avec quelle hâte « délogea-t-il dès le grand matin, sans avoir rien pris qu'un bouillon qui n'était pas de la cuisine de M. d'Épernon (2) ». Il s'embarqua, sous prétexte que la marée ne saurait attendre, et s'en fut en galiote à Bordeaux, où il dut se mettre au lit.

Lorsque, par la marée suivante, la Reine eut quitté Cadillac, le duc d'Épernon n'oublia point le cardinal : il se rendit à

(1) Voir Marquis de Dampierre, *Le Duc d'Épernon*, p. 197 et *Le Duc et le Roi*, le livre si dramatique et si coloré de M. Léo Mouton, p. 187 et suivantes.
(2) *Mémoires de M. de La Porte*, p. 72.

Bordeaux et « l'alla voir soigneusement tous les matins avec deux cents gardes, qui l'accompagnaient jusqu'à la porte de sa chambre ». Là, s'asseyant sur un fauteuil à côté du lit de Son Éminence, il disait : « *Je ne viens point pour vous incommoder, mais pour savoir l'état de votre santé* ». De pareilles visites n'étaient pas pour guérir la fièvre du malade. « Le cardinal craignait même, lisons-nous dans les *Mémoires* de M. de La Porte, que le duc ne se saisît de sa personne et ne le mît au Château-Trompette, ce qu'on prétend qu'il eût fait sans la croyance qu il avait qu'il ne réchapperait pas de cette maladie et qu'il en serait défait sans user de violence (1). »

Il est probable que le cardinal ne parlait guère à ce redoutable fâcheux de sa fièvre, de son apostume, de l abcès dont il attendait avec angoisse la suppuration. Mais il est prodigue de détails précis chaque fois qu'il s'agit de rassurer Louis XIII : « Quant à ma suppression d'urine, écrit-il à Bouthillier le 13 novembre, il s'est trouvé un chirurgien, en cette ville, qui a un secret admirable, — un secret qui n'en était plus un depuis près de soixante ans — : avec de la bougie de cire cannelée, il m'a fait vider maintenant toute l'urine que j'avais dans la vessie, qui me tuait, et qui me donne un soulagement indicible. J'espère que cela mettra le Roi hors de peine (2). »

Le 17 novembre, la Reine, qui a gagné Blaye en bateau, s'achemine, depuis plusieurs jours, en carrosse, au milieu d'une cour nombreuse, vers La Rochelle. « Curieuse de savoir si M. le Cardinal est aussi mal qu'on le dit », elle vient de dépêcher à Bordeaux M. de La Porte. On introduit l'envoyé dans la chambre du malade. Il fait nuit; Richelieu est assis sur une chaise entre deux petits lits et, tandis, qu'on lui panse son apostume, M. de La Porte, fort obligeamment, tient le bougeoir, pour que Son Éminence puisse lire les lettres de la Reine et de Mme de Chevreuse, qu'il lui présente. Le cardinal jette les yeux sur cette correspondance, puis il questionne. Il paraît anxieux de la conduite de M. de Châteauneuf : le garde

(1) *Mémoires de M. de La Porte*, p. 73.
(2 Avenel, *Lettres du Cardinal de Richelieu*, t. IV, p. 402.

des Sceaux va-t-il souvent chez la Reine? reste-t-il tard chez elle? est-il ordinairement chez Mme de Chevreuse? Richelieu « finasse ». La Porte, autant qu'il lui est possible, fait l'ignorant, puis retourne à Blaye, où il reprend ses chevaux. Il n'a pas plutôt couru deux postes, qu'il tombe sur Lange, courrier de M. de Châteauneuf. Le garde des Sceaux a envoyé Lange pour hâter le retour de l'envoyé de la Reine : « Il est en grande impatience de savoir si Son Éminence mourra de cette maladie (1). »

La Porte rejoint la Cour à Surgères (huit lieues de La Rochelle) et, comme il ne fait pas encore jour chez la Reine, il va droit chez le garde des Sceaux lui annoncer que le cardinal est assuré de la guérison, que le chirurgien Mingelousaux a réussi à le soulager. A mesure qu'il parle, Châteauneuf s'assombrit. Consterné, il regarde son interlocuteur avec des yeux vagues. Voyant qu'il se rend chez Mme de Chevreuse, il ne tarde pas à le suivre dans la chambre de la duchesse et tous trois vont chez la Reine, qui s'est éveillée. Là, nouveau récit et nouvelle déception : « Je les laissai, dit La Porte, en conseil, où je crois qu'il n'y eut rien de résolu que de faire bonne mine et de montrer sur le visage plus de joie qu'ils n'en avaient dans le cœur (2). »

Que d'inquiétude cache le sourire d'Anne d'Autriche, tandis que, le 20 novembre, elle est reçue triomphalement à La Rochelle, haranguée à l'entrée de la ville, traitée de la « plus grande et la plus belle princesse de l'univers (3). » Le même jour, Richelieu quittait Bordeaux, enveloppé dans un tapis de soie, sur un matelas que portaient ses gentilshommes. On l'installe furtivement dans une galiote, qui cingle vers le Bec-d'Ambez. Il sera ce soir à Bourg-sur-Gironde et demain à Blaye. Puis de dures étapes, trente lieues de cahots en carrosse, et il pourra se reposer dans sa forteresse de Brouage, près de Marennes. Il a mandé deux chirurgiens de Paris, experts et fidèles : Son

---

(1) *Mémoires de M. de La Porte*, p. 74-77.
(2) *Ibidem*, p. 77-78.
(3) *Mercure françois*, t. XVIII, p. 884.

Éminence ne veut pas de M. Juif, le chirurgien à la mode; elle préfère ne pas confier sa vie à la lancette d'un *Tomès* qui est à Monsieur. « Mme de Combalet, ainsi que l'explique à Bouthillier, l'un des secrétaires du cardinal, leur fera bailler un carrosse à six chevaux pour les mener à Orléans, où ils se mettront par eau jusqu'à Saumur et là ils trouveront un autre carrosse pour les mener en Brouage (1). »

Le cardinal est sous le coup de plusieurs nouvelles qui l'ont atteint à Bordeaux : son ami le maréchal de Schomberg y est mort, enlevé par l'apoplexie à cinquante-neuf ans; et Monsieur, qui ne pardonne ni au Roi ni à son ministre l'exécution de Montmorency, est sorti du Royaume pour la quatrième fois, afin de rejoindre la Reine mère à Bruxelles. Richelieu est encore bien plus affecté du peu d'intérêt que lui a témoigné Châteauneuf, tandis qu'il gisait sur son lit, en proie aux souffrances les plus cruelles. On a donné un bal en l'honneur de la Reine, et le garde des Sceaux n'a pas craint de danser à quelques pas du logis où le cardinal paraissait tout près d'expirer, — si faible, que sa mort fut annoncée au Roi en même temps que celle de Schomberg. Mais maintenant les grandes douleurs sont passées. Richelieu se souviendra. Il songe « au procédé du garde des Sceaux dans sa maladie (2) » : Mme de Chevreuse lui a rapporté les propos imprudents tenus par le garde des Sceaux dans la chambre de la Reine. Décidément ce successeur de Marillac est, à son tour, suspect.

Dans la ville de Cozes, à cinq lieues au sud de Saintes, Charpentier, l'un des secrétaires de Richelieu, griffonne pour Bouthillier ce court billet : « Le 26 novembre, Monsieur, Monseigneur le Cardinal m'a commandé de vous écrire qu'il désire qu'il plaise au Roi de faire un mot de lettre à Monseigneur le Cardinal de La Valette, contenant ces mots : *Mon Cousin, j'ai bien voulu vous témoigner, par ces lignes, le gré que je vous sais de ce que vous avez toujours demeuré auprès de mon cousin le cardinal de Richelieu et ne l'avez point abandonné durant sa maladie; et,*

(1) Avenel, *Lettres du Cardinal de Richelieu*, t. IV, p. 403, note.
(2) *Ibidem*, p. 436-437.

parce aussi que je veux bien que tout le monde sache que ceux qui l'aiment sincèrement et sans feintise comme vous, sont ceux dont je ferai cas particulièrement (1). »

Richelieu, en dictant ces lignes, tient à fortifier le dévouement de ses amis. A l'égard de ses ennemis, il se tait. Silence de mauvais augure.

A Paris quinze jours plus tard, Châteauneuf s'inquiétait. Il écrivait à Charpentier le 8 décembre : « L'on nous jette deçà que voyant Monseigneur le Cardinal malade, je l'avais quitté; dont il n'était content, et cela est venu en après aux oreilles du Roi, dont j'ai grand sujet de me plaindre (2). » Et l'imprudent, — ou trop prudent, — garde des Sceaux conjurait le secrétaire du cardinal de le justifier auprès de Son Éminence (3).

Le 3 janvier 1633, une animation inaccoutumée remplissait le château de Rochefort-en-Yveline (à deux petites lieues au nord de Dourdan). Richelieu, qui se rendait de Brouage à Paris, venait d'arriver dans cette demeure féodale, élevée en plein siècle de la Renaissance par Hercule de Rohan. Le cardinal y était l'hôte du duc de Montbazon, fils du bâtisseur, et il attendait Sa Majesté, qui séjournait au château de Dourdan.

Le Roi et son ministre avaient aussi grande hâte l'un que l'autre de se rencontrer. Le 31 décembre, Louis XIII avait écrit au cardinal : « Puisque vous me mandez que vous serez à Rochefort le 3 ou le 4 du mois prochain, je veux prendre le terme le plus court et vous assure que je serai lundi devant trois heures après midi à Rochefort, où je vous attendrai avec impatience. Je ne doute point que le désir de me revoir ne vous empêche de ressentir les incommodités du mauvais temps. Assurez-vous de mon affection, qui sera toujours telle que vous la pourrez désirer (3). »

L'approche du Roi est signalée. Richelieu va au-devant de lui, se jette à ses pieds. Le Roi le relève d'une main, le caresse

---

(1) Avenel, *Lettres du Cardinal de Richelieu*, t. IV, p. 410-411.
(2) Archives des Affaires Étrangères, France 803, 7° 288.
(3) Comte de Beauchamp, *Louis XIII*, p. 103.

de l'autre, le tient embrassé, lui dit « qu'il reçoit autant de joie de le revoir en bonne santé, comme ses ennemis avaient témoigné de contentement de la fausse nouvelle de sa mort (1) ». Et le cardinal de répondre « qu'il ne désirait vivre que pour servir Sa Majesté et qu'il priait Dieu pour que les bornes de son service fussent celles de sa vie (2) ». Puis le Roi eut plusieurs entretiens particuliers avec son ministre : « Sa Majesté, disent les *Mémoires*, lui fit beaucoup de remarques qu'elle avait faites, pendant son absence, de l'infidélité du sieur de Châteauneuf et lui fit connaître la résolution qu'elle avait prise de le chasser, dont le cardinal la détourna autant qu'il put, la suppliant de trouver bon qu'on prît temps de bien examiner ses actions (3). »

Il y avait alors plus d'un mois que, par le Père Joseph, qui correspondait en chiffre avec Léon Bouthillier, Richelieu cherchait à indisposer Louis XIII contre celui qui avait convoité prématurément sa succession.

Le Roi ne quitte Rochefort qu'à la nuit. Le même soir, le garde des Sceaux dit au cardinal qu'il serait heureux de voir sa nièce Mlle de Châteauneuf, une héritière fort enviable (dix mille livres et cinquante mille écus comptant), épouser un parent de Son Éminence, Charles du Cambout, marquis de Coislin, baron de Pontchâteau. Richelieu n'était pas homme à tomber dans un piège si grossier. Il tint en suspens la réponse. Le lendemain, il rejoignait à Dourdan le Roi, qui, le 11, revint au Louvre et deux ou trois jours plus tard, à Saint-Germain.

Si Richelieu avait pu lire dès ce temps les lettres d'amour (4) que Mme de Chevreuse échangeait avec ce barbon de Châteauneuf, il aurait vite démêlé, à travers les chiffres qui les embroussaillent, que 38 est Châteauneuf, 28 Mme de Chevreuse, 24 Marie de Médicis, 22 le cardinal et que les deux complices le tournent en ridicule. Les lettres le peignent sous les apparences d'un amant jaloux,

(1) *Mercure françois*, t. XVIII, p. 897.
(2) *Idem*.
(3) *Mémoires du Cardinal de Richelieu*, éd. Petitot, t. VII, p. 325.
(4) Dont la copie ancienne qui a été communiquée à M. Batiffol, est conservée dans les archives de M. G. Hanotaux.

restant des deux heures de suite chez la Reine à cause de Mme de Chevreuse et prodiguant à Marie de Médicis des « compliments inimaginables » et « des louanges extraordinaires ». Tout cela, explique Mme de Chevreuse, « devant 28, à qui il a parlé fort froidement et affectant une grande négligence et indifférence pour 28. Laquelle l'a traité à son accoutumé sans faire semblant de s'apercevoir de l'humeur de 22 et, sur une picoterie que lui a voulu faire 22, l'a raillé jusqu'à en venir au mépris de sa puissance. Cela l'a plus étonné que mis en colère, car il a changé alors de langage et s'est mis dans des civilités et humilités grandes. Je ne sais si ç'a été qu'en la présence de 24, il n'a pas voulu montrer sa mauvaise humeur ou bien, si ce n'est cela, de ne se vouloir pas brouiller avec 28. Demain je le dois voir à deux heures. Je vous manderai ce qui se passera ». Et Mme de Chevreuse termine par ce tendre adieu, où déjà flotte je ne sais quel charme racinien : « Soyez assuré que 28 ne sera plus au monde, lorsqu'elle ne sera plus à 38. »

Le garde des Sceaux tenu ainsi en haleine n'est autre chose pour l'intrigante que l'ennemi du ministre et son successeur éventuel. Avec une habileté toute féminine, elle excite la jalousie de Châteauneuf contre le cardinal : « Je l'ai vu ce soir », confie-t-elle à son crédule amant, « et trouvé plus résolu à persécuter 28 que jamais; jamais 28 ne l'a trouvé, comme aujourd'hui, l'esprit si inquiet et des inégalités telles en ses discours, que souvent il se désespérait de colère et en un moment s'apaisait et était dans des humilités extrêmes. Il ne peut souffrir que 28 estime 38 et ne saurait l'empêcher. Je le vous promets, mon fidèle serviteur, que j'appelle ainsi pour ce que je le crois tel. » « Il jure, dit-elle encore, que 28 sera mal avec vous dans peu, que 38 n'aime point 28 et en fait des railleries. » Enfin lorsqu'elle croit avoir asservi pour toujours Châteauneuf, suivant sa propre expression, elle « change de style » : « Je vous ordonne de m'obéir, commande-t-elle, non seulement pour suivre votre inclination, si elle vous y convie, mais pour satisfaire à mon désir qui est de disposer absolument de votre volonté. Voilà le secret que je ne vous dis pas hier et que je vous promets de vous dire aujourd'hui. Je ne veux pas vous occuper davantage pour ce soir. Il faut mieux employer le temps qu'à lire une longue lettre. Cette raison m'oblige à vous envoyer des heures et un chapelet, qui vous feront voir que, si je n'ai pas appris en ce lieu la vertu d'humilité, j'ai trouvé celle de la pauvreté, qui ne saurait être mieux représentée que par les dévotions que je vous en envoie. Le cachet est pour fermer les lettres que vous m'écrivez. Je pense que vous vous en servirez plus que du reste. » Elle ne se trompait point; elle put lire du barbon des hymnes d'amour et des serments d'obéissance : « J'attends impatiemment votre commandement... Mon Dieu! faut-il que je passe un jour de ma vie sans vous servir!... Que je me trouve lâche d'employer mes soins à autre chose! »

Cette correspondance, où Mme de Chevreuse jurait qu'elle « aimait mieux se résoudre à périr qu'à faire des soumissions au cardinal », dont la « gloire ne lui était pas seulement insupportable, mais odieuse », Richelieu ne la connaissait pas encore, mais il la soupçonnait, il la devinait. Quand la duchesse venait le voir en sa maison de Rueil ; quand, malgré « force gens qui l'interrompaient souvent », le cardinal « la pressait au dernier point, pour savoir comme elle était avec le garde des Sceaux, disant que tout le monde les croyait en une intelligence extrême », elle répondait que Châteauneuf « lui était indifférent ».

Le Roi était averti de tout : « Mon Cousin... écrivait-il de Saint-Germain, le 4 février 1633, au cardinal, je viens d'avoir avis, par une voie du tout assurée, qu'un ouvrier, venu d'Angleterre, est venu trouver la lapidaire (Mme de Chevreuse), à Jouarre. Si elle vous le dit elle-même, c'est quelque témoignage d'amendement. Si elle ne vous en parle point, au moins connaissez pour la dernière fois qu'elle vous trompe et se moque de vous et de moi. » Et ce Louis XIII, si renfermé, ouvrait son cœur au cardinal : « Je vous avoue, lui confiait-il, que deux choses me piquent extraordinairement et m'empêchent quelquefois de dormir : l'insolence du Parlement et les moqueries que ces personnes que vous savez font de moi, sans vous y oublier (1). »

---

(1) Comte de Beauchamp, *Louis XIII*, p. 108. — Il est à observer qu'en ce moment même, Châteauneuf écrivait pour le Roi un mémoire très étudié sur les droits du

Ces « personnes que vous savez », c'étaient entre autres Mme de Chevreuse et Châteauneuf. Dès ce moment, les lettres des deux « écrivains » commencèrent à passer (1) sous les yeux du cardinal. Son Éminence les lut avidement : « Un terme injurieux dont on se servait dans cette cabale pour désigner le cardinal, fut ce qui l'offensa davantage », dit pudiquement Voltaire, qui ajoute dans une note rapide : « La Reine Anne et la duchesse l'appelaient cul pourri (2). » Mais, comme le remarque Levassor, appeler ainsi un cardinal « n'est pas un crime de lèse-majesté ».

Ce qui contribua le plus à la perte de Châteauneuf, ce fut certaine dépêche de Fontenay-Mareuil, ambassadeur de France à Londres. Louis XIII et Richelieu apprirent que Weston, grand trésorier d'Angleterre, était venu trouver le diplomate pour lui dénoncer les intrigues de la Reine mère et de Monsieur, étroitement liés avec la reine d'Angleterre. Les ennemis de Richelieu, las d'attendre la mort de Louis XIII, qu'ils croyaient cependant si prochaine, avaient mis leur dernier espoir dans la ruine du ministre, et ils avaient ourdi ces intrigues pour détruire en France Richelieu et renverser en Angleterre Weston lui-même. Ainsi un des hommes de leur cabale, le comte de Holland, devait être envoyé comme ambassadeur extraordinaire à Paris pour devenir le lien entre toutes ces femmes. Malgré l'opposition des Reines, Weston envoya comme ambassadeur à Paris son propre fils, et les avis du fils vinrent confirmer ceux du père. Louis XIII et Richelieu surent que, deux mois auparavant, la reine Henriette avait annoncé à la cour d'Angleterre la nouvelle de la mort du cardinal. Weston lui ayant fait observer que les lettres de France n'en parlaient pas et « que cet accident causerait un préjudice considérable aux affaires du Roi Très Chrétien : « Pourquoi dites-vous cela, avait répliqué vivement la Reine? N'est-il pas mortel comme un autre? Et pensez-vous qu'il soit seul capable de faire

Parlement, destiné à satisfaire le sentiment du Roi et dont il sera fait usage par la suite dans le chapitre consacré à la politique intérieure de Richelieu. 2 vol. manuscrits in-4°, conservés dans les archives de M. G. Hanotaux.
(1) Levassor, *Histoire de Louis XIII*, t. IV, l. xxxiii, p. 221.
(2) Voltaire, *Essai sur les Mœurs*, t. III, p. 20.

les affaires. M. le Garde des Sceaux les entend pour le moins aussi bien que lui (1). »

Tout poussait Châteauneuf à sa perte, et il s'y portait de lui-même...

Le 25 février 1633, à huit heures du soir, le garde des Sceaux voit entrer chez lui, au château de Saint-Germain, M. de La Vrillière, secrétaire d'État, qui, de la part du Roi, lui demande les Sceaux et tous les papiers qui sont là dans une cassette. Châteauneuf, atterré, livre la boîte; il est si troublé, qu'il oublie d'y joindre la clef, pendue à son cou (2). Après la boîte, les Sceaux. Le malheureux, en reconduisant La Vrillière, le prie d'engager le Roi à lui accorder la permission de se retirer dans sa terre de Châteauneuf en Berri.

Mais que veut dire ceci?... Dans l'antichambre se trouve M. de Gordes, capitaine des gardes, qui s'avance vers lui, l'arrête et lui annonce qu'il a reçu l'ordre de le conduire à Ruffec. En attendant, il va le laisser entre les mains de M. de Lamont, exempt de la garde écossaise : M. de Châteauneuf n'aura d'entretien avec personne que Lamont n'y soit en tiers. La Vrillière reparaît. Il vient chercher la clef de la cassette. Châteauneuf la détache de son cou, s'excuse de l'oubli. La Vrillière lui annonce que le Roi n'agrée pas sa demande.

Richelieu se souvenait que, dans certaine lettre du 4 février où le Roi lui parlait de « l'insolence du Parlement » et des moqueries « des personnes que vous savez », Sa Majesté avait conclu ainsi : « Vous savez comme je vous crois en toutes mes affaires; croyez-moi en ces deux-ci et nous en aurons raison (3). » Et il écrivait, le 6 mars, cette lettre destinée à passer sous les yeux du Roi : « Le temps fait tous les jours paraître de plus en plus l'affaire du sieur de Châteauneuf importante et le cardinal avoue que la prévoyance et la défiance du Roi étaient avec raison préférables à la simplicité dudit cardinal (4). »

(1) Père Griffet, *Histoire du Règne de Louis XIII*, t. II, p. 394.
(2) *Ibidem*, p. 390.
(3) Comte de Beauchamp, *Louis XIII*, p. 108.
(4) Avenel, *Lettres du Cardinal de Richelieu*, t. IV, p. 444.

On fit monter le prisonnier dans un carrosse, qui prit la route de Ruffec avec une escorte de cinquante chevau-légers. Un ordre du Roi ne tarda guère à le rejoindre pour l'éloigner encore, le confiner dans le château d'Angoulême, d'où il ne devait sortir que dix ans plus tard, — lorsque le cardinal fut « hors de ce monde ».

Louis XIII avait pris la peine de donner lui-même à Richelieu des nouvelles du prisonnier : « Mon Cousin, écrivait-il, le 7 mars 1633, Lamont me mande qu'il a pris quelques papiers dans la toilette du sieur de Châteauneuf, écrits d'une lettre italienne, pleine de jargon et chiffres ; qu'il sait encore que son chirurgien, nommé Le Jay, en a caché et que ledit sieur de Châteauneuf en a de cousus dans son pourpoint... Il dit que le sieur de Châteauneuf est fort mélancolique... Je vous prie d'avoir soin de vous et de prendre garde à votre personne (1). »

N'insistons pas sur le sort de ceux qui avaient ponté sur la fortune du garde des Sceaux. Ménessier, son secrétaire, devint fou à la vue du commissaire qui l'interrogeait. Son ami le maréchal d'Estrées, qui commandait à Trèves l'armée du Roi, appréhendant le sort de Marillac, s'enfuit en pays ennemi ; puis, rassuré, il tenta de s'expliquer ; Richelieu pardonna ; il écrivit de sa main sur la minute de la lettre : « Je vous assure qu'on ne s'est jamais imaginé que vous fussiez embarrassé dans les affaires de M. de Châteauneuf (2). » M. de Leuville, neveu de Châteauneuf, fut emprisonné au château de Couzières, près de Tours. Le Parlement de Bourgogne sévit contre les serviteurs de Monsieur, contre le président Le Coigneux, Montsigot, maître des comptes, Deslandes-Payen, conseiller au Parlement de Paris ; il condamna par contumace les deux premiers à la peine capitale, le troisième au bannissement. M. de Laffemas, alors intendant en Champagne, fut chargé de juger, avec le présidial de Troyes, divers criminels de lèse-majesté.

Cette âme damnée du cardinal est sans pitié pour les prévenus : à l'écartèlement le vicomte d'Hôtel, le marquis de Sablonnières, les barons de Cirey, de Changy et de Tenances, MM. de

---

(1) Comte de Beauchamp, *Louis XIII*, p. 110.
(2) Catalogue Charavay, 1873.

Villedonnay, père et fils ; à la corde, MM. d'Elbène, oncle et neveu, le marquis de Vardes, Chavagnac, Saint-Hilaire, La Varenne, La Frette ; à la décollation, quelques autres ; à la roue, M. de La Croix. Tant de victimes ne fatiguèrent point le bourreau, car elles ne l'avaient point attendu ; elles étaient depuis longtemps hors du Royaume et les exécutions n'eurent lieu qu'en effigie.

Les peintures représentant la mort des condamnés furent portées jusqu'à la place choisie pour l'exécution, sur une charrette traînée par le cheval qu'avait monté le baron de Circy à la bataille de Castelnaudary. Dans la province voisine, les favoris de Monsieur, le duc d'Elbeuf, le duc de Puylaurens, du Coudray-Montpensier et Goulas, condamnés par le Parlement de Dijon, périrent également en peinture.

François de Rochechouart, chevalier de Jars, amant de Mme de Ventelet, première femme de chambre de la reine Henriette, et correspondant de Châteauneuf, vit le bourreau de plus près. Il avait refusé de dénoncer aucun de ses amis. Reconduit en prison, après avoir été interrogé sur la sellette, il avait dit au prévôt de l'Ile-de-France : « Mon ami, ces pendards vont me condamner, je le vois bien à leur mine, il faut avoir patience et le cardinal enragera de voir que je me moque de lui et de ses tortures. » Il fut condamné à être décapité sur la place de la Halle-aux-Blés.

Le prieur des Jacobins conféra plusieurs heures avec M. de Jars : « Il ne put tirer autre chose de lui, écrivit Laffemas à Richelieu, sinon que les femmes l'avaient perdu et que ses saletés et lascivités avaient attiré la justice de Dieu sur lui et non les crimes dont on l'accusait, n'ayant, pour ce regard, péché qu'en curiosité. » Confessé, préparé à mourir, il fut mené à l'échafaud. Le Jacobin « l'admonestait encore de dire la vérité », lorsque deux gardes fendirent la foule immense qui couvrait la place, et crièrent : « Grâce ! Grâce ! M. l'Intendant vient de recevoir une dépêche du Roi (1). » Jars était sauvé. Il y

(1) Voir les curieux articles de M. Georges de Mongrédien, *Isaac de Laffemas*. — *Revue des Questions historiques* (1er janvier et 1er avril 1928).

avait plus de vingt-quatre heures que Laffemas était en possession de cette dépêche. Le ridicule poète « tragi-pastoral », Laffemas, auteur des *Amours infortunées de Phélamas et de Gaillargeste*, publiées en 1605, avait organisé cette comédie sinistre conjointement avec le cardinal, dans l'espérance d'arracher au chevalier les noms de ses complices.

1633 : Richelieu est plus puissant que jamais. Pour consacrer sa faveur, le Roi, par lettres patentes du mois d'août 1631, avait uni à la seigneurie de Richelieu une quinzaine de baronnies, terres, seigneuries, justices, châteaux, villes, bourgs et villages il avait érigé le tout en duché-pairie. Envahissement que Mathieu de Morgues reprochait durement à Son Éminence : « Vous avez converti en duché-pairie, déclamait l'impitoyable pamphlétaire, un petit fief relevant d'une baronnie voisine, après que vous avez uni tout le pays d'alentour et le lieu même qui vous rendait vassal (1). » Et dans la *Charitable remontrance de Caton chrétien,* dont il inonde Paris, il reproche à l'Éminentissime de porter tant de noms, qu'il ne sait même plus qui il est, étant à la fois « cardinal, premier ministre, amiral, connétable, chancelier, garde des Sceaux, surintendant des finances, grand maître de l'artillerie, secrétaire d'État, duc et pair, gouverneur de trente places, abbé d'autant d'abbayes, capitaine de deux cents hommes d'armes et d'autant de chevau-légers, contraint de comprendre par un etc., le reste de ses titres ». Il proclame les remords qui rongent le cardinal, les songes vengeurs qui, la nuit, le terrorisent. Les gens, hurle-t-il, « qui ont couché dans votre chambre ont dit fort souvent que vous en avez de plus épouvantables que celui d'Apollodore, qui songea que les Furies lui avaient arraché le cœur et dansaient toutes en feu autour de la marmite dans laquelle il bouillait. Vous savez ce que l'Écriture a dit, *que la conscience agitée présume et craint toujours choses cruelles;* la vôtre doit être dans ces troubles, étant impossible qu'elle soit en repos, lorsque vous ravissez celui du Roi votre maître ; de la Reine votre bonne maîtresse et bienfaitrice ;

---

(1) Mathieu de Morgues, *Remontrance de Caton chrétien,* p. 4.

de la Reine épouse du Roi; de Monsieur, frère unique de Sa Majesté; des princes et grands du Royaume; de deux maréchaux de France; de plusieurs personnes de haute, médiocre et basse condition, que vous tenez prisonniers; de tout le peuple de France que vous affligez par la guerre, la famine et la peste; de toute l'Europe que vous renversez; de l'Église de Dieu, qui pâtit dans ces mouvements et perd en beaucoup d'endroits l'exercice de la religion, que vous chassez par l'assistance que vous donnez à ses ennemis. Quand toutes ces choses ne vous ôteraient point la tranquillité de l'esprit, la pouvez-vous conserver, étant tourmenté par les quatre bourreaux de la vie, qui sont l'ambition, l'avarice, la vengeance, auxquelles on dit que depuis peu vous avez ajouté l'amour (1)? »

Diatribe féroce! qui s'efforce d'attribuer à des causes plus ou moins honteuses l'état nerveux où tant de services avaient mis le cardinal. La charge écrasante des affaires, supportée en dépit d'une santé débile, avait rendu le corps exsangue et même suppurant par l'excès de tension physique et intellectuelle. Le surmenage inouï de toutes les facultés, la vie sans cesse menacée, — si l'on peut appeler vie ce que nous venons de dépeindre — l'autorité du Royaume et du Roi portée à bout de bras de La Rochelle à Suse, de Suse à Casal, de Casal à Privas, à Toulouse, — fardeau grandissant à chacune de ces rudes étapes, — la lutte partout et toujours, surtout, dans ces quelques pieds carrés du cabinet royal, au milieu de cette Cour plus dangereuse que les mers les plus perfides, avaient laissé l'homme pantelant entre son apothicaire et ses gardes de corps.

Cependant, Richelieu a vaincu : la paix intérieure est assurée, les protestants sont abattus, les grands tremblent, le parti dévot est paralysé, et si, maintenant, on veut reprendre l'œuvre laissée par le roi Henri et se retourner vers la maison d'Autriche, les mains sont libres. Avant d'engager la lutte, il n'y a plus à apaiser le Royaume, il suffit de l'organiser. Tâche encore difficile, certes! mais les premiers succès sont un gage des succès

---

(1) Mathieu de Morgues, *Remontrance de Caton chrétien*, p. 3, 4, 75.

futurs. La confiance du Roi est intacte. « Dieu protège la France »!

Revenons donc vers cette grande affaire du traité de Ratisbonne non ratifié et que l'amas des « brouilleries » intérieures a laissée en suspens (13 octobre 1630).

Le Père Joseph avait été rappelé en France et Léon dépêché à Vienne. Le cardinal faisait grand éclat de cette décision un peu brutale. Prenant pour confident l'ambassadeur vénitien, il lui écrivait qu'il n'avait plus qu'à se retirer dans un cloître; et il mandait au maréchal de Schomberg : « Comme il est impossible de faire marcher un boiteux sans miracle, le traité est si défectueux qu'il semble qu'il n'y ait que Dieu qui le puisse réparer (1). »

Le mieux était maintenant, non plus de lier les affaires, mais, puisque les généraux avaient fait bonne besogne en Italie, de traiter à part l'affaire de Mantoue. Servien, premier président du Parlement de Bordeaux, et le maréchal de La Force avaient reçu pleins pouvoirs pour négocier la paix en Italie avec interdiction d'y mêler les affaires d'Allemagne. Rendez-vous fut pris à Cherasco avec le duc de Savoie, le nonce Pancirole, l'ingénieux Mazarin. Le commissaire impérial Gallas avait mandat de traiter et de s'engager non seulement pour l'Empire, mais aussi pour l'Espagne, preuve de la solidarité qui unissait toujours les deux familles de la puissante maison.

Or Richelieu avait le secret dessein de profiter de cet ensemble de conjonctures pour traiter séparément avec chacune d'elles et ainsi diminuer leur force et leur résistance. Pour l'Italie, sa pensée de derrière la tête était la suivante; il l'a expliquée dans l'Avis que le Roi lui avait demandé sur l'état présent de toutes les affaires vers la fin du siège de La Rochelle et qu'il a pris le soin de recueillir dans ses *Mémoires* : « Si on demandait : *Que faut-il donc faire?* il diroit franchement ce qui lui en sembloit. Les Espagnols vouloient avoir le Montferrat afin de se rendre maîtres de toute l'Italie et en exclure tout passage aux Français... Lui (le cardinal) voudroit faire une entreprise sûre

---

(1) Avenel, *Lettres du Cardinal de Richelieu*, t. **IV**, p. 4.

qui lui conservât pour jamais un passage en Italie, passage dont la conquête et la conservation seroient d'autant plus faciles qu'il seroit contigu aux États du Roi... Il voudroit attaquer ou Pignerol ou le marquisat de Saluces, qu'on emporteroit indubitablement pourvu qu'on y allât avec un préparatif raisonnable, ce qui étoit aisé vu que le marquisat est contigu au Dauphiné. Cette conquête étant faite, il voudroit s'y arrêter pour cette heure. Il voudroit fortifier les places du marquisat, en sorte que toutes les forces de la terre ne l'en pussent faire démordre. Il arriveroit de là indubitablement, ou que M. de Savoie, qui était déjà ébranlé, penserait à sa conscience et s'accorderoit avec nous de peur d'être comme un pou entre deux singes. Auquel cas, étant joint aux armes du Roi, nous pourrions faire quelque autre conquête, dont il se contenteroit en échange du marquisat et lors nous serions en état de faire restituer Casal, et M. de Savoie y contribuerait lui-même puisque ce serait son intérêt. Si le duc ne le faisait pas, il perdroit indubitablement Pignerol et le marquisat de Saluces, par le moyen duquel on feroit, avec le temps, ce que raisonnablement on ne pourroit entreprendre par autre voie (1). »

Est-ce clair? Ce que Richelieu voulait, c'était une porte en Italie. Cette porte était ou Pignerol ou le marquisat de Saluces, limitrophe de notre propre frontière. Pour cela il fallait intimider le duc de Savoie et l'amener à composition, le séparer à la fois de l'Espagne et de l'Empire pour ne pas rester exposé « comme le pou entre deux singes » ; en un mot, le forcer à choisir. L'Espagne, absorbée ainsi par les affaires d'Italie, ne pouvait guère se trouver en mesure de venir en aide à l'autre branche de la Maison d'Autriche dans les affaires d'Allemagne, qui étaient en somme les plus importantes de toutes pour la France. On isolait l'Empereur en glissant un caillou dans le soulier de l'Espagne en Italie. Tel était le dessein secret inclus dans la non ratification du traité de Ratisbonne.

Dans la suite des négociations qui s'ouvrent à Cherasco, nous

(1) *Mémoires du Cardinal de Richelieu*, t. VIII, p. 117-120.

allons voir les faits se dérouler selon le dessein du cardinal et comme s'il avait pris les négociateurs par la main.

Le 6 avril 1631, il fut décidé que le duc de Nevers serait mis en possession du duché de Mantoue et du Montferrat, tandis que les Impériaux évacueraient la Valteline et les Grisons et que les Français sortiraient du Piémont.

Paravent diplomatique destiné à masquer une négociation secrète engagée avec le duc de Savoie et qui avait abouti, dès le 31 mars, au but principal que se proposait le cardinal. Victor-Amédée cédait à la France la ville de Pignerol et la vallée de Pérouse « nonobstant tout traité fait ou à faire ». En retour, le Roi concluait une alliance offensive et défensive avec le Savoyard et lui garantissait la ville de Trino ainsi que les autres seigneuries du Montferrat qu'on lui avait allouées à Ratisbonne (1).

Ainsi Richelieu gardait à la France les clefs de l'Italie en vue de « ce que l'on pourrait faire avec le temps ». Le 21 septembre 1631, la garnison française sortit de Pignerol, mais de nombreux soldats restèrent cachés dans les casemates et, comme Servien était allé se plaindre à Turin de la manière fantaisiste dont les Espagnols observaient leurs engagements, comme il réclamait deux places de sûreté, le duc de Savoie avait averti le gouverneur de Milan, qu'il lui était impossible de s'opposer aux exigences d'un plénipotentiaire appuyé par une armée puissante. Obligé de *choisir*, il avait signé, le 19 octobre, le traité de Mirafiori : cette fois *Pignerol était cédée officiellement à Louis XIII pour six mois, et davantage si c'était nécessaire*. Ce nouveau traité contenait un article secret, où il était dit qu'il n'avait d'autre raison d'être que de rendre possible l'exécution de celui du 31 mars. L'entremetteur Mazarin ne se montra pas moins ingénieux dans la suite des négociations que dans les commencements : grâce à lui, le 6 juillet 1632, toujours dans le plus profond secret, Pignerol devenait à jamais française ; le Roi achetait quatre cent quatre-vingt-quatorze mille écus la ville d'Albe au duc de Mantoue et il en faisait présent à son

---

(1) Voir Père Griffet, *Histoire du Règne de Louis XIII*, t. II. p. 162-164.

beau-frère le duc de Savoie, — de ces petits présents qui entretiennent l'amitié et ne vont pas sans compromettre ceux qui les reçoivent. Au *Mercure françois*, Richelieu triomphe dans ce couplet anonyme, dont l'accent révèle suffisamment l'auteur : « Ainsi s'est passé tout ce grand trouble que l'ambition espagnole avait fait naître, que l'injustice avait conçu, que le fléau de la guerre, de la peste et de la famine avait terriblement fait éclater. Ainsi s'est dissipé ce grand orage qui semblait menacer toute la terre et faisait mine d'enlever à la France ses lys, à Mantoue ses forteresses, à l'Italie ses frontières, à la noblesse française sa gloire, et à toute l'Europe sa liberté. Ainsi sont venus et sortis les Allemands et les Espagnols de l'Italie avec plus de honte que de profit, ne restant, de toute cette persécution faite à un prince catholique, qu'un mémorial éternel à la postérité de cette iniquité, la plus extrême qui ait été faite depuis huit cents ans entre princes chrétiens (1). » Voilà donc l'Empereur qui se retire de l'Italie et ainsi se sépare quelque peu de l'Espagne : comme Richelieu, renseigné par le Père Joseph, l'avait prévu, il ne put plus disperser ses forces ni dédoubler sa politique, étant rappelé de toute urgence en Allemagne.

Les affaires, en effet, s'y embrouillaient et les intérêts de la maison d'Autriche étaient menacés de toutes parts. La scission entre l'Empereur et l'Empire s'était déclarée de ce fait que Ferdinand n'avait pu obtenir des Électeurs qu'ils déclarassent la guerre aux Hollandais, bien que MM. de Hollande fussent entrés dans le duché de Clèves, en attestant, il est vrai, qu'ils étaient prêts à se retirer si les Espagnols se retiraient des territoires de l'Empire. Pour complaire à ces mêmes Électeurs, il avait congédié Waldstein et s'était ainsi grandement affaibli; son armée ne comptait plus que quarante mille hommes, placés sous les ordres du comte de Tilly, général de cette Ligue catholique dont il avait inutilement poursuivi la rupture. Les Électeurs ne lui en avaient pas su gré : ils avaient refusé de nommer Roi des Romains son fils le roi de Hongrie. Il disait lui-même

---

1) *Mercure françois*, t. XVII, p. 63.

que le Père Joseph, « ce pauvre Capucin, l'avait désarmé avec son chapelet et, tout étroit qu'était son capuchon, avait su y faire entrer six bonnets électoraux (1) ».

Et, de plus, les affaires s'aggravaient dans le nord. C'est le moment de tourner les yeux vers cette partie de la scène, où fait son entrée, pour une bien courte durée, un de ces personnages extraordinaires que le nord jette parfois d'une façon bien inattendue sur le grand théâtre du monde.

En 1611, dans ce royaume de Suède, encore agité des crises de famille, des crises sociales et des crises religieuses, était monté sur le trône le petit-fils de Gustave Vasa, Gustave II, que l'on appelle ordinairement Gustave-Adolphe. Etant né le 9 décembre 1594, il avait dix-sept ans. Son éducation avait été grave, sérieuse, digne de l'héritage et des responsabilités qui l'attendaient. Oxenstiern, son fameux ami, confident et chancelier, écrit dans ses *Mémoires* : « A peine sorti de l'enfance, il s'occupait de l'art militaire; il avait adopté le système de Maurice d'Orange comme le plus propre à le former. La conversation des guerriers expérimentés et les discussions qu'il engageait avec eux, les récits des hauts faits d'armes dont ils avaient été les témoins et les acteurs, faisaient naître dans le jeune prince le désir de surpasser les héros dont on lui traçait les portraits. Il acquit aussi, dans sa jeunessse, une connaissance approfondie de plusieurs langues étrangères : il parlait le latin, l'allemand, le néerlandais, le français et l'italien aussi purement que sa langue maternelle; il possédait aussi, mais imparfaitement, le russe et le polonais. » Il avait le caractère grave et enjoué à la fois, sentimental même comme le révèle sa passion pour la jeune Ebba Brahe. Droit, équitable, susceptible, brave, ami de la gloire, sans égal pour l'impulsion et la résolution, il réalisait à la lettre l'expression : « foudre de guerre ». Le peuple sur lequel il était appelé à régner n'avait connu, durant le demi-siècle qui précédait cet avènement que des déchirements shakespeariens :

---

(1) G. Fagniez, *Le Père Joseph et Richelieu*, t. I, p. 552.

« des guerres de frère à frère, des insurrections, des luttes intestines acharnées au sujet de la religion et de la couronne, deux rois renversés, un trône souillé de sang, la guerre déclarée avec trois puissants voisins », il y avait de quoi mûrir et flamber au feu de l'adversité et du tourment un tempérament naturellement ardent et réfléchi. Le peuple suédois était peu nombreux, divisé en des classes hostiles sous des rois faibles ou violents ; une noblesse affamée et ambitieuse se jetait en travers des réformes populaires et dominait sans gouverner ; mais ce peuple avait ces fermes qualités du nord, qu'un contemporain, le Hollandais Guillaume Husselinck, signale en ces termes : « Ce royaume jouit de beaucoup d'avantages que n'ont pas d'autres pays, grâce à ses ports, ses bois, son cuivre, son fer, son acier, son goudron et la fonte des canons et des boulets. Le peuple est endurci à la fatigue et supporte également le froid et la chaleur ; il a l'intelligence facile et est rempli de bravoure ; il ne lui manque rien qu'une plus grande expérience de la mer, car il a le courage et le génie nécessaires. Comme il sait bien manier la hache, il pourra par la pratique devenir habile dans la construction des vaisseaux. Il obéit à son souverain et se livre rarement à la mutinerie et à la révolte, qui sont dans les habitudes des autres nations. Il y a peu de manufactures parce que les matières premières manquent et que la consommation est presque nulle. Les Suédois ont la conception vive ; leurs mains s'exercent à chaque métier ; ils sont charpentiers, menuisiers, forgerons, boulangers, brasseurs, tisserands, teinturiers, tailleurs, etc. A cet égard, ils l'emportent sur toutes les autres nations de l'Europe ; car, ailleurs, personne n'exercerait un métier sans l'avoir appris. Les hommes et les jeunes filles sont très laborieux ; le tissage et la couture font leur occupation habituelle, ce qui prouve qu'elles sont raisonnables... Il y en a qui reprochent à cette nation son intempérance pour la boisson et sa gloutonnerie, son penchant à l'oisiveté et sa répugnance pour les travaux de longue haleine... (1). »

N'y avait-il pas dans tout cela, — qualités et défauts, — une

---

(1) Cité dans E. G. Geyer, *Histoire de Suède*, ch. xv.

sorte de prédestination militaire?... Nous n'avons pas à exposer ces querelles baltiques dont le xvi° siècle septentrional avait été ensanglanté. La décision prise par Charles IX en 1595 d'imposer à son peuple, comme religion unique et exclusive, le luthéranisme, avait encore affirmé l'isolement de la politique suédoise parmi des peuples soit orthodoxes comme les Russes, soit catholiques comme les Polonais et une grande partie de l'Allemagne, soit calvinistes comme d'autres princes allemands et les puissances de la mer. La presqu'île, à la fois continentale et maritime, découpée et ramassée, pauvre et ambitieuse, était appelée à devenir, pour chacun des grands partis qui se divisaient l'Europe, un sujet de crainte ou d'espoir. Si elle intervenait, elle pouvait exercer soit le rôle d'un médiateur pacifique, soit le rôle d'un arbitre armé. Gustave-Adolphe, entraîné par une nécessité qui ne dépendait pas exclusivement de sa volonté et de son caractère, poussé par cette ambition de la gloire, si naturelle à un homme nourri de la Bible et de Plutarque, s'était précipité tête baissée dans les complications extérieures où s'était déjà engagé son père. Ayant réorganisé l'armée suédoise d'après les principes des maîtres de sa jeunesse, ayant créé autour de lui un conseil composé d'hommes choisis, à la tête duquel il avait placé son illustre ami, le chancelier Oxenstiern, il avait foncé sur les trois puissances voisines, le Danemark, la Russie et la Pologne, qui prétendaient emprisonner son Royaume dans la péninsule glacée. En 1613, il imposait la paix au Danemark, en 1617 à la Russie, et en 1628, après deux victoires éclatantes, remportées à Walhof et à Stuhm (Prusse orientale), il avait imposé à la Pologne une paix qui donnait à la Suède une tête de pont solide sur le continent par la cession de la Livonie et d'une partie de la Prusse polonaise. Il s'était acquis la réputation d'un capitaine invincible, d'un astre qui se levait dans le nord. Richelieu salue dans ces termes, dès 1623, son apparition : « Ce roi de Suède est un nouveau soleil, qui vient de se lever, jeune mais d'une vaste renommée. Les princes maltraités ou bannis de l'Allemagne ont, dans leur malheur, tourné leurs regards vers lui comme le marin vers l'étoile polaire. »

Or, c'est justement au moment où ce « soleil nouveau » atteignait son apogée que se dévoilait, sous l'impulsion nouvelle de l'empereur Ferdinand, cette ambition dominatrice de la maison d'Autriche tendant à une restauration de l'empire de Charles-Quint et de l'unité romaine en Europe.

Il n'est pas douteux que le grand plan impérial, soufflé, dit-on, par les Jésuites, enveloppait la Suède d'un immense filet de revendications catholiques. Il se rattachait, en effet, aux événements de Pologne par suite de l'alliance qui existait entre le roi de Suède détrôné, Sigismond, beau-frère à la fois de l'empereur Ferdinand et du roi d'Espagne. Les trois princes étaient ligués contre la Hollande révoltée. L'Espagne, assurait-on, avait pour projet d'inaugurer ses conquêtes dans le nord par l'occupation du Sund, et l'Autriche, enivrée de sa victoire à la Montagne-Blanche, était résolue à porter son effort jusqu'à la Baltique, comptant sur les bonnes dispositions de la Saxe et sur une sorte d'adhésion occulte de l'électeur de Brandebourg, quoique protestant. Contre ce péril imminent tous les princes protestants s'unirent et firent appel au jeune héros suédois, en même temps qu'ils tournaient les yeux vers le roi de France. Il y avait dans tout cela beaucoup de religion, mais encore plus de politique.

On voit maintenant par quel lien, et toujours prêt à rompre, la cause française et la cause suédoise se trouvèrent unies par-dessus le vaste désordre germanique. Richelieu avait envoyé en Suède un très habile diplomate, Charnacé, avec l'ordre de suivre les démarches de Gustave-Adolphe, dans l'esprit d'une négociation double à la Père Joseph.

Le roi de Danemark avait tenté le premier la fortune des armes. Battu, le 27 août 1626, à Lutter par les troupes catholiques de Tilly, il fut mis définitivement hors de combat par Waldstein, qui le chassa de l'Allemagne (traité de Lubeck, 6 juin 1629) et rafla pour son propre compte le duché de Mecklembourg, dont il reçut l'investiture à titre héréditaire ; il prit en même temps le titre de *général de l'Océan et de la Baltique*.

Ce fut alors le tour de Gustave-Adolphe.

Celui-ci avait dévoilé le jeu de l'Empire et les raisons de sa propre action, dès le mois d'octobre 1627, par une lettre où il avertissait Christian, qui, la paix faite, paraissait sur le point de renoncer à toute intervention : « Il nous a été facile de deviner que la Ligue catholique a des desseins sur la Baltique ; elle cherchera à les réaliser par les moyens directs ou indirects, tantôt par la conquête de la Hollande, tantôt par celle de la Suède, tantôt par celle du Danemark. » Waldstein assiégeait Stralsund, clef de la Baltique. Cette offensive servait les ambitions combinées de l'Espagne et de l'Autriche. Dès 1628, Gustave-Adolphe avait résolu de pénétrer en Allemagne et de mener la guerre jusqu'au bout. Il écrivait à Oxenstiern le 17 avril 1628 : « Les choses sont au point que les guerres qui se font en Europe se compliquent et sont presque devenues générales. » Le prudent Oxenstiern écrivait lui-même qu'il voyait dans la résolution de Gustave-Adolphe : « une destinée, une impulsion divine, une inspiration de génie (1) ». Le jeune Gustave-Adolphe, — tel, plus tard, Charles XII, — était, en effet, emporté par son destin.

Le récit de l'extraordinaire aventure militaire du héros appartient à l'histoire d'Allemagne. Au cours de l'hiver le plus rigoureux, invasion de la Poméranie, de la marche de Brandebourg et de la Saxe, victoire sanglante sur Tilly à Breitenfeld. L'année suivante, par une percée prodigieuse jusque sur le Rhin, occupation des électorats de Trèves et Mayence, et, au passage du Lech, destruction de l'armée de Tilly, blessé mortellement dans la bataille (1632). L'Empereur aux abois n'avait plus d'espérance que dans le génie militaire de ce Waldstein, si imprudemment disgracié.

Comment Richelieu, avec les projets qui étaient les siens, n'aurait-il pas suivi des yeux l'extraordinaire chevauchée de l'homme vers lequel se tournaient tous les espoirs des adversaires de la maison d'Autriche ? « Gustave-Adolphe, a-t-il écrit dans ses *Mémoires,* était attendu en Allemagne comme un messie ; le peuple donneroit son cœur pour nourrir ses soldats ; tous

(1) *Histoire de Suède,* par E. G. Geyer, chap. xvii.

les avantages et gloires de la guerre devoient lui rester. Le roi de France ne vouloit que voir son ami admiré de l'Europe et du monde entier et l'aider à devenir empereur d'Orient, si tel était le but de son ambition. » Charnacé faisait la navette de Paris au camp du Suédois (1630).

Gustave-Adolphe avait tout pour réussir : un puissant génie, un peuple dévoué, une armée admirablement entraînée et qui se recrutait de ses victoires. Il ne lui manquait qu'une chose, l'argent. On le prenait par ce côté faible, et, dès 1631, la France lui faisait offrir cent vingt mille thalers par an, tant que durerait la guerre d'Italie, et quatre cent mille thalers, dès que cette guerre serait terminée.

Ce roi guerrier en était réduit à avouer que ses troupes ne vivaient que de pillage et s'attiraient ainsi la haine des peuples, même de ces populations protestantes qui l'avaient salué, à son entrée en Allemagne, comme un « Judas Macchabée ». « Depuis seize semaines, écrivait-il à Oxenstiern, l'armée n'a pas touché un sol. » La peste sévissait et décimait civils et soldats ; la disette et les maladies faisaient plus de ravages que la guerre elle-même. Il avait bien fallu accepter les offres de la France. C'était le moment où le vainqueur de Tilly s'emparait d'Augsbourg et rétablissait la confession d'Augsbourg dans la ville qui en avait été le berceau.

Si Charnacé avait eu quelque peine à faire accepter ses premières offres de concours pécuniaire, c'est qu'à ces offres Richelieu avait posé des conditions sur lesquelles il faut insister pour faire comprendre, une fois pour toutes, sa politique à l'égard des partis religieux en Allemagne, politique qu'une véritable légende historique a entièrement défigurée. Ces conditions étaient : maintenir la liberté des princes et des villes d'Allemagne ; contraindre les Espagnols à retirer leurs troupes de l'Empire ; réclamer la démolition des forteresses qu'on y avait élevées... Tout cela allait de soi ; mais Richelieu demandait en outre au jeune vainqueur *de se montrer respectueux des droits de l'électeur de Bavière, de la Ligue et de la religion catholique en Allemagne.* Or Gustave-Adolphe qui, de son côté, entendait ménager l'Espagne, cliente des marchands suédois, était décidé, en tant que prince protestant, à ne pas abandonner la cause de l'électeur palatin, et il était hostile, par-dessus tout, à ce Maximilien de Bavière, *véritable chef du catholicisme dans l'Allemagne centrale*. Le roi de France et le roi de Suède se trouvaient donc, pour les questions religieuses, dans deux camps différents, tout en ayant, à l'égard de la maison d'Autriche, des intérêts communs. Telle est la situation réelle; telle est la position que Richelieu a choisie et qu'il n'abandonnera pas. Il combat la prépondérance austro-espagnole en Europe d'une façon générale, mais, en Allemagne, son système est « la défense des libertés germaniques », visant en cela *non seulement les protestants mais les catholiques* qu'il protège et qu'il défend.

Le plus faible et le plus désargenté devait céder : c'est la marche ordinaire des choses humaines. Le 23 janvier 1631, le Suédois avait fini par signer le traité de Bärwald (Brandebourg), qui lui assurait un subside d'un million de livres chaque année; par contre, il s'engageait à entretenir une armée de trente mille hommes de pied et de trois mille chevaux, qui opérerait en Allemagne. Il consentait à respecter les droits de la Ligue et de l'Église catholique. Le cardinal ne se faisait pas beaucoup d'illusion sur la portée de cet engagement. Mais, du moins, il sauvait les apparences.

Tout le protestantisme germanique s'était jeté dans le sillon ouvert par le Suédois. Tilly, l'année qui avait précédé sa mort, avait accompli la plus atroce des vengeances par les affreuses journées du sac de Magdebourg (mai 1631). Craignant les suites d'un si cruel exemple, l'électeur de Brandebourg avait laissé son territoire à la disposition de l'armée suédoise. Bernard de Saxe-Weimar avait rejoint Gustave-Adolphe avec un contingent de trois régiments. L'électeur de Hesse-Cassel lui avait confié la garde de ses forteresses. L'électeur de Saxe avait imploré son secours et, le 17 septembre, battu par Tilly, il avait été sauvé par Gustave-Adolphe. C'était ainsi que le Suédois, traversant l'Allemagne centrale en triomphateur, était venu s'installer sur le Rhin. Là il se trouvait campé sur le territoire des principautés ecclésiastiques et il ménageait les populations protestantes, tout en donnant large satisfaction aux besoins de rapine de ses soldats. Mais en même temps, il se trouvait à proximité des frontières françaises, sur un terrain d'influence française. On sent l'inquiétude que cette apparition de l'homme du nord protestant pouvait faire naître dans l'esprit du cardinal aux longues vues.

Le Roi se proclamait protecteur des libertés germaniques ; il fit demander à Gustave-Adolphe d'évacuer Mayence. Le Suédois s'y refusa. Ce n'était pas qu'il prétendit interdire à la France de conquérir ses limites naturelles. Au contraire, il désirait vivement l'embarquer dans une guerre ouverte contre la maison d'Autriche, par la conquête de « Bourgogne (Franche-Comté), Luxembourg, Flandres ou Alsace » ; mais, vainqueur, il entendait marcher sur un pied d'égalité et s'assurer, non d'une simple médiation de la France, mais d'une alliance.

C'était le temps où le Roi et le cardinal étaient entrés en Lorraine. A la cour de France, on assurait au mois de janvier 1632, que Sa Majesté ceindrait bientôt la couronne de Roi des Romains ; on ajoutait que les Électeurs l'en avaient pressé : « Hier, mandait aux États Généraux de Hollande (19 novembre 1631) l'envoyé Boetzelaer, on a emballé tous les ornements royaux, costume, sceptre, couronne et manteau, pour les expédier à Metz, sous prétexte que Sa Majesté voudra y faire sa première entrée et prendre possession de ces pays pour protester contre les prétentions et les desseins de l'Empereur et du duc de Lorraine (1). »

Le 6 janvier 1632, la majorité du Conseil avait préconisé l'attaque de Haguenau et de Saverne, la saisie de l'Alsace. Si l'on en croyait quelques conseillers, il fallait, sous couleur de venir en aide au duc de Wurtemberg et au margrave de Bade, s'emparer de Strasbourg et du pont de Kehl. Cet audacieux dessein séduisait, semble-t-il, l'imagination du cardinal. Mais le Père

---

(1) G. Fagniez, *Le Père Joseph et Richelieu*, t. I, p. 585-586, note. — La politique du Père Joseph, suivie finalement par Richelieu et qui consistait surtout à ne pas abandonner, la protection de la Ligue et à sauvegarder les droits des catholiques en exigeant du roi de Suède une déclaration de neutralité, est exposée dans le *Supplément* de Lepré-Balain sous la date de janvier 1632.

Joseph, grand connaisseur des choses d'Allemagne, tirait par la manche son vigoureux maître et ami. Attaquer le territoire impérial, c'était se brouiller avec l'Empire et tous les princes indistinctement, même protestants. Et quel risque de rompre avec les princes catholiques, si l'on s'unissait ostensiblement, pour cette politique aventureuse, au « Judas Macchabée » des protestants ! Le vrai jeu était de s'en tenir à la politique d'arbitrage et de protection des libertés germaniques en s'assurant la clientèle des petits États.

Après avoir exposé au Roi les quatre procédures entre lesquelles on pouvait hésiter au sujet des affaires d'Allemagne, le cardinal s'était rallié, comme nous allons le voir, à la quatrième.

Fallait-il se joindre au roi de Suède, pour faire ouvertement la guerre à l'Empereur ? On aurait l'avantage de ruiner la maison d'Autriche, on serait à jamais débarrassé d'un voisin puissant et incommode ; mais, si le roi de Suède mourait, la France se trouverait seule contre cette puissante maison. De plus, les séditieux du Royaume pourraient se joindre aux Espagnols contre le Roi, qui encourrait la haine de tous les catholiques, dont il aurait essayé de détruire le rempart.

Fallait-il s'accommoder avec l'Empereur pour combattre le roi de Suède et les protestants ? L'avantage de conserver la religion catholique en Allemagne et peut-être en toute la chrétienté, de rabaisser la puissance d'un prince dont l'ambition et le courage étaient grandement à craindre, celui de profiter de la ruine des protestants, se trouveraient achetés beaucoup trop cher, si le roi de Suède, pénétrant le dessein du Roi, s'accommodait avec l'Empereur et se tournait contre la France, qu'il « obligerait à une guerre éternelle ».

On pouvait encore essayer de faire accepter la neutralité par les Électeurs catholiques dans les termes où elle était proposée par le roi de Suède, laisser Gustave-Adolphe « continuer la guerre en Allemagne sans s'en mêler, mais seulement tenir quelques troupes sur la frontière, pour s'en servir en tout événement ». Politique séduisante, si elle n'entraînait pas « la ruine presque inévitable des princes catholiques et de la religion en

Allemagne, par la facilité qu'aurait le roi de Suède de rompre la neutralité avec eux, après avoir occupé toutes les entrées du Rhin et des Grisons ». Il serait alors impossible de les secourir ; le Roi aurait la honte de les regarder périr « après avoir promis de les défendre ». Il verrait Gustave-Adolphe devenir, pour la France, un dangereux voisin. Le Suédois vainqueur ne se contenterait pas de porter les armes en Italie contre le Saint Père et de détruire partout la religion catholique en passionné protestant qu'il était. L'Allemagne à ses pieds, il chercherait à nuire à la France, « le seul État qu'il pût craindre » ; il lui nuirait « par soi ou par les mauvais Français, ou par tous les deux ensemble ». Et pour aboutir à ce désastreux résultat, le Roi aurait à entretenir à prix d'or sur la frontière une armée inutile.

Ce qu'il fallait, c'était, en faisant accepter par les princes catholiques, la neutralité que proposait le roi de Suède, pousser une armée en Alsace, à Brisach, « aux passages du Rhin que tenaient les Électeurs ». L'inconvénient de se brouiller avec la maison d'Autriche subsisterait pour le Roi, « quelque prétexte qu'on prît d'occuper l'Alsace ». Bien entendu, il fallait tout faire pour éviter la rupture ; mais étant maître des passages, le Roi resterait effectivement le protecteur et le maître des princes allemands ; il détournerait le roi de Suède de l'attentat italien, car si ce roi se portait plus au sud, l'armée française pourrait en Allemagne lui couper les communications et la retraite. Et tout cela par la seule présence d'une armée postée en bon lieu et qui, loin de vivre aux dépens du Royaume, serait nourrie par l'étranger.

Louis XIII avait approuvé un dessein qui conciliait l'intérêt du Royaume et l'intérêt de l'Église. Le marquis de Brézé, envoyé comme ambassadeur avec cinquante gentilshommes auprès du roi de Suède, en avait assuré l'exécution. C'est cette adroite politique qui avait permis à la France de parler haut, lorsque Gustave-Adolphe avait attaqué l'électeur de Bavière et battu Tilly sur le Lech. Le représentant de la France à Munich, M. de Saint-Étienne, s'était acheminé au camp d'Ingoldstadt. Il avait déclaré à Gustave-Adolphe que son maître secourrait l'Électeur. Le

Suédois avait répondu qu'il ne le craignait pas. Déjà la cour de France estimait que le moment était venu « d'arrêter les progrès du Goth »; déjà le cardinal avait suspendu le paiement des subsides (1).

Cependant, en Allemagne même, les choses paraissaient s'orienter autrement. La fortune de Waldstein, rappelé par l'Empereur, s'opposait à celle du roi de Suède. L'électeur de Saxe, lieutenant de Gustave-Adolphe, avait été chassé de la Bohême. Au mois de juillet 1632, le brillant guerrier, en son camp de Nuremberg, en était à la défensive contre l'armée du grand général catholique; au mois de novembre, Waldstein allait ravager les États de l'électeur de Saxe. Mais, cette fois, Gustave-Adolphe, par une manœuvre supérieure, se mettait à sa poursuite le 15, l'attaquait le 16 à Lutzen et remportait une éclatante victoire. Dans le feu de l'action le prince s'élance; il tombe en avant de ses troupes sous les coups des cuirassiers de l'Empereur; et l'armée suédoise voit soudain le cheval de son roi galoper à l'aventure, les étriers ballants, la selle vide et teinte de sang.

Richelieu, pour les raisons exposées ci-dessus, ne prit pas au tragique la mort du roi de Suède. On l'accusa même, — bien à tort, — de l avoir fait assassiner. Il a exprimé lui-même son sentiment dans cette lettre adressée au Roi, le 15° décembre 1632, alors qu'il se hâtait de revenir à la Cour : « Si le roi de Suède eût attendu six mois à mourir, il y a apparence que les affaires de Votre Majesté en eussent été plus assurées. » Mais il ajoutait bien vite : « Pourvu qu'on fasse diligemment tout ce qui est nécessaire pour empêcher la désunion des princes, que cet accident pourrait délier, je ne crois pas que Votre Majesté ait beaucoup à craindre la mauvaise volonté des ennemis qu'elle a en Allemagne. Une des choses que j'estime aussi nécessaire, au commencement du changement arrivé à la mort du roi de Suède, est d'envoyer à M. de Charnacé une lettre de change de trente mille écus payable à Francfort ou autre ville d'Allemagne, pour distribuer à des personnes considérables qui se moque-

---

(1) Voir l'altercation du roi de Suède avec M. de Saint-Etienne, Père Griffet, t. III, p. 374.

ront de simples promesses, et ne prendront pas votre argent sans s'engager à vous. L'importance est d'envoyer promptement cet argent, si Votre Majesté le trouve à propos. » Et, pour hâter l'envoi des fonds, le cardinal avait glissé cette flatterie, qui ne lui semblait pas moins utile au Royaume qu'à lui-même : « Je prends la hardiesse d'écrire à Votre Majesté, parce que je sais que, comme elle est le premier de son conseil en jugement, elle est aussi le plus soigneux des exécutions (1). »

A peine revenu à Paris, Richelieu pressait de nouveau Louis XIII, le 1ᵉʳ janvier 1633, d'obtenir à prix d'argent la continuation de la guerre que les princes allemands faisaient en Allemagne à l'Empereur et les Hollandais en Flandre au roi d'Espagne (2). Il désirait que la France ne cessât point d'observer une neutralité officielle et qu'il fût décidé que, si quelqu'un des belligérants signait une paix ou une trêve, la France y serait comprise, de manière que la maison d'Autriche « ne pût rompre avec l'un des confédérés sans rompre avec tous ». Le cardinal craignait, en effet, que, délivré de la guerre des princes, l'Empereur, secondé par l'Espagne, ne tournât tout son effort contre la France. S'il était impossible d'éviter une paix séparée, mieux valait une rupture ouverte avec la maison d'Autriche, une guerre immédiate, mais brève, menée hors du Royaume conjointement avec les princes allemands et les Hollandais, qu'une « guerre offensive qu'on apporterait à la France jusque dans ses entrailles (3) ».

Richelieu savait bien que le Royaume n'était pas prêt pour une guerre à fond et qui serait nécessairement de longue durée. Au cas où des hostilités de courte durée et de moindre effort s'imposeraient, le Roi n'entendait y participer qu'à deux conditions : ses troupes occuperaient la rive gauche du Rhin et plusieurs villes de la rive droite; la religion catholique serait maintenue dans tous les pays conquis. Il apaiserait ainsi et le cri de sa conscience et la clameur des dévots; en plus « il étendrait son Royaume jusqu'au Rhin sans coup frapper, n'ayant qu'à recevoir

---

(1) Avenel, *Lettres du Cardinal de Richelieu*, t. IV, p. 415-416.
(2) *Mémoires du Cardinal de Richelieu*, éd. Petitot, t. VII, p. 271.
(3) *Ibidem*, p. 272.

des places qu'il n'avait pas conquises ; tenant les gages en main, il serait arbitre de la guerre et de la paix, qu'on ne pourrait faire sans lui, vu le dépôt dont il serait en possession (1). »

Ce fut un cousin du Père Joseph, Manassès du Pas, marquis de Feuquières, gouverneur de Verdun, qui eut mission de négocier avec les princes protestants d'Allemagne, hésitant sur la ligne à suivre depuis que Gustave-Adolphe n'était plus là pour les maintenir unis. Engager l'électeur de Saxe à poursuivre la guerre contre l'Empereur et s'entendre avec Oxenstiern, chancelier de Suède, promettre à l'Électeur et au chancelier l'appui de la France : telles étaient les instructions de Feuquières. L'envoyé de Louis XIII devait dire à Oxenstiern que le Roi, pour mieux défendre ses alliés, « ne refuserait pas de se charger de la garde de quelques places, Benfeld, Haguenau, Schlestadt, Brisach (si Brisach était pris) et autres principaux lieux d'Alsace au-deçà du Rhin; Trarbach sur la Moselle et Kreutznach sur le Nahe », places qu'il ne manquerait pas de rendre dès que la paix serait faite. Feuquières devait aussi offrir une pension à Bernard de Saxe-Weimar, à qui le cardinal eût voulu faire donner le commandement suprême des troupes (2).

L'envoyé français vit Oxenstiern avant l'électeur de Saxe. Son avis fut que la guerre serait mieux conduite par le sage chancelier que par l'Électeur, qui était porté « aux plaisirs, au repos et au vin », plein d'envie et de haine à l'égard « de toute puissance étrangère, même auxiliaire de l'Empire ». Par les soins de Feuquières, un traité fut signé à Heilbronn, le 13 avril 1633, entre Oxenstiern et les cercles supérieurs d'Allemagne : Palatinat électoral, Franconie, Souabe et haut Rhin. Le chancelier, aux termes de ce traité, devait présider un conseil nommé par les cercles; il aurait la direction de la guerre, cette guerre sainte qui allait défendre les libertés germaniques, conserver la religion et rétablir la paix! Les Suédois voulaient bien se contenter « d'une satisfaction » qui leur serait accordée lors du règlement général et

(1) *Mémoires du Cardinal de Richelieu*, éd. Petitot, t. IV, p. 274.
(2) Voir les Instructions données à Feuquières avec toute la suite de la négociation et les sages vues d'Oxenstiern, dans *Lettres et Négociations du Marquis de Feuquières*. 3 vol. in-12, Paris, 1753.

dont leurs conquêtes présentes, qu'ils étaient autorisés à garder provisoirement, seraient le gage.

Richelieu, négociant partout à la fois, cherchait à atteindre les buts, parfois opposés, de sa savante politique. Tandis que Feuquières, en Suède, traitait avec les Suédois, Saint-Étienne essayait d'entraîner le duc de Bavière dans l'alliance des électeurs de Saxe et de Brandebourg, et Charnacé, à La Haye, s'efforçait d'empêcher la trêve qui se négociait entre les Hollandais et les Espagnols. Le cardinal l'avait même chargé de sonder les intentions des Hollandais, pour le cas où le Roi consentirait à rompre ouvertement avec les Espagnols. Négociation fort secrète, qui se faisait entre le prince d'Orange et « un ou deux commissaires, confidents de MM. des États, cette affaire ne pouvant se divulguer sans se ruiner ». Richelieu avait même remis à Charnacé un projet de partage des futures conquêtes : la France recevrait « le Hainaut, l'Artois, le Tournaisis, Lille, Douai et Orchies, la Flandre gallicane, qui consiste en Gravelines, Dunkerque, Ostende, Nieuport et le Namurois, une partie du Luxembourg ». Les États acquerraient « le Brabant, Malines, Limbourg, la Frise, la Gueldre, une partie de la Flandre impériale, qui contient depuis la rivière de l'Escaut jusques en Hollande (1) »; on leur attribuerait aussi quelques villes du Luxembourg et du Namurois.

Les États de Hollande, qui s'enrichissaient à piller l'immense proie espagnole, prêtaient une oreille attentive au langage du tentateur : ils consentaient que toutes les places qui seraient prises en Flandre, demeureraient au Roi; ils offraient d'en commencer la conquête tout de suite; ils n'y demandaient rien pour eux. Le cardinal savait, de plus, que des seigneurs du pays étaient prêts à livrer au Roi Bouchain, le Quesnoy, Avesnes, Landrecies, quatre places bonnes et importantes, conjointes sur les frontières de l'Artois. Ces « personnes considérables » parlaient, — le mot est de Richelieu, — « de susciter une grande révolte contre l'Espagne et déclaraient que, si on perdait l'occasion présente, on ne la retrouverait plus, parce que telles occasions

---

(1) Avenel, *Lettres du Cardinal de Richelieu*, t. IV, p. 424-425.

étaient chauves et que ceux qui se voulaient rendre au Roi ne voulaient pas être en une perpétuelle attente capable de les perdre » (1).

« Il est certain que le feu Roi n'eût pas perdu cette occasion », disait Richelieu à Louis XIII en ces premiers jours de l'année 1633. Mais le cardinal avait toujours cette préférence sourde pour une paix infiniment moins onéreuse et qui pouvait apporter les mêmes avantages : « Il faut regarder au temps où l'on se trouve », ajoutait-il avec une éloquence vive et précise. Peut-on seulement songer à un tel dessein, quand le Roi est sans enfants et que Monsieur, héritier présomptif, attend sa mort en Flandre auprès de la Reine mère ; quand le Royaume ne peut secouer cette pensée qui l'obsède : le Roi se porte bien, mais s'il venait à être malade ? Le cardinal dépeint à Louis XIII la guerre s'éternisant avec ses inquiétudes et ses travaux infinis, la lutte aux frontières forçant le Roi à s'absenter de Paris, l'épuisement des finances, la colère des « cagots », furieux d'une guerre déclarée au Roi Catholique. Et, tandis que le Roi est occupé à mouvoir trois armées sur trois théâtres différents, en Picardie, en Champagne, en Italie, que faut-il attendre de MM. de Savoie et de Lorraine ? Ils s'apprêtent à trahir.

En France, à cette heure, il y a « peu de chefs propres à la guerre ». Les Français sont « impatients de guerre », mais également de repos. Que le Roi considère « le dégoût de ceux qu'on emploierait et la jalousie de ceux qui seraient délaissés » : les uns et les autres capables de succomber aux offres de Monsieur. Le ministre n'oublie pas que les gouverneurs des provinces et des villes sont peu sûrs ; il connaît leur vaarice, leur légèreté, leur désir de vengeance, — car tous ils ont senti le poids de sa main de fer. Le cardinal ne l'ignore pas non plus, comme tous les subordonnés, ces gouverneurs ne pensent qu'à s'assurer les chances de l'avenir, ils auront toujours les yeux tournés vers l'héritier de la Couronne. A la moindre défaite, au moindre accident, quelle clameur contre les auteurs de la guerre ! Si alors, par malheur, le Roi est malade, toute la France repro-

(1) *Mémoires du Cardinal de Richelieu*, éd. Petitot, t. VII, p. 354.

chera au ministre d'avoir causé l'infortune du Royaume et la maladie du Roi. Encore une fois, Richelieu sait que la France n'est pas prête et que ni la discipline intérieure, ni l'armée, ni l'argent ne lui permettent de risquer la partie définitive. Il conclut « après avoir balancé » : « Le meilleur est que le Roi n'entre point en rupture, quelque avantage spécieux qu'on puisse proposer ; mais il ne faut pas aussi qu'il perde l'occasion de faire continuer la guerre contre les Espagnols, parce qu'autrement il les aurait sur les bras et tomberait en d'aussi grands inconvénients pour se défendre d'eux, qu'il ferait en les attaquant maintenant. »

Il fallait à Richelieu une force d'âme singulière pour donner ce conseil de patience et de modération après les grands succès qu'il venait de remporter, alors qu'il avait mis à l'épreuve la confiance et le courage du Roi. Peut-être la France ne retrouvera-t-elle jamais une occasion plus propice pour s'assurer les frontières que l'histoire, la géographie et une tradition séculaire lui assignent. Mais, il a précisément cette qualité que, quelques jours auparavant, il attribuait au Roi, de ne pas concevoir seulement les desseins, mais de soigner les exécutions.

Il ne renonce pas au projet, il l'ajourne. Voyant qu'il peut facilement contenir en Allemagne l'élément protestant, il se trouve satisfait de s'être assuré son indispensable concours. Il laisse ouverte la question allemande ; il se retourne vers l'intérieur et travaille à grouper dans la main du Roi les forces et les ressources nécessaires pour la grande et nécessaire entreprise.

TABLE DES MATIÈRES

	Pages.
Préliminaire. — Vue d'ensemble. — Le dedans et le dehors	1

LIVRE PREMIER

LE MARIAGE D'ANGLETERRE

Chapitre Premier. — Richelieu et Buckingham	21
La Valteline, le traité de Monçon, la paix des huguenots	44
Henriette de France à Londres	58
Le cœur envenimé du favori	61
Chapitre Deuxième. — La folie de Buckingham	68
Les premières conspirations	68
La conjuration de Chalais	71
L'ambassade de Bassompierre à Londres	90
Vers la guerre des réformés	95

LIVRE DEUXIÈME

LE SIÈGE DE LA ROCHELLE

Chapitre Premier. — La digue	111
Buckingham à l'île de Ré	111
Sous les murs de la Rochelle	128
La Porte Maubec	136
La haine de Marie de Médicis	146
Chapitre Deuxième. — Le miracle de la reine et la Toussaint du cardinal	150
Le maire Guiton	150
De nouveau la flotte anglaise	151

	Pages.
Les affamés de La Rochelle	157
Le drame de Portsmouth	163
Vie chère et menus de siège	166
Encore la flotte britannique	170
La reddition	176
La Toussaint du cardinal	182

LIVRE TROISIÈME

LA JOURNÉE DES DUPES

Chapitre Premier. — Le pas de Suse	193
L'examen de conscience du Roi	200
Le voyage du cardinal	203
Le défilé	210
L'entrevue de Suse	213
Chapitre Deuxième. — Le cardinal entre la mère et le fils	221
Réconciliation apparente; départ	230
Vers Pignerol	237
Le garde des Sceaux contre le cardinal	243
Casal et Ratisbonne	262
La négociation de Ratisbonne	267
Le refus de ratifier	283
Chapitre Troisième. — La décision du Roi	290
Chapitre Quatrième. — Les actes suivent	307

———— Imprimé en France ————
TYPOGRAPHIE FIRMIN-DIDOT ET Cie. — MESNIL (EURE). — 1933.

EN VENTE CHEZ LE MÊME ÉDITEUR

GABRIEL HANOTAUX
DE L'ACADÉMIE FRANÇAISE

HISTOIRE DE LA NATION FRANÇAISE
DES ORIGINES PRÉHISTORIQUES JUSQU'A NOS JOURS (1926)

OUVRAGE ENTIÈREMENT TERMINÉ

Les 15 volumes sont livrés dès réception de la souscription

15 volumes in-8° (29 × 24) illustrés de dessins en noir, cartes, etc.
et de 186 HORS-TEXTE EN COULEURS

Broché.............. 1.200 francs.   Relié.............. 1.950 francs.

GABRIEL HANOTAUX   **ALFRED MARTINEAU**
de l'Académie Française.   Professeur au Collège de France.

HISTOIRE DES COLONIES FRANÇAISES ET DE L'EXPANSION DE LA FRANCE DANS LE MONDE

6 volumes in-8° (29 × 24) illustrés de dessins en noir, cartes, etc.
et de 48 HORS-TEXTE EN COULEURS

Broché.............. 720 francs.   Relié.............. 1.000 francs.

GABRIEL HANOTAUX

OUVRAGE PUBLIÉ SOUS LES AUSPICES ET LE HAUT PATRONAGE
DE SA MAJESTÉ FOUAD 1ᵉʳ ROI D'ÉGYPTE

HISTOIRE DE LA NATION ÉGYPTIENNE
DES ORIGINES PRÉHISTORIQUES JUSQU'A NOS JOURS

7 volumes in-8° (29 × 24) illustrés de dessins en noir, cartes, etc.
84 HORS-TEXTE EN COULEURS

Broché.............. 950 francs.   Relié.............. 1.390 francs.

Demander le spécimen des trois ouvrages
Facilités de paiement (Histoire Nationale, 8, rue Garancière, VIᵉ)

——————— Imprimé en France ———————
TYPOGRAPHIE FIRMIN-DIDOT ET Cⁱᵉ. — MESNIL (EURE). — 1935.

www.ingramcontent.com/pod-product-compliance
Lightning Source LLC
Chambersburg PA
CBHW070538230426
43665CB00014B/1729